KB244341

Creative Intelligence

김규태 옮김
브루스 누스바움 지음

창조적 지성
Creative Intelligence

새로운 네트워킹과
창조경제의 핵심 코드

21세기북스

《비즈니스 위크Business Week》에서 나는 선도적인 입장에 서서 사설을 편집하고 커버스토리를 작성하는 일을 했다. 그러다가 대담을 기획하고 온라인상의 혁신을 주도하며 디자인 웹사이트와 블로그를 만드는 일을 맡게 되었는데, 그때 무척 뿌듯해했던 기억이 난다. 물론 이 책을 쓰면서 나는 나름대로 중요한 목소리를 냈던 당시의 일을 떠올렸다. 하지만 내가 지금까지 창조성과 혁신, 디자인을 주제로 한 수많은 토론에 참여하지 않았다면 아마 이 책은 세상에 모습을 드러내지 못했을 것이다. 나는 이 책이 미래에 있을 수많은 참신한 대화를 촉진하는 자극제가 되기를 간절히 희망한다. 그 대화에 내가 꼭 참여할 수 있는 날이 오면 좋겠다. 물론 이 책은 나 혼자서 집필했다. 하지만 이 책이 탄생하기까지 주변의 수많은 사람들의 도움을 받았기에 나는 그들에게 큰 빚을 졌다고 생각한다.

　무엇보다 뉴 스쿨The New School의 전 학장이자 철학과 인류학 교수인 벤 리Ben Lee를 언급하지 않을 수 없다. 창조성은 종종 인접성과 연결성의 산물이라고 말한다. 내가 파슨스 디자인스쿨로 직장을 옮겼을 때 벤의 직장이 내 연구실과 가깝지 않았다면 이 책은 지금의 형태로 존재하지 못했을 것이다. 이 책에 담긴 주요 개념들 중 상당수는 창조성을 둘러싼 사회적인 맥락을 반영해 발전시킨 내용이다. 특히 내가 벤과 나눈 흥미로운 대화들 속에서 힌트를 얻었다. 벤은 시카고 대학에서 인류학, 경제학, 철학을 아우르는 졸업 논문을 썼는데, 그 내용을 살펴보니 미시간 대학에서 발표한 인류학, 사회학, 정치학과 관련된 내 졸업 논문과 맞물리는 부분이 있었다. 나는 그와 여러 가지 주제의 이야기를 나누며 서로 정보를 주고받았다. 스티브 잡스Steve Jobs와 알렉산더 맥퀸Alexander McQueen에 대해 이야기를 나누고 사회운동으로서의 디자인, 디자인과 자본주의, 그리고 사회운동에 대한 얘기를 나누면서 내 생각들을 논리적으로 정리해 나갔다. 그때 내가 한 주장들이 이 책에 모두 들어 있다. 벤은 호기심이 많고 통찰력이 깊다. 그리고 다른 사람들을 감동시키는 생각을 할 줄 아는 사람이다. 운이 좋게도 나는 벤을 알게 되었고, 그와 격의 없이 많은 얘기를 나누며 생각을 공유할 수 있었다.

　파슨스 디자인스쿨은 미국뿐 아니라 아시아, 유럽, 라틴아메리카, 중동을 비롯한 전 세계의 특출한 학생들이 모인 아주 특별한 곳이다. 켈시 뫼즈Kelsey Meuse라는 여학생이 있었는데, 졸업 선까지 1년 동안 Y세대 연구소를 위한 기획안 작성을 함께하며 많은 도움을 주었다. 디자인 경영, 디자인 기술 공학, 디자인 커뮤니케이션 과정을 공부하는 학생들은 함께 일하기에 정말 멋진 친구들이었다. 이 학생들의 팀 프로젝트 내용에서 영향을 받은 나는 창조성의 전형과 아우라aura, 그리고 지식 발굴에 대한 생각을 체계적으로 전개시킬 수 있었다.

특히 셸리 폭스Shelly Fox가 주관한 패션과 사회의 석사 과정을 수료한 졸업생들에게 감사의 뜻을 전하고 싶다. 디자이너로도 일하고 있는 셸리는 학생들에게 패션 기술뿐만 아니라 패션의 정치적·사회 과학적인 면도 가르쳤다. 또 나처럼 파슨스 디자인스쿨에서 디자인 전략을 연구하는 카를로스 테이셰이라Carlos Teixeira는 직접 연구한 인도와 브라질을 비롯한 신흥 국가에서 새로운 혁신과 디자인 자문에 대한 관심이 높아지는 현상에 관한 놀라운 분석 자료를 함께 공유할 수 있도록 해주었다. 인도에서 열린 '드림 : 인Dream : In' 학회에 참석할 수 있었던 것도 카를로스가 도와주었기 때문이다. 내가 오늘날 창조성을 바라보는 시각을 결정짓기까지 이 학회의 도움이 컸다. 그런 점에서 카를로스에게 정말 감사할 따름이다. 그리고 이디엄 IDIOM의 공동 설립자인 소니아 만찬다Sonia Manchanda와 제이콥 매슈Jacob Mathew와의 만남을 주선해준 사람도 카를로스였다. 이디엄은 인도에서 성공한 최초의 혁신 그룹으로서 제1회 '드림 : 인' 학회를 공동으로 주최한 회사였다. 밑바닥 수준을 면치 못하던 회사 사람들에게 새로운 기회를 창출함으로써 그들이 더 나은 미래를 꿈꿀 수 있도록 했던 소니아는 프라할라드C. K. Prahalad의 뒤를 잇는 최고의 지식인 후계자가 되었다.

많은 도시들이 혁신과 창조성의 열기에 휩싸여 있다. 파슨스 스쿨의 학장인 조엘 타워스Joel Towers는 도시 생태계가 지닌 복잡한 구조와 많은 기회들을 인지할 수 있도록 내게 많은 도움을 주었다. 다양한 유형을 보이는 도시화는 파슨스 스쿨이 속한 뉴 스쿨에서 매우 중요한 역할을 했고, 도시인들의 성향을 집중 분석한 깊이 있는 전문 지식이 캠퍼스에 유행처럼 퍼졌다. 그래서 벤 리와 내가 학생들과 함께 뉴욕을 무대로 한 창조성에 대한 지도를 제작할 때 여러 모로 도움이 됐다. 제인 제이콥스Jane Jacobs는 뉴 스쿨이 도시에 관심을 가지며 접근하는 방식에 매우 뿌듯해했다.

2011년 5월 컬럼비아 대학의 사범대학에서 '창조성과 놀이, 그리고 상상력'이란 제목의 학회가 열렸을 때, 거기서 나는 키스 소여R. Keith Sawyer와 첫 만남을 가졌다. 그를 만나기 몇 달 전, 제자 중 한 명이 그의 책 『그룹 지니어스』를 내게 추천해준 적도 있었다. 소여는 창조성의 대가 중 한 명이며, 그의 연구 결과는 우리가 대중매체를 통해 흔히 접해온 여러 이야기들에 설득력 있는 근거를 제시한다. 나는 오늘날 창조성의 출발에 환한 빛을 밝혀준 그에게 배운 것이 많다. 또한 그는 거기서 파생되는 다양한 관점들을 제시해준 사람이기도 하다. 《비즈니스 위크》에서 혁신과 디자인에 관련해 글을 쓰는 동안 나는 제품과 산업디자인의 각기 다른 출처와 전통적 요소에서 창조성에 대한 많은 지식을 얻었다. 디자인에서 '휴먼 팩터human factor', 즉 인간적인 요소를 추구하다 보면, 마찬가지로 창조성에 대한 인류학적인 견해와 사회학적인 해석에 접근할 수 있다. 물론 이 두 가지는 서로 다른 측면을 보인다. 하지만 키스 소여의 연구는 이 둘의 연결점을 찾을 수 있도록 중요한 역할을 해주었다. 그는 일뿐만 아니라 개인적인 삶에서도 창조성을 추구했다. 재즈 피아노를 연주하고 무대에 올라가 즉흥적인 연기를 하는 등 가장 창조적인 삶을 향유했던 인물이다.

또한 디자인 커뮤니티에도 고마움을 전한다. 디자인 커뮤니티 덕분에 만나게 된 멘토들이 내게 혁신과 창조성에 대해 가르쳐주었다. 디자인에 대한 나의 첫 번째 커버스토리의 제목은 '스마트 디자인Smart Design'이었다. 뉴욕 시에 스마트 디자인이라고 하는 일류 디자인 회사가 있음을 안 것은 그 뒤의 일이었다. 이 회사의 공동 설립자인 댄 포르모사Dan Formosa와 다빈 스토웰Davin Stowell, 그리고 톰 데어Tom Dair는 내게 훌륭한 디자인이 갖춰야 할 요소들을 설명해주었다. 또 다른 공동 설립자인 터커 비마이스터Tucker Viemeister는 내 강의실까지 찾아와 학생들에게 디자인과 창조성, 그리고 진보적인 교육, 이 세 가지의 밀접한 관련성에 대해 설명해주는 친절함까지 보였다.

대략 20년 전 《비즈니스 위크》에 내가 처음으로 쓴 제품 디자인 관련 기사 중에는 지바 디자인Ziba Design에서 제작한 소형 회전 톱날인 우드지그Woodzig에 대한 것이 있다. 쥐었을 때 착용감이 완벽에 가까운 이 훌륭한 제품을 나는 지금도 계속해서 쓰고 있다. 단순한 것에 초점을 맞춘 제품에서 전략상 더 복잡한 집중이 요구되는 제품으로 디자인의 영역이 확장되었을 때, 지바의 설립자 소랍 보소히Sohrab Vossoughi는 기업을 위한 조언자로서 세계적인 명성을 얻게 되었다. 소랍 보소히는 항상 좋은 디자인은 좋은 고객을 보유함으로써 얻어질 수 있다고 말한다. 실제로 지바는 훌륭한 고객들을 갖고 있다.

데이비드 켈리David Kelley와 팀 브라운Tim Brown, 빌 모그리지Bill Moggridge는 내게 디자인과 혁신, 창조성에 대해 많은 가르침을 준 선생들이다. 데이비드는 IDEO의 공동 설립자일 뿐만 아니라 스탠퍼드대학에 훌륭한 디자인스쿨을 만들었다. 그와 팀 브라운은 내가 썼던 기사 중에 굉장한 파장을 불러일으켰던 '디자인의 힘'이라는 커버스토리의 표지를 장식한 인물들이다. 이 세 사람은 디자인이 외형적인 면 그 이상을 볼 수 있어야 한다고 주장했다. 그래서 보건이나 교육처럼 경험과 서비스, 사회적 시스템도 디자인의 영역에 포함시켰다. 그들이 체계적으로 정리한 디자인 사고의 개념과 발판에 대한 접근 방법 덕분에 이 책이 탄생할 수 있었다. 또한 빌 모그리지가 쿠퍼 휴잇 국립디자인미술관Cooper Hewitt National Design Museum을 운영하면서 리더십을 발휘했을 때, 나는 세계 최초로 랩톱컴퓨터를 디자인한 사람 중 한 명인 그에게서 유머와 우아함을 배울 기회를 얻었다. 게다가 그는 인터랙션 디자인Interaction design의 아버지와도 같은 사람이었다. 나는 앞으로도 오랫동안 빌 모그리지를 그리워할 것이다.

또 내가 아는 어느 비즈니스 스쿨의 학장은 내게 "당신이 그것을 평가할 수 없다면 그것이야말로 당신의 비즈니스에 매우 중요한 것이 될 수도 있다"고 말했다. 이 말을 한 주인공은 바로 토론토 대학 산하 로트먼Rotman 경영대학원의 학장으로 있었던 로저 마틴Roger Martin이다. 내 연구는 비즈니스와 혁신, 그리고 디자인, 이 셋의 인터랙션이 큰 비중을 차지하고 있다. 로저 마틴은 그 부분에서 누구보다도 수준 높고 자극이 될 만한 의견을 가진 사상가라 할 수 있다. 또한 그는 금융자본주의에 과감하게 도전장을 내민 학자로 나에게는 영웅과도 같은 사람이다.

내가 그동안 만나서 배움을 얻은 디자인과 혁신 분야의 훌륭한 인물들의 이름을 열거하면 다음과 같다. 파올라 안토넬리Paola Antonelli, 바니 바네르지Banny Banerjee, 이브 베하르Yves Behar, 로버트 블레이크Robert Blaich, 로버트 브루너Robert Brunner, 빌 벅스턴Bill Buxton, 앨런 초치노브Allan Chochinov, 베스 콤스톡Beth Comstock이 있다. 이어서 샘 파버Sam Farber, 리 그린Lee Green, 릭 그레페Ric Grefe, 로널드 존스Ronald Jones, 존 카오John Kao, 래리 킬리Larry Keeley, 안나 키라Anna Kirah, 클라우디아 코트치카Claudia Kotchka, 닉 리언Nick Leon, 톰 록우드Tom Lockwood, 샘 루첸테Sam Lucente, 퍼트리샤 무어Patricia Moore, 데브 팻나이크Dev Patnaik, 치 펄먼Chee

Pearlman, 잔느 레이Jeneanne Rae, 폴 사포Paul Saffo, 밥 슈워츠Bob Schwartz, 크레이그 보걸Craig Vogel, 해리 웨스트Harry West, 패트릭 휘트니Patrick Whitney가 있으며, 그 외에도 많은 사람들이 나를 도와줬다.

혁신에 대한 여러 가지 비화 중에 하나는 《비즈니스 위크》가 미국과 아시아, 유럽의 비즈니스 리더들에게 디자인의 중요성을 일깨우는 데 중요한 역할을 했다는 사실이다. 강력한 반발을 무릅쓰고 편집장 스티븐 셰퍼드Stephen Shepard는 내 제안을 받아들여 1991년에 드디어 매년 미국 산업디자인협회IDSA(Industrial Designers Society of America)에서 주관하는 국제디자인공모전IDEA(International Design Excellence Awards)을 후원하는 일에 동의했다. 나는 국제디자인공모전의 수상작과 관련 기업, 디자인 컨설팅 업체에 대한 기사를 썼다. 크리스티나 굿리치Kristina Goodrich가 주도하는 미국 산업디자인협회는 처음에는 참가 범위를 미국으로 제한했지만 점점 세계적인 공모전으로 발전시켰다. 매년 디자인 공모전 시즌이 되면 《비즈니스 위크》의 15페이지는 일체의 광고 없이 시상식 관련 기사로만 채워졌다. 지난 15년 동안 《비즈니스 위크》는 수백만 달러를 들여 디자인과 혁신 후원 사업에 투자했다. 내가 수년간 다보스Davos의 국제경제포럼에 참가해 만난 비즈니스 리더들은 하나같이 이런 말을 했다. 편집장 셰퍼드가 《비즈니스 위크》에서 한 일 중 최고의 업적이 바로 디자인 공모전을 후원하면서 그와 관련된 기사를 매년 꾸준히 실은 것이라고 말이다.

나는 일찍부터 인쇄 매체에서 디지털 미디어로 옮겨가는 과정을 경험했다. 갈수록 성장 추세를 보이는 혁신과 디자인 분야의 최신 정보와 분석을 다루는 오픈 소스 온라인 채널인 '이노베이션&디자인Innovation&Design'을 론칭할 수 있도록 기꺼이 나의 파트너가 되어준 제시 스캔런Jessie Scanlon에게도 깊은 감사의 말을 전한다. 이 온라인 채널을 잘 운영할 수 있도록 도움을 준 헬렌 월터스Helen Walters와 리나 재나Reena Jana, 맷 벨라Matt Vella, 제시 헴펠Jessi Hempel을 포함해 훌륭한 기자단들에게도 감사드린다. 그리고 그 후에 론칭한 매거진 《인 : 인사이드 이노베이션IN : Inside Innovation》 얘기도 빠뜨릴 수 없다. 이 매거진은 '이노베이션&디자인'의 디지털 플랫폼을 벗어나 인쇄 매체로 사람들과 소통하기 위해 만든 잡지였다. 이 매거진의 초기 기자들은 온라인 미디어와 인쇄 매체를 넘나들며 두 방면에 필요한 서로 다른 기술을 동시에 연마했다. 나는 그들과 함께 일하면서 정말 짜릿한 시간을 보냈다. 지금까지 내가 함께 일한 팀 중에 최고였다.

그리고 북미 인디언 출신인 예술가들을 많이 만났는데, 그들은 내게 진정한 창조성과 혁신이 어떻게 작용하는지 직접 내 앞에서 보여주었다. 티타늄, 강철, 은, 세라믹으로 작업하는 예술가들은 제트 엔진이나 의료영상기기MRI를 다루는 기술자들과 공통점이 있게 마련이다. 또 성공한 보석 세공인이나 화가의 스튜디오에서 작업이 진행되는 방식은 성과가 좋은 기업이나 정부 기관의 연구소에서 일이 진행되는 방식과 흡사한 면이 있다. 나는 이 자리를 빌려 특별히 리 야지Lee Yazzie와 팻 프루잇Pat Pruitt, 그리고 말라 앨리슨Marla Allison에게 감사의 말을 전하고 싶다.

세라 레이논Sarah Rainone은 이 책이 성공적으로 출간될 수 있도록 물심양면으로 신경 써준 사람이다. 기획에서부터 활발한 원고 작성, 편집 등 책 한 권이 완성되기까지 그녀의 공이 컸다. 그녀와 함께 일하는 동안 늘 즐거웠다. 엘리 나도Eli Nadeau는 이 책의 내용과 관련한 연구 조사와 사실 여부를 확인해주었고, 린지 크루즈Lindsay Crouse는 엘리 나도가 확인한 내용을 다시 한 번 꼼꼼히 확인하면서 원고의 완성도를 더욱 높여주었다. 물론 에이전시의 공헌도 빼놓을 수 없다. 나와 최고의 호흡을 맞춰준 크리스티 플레처Christy Fletcher에게 고마움을 전한다. 내가 원고를 다듬어가고 있는 동안 그녀는 이미 내가 말하고자 하는 콘셉트를 이해한 사람이었다. 그리고 하퍼콜린스HarperCollins 출판사에서 내 책을 담당한 편집자 홀리스 하임바우크Hollis Heimbouch는 그 콘셉트를 더 높은 경지로 끌어올려 한 편의 이야기로 만들었다.

내 어머니에게도 깊은 감사를 드린다. 내게 쇼핑은 목표가 아니라 경험이라는 것을 몸소 보여주신 분이다.

내 아내 레슬리 M. 비브Leslie M. Beebe는 내 초고를 읽은 것도 아니고 내 머릿속에서 나오는 모든 아이디어를 들은 것도 아니지만 더

없이 중요한 역할을 해주었다. 컬럼비아 대학의 사범대학에서 사회언어학 교수로 재직 중인 내 아내는 이 책의 핵심적인 콘셉트를 끌어내준 장본인이다. 틀 짜기와 지식 발굴에 대한 이론은 대부분 우리 부부가 수년 동안 저녁식사를 하면서 대화를 통해 발견한 것들이다. 레슬리는 내가 아는 여성 중에서 가장 호기심이 많으며 웃음 바이러스를 전파하는 능력이 탁월한 사람이다. 우리가 앤아버에 있는 미시간 대학원 도서관에서 처음 만난 이후로, 나는 그녀와 함께 세상에서 가장 흥미로운 여행을 하고 있는 중이다.

Reclaiming Our Creativity

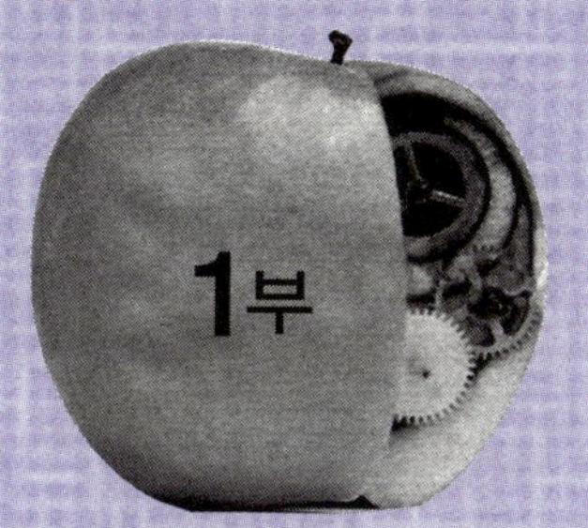

1부

창조성의
재요구

1장

천재적 영감은
보이는 것과 다르다

1959년, 영국 켄트Kent 출신의 한 소년이 학교 조례를 빼먹었다는 이유로 퇴학을 당했다. 훗날 그 소년은 당시를 회상하며 이렇게 말했다. "담배를 피우고 싶었죠. 그래서 조례에 참석하고 싶지 않았던 거예요." 그것은 소년이 그동안 수없이 어겨온 규율 중 당시까지 가장 최근의 일이었다. 소년은 모범생과는 거리가 멀었으며 아주 어린 꼬마였을 때도 학교를 무척이나 싫어했다. 그러다 10대 청소년이 되면서 학교에서 배운 것들이 자기에게 별 쓸모가 없다는 것을 알게 되었고, 그 즉시 소년은 '범죄 심리'에 관심을 가졌다. 그는 노동의 교환가치가 바뀌는 새로운 미래를 맞이한 세대 가운데 한 명이었다.

겉으로만 보면 소년의 태도는 구세대 사람들에게 세상에 대한 반항이나 무관심으로 보일 수밖에 없다. 물론 그런 면이 아주 없다고는 말할 수 없다. 하지만 깊이 들어가면 좀 더 복잡한 힘의 세계를 발견할 수 있다. 제2차 세계대전 이후 영국은 경제적으로나 사회적으로나 격변기를 겪고 있었다. 전 세계에 영향력을 미쳤던 영국의 미래에 적신호가 울렸던 것이다. 설상가상으로 영국의 파운드가 달러에 국제통화의 자리를 내어주며 가치가 하락했다. 제조업 경기도 점점 나빠졌으며 견고했던 사회 계급제도에도 금이 갔다. 젊은이들은 앞으로 사회에 나가 자신의 자리를 찾을 수 있을지 의문을 품기 시작했다.

국가의 확고한 사회질서가 무너지자 젊은 세대들은 부모 세대가 살아온 생활 방식이 더 이상 그들의 모델이 될 수 없다는 것을 깨달았다. 그래서 새로운 라이프스타일을 찾으려고 했으며 자기 자신을 있는 그대로 표현하는 방법에 눈을 떴다. 젊은이들은 영국 사회가 미리 정해놓은 역할 분담에 얽매여 사는 부모 세대의 사회적 유대 관계를 타파하려고 발버둥쳤다. 이와 같은 세대 간의 갈등은 1950년대에서 1960년대 초반에 걸쳐 미국에서도 일어났다. 하지만 국민들의 변화를 갈망하는 열정은 미국보다 영국이 더 컸다. 아마도 사회적 계급제도나 전통에 대한 구속력이 더 심했기 때문에 그만큼 반감이 더 컸던 것 같다. 『레디, 스테디, 고!Ready, Steady, Go!』의 저자 숀 레비Shawn Levy는 1960년대 런던의 대중문화를 분석하면서 다음과 같이 서술했다.

그 당시 젊은이들은 검소함과 겸손, 시민의 의무, 예절을 중시하던 영국의 전통에 적대적이고 반항하는 모습을 보였다. 영국의 오래된 관습을 독재적인 관습으로 여겼고 전혀 영국적이라고 할 수 없는 낯선 상황이 펼쳐졌다. 비공식적으로 다문화를 추구하는 움직임까지 거세졌다. 이런 움직임은 하나로 응집된 집단을 만들기 위한 것이 아니라 여러 집단들이 평행선을 그으며 공존하기 위한 것이었다.

국가의 문화적 특징이 큰 변화를 겪었음에도 불구하고 여전히 오늘날의 학교는 학생들에게 구식의 교육 내용을 강조한다. 실질적인 삶과 별 상관없는 커리큘럼을 고수하며 케케묵은 정보와 표준화된 상식들을 외우라고 가르친다. "학교를 졸업하고 난 후에도 당신은 사회가 멋대로 정해놓은 시스템에 따라 사는 자신의 모습을 보게 될 거예요. 사회는 당신의 개성을 전혀 고려하지 않은 제도만을 생각하니까요." 켄트 출신의 소년은 학교를 떠나 몇 년이 흐른 뒤에 자신이 경험한 교육 환경에 대해 떠올리며 말했다. "이들은 당신이 학교생활에 염증을 느낄 수도 있다는 것을 전혀 고려하지 않아요."

이 소년의 10대 시절이 항상 암울했던 것은 아니었다. 좋은 추억도 있다. 집에 전축은 없었지만 그의 집에는 음악이 끊이질 않았다. 3대가 모두 음악에 대한 열정적인 재능을 공유했기 때문이다. 소년의 음악적 재능을 알아본 할아버지는 손자가 스페인 클래식 기타를 연주할 수 있도록 코드법을 가르쳐주었다. 또한 소년의 어머니는 라디오 주파수를 잘 맞추는 데 일가견이 있었다. 그래서 소년은 훌륭한 음악가들의 음악을 실컷 들었다. 특히, 리틀 리처드Little Richard와 팻츠 도미노Fats Domino, 엘비스Elvis의 음악을 즐겨 들었다. 소년은 그림에도 재능을 보였다. 소년의 실력을 인정한 미술 선생님은 제자가 시드컵 예술대학Sidcup Art College에 들어갈 수 있도록 도와주었다.

시드컵 예술대학에 들어간 소년은 역시나 학교 규율을 지키지 않았다. 많은 학생들이 광고계나 상업미술 분야로 취직하기 위해 열심히 그래픽 아트를 배우는 동안 일부 학생들은 담배를 피우느라 수업을 빼먹고 화장실에서 악기를 연주하며 시간을 보냈다. 그는 그곳에서 진정 자신이 살아 있음을 느꼈다. 강당에서 강의가 있는 시간에도 소년과 친구들은 서로 건반 연주를 가르치느라 바빴다. 그 무렵 소년은 초등학교 때 알게 된 또 다른 친구와 재회를 하게 된다. 그 친구 역시 소년과 음악적 취향이 비슷했다. 이들은 1년 동안 레코드 음반을 찾아다니며 머디 워터스Muddy Waters와 지미 리드Jimmy Reed와 같은 아티스트들의 '진정한 리듬앤드블루스rhythm and blues(R&B)' 음악을 추구했다.

결국 소년은 1962년에 시드컵 예술대학을 자퇴했다. 그리고 친구와 아파트를 구해 함께 살면서 밴드를 결성했다. 처음에는 런던의 나이트클럽을 다니며 리듬앤드블루스 음악을 연주했다. 다른 음악가의 노래를 불렀지만 언젠가는 꼭 자신이 만든 곡을 부를 것이라는 꿈을

키워나갔다. 여러 번 시도도 해보았지만 그때마다 음반을 내는 일이
실패로 돌아갔다.

> 그러던 어느 날, 제게 특별한 일이 일어났어요. 정말 충격 그 자
> 체였죠. 우리가 가진 것으로 노래를 만드는 신선한 세상에 눈을
> 뜬 거예요. 그전까지는 내게 그런 재능이 있는지조차 몰랐어요.
> 마치 블레이크William Blake(영국의 화가이자 신비적 경향의 시인-옮긴
> 이)와 마찬가지로 계시를 받고 깨달음을 얻게 된 거죠.

훗날 자신의 삶을 회고하며 쓴 책 『라이프Life』를 보면 그 소년이
최초로 만든 곡의 제목이 「애즈 티어스 고 바이As Tears Go By」란 것
을 알 수 있다. 이 곡은 그 당시에 무명이었던 열일곱 살의 마리안
느 페이스풀Marianne Faithfull이 불렀다. 이쯤에서 이 소년의 이름
을 밝혀야겠다. 그의 이름은 바로 키스 리처즈Keith Richards이며, 그
의 친구이자 같이 음악 작업을 했던 동료는 잘 알겠지만 믹 재거Mick
Jagger다.

리처즈와 재거의 파트너십은 세계적으로 유명한 록 밴드로 기억될
롤링 스톤스Rolling Stones를 탄생시켰다. 이 밴드의 음악적인 성공은
경이적인 기록을 남겼는데, 50년 동안의 음악 활동을 통해 20억 달러
의 수입을 거둬들였다. 일흔이 된 나이에도 리처즈와 재거는 전 세계
를 돌아다니며 팬들을 위한 공연을 지금까지도 계속 이어가고 있다.

물론 리처즈와 재거는 이 시대를 대표하는 창조적인 인물로 보아도 손색이 없다. 그러나 사람들의 선입견과 달리 두 사람이 창조적인 삶을 살게 된 이유는 전혀 예상하지 못한 다른 곳에 있다.

창조성에 관한 사회적인 통념에 따르면 켄트 출신의 그 소년은 천재였다(소년의 친구 믹 역시 말할 필요 없다). 소년은 운이 좋았으며 타고난 재능이 있었고 특별했다. 그래서 '아하!' 하고 깨닫게 되는 그 순간Aha Moment을 경험했고, 그 덕분에 예술가, 크리에이터creator로서 전 세계에 자신의 입지를 세웠다. 미국인들은 이런 식으로 전개되는 이야기를 참 좋아한다. 그들은 광기 어린 천재 이야기나 괴짜의 특별한 이야기, 막판에 갑자기 기발한 영감이 떠오른 이야기에 열광한다. 창조성을 주제로 한 이야기처럼 들리지만 알고 보면 저마다 창조성에 대한 이질적인 신념들을 보여주는 단편들에 불과하다.

우리 중 많은 이들은 창조적인 사람을, 시대를 앞서는 선견지명이 있고 타인과 다른 방식으로 사고하는 '우뇌형right-brain' 인간이라고 생각한다. 그리고 우리는 다락방에서 배고픔을 참으며 홀로 시를 쓰거나 문명에서 멀리 떨어진 호숫가에서 시를 쓰는 시인을 더 낭만적으로 미화하는 경향이 있다. 또 언젠가는 일반 과학이나 신경 과학이 일반인과 창조적인 사람이 어떻게 다른지 꼭 과학적으로 밝혀낼 것이라고 굳게 믿는다. 그리고 뇌 스캔 기술을 동원하여 일반인들이 창조적인 사람이 되기 위해 무엇을 하면 되는지 그 방법을 제시해주기를 기대한다. 어쩌면 살면서 누구나 한번쯤은 창조적인 생각이 불현듯 떠오르는 순간을 경험했을 것이다. 하지만 그 순간이 지나가면 그냥 다시 일상으로 돌아간다. 그러면서 운이 좋아 우연히 떠오른 생각이라고 치부해버린다.

많은 사람들은 저마다 정도의 차이는 있지만 창조성에 대한 압박감을 느낀다. 어떤 이는 자신이 별로 창조적이지 않다고 느끼고, 또 어떤 이는 어떻게 해야 창조적인 것인지 잘 모르겠다고 말한다. 아니면 선천적으로 자신은 창조성이 결핍된 사람일지도 모른다고 하소연한다. 심지어 재능을 인정받은 사람들까지도 자신이 얼마나 창조적인지 자각하지 못하는 경우도 있다. 이런 부류의 사람들은 머릿속에 기발한 생각이 떠오른 적이 있었는지조차 확신이 없다. 그러면서 창조성이 빛을 발한 특별한 순간이 정확히 언제였는지 기억하지 못한다. 그저 자신에게 주어진 일을 하는 것뿐이며 결코 자신은 예술가적 기질을 가진 사람이 아니라고 말한다. 나는 고급 제트엔진을 만드는 일을 하는 어느 기술자의 경험담을 들은 적이 있다. 그가 하는 일은 거대하고 복잡한 구조의 하이테크 기계를 손으로 만지는 일이었다. 그는 티타늄으로 만든 기계의 추진력 효율을 20퍼센트나 높이는 데 성공했다고 내게 말했다. 그런데도 이 남자는 자신이 창조적인 일을 해냈다는 것조차 깨닫지 못했다. 내가 아는 한 여학생도 이와 비슷한 경우다. 이 여학생은 Y세대Generation Y인 친구들이 스마트폰 애플리케이션으로 예술을 감상할 수 있는 방법을 제시했지만, 그녀 역시 자신이 창조적인 일을 해냈다고 전혀 생각하지 않았다. 우리는 자신을 창조적인 사람이라고 생각하지 않는 경향이 있다. 어떤 것이 창조적인 것인지 구분하는 방법을 잘 모르기 때문이다. 심지어 우리는 창조성이 무엇인지 제대로 정의조차 내리지 못한다.

그 이유는 창조성을 둘러싼 불확실한 정보들이 난무하기 때문이다. 창조성과 관련된 근거 없는 신화도 너무 많다. 우리는 종종 창조성이란 말보다 예측 가능성이나 관례라는 말을 더 우선적으로 생각한다. 일상의 반복이 우리의 작업 능률성은 물론 생활의 만족도를 떨어트리는 데도 사람들은 변화보다는 안정을 추구하는 것 같다. 코넬 대학과 펜실베이니아 대학, 그리고 채플 힐의 노스캐롤라이나 대학의 실험 결과에 따르면, 실험 참가자들이 불확실한 상황에 직면했을 때 '실현 가능성'이란 말보다는 '창조성'이란 말에 대해 더 부정적인 입장을 보인 것으로 나타났다. 더 최악의 결과는 창조성에 대한 부정적인 편견으로 인해 창조적인 아이디어를 인식하는 능력에도 방해를 받는다는 점이었다. 실험 참가자들은 창조적인 아이디어를 떠올릴 때 연상되는 단어로 '괴로움agony', '독poison'을 꼽았다. 심지어 '구토vomit'가 생각난다고 했다. 솔직히 인정하자. 우리는 창조성에 겁을 먹고 있는 것이다.

수많은 사회 통념 가운데 창조성에 대한 진실이 들어 있는 경우도 있다. 많은 예술가들은 자신만의 드럼 박자에 맞춰 자유롭게 움직이는 사람들처럼 보인다(예술가에게 가장 잘 어울리는 악기를 말하라고 한다면 가장 먼저 드럼이 떠오른다. 드럼 말고는 달리 떠오르는 악기도 없다). 지금까지 기분 장애와 창조적인 행동 사이의 연관 관계에 대해 연구한 수많은 연구 결과가 발표됐다. 그 가운데 볼티모어에 있는 존스 홉킨스 의과대학의 정신과 교수인 케이 레드필드 재미슨Kay Redfield Jamison 박사의 연구 결과에 따르면, 사례마다 다르긴 하지만 실력이 뛰어난 예술가들이 일반인보다 우울증에 걸릴 가능성이 거의 10~30배나 높은 것으로 나타났다고 한다.

또한 창조성과 관련된 연구가 점점 활발해지면서 사회적 영향력social force과 같은 여러 유형의 알력 관계를 증명하는 연구가 나오고 있다. 사람들은 아인슈타인의 뇌를 해부해 형태와 크기를 연구했으며, 아인슈타인의 뇌를 수많은 조각으로 나누어 보관하면서 필요할 때마다 꺼내 현미경으로 정밀하게 검사했다. 아인슈타인이 천재적인 수학자로서 창조적인 이론을 발견한 비결이 그의 범상치 않은 뇌 때문이라고 믿었기 때문이다. 그러면서 뉴런의 개수나 뇌의 주름이 일반인보다 많아서 일반인보다 뛰어난 능력을 가진 것이라고 여겼다(옛 소련의 과학자들은 레닌이 사망한 후, 그의 뇌를 해부해 레닌의 천재성을 뇌에서 발견하려고 했다). 하지만 아인슈타인이 단지 다른 사람과 다른 뇌를 가졌다는 이유만으로 천재가 된 것은 아니다. 아인슈타인은 어린 시절에 내키지 않는 데도 어머니의 권유에 못 이겨 억지로 바이올린을 배웠다. 그러다가 모차르트의 음악에 눈을 뜨게 되면서 그때부터 평생음악을 사랑하게 됐다. 또한 아인슈타인이 학교에서 모든 과목에 뛰어난 학생은 아니었다. 수학을 탁월하게 잘했지만 다른 과목은 겨우 시험을 통과할 정도의 수준이었다.

아인슈타인은 성인이 되어 스위스 특허국의 심사관으로 일하면서 획기적인 이론을 발견했다. 그가 맡은 업무는 전자기 장치에 적용된 기술력을 검사하는 일이었다. 그곳에서 근무하는 동안 전기, 빛, 물질, 공간과 시간에 대해 끊임없이 생각하고 실험했다. 아인슈타인이 발표한 유명한 논문 4편도 젊은 시절 특허국에서 쌓은 경험이 밑바탕이 됐다. 아인슈타인이 특허국 서기로 일하는 동안, 그는 두 친구와 올림피아 아카데미Olympia Academy라는 이름의 모임을 만들었다. 세 사람은 마하Mach와 흄Hume을 비롯한 철학자, 물리학자들이 쓴 책들을 읽으며 그와 관련된 주제로 토론을 벌였다. 아인슈타인은 격식에 얽매이지 않고 편하게 참여했던 그 모임 덕분에 자신의 연구에 필요한 이론을 체계적으로 발전시킬 수 있었다고 회고했다.

키스 리처즈는 결코 혼자서 「애즈 티어스 고 바이」를 완성하지 않았다. 믹 재거가 옆에 있었기 때문에 그런 곡을 만들 수 있었던 것이다. 또 두 사람을 주방으로 밀어 넣고 곡을 완성하기 전에는 나올 생각도 하지 말라고 밀어붙인 매니저이자 프로듀서였던 앤드류 루그 올덤Andrew Loog Oldham 덕분에 그런 명곡이 탄생한 것이다. 올덤은 1960년대 런던의 유행 패션을 주도하던 디자이너 메리 퀀트Mary Quant와 함께 일한 적이 있으며 그 후에는 밥 딜런Bob Dylan과 비틀스Beatles의 홍보 담당자로 활동하기도 했다. 올덤은 노래가 어떻게 만들어지는지, 한 사람의 이력career이 어떻게 완성되는지 누구보다 잘 알았다. 그래서 리처즈와 재거의 미래가 결국 그들이 작사 작곡한 음악에 달려 있다고 말할 수 있었던 것이다. 두 사람의 합동 작업과 고된 노동, 옆에서 금쪽같은 충고를 해준 조언자가 있었기에 리처즈와 재거는 「더 라스트 타임The Last Time」이란 곡을 만들 수 있었다. 두 사람이 결성한 그룹 롤링 스톤스가 만든 첫 번째 노래였다. 하지만 롤링 스톤스가 미국에서 처음 대히트를 친 노래는 「(아이 캔트 겟 노I Can't Get No) 새티스팩션Satisfaction」이었고, 그 뒤로 100여 곡의 노래들이 세상에 쏟아져 나왔다.

롤링 스톤스를 결성한 두 사람이 가사를 쓰며 노래를 만든 순간이 어쩌면 천재적 영감이 떠오른 때일 수도 있다 그러나 사실 몇 년 동안 열심히 고민하고 힘들게 작업한 당연한 결과였다. 물론 두 사람은 그동안 다양한 지식과 경험을 쌓으며 자신이 가장 좋아하는 일을 해야 한다는 것을 깨달았다. 또 옛날 방식으로 시험 문제의 정답을 달달 외우는 일은 하지 않았지만, 새로운 무언가를 창조하기 위해 혼자가 아닌 누군가와 함께 노력해야 한다는 교훈을 얻었다. 리처즈가 『라이프』에 쓴 글을 보면 다음과 같은 구절이 있다.

나는 블루스 장르와 음악이 걸어온 자취를 더듬어보면서 그것에 눈을 뜨게 됐죠. 블루스는 저절로 생겨난 게 아니에요. 사실 위대한 음악은 천재 한 사람의 영감으로 만들어지지 않아요. 다른 사람의 말을 귀담아 듣고 그 주제에 대한 다양한 생각을 자신의 것으로 발전시킨 거예요. 그러다 보면 어느 순간 갑자기 여기 있는 모든 사람이 서로 하나로 이어져 있다는 것을 깨닫게 돼요. 천재만이 훌륭하고, 그 외의 나머지 사람들은 별 볼일 없는 게 아니에요. 우리는 누구나 다른 사람에게 영향을 주고받으며 상호 관계를 맺으며 살고 있어요.

리처즈가 자신의 반세기 음악 인생에 대해 얘기하며 쓴 글에는 창조성에 대한 논의를 시작하는 데 필요한 말들이 고스란히 담겨 있다. 한 가지 차이점이라면 리처즈는 자신의 창조성을 이미 세상에 드러낸 사람인 반면, 우리 중에는 앞으로 창조성을 드러내야 하는 사람들이 더 많을 것이다.

리처즈의 이야기는 결국 우리 모두에게 창조적인 능력이 잠재되어 있다는 것을 보여준다. 다만, 그 능력을 세상 밖으로 분출하기 위해 좀 더 깊이 탐색할 필요가 있다. 사실 우리는 그동안 꽤 오랜 시간에 걸쳐 창조성의 원천에 대해 탐구해왔다.

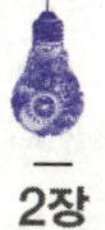

2장

창조성의 비밀 탐구

나는 1990년대에 《비즈니스 위크》의 표지 디자인 및 디자인 혁신 팀에서 일했다. 그 당시에 나는 디자인의 혁신을 평가하기 위해 무던히도 애썼다. 1992년에 《비즈니스 위크》는 처음으로 국제디자인공모전을 지원하는 프로젝트에 참여했다. 미국과 유럽은 물론 아시아의 디자인 회사 및 컨설팅의 새로운 혁신을 강조하기 위해 열린 공모전이었다. 2006년 4월 《비즈니스 위크》는 보스턴 컨설팅 그룹Boston Consulting Group과 팀을 이루어 '가장 혁신적인 기업 리스트'를 발표했다. 이때 각 기업의 소프트 데이터와 하드 데이터를 종합한 알고리즘을 기준으로 순위를 매겼다. 또 간부들의 공동 의견과 연구 개발 R&D 매트릭스, 특허 목록, 신상품 매출에 따른 이윤도 고려했다.

그 후, 2008년에는 내가 일하는 팀에서 'S&P/《비즈니스 위크》 글로벌 혁신 지수S&P/Business Week Global Innovation Index'를 만들었다. 이 지수를 기준으로 회사의 주가가 평균 수치보다 높은 기업들에 한해 창조성의 리더로 불릴 만한 25개 글로벌 기업을 선정했다. 이 지수는 글로벌 대기업이 혁신성에 더 많은 투자를 하기 위한 것이기도 했다. 우리는 순위를 정하기 위해 기존에 시행해온 평가 척도에 해당하는 연구 개발에 투자한 지출, 특허 제품의 수, 신상품 이윤을 그 기준점으로 삼았다.

그러면서 우리가 발표한 수많은 리스트와 인덱스가 세상에 모습을 드러냈다. 2006년에는 온라인상에 '이노베이션&디자인' 채널을 개설하는 한편, 《인 : 인사이드 이노베이션》이란 이름의 새 계간지도 창간했다. 이 계간지에는 혁신에 대한 통찰과 조언이 가득 담겨 있다. 나와 팀원들은 수년간 혁신을 주제로 한 연구에 매달려 방대한 양의 결과물을 내놓았다. 수백 편의 혁신 성공 사례를 글로 썼으며 혁신 기업 명단에 오른 기업의 성적이 차곡차곡 데이터로 축적됐다. 심지어 우리 스스로 혁신을 제대로 다룬 팀이라고 자축할 정도였다.

그러던 어느 날, 나는 그때까지 한 일들을 하나씩 되짚어보면서 실제로 획득한 결과물을 찬찬히 훑어보았다. '가장 혁신적 기업' 명단과 해마다 국제디자인공모전에 선정된 수상자들을 살펴보았다. 20여 개의 기업이 매년 명단에 올랐다. 실제로 공기업과 사기업이 수천 개가 넘는 데도 이 명단에 오르는 영예의 그룹은 늘 정해져 있었다.

설상가상으로 한 가지만 더 밝히자면, 모든 사람들이 혁신적인 기업으로 알고 있는 애플Apple의 경우, 혁신을 판단하는 전통적인 기준에는 결코 부합하지 않는 기업이다. 실제로 애플은 연구 개발 비용에 많은 투자를 하지 않는다. 혁신을 이루기 위해 '프로세스 퍼널process funnel'이라고 부르는 패턴을 쓰는 것도 역시 애플과는 별로 관련이 없었다. 애플이 혁신을 이루기 위해 한 일은 사실 몇 가지 없다. 절대적인 능력을 가진 CEO와 그를 따르는 부하 직원들의 손에서 혁신이 탄생한 것이다. 우리의 일상을 바꿔놓은 애플과 같은 회사가 존재하기 때문에 우아하고 멋진 디자인의 제품을 쓸 수 있게 되었으며, 제품과 상호작용하는 생활을 즐길 수 있게 됐다. 음악 재생 목록에서 사진 앨범, 영화까지 우리가 원하는 작품을 자유롭게 창조할 수 있는 수단을 제공한 것도 애플이 우리에게 준 귀중한 선물 중 하나다.

애플은 고전적인 방식으로 일하는 회사가 아니었다. 기존의 회사와 다른 점은 이뿐만이 아니다. 지난 수십 년 동안 애플 제품은 우리의 일상을 바꿨다. 그런 제품이 어디 애플뿐인가. 페이스북에서 트위터, 아마존Amazon에서 이베이eBay에 이르기까지 그들이 처음 제공한 신상품과 새로운 유형의 서비스는 사람들에게 놀라움 그 자체였다. 이 기업들의 성공은 결코 특허 상품의 수나 연구 개발에 투자한 비용으로 설명할 수 없다. 기존에 잘나가는 기업들을 평가할 때 쓴 매트릭스대로 이 기업들의 혁신성을 평가하는 것은 불가능하단 얘기다. 이들에게 특별한 무언가가 있는 것이 분명하다. 주변을 초토화시킬 정도의 힘을 가진 혁신을 이루기 위한 비장의 무기가 있는 것이 틀림없다. 아직 우리가 양적으로 수치화하는 방법을 발견하지 못한, 혁신을 결정짓는 무언가가 있는 게 확실하다.

나는 그 해답을 얻기 위해 그동안 연락해온 컨설팅 기업에 수소문을 했지만 아쉽게도 원하는 대답을 듣지 못했다. 창조적인 기업을 만들기 위해 조언을 해주는 일이 컨설팅 기업의 일인 데도 내 질문을 듣자 처음에는 주저하는 기색이 역력했다. 하지만 혁신을 둘러싼 놀라운 진실을 듣고 난 후에는 내 얘기에 공감했다. 컨설팅 전문가들은 고객인 기업들에게 큰 변화를 유도하는 혁신을 이룰 수 있도록 도와주려고 애쓰지만 실제로 성공 적중률은 낮았다.

우리는 여러 매체를 통해 기업의 혁신 성공 사례에 관한 수많은 기사를 접했다(《비즈니스 위크》에서 다룬 기사 중에 몇 가지 예를 들면, 카이저 퍼머넌트Kaiser Permanente는 회사의 핵심 업무를 의료 치료법에서 환자 의료 서비스로 전환했으며, 피앤지P&G는 스위퍼 브랜드Swiffer brand를 탄생시킴으로써 혁신을 시도했다). 하지만 우리 중에 기업 혁신에 실패한 사례에 대해 자세히 아는 사람은 별로 없다. 내가 사람들에게 혁신을 강조하며 자극을 주면 사람들은 마지못해 동의하면서 혁신이 얼마나 어려운지 모른다고 말했다. 혁신을 새로운 시각으로 바라보며 사람들과 대화를 나눈 지도 벌써 몇 년의 시간이 흘렀다. 혁신을 주도하는 기업으로 인정받은 두 회사의 최고 경영자들을 만난 적이 있는데 두 사람 모두 내게 같은 말을 했다. 1년에 수백 개의 프로젝트를 기획하고 실행하지만 그중 성공에 이르는 것은 손에 꼽을 정도로 적다는 사실이다.

회사와 투자가들이 혁신의 척도를 제대로 평가할 수 있도록 도구를 개발하고, 실제로 기업이 더 혁신할 수 있다고 믿으면서 혁신 연구에 내 이력의 대부분을 보냈다. 그러나 현실은 그렇지 않았기에 나는 충격을 받았다. 그렇다면 이런 노력이 대체 무엇을 위한 것이었단 말인가? 엄청난 파괴력을 지닌 혁신은 왜 예상치 못한 곳에서 일어나는 것인가? 혁신 개발에 많은 시간과 돈을 투자하는 기업들은 정작 일상을 바꾸는 제품과 서비스를 만들어내지 못하는데, 20대 풋내기 신인들은 예산 없이도 혁신적인 아이디어를 어떻게 생각해낼 수 있는 걸까? 대기업에 근무하는 수백만 명의 직원들은 어제도 오늘도 혁신을 위한 매트릭스 개발과 평가 업무에 열을 올리지만, 똑똑한 컴퓨터 프로그래머와 그의 동료들은 이 대기업 직원들보다 더 기발한 제품을 만드는 이유가 무엇일까?

물론 정부가 기업의 창조성에 이바지하는 사례도 분명 존재한다. 애플이 '시리Siri' 서비스를 시도하게 된 데는 인터넷과 테크놀로지 발전의 영향력이 컸다. 하지만 실제 내막을 자세히 들여다보니 정부 소속 연구소가 《포춘Fortune》지에 선정된 500대 기업에 속한 회사들보다 신생 창업 기업과 합작해 일을 한 경우가 더 많다는 사실을 알 수 있었다. 그때부터 나는 최상의 성과를 얻는 정부와 기업 연구소 사이에 실제로 어떤 일이 벌어지는지 더 면밀하게 조사하기 시작했다. 이는 혁신을 유도하는 사회적인 역학 관계를 알아내기 위해서였는데, 혁신은 뜻밖의 행운serendipity, 관계connection, 새로운 발견discovery, 네트워킹networking, 즐기기play와도 관련이 있었다. 이와 같은 요소들이 잘 반영되어 창조적인 거대 도시나 대학 캠퍼스의 복잡한 유기적 조직이 성립되었던 것이다. 그리고 이를 통해 대기업의 기술적인 프로세스보다 오히려 창조적인 거대 도시나 대학 캠퍼스에 혁신성이 더 많이 반영되어 있음을 알 수 있었다. 어떻게 그럴 수 있는가?

나는 스스로에게 물었다. "우리는 지금 무엇을 평가하고 있는가?" 그리고 또 물었다. "우리가 평가하지 않는 것은 또 무엇인가?

창조성의 코드 깨기

나 혼자만 이런 의문을 품은 것은 아니었다. 21세기가 시작되면서 첫 10년의 중반에는 '디자인 사고design thinking'가 폭넓은 인기를 얻었다. 아이러니하게도 디자인 사고와 혁신에 대한 토론이 한창일 무렵에 우리 중 몇몇은 디자인에만 초점을 두는 것에 대한 한계를 인식하기 시작했다.

2007년 10월 30일, 캘리포니아 주의 글렌데일Glendale에 위치한 어플라이드 마인즈Applied Minds 사무실을 찾아가 그곳에서 대니 힐리스Danny Hillis를 만났다. 그 자리에는 디자인과 디자인 사고, 혁신의 대가들인 더블린Doblin 그룹 대표 래리 킬리와 토론토 대학의 로트먼 경영대학원 학장인 로저 마틴, 시카고의 디자인 학교 IIT의 패트릭 휘트니도 있었다. 힐리스는 병렬식 컴퓨터를 최초로 발명한 장본인이며 디즈니와 미군(군사 기밀 부서)에서 일한 경력이 있는 세계적인 혁신가였다. 그는 우리와 혁신 프로세스에 대해 더 많은 이야기를 나누고 싶어 했다. 그 스스로도 새로운 아이디어를 만드는 일에 일가견이 있다는 것을 알았다. 하지만 그런 발상이 왜 잘 떠오르는지 이유를 모르겠다고 했다. 그래서 직원들에게 그 능력을 전수해주고 싶어도 방법을 모르겠다는 것이다. 힐리스가 우리에게 물었다. "어떻게 혁신을 일상적인 것으로 만들 수 있을까요?" 그 자리에 모인 사람들은 각자 자신의 의견을 밝혔다. 그중 크레이그 와이네트Craig Wynett의 대답을 듣는 순간 그동안 내가 생각했던 전반적인 혁신관이 완전히 바뀌었다. 프록터 앤드 갬블Procter&Gamble(P&G) 산하의 최고 혁신 책임자로 있는 크레이그 와이네트는 최고 경영자인 래플리A. G. Lafley의 지휘 아래 과학자, 기술자, 디자이너 부서의 장벽을 허무는 사고방식을 강조한 결과, 회사가 혁신적인 제품을 탄생시키는 데 성공했다고 말했다. 그러나 그다음에 그가 덧붙인 말이 내 마음을 관통했다. "사실 그런 노력의 5퍼센트면 충분했어요. 우리에게 정말로 필요한 것은 창의적인 활동을 해체하는 거였지요." 와이네트의 말은 결국 창조성의 코드 자체를 깰 필요가 있다는 얘기였다.

그의 통찰력은 게임의 판도를 바꿔놓는 획기적인 발상이었다. 와이네트는 경계나 장벽을 허무는 것으로는 충분하지 않다고 했다. 혁신을 '자유롭게 놓아주는 것unleash'이 관건이기 때문이었다. 그의 말을 듣고 나니 창조성이 어떻게 생기고 전개되는지 더 이해가 잘되는 것 같았다. 그의 대답은 '어떻게 하면 혁신을 제대로 하는지'에 대한 나의 관점을 송두리째 바꿔놓았다. 《포춘》지에 선정된 500대 기업들은 앞으로 더 이상 혁신을 주도하는 기업이 되지 못할 것이다. 상황은 피앤지도 다르지 않다. 스위퍼 대걸레와 저렴한 스핀브러시 전동칫솔과 같은 히트 제품을 선보이면서 래플리 회장이 경영하는 피앤지는 한동안 혁신적인 성과를 거둔 기업으로 인정받았다. 와이네트는 회사의 최고 혁신 책임자였지만 그는 혁신이나 디자인에 대해 말하지 않았다.

그는 우리에게 창조성에 대해 이야기하고 있었다.

혁신 컨설턴트 회사인 IDEO의 창립자 데이비드 켈리는 스탠퍼드 대학 산하의 디스쿨D.school(정식 명칭은 하소 플래트너 디자인 연구소Hasso Plattner Institute of Design)에서 열린 강연회에서 와이네트와 비슷한 이야기를 한 적이 있다. 그 당시에 디자인 사고의 대가로 오랫동안 명성을 누리던 데이비드 켈리 역시 창조성에 대한 생각을 털어놓았다. 나와 합석한 자리에서 그가 내게 말했다. "창조성은 외국어와 같아요. 요즘 같은 세상에서는 두 가지 능력을 동시에 구사할 줄 알아야 해요. 하나만 잘한다고 되는 게 아니죠. 분석 능력도 있어야 하지만 그와 더불어 필요한 수단도 알아야 하죠." 현재 그는 디스쿨에서 최고 경영자 과정Executive Education의 강의를 맡고 있다. 그 과정은 켈리가 설명한 '창조적인 자신감'을 가진 경영자를 양성하기 위한 취지에서 개설된 것이다.

디자인과 혁신, 이 두 가지에 초점을 맞추다보면 와이네트와 켈리가 가르쳐준 지혜로운 조언을 간과할 수가 없었다. 그러면서 자연스럽게 디자인 개념보다 창조성이란 개념을 더 광범위하고 풍요로운 개념으로 보기 시작했으며, 접근성도 더 용이한 개념으로 생각하기 시작했다. 나중에는 기업주들과도 이 주제를 놓고 열띤 대화를 나누었고 마침내 《비즈니스 위크》에 창조성을 주제로 한 글까지 기고했다. 깜짝 놀랄 정도로 많은 독자들이 내 얘기에 관심을 가지며 귀 기울였다.

2010년에 IBM은 1,500명의 CEO들을 대상으로 가장 가치 있는 경영 기술이 무엇인지 조사했다. '수행성'도 '마케팅'도 아닌 '창조성'이 1위를 차지했다. 그 시절에 나는 파슨스 디자인스쿨의 디자인 전략 팀에 합류했다. 창조성을 둘러싼 여러 가지 질문에 대한 대답을 찾고자 한 이유도 있지만 창조성에 대한 더 나은 질문을 떠올려보기 위해서였다. 디자인 혁신 담당 교수와 디자인 전략 팀 연구원으로 일하면서 창의성이나 혁신을 제대로 이해하고 평가하기 위한 지표들을 더 많이 찾아보았는데, 그동안 내가 그 연계성을 알아보지 못했다는 생각이 들었다. 내가 중점적으로 생각한 기준이 어쩌면 잘못된 기준이었을 수도 있다는 생각마저 들었다. 우리가 창조성과 혁신을 확실하게 설명하지 못하는 이유도 그때서야 이해가 갔다. 우리에게 진정으로 필요한 것은 시야를 넓히는 것이었다. 성공을 결정짓는 전통적인 평가 기준 그 너머에 무엇이 있는지 봐야 할 뿐만 아니라, 자본주의의 역사에 대해서도 되돌아볼 필요가 있었다. 창의성과 자본주의 사이의 연관성에 대해 서술한 최초의 사상가들에 대해서도 다시 한 번 점검할 필요가 있었다.

그러는 사이 나는 파슨스 디자인스쿨에서 만난 학생들이 직면한 도전 과제에 대해서도 주목하기 시작했다. 이들의 부모들은 안정적인 삶을 위해 대기업에 취직하라고 자녀들에게 권유했다. 하지만 학생들은 오히려 부모보다 세상 돌아가는 물정에 더 밝았다. 이 세상은 끊임없이 변화하고 있다는 것을 보았던 것이다. 이들은 자기들보다 두세 살 많은 인생 선배들이 벌써 직업이 서너 번은 바뀌었을 정도로 다양한 경험을 했다는 것을 알았다. 기껏해야 스물다섯 살밖에 되지 않았을 텐데 말이다. 내 제자들은 성공하고 싶다면 자신의 회사를 차려 스스로 성공의 기회를 창조하고 싶다고 했다. 사회에서 살아남으려면 끊임없이 자신을 업그레이드시키고 변화해야 한다는 것을 알았다. 그리고 그들은 어떻게 하면 그럴 수 있는지 그 방법을 절실히 배우고 싶어 했다.

학생들이 직면한 도전 과제가 무엇인지 그들의 얘기를 듣고 있다보니 문득 창조성을 보는 시각이 달라지기 시작했다. 기술이 평가받는 것처럼 창조성도 훈련을 통해 가능하지 않을까 하는 생각이 들었다. 이런 생각을 한 사람은 나 혼자만이 아니었다.

2010년 3월 나는 스탠퍼드 대학에서 디자인의 미래란 주제로 열린 학회에서 디자인 사고를 연구하는 그룹에 합류했다. 스탠퍼드 디자인 프로그램의 책임자인 바니 바네르지가 주최한 학회였다.

이 학회의 취지는 디자인 사고의 기존 패러다임을 뛰어넘는 것이었다. 물론 이 패러다임으로 효과를 보긴 했지만 학회에 참여한 다수의 사람들은 패러다임의 스케일을 늘리는 데 한계가 있다고 느꼈다. 격동의 시기를 거치면서 스케일은 디자인의 영향력에 중요한 변수로 작용했다. 열띤 토론이 이틀 동안 이어졌고 '디자인 지성', '창조성 지수', '창조적 지성'과 같은 신조어들이 생겨났다. 학회 참가자들 사이에서는 누가 이 용어를 가장 먼저 생각해냈는지에 대해 이견을 제기하며 한동안 말이 많았다. 결국은 누가 이름을 지었든 간에 창조적 지성과 디자인 지성이 매우 중요하다는 것에 만장일치로 동의했다. 어쩌다 이런 생각까지 하게 된 것일까?

방금 사례에서 보았듯이 다수의 사람들이 모여 함께 노력하면 가능했다.

어느 겨울 밤, 맨해튼의 블루밍데일Bloomingdale에서 가까운 안가 safe house에서 CIA 책임자인 윌리엄 케이시William Casey가 나에게 제2차 세계대전 때 CIA가 어떤 방식으로 첩보원을 고용했는지에 대해 들려주었다. 그때가 1983년이었다. 윌리엄 케이시의 비서라고 자신을 소개한 여성이 전화를 했고, 일주일 후에 CIA의 최고 책임자인 윌리엄 케이시를 만났다. 처음에는 아는 친구가 내게 장난을 치는 거라고 생각해 웃음이 나왔다. 그런데 비서로부터 전화를 건네받은 케이시의 목소리를 듣는 순간 장난이 아니라는 것을 바로 깨달았다. "반가워요, 브루스 씨. 당신이 쓴 책을 읽었는데 함께 얘기를 나눌 수 있을까요?" 그가 읽었다는 책은 컴퓨터 테크놀로지의 급속한 발전에 대해 국가가 어떤 식으로 대응해야 하는지에 대한 분석을 담은 『석유 그다음의 세상 : 힘과 부의 축이 이동하다The World After Oil : The Shifting Axis of Power and Wealth』였다. 나는 그 책에서 옛 소련이 심각한 어려움을 겪게 될 것이며 머지않아 곧 해체할 것이라고 전망했다. 냉전 상황이 고조되던 때라서 아마도 내 책이 케이시의 관심을 끌었던 것 같았다. 그와 통화를 한 다음 바로 서둘러 약속 날짜를 잡았다.

케이시는 2년 동안 CIA의 최고 책임자로 일했으며, 그전 대선 때는 로널드 레이건Ronald Reagan의 선거 참모장 역할을 훌륭하게 소화했다. 하지만 케이시의 가장 오래된 경력은 첩보 활동이었다. 40년이 다 되어가는 첩보 활동은 그가 해군 중위였을 때 처음 시작했다. 당시의 미국 전략사무국OSS(Office of Strategic Service) 국장인 윌리엄 도노번William Donovan이 케이시를 소환했던 것이다. 별명이 '와일드 빌Wild Bill'인 도노번은 그 당시에 '미국 정보부의 아버지'로 불리던 전설적인 인물이었다. 도노번은 케이시에게 전략사무국에 들어와 함께 일하자고 제안했다.

도노번은 케이시를 처음부터 마음에 들어 했다. 그는 젊은 케이시에게서 자신의 모습을 발견할 수 있었다. 둘 다 가난한 잉글랜드 출신의 이민자 가정의 후손에다 성공한 변호사, 신앙심이 깊은 가톨릭교인, 열렬한 공화주의자에게 둘러싸인 주변 환경까지 비슷해서인지 도너번은 금세 케이시에게서 동질감을 느꼈다. 도노번은 케이시에 대해 이렇게 말했다. "잠시 쉴 짬도 없이 열정적으로 매달리는 사고방식이 저랑 똑같았어요. 케이시는 고정관념에 얽매이지 않고 자신의 직관에 따라 행동하는 사람이었어요."

전략사무국에 들어간 케이시는 그 분야에 재능이 있었음에도 불구하고 초반에는 자신이 아웃사이더가 된 느낌을 받았다. 아이비리그 대학 출신의 상류층 자녀들, 월스트리트의 유명인들, 알프레드 듀폰Alfred duPont처럼 성공한 사업가들, 주니우스Junius와 헨리 모건Henry Morgan과 같은 명사들이 지배하는 기관이란 인상을 받았기 때문이다. 결국 케이시는 혼자 힘으로 능력을 인정받기 위해 1943년 11월, 아내와 딸을 미국에 남겨둔 채 런던으로 떠날 결심을 했다.

1944년 12월, 서른한 살이 된 케이시는 유럽의 비밀첩보국SI(Secret Intelligence) 책임자가 됐다. 그는 독일 나치 정권의 비밀 정보를 캐내기 위한 첩보원 고용 업무를 맡았다. 독일 나치 정권을 상대로 한 첩보 활동은 다른 때와 달랐다. 프랑스나 이탈리아, 벨기에와 같은 유럽 국가에 첩보원을 보낼 때는 현지 공작원이 첩보원을 도와주었는데 독일 내부에는 공작원들의 네트워크가 없었다. 그러기에는 너무 위험했기 때문이다.

벌지 전투Battle of the Bulge(제2차 세계대전 당시 연합국과 독일군 사이에 일어난 전투-옮긴이)에서 독일군의 예상치 못한 공격으로 연합국은 전략을 변경해야만 했다. 하지만 독일 밖에서 상황을 파악하는 데는 한계가 있었다. 히틀러 정권을 끌어내리려면 독일 내부의 정보가 필요했다. 케이시가 소속된 비밀첩보국은 여러 가지 임무를 떠맡았다. 에이스 에어포스Eighth Air Force가 폭탄을 투하하는 잠재적 목표 대상에 대한 정보를 수집하는 일을 해야 했다. 특히 에이스 에어포스는 철도 센터에 모인 독일 군부대를 노렸다. 그리고 독일에서 생산된 공산품의 통계적 수치를 집계하는 일과 무차별 폭격의 가능성 여부를 분석하는 일도 했다. 그뿐만 아니라 그 당시 '경이로운 무기들 wonder weapons'로 불리던 로켓과 원자폭탄 공격 가능성을 감시하는 일도 했다. 나치 정권의 비밀 벙커가 바이에른 주의 산속에 있다는 소문이 떠돌았을 때에도 케이시가 속한 비밀첩보국은 '알프스 요새'의 존재를 알아내는 데 성공했다.

조셉 페르시코Joseph Persico가 쓴 책 『케이시Casey』를 보면, 케이시가 조직을 위해 일할 첩보원을 뽑을 때 독일의 공산당원과 노동운동가 출신들 중에 런던이나 북극권, 동유럽권으로 도주해 외국인 노동자로 일할 수 있는 자격이 되는 사람들 가운데 선택했다는 것을 알 수 있다. 그 시절이 어느덧 40년 전 이야기가 됐다. 케이시는 롱아일랜드Long Island에 거주하는 잉글랜드 출신 특유의 거센 억양으로 장래가 유망한 첩보원을 뽑을 때 무엇을 보았는지 설명했다. 우선 똑똑한 사람, 리스크를 두려워하지 않는 사람, 독립적인 사람을 가려내는 일이 중요했다. 그래서 100여 명의 심리학자와 정신분석가들을 고용해 첩보원 후보자들의 자질을 시험해보라고 시켰다.

또한 미국 전략사무국이 근본적으로 추구하는 덕목은 창의성이었다. 미 합동 특전대학JSOU(Joint Special Operations University)과 미국 전략사무국의 소사이어티 심포지엄Society Symposium이 공동으로 발표한 보고서에 다음과 같은 글이 실려 있다. "미국 전략사무국에서 효과적인 직접 행동 업무를 수행하는 사람은 매사에 확실하고 유능하며, 지적 능력이 뛰어나고 창조적인 사람이다. 그래서 불확실성과 극심한 스트레스를 효율적으로 통제할 수 있는 사람이다." 또한 미국 전략사무국은 훈련생들에게 "문제를 극복할 때 자신의 고유한 천재적 영감과 창조성을 사용하라"고 권장한다.

케이시와 대화를 나누던 그날 밤, 그는 몸을 뒤로 젖힌 채 소파 깊숙이 파묻혀 있었다. 꽤 늦은 시간이었다. 케이시가 외투를 벗자 그의 스리피스 슈트가 보였다. 땅콩 껍질이 그의 조끼에 떨어져 있었다. 그는 한 손으로는 연신 땅콩을 까먹으며 다른 한손에는 스카치를 따른 술잔을 들고 있었다. 술을 몇 잔 마신 상태였다. 나는 그에게 유럽에 있을 때 낙하산을 타고 뛰어내린 요원들이 그 후 어떻게 되었는지 물었다.

그러자 케이시는 그들이 사라졌다고 대답했다. 먼 곳을 응시하는 모습에서 40년 전 어느 특정 인물과 사건을 떠올리는 중이라는 것을 짐작했다. 케이시는 더 이상 말을 잇지 않았다. 물론 첩보원들 가운데 임무 수행에 성공하고 살아 돌아온 사람들도 많이 있다는 것을 우리는 잘 알고 있다. 컬럼비아 로스쿨을 졸업하고 메이저 리그의 선수로도 활약했던 모 버그Moe Berg는 한때 유럽에서 활동한 첩보원 출신 중 한 사람이다. 그는 독일의 나치 정권이 원자폭탄을 설치했다는 소문이 거짓이라는 것을 상부에 보고했다. 또 영화배우 스털링 헤이든Sterling Hayden은 유고슬라비아와 파시스트 정권이 장악한 이탈리아를 통해 획득한 물품과 정보를 미국 전략사무국에 전달하는 핵심 인물로 활동한 적이 있다. 하지만 내가 케이시와 얘기를 하면서 정작 궁금했던 질문은 다른 데 있었다. 심리 테스트를 동원하면서까지 요원의 재능과 창조성을 확인하면서 왜 정작 첩보원이 된 그들이 적군의 영역에 들어간 후에 사라지는 것인지 궁금했다.

인성 테스트 결과 획득한 점수가 높다고 해서 실제로 그 사람이 실전에서 가장 효과적인 행동을 취하는 것은 아니었다. 30년의 경험 끝에 얻은 결론이었다.

그날 밤, 케이시는 제2차 세계대전 당시 미국 전략사무국이 어떤 기준으로 첩보원을 뽑았는지에 대해서만 얘기한 것은 아니었다. 그는 전략사무국이 인간의 창조성에 담긴 비밀을 캐내기 위해 어떤 노력을 기울였는지, 그리고 그 노력의 기원과 관련된 역사에 대해서도 들려주었다. 또 미국인들의 이러한 노력은 오늘날까지도 이어지고 있다는 말도 덧붙였다.

세인트루이스 주의 워싱턴 대학에서 심리학과 교육학 교수로 재직 중인 키스 소여가 쓴 『창조성 설명하기 : 인간 혁신의 학문Explaining Creativity : The Science of Human Innovation』을 보면, 저자가 제2차 세계대전까지 거슬러 올라가 근대적인 창조성을 연구한 결과가 나와 있다. 그는 과거의 미국 전략사무국과 군사 심리학자들이 오늘날의 UC 버클리와 서든캘리포니아 대학, 그리고 시카고 대학 산하의 창조성 연구 기관 설립에 미친 영향에 대해서도 설명했다. 창조성을 연구한 심리학자 중 길퍼드J. P. Guilford는 독창성originality과 융통성flexibility을 포함한 120여 개의 인격 특성을 검사하는 대중적이고 광범위한 창조성 테스트를 개발했다.

냉전 기간 동안에도 미국이 창조성 발견에 투자한 연방 자금 지원은 막대했다. 1950년에 해리 트루먼Harry Truman이 미국 국립과학재단NSF(National Science Foundation)을 설립하면서 전도유망한 미래의 과학자들을 발굴하기 위해 시도한 첫 프로젝트에도 창조성이 빠지지 않았다. 미국 국립과학재단은 유타 대학에서 창조적인 과학적 재능을 찾기 위한 주제의 학회를 여러 번 열었다.

1960년대에 이르면서 창조성을 찾는 연구는 비단 대학에서만 이뤄지지 않았다. 정부의 공교육 제도 전반에까지 확산됐다. 잠재된 창조성을 찾기 위해 어린 학생들을 대상으로 한 테스트까지 실시됐다. 어렸을 때부터 과학과 테크놀로지에 대한 직업적인 꿈을 꿀 수 있도록 미리부터 교육하는 것이 창조성 연구의 주된 목표 중 하나가 되었기 때문이다. 1960년에 엘리스 폴 토런스Ellis Paul Torrance는 '확산적 사고divergent thinking'를 위한 테스트 개발에 성공했다. 확산적 사고란 전통적인 지능지수IQ 테스트처럼 질문에 하나의 정답이 있는 것이 아니라 질문에 여러 가지 대답을 산출할 수 있는 능력을 뜻한다. 토런스 테스트는 지금도 성인은 물론 어린이를 대상으로 천재성 및 창조성을 알아보는 테스트에 적극 활용되고 있다. 토런스 테스트는 현재 32개 언어로 번역되었으며 2,000여 개의 연구 보고서가 이를 바탕으로 삼고 있다.

하지만 창조성 테스트가 전 세계에 확산되었음에도 불구하고, 1970년대~1980년대에 활동한 연구가들은 정신적인 능력과 인성의 특징을 확인하는 테스트만으로 실생활에서의 창조적 행동을 예상할 수 있다는 가설에 의문을 가졌다. 게다가 몇몇 연구가들은 표본추출sampling 과정에까지 의혹을 제기했다. 또 다른 연구가들은 테스트에서 높은 점수를 받았다고 해서 실제로 창조적인 결과물을 보장할 수 없다면서 회의적인 입장을 보였다.

1980년대에 들어오면서 테레사 M. 아마빌레Teresa M. Amabile는 창조성 테스트에 대한 새로운 사실을 발견했다. 스탠퍼드 대학에서 창조성을 주제로 한 논문으로 심리학 박사 학위를 받은 그녀는 개인의 '독창성'을 평가하기 위한 기존의 인격 테스트들을 모두 분석한 결과, 테스트 속에 은연중 내재된 '주관적 편향'이 존재한다는 것을 발견했다. 키스 소여가 지적한 것처럼 아마빌레도 분야별, 직종별로 창조성을 확인하는 테스트가 달라야 한다고 강조했다. 왜냐하면 특정 분야와 세부적인 업무의 특성에 따라 창조성과 참신함을 평가하는 기준이 다르기 때문이다. 따라서 개개인의 전문 지식이나 기술이 적용된 분야에 따라 차별화된 테스트를 적용해 점수를 매겨야 한다.

아마빌레의 연구가 의미심장한 이유는 두 가지이다. 그녀는 창조성이 사회적인 맥락을 내포하고 있다고 주장했다. 해당 분야가 음악이나 비즈니스든, 아니면 과학, 스포츠, 예술 또는 전투전이든 각 분야의 전문가가 되기 위해 알아야 할 특정 지식이 존재하기 마련이다. 그리고 전통이 되어버린 관습적인 개념이든 창조적인 지식이든 그 분야가 요구하는 특정 지식을 잘 알아야 한다. 물론 창조적인 태도를 정의할 때 모든 사람에게 적용되는 일반적인 특징이 존재하지만, 무엇보다도 해당 분야의 특정 지식, 즉 영역 지식domain knowledge을 잘 아는 것이 전제가 되어야 한다.

또한 아마빌레의 창조성 연구는 비즈니스가 창조성과 사랑에 빠지게 된 시발점 역할을 했다. 그녀의 연구 결과가 획기적인 성공을 거두고 난 후, 아마빌레의 관심사가 개인의 창조성에서 조직의 동기 유발과 팀의 창조성으로 바뀌기 시작했다. 아마빌레는 현재 하버드 비즈니스 스쿨의 연구 소장으로 일하고 있다. 비즈니스 스쿨이 창조성 연구소를 적극 지원할 수 있게 된 데는 그녀의 기여가 컸다. 아마빌레는 사회 및 문화적인 맥락에서 창조성을 이해하려고 애썼다. 가령, 신생 팀에게 필요한 창조성과 프로젝트를 위해 결성된 팀이나 성공한 글로벌 기업에 필요한 창조성이 다르다는 얘기다. 창조성 연구를 여러 특정 범주로 구분하려는 노력은 개인적인 범주에서 그룹의 범주까지 확산되는 결과를 낳았다. 또 인성과 사고 유형은 물론 사회적 조직과 사회적 태도도 고려하게 됐다. 그러다보니 기업의 경영주들이 창조성에 더 많은 관심을 갖게 된 것이다. 사실 경영주들은 혁신적인 조직을 만드는 방법에 누구보다도 관심이 많은 사람들이다.

아마빌레와 몇몇 다른 연구가들이 창조성 연구 1세대의 방식을 비판하는 동안, 키스 소여는 1960년대~1970년대의 개인별 성장 운동 personal growth movement의 시초가 된 2세대의 인기몰이에 주목했다. 인지심리학이 점차 알려지면서 심리학자들은 창조성이 정신 과정과 정신적 능력으로부터 어떻게 발산되는지를 보여줌으로써 창조성을 설명하려고 했다. 그전까지는 심리학자들이 개인의 성격과 사고방식이 창조적인 능력에 어떤 차별화를 일으키는지에 대해 알아내려고 했다면, 이제는 사람들이 공유하는 정신 과정을 이해하고 그 정신 과정이 특정 행동과 어떤 연관성이 있는지를 이해하려고 애썼다. 정신 과정이 특정 행동에 대한 직접적인 원인이 되지는 않는다고 가정할 경우에 말이다.

미국 레이크 포레스트 대학의 연구소에 이어 1970년대에는 시카고 대학의 창조성 연구소에서 주목한 연구 대상 가운데 하나가 바로 '몰입flow'이다. 이는 심리학자 미하이 칙센트미하이Mihaly Csikszentmihalyi가 처음 이론화시킨 개념으로, 어떤 개인이 창조적인 활동을 하는 동안의 인지 상태를 결정짓는 표현이다. 사람들은 흔히 어떤 일에 몰두하고 있을 때 영어로 'in the zone', 'on a roll', 'centered', 'in the groove'란 표현을 즐겨 쓴다. 그러나 내가 가장 좋아하는 표현은 키스 리처즈가 롤링 스톤스로 활동하면서 자신의 마음 상태를 묘사할 때 쓴 다음과 같은 표현이다. "그런 순간이 있다. 잠시나마 이 지구를 멀리 떠나 아무도 당신을 건드릴 수 없는 곳에 간 것처럼 느껴지는 순간……. 진정으로 그런 순간을 느껴봤다면 이미 당신은 날개를 얻은 것이다."

시카고 대학에서 창조성을 연구하고 『창의성의 즐거움』을 비롯한 여러 권의 책을 출간한 칙센트미하이는 몰입 상태에 도달하는 여러 가지 요소들을 자세히 분석했다. 그가 말하는 몰입은 키스 리처즈가 묘사한 마음 상태와 통하는 면이 있다. 시간 감각의 부재, 주도면밀한 집중, 무제한적인 잠재력을 느끼는 순간, 강렬한 자신감, 내재적 동기 유발, 배고픔과 피로의 부재, 그리고 희열을 느끼고 심지어 황홀감까지 느끼는 것이 몰입을 결정짓는 요소들이다. 그리고 이 몰입은 곧 창조 활동을 할 때 발생한다. 이쯤에서 잠시 1959년으로 되돌아가 실존 심리학자 롤로 메이Rollo May에 대한 얘기를 해야겠다. 그는 '절정 경험peak experience'이란 용어를 사용했는데, 이는 강렬한 자각, 고조된 인식, 그리고 시간과 주변 환경을 염두에 두고 있지 않은 상태라고 설명했다. 칙센트미하이는 이런 생각에 기반을 두고 그것을 '몰입 상태'라고 명명했다.

칙센트미하이는 수세기 동안 예술가들이 '신이 내린 선물'이란 종교적인 표현으로 묘사한 상태를 세속적인 심리학적 개념으로 탄생시켰다. 요즘도 호피Hopi와 나바호Navajo, 푸에블로Pueblo 보호구역에 사는 전통적인 도자기 장인, 방직공, 보석 세공인들은 외부와 격리된 곳에서 작업을 하면서 창조자의 '영혼'이 자신을 관통해 통찰력과 새로운 창조성을 부여한다고 말한다. 이들은 종종 이런 순간이 오면 하늘을 향해 두 팔을 올리곤 한다. 이들 역시 초월적 시간, 통찰, 잠재성과 희열이란 표현을 사용한다.

1990년대에 이르러 두뇌 영상 기술이 발달하면서 심리학자들은 다양한 '창조적인' 일을 할 때 인간의 뇌에서 어떤 일이 일어나는지 바로 확인할 수 있게 됐다. 효과적인 스캐닝 장치를 통해 3차원으로 두뇌 영상을 볼 수 있게 되면서 인지 신경과학cognitive neuroscience이란 새로운 분야가 생겨났다. 오늘날 인지 신경과학은 창조성을 분석하기 위해 가장 인기 있는 연구 방법론이 되었으며 넉넉한 자금을 지속적으로 지원받고 있다.

인지 신경과학 연구는 창조성과 관련하여 숱한 근거 없는 이야기를 무너뜨리는 데 기여했다. 우뇌가 발달한 사람의 창조성이 더 뛰어나다는 대중적인 인식에도 불구하고 두뇌 스캔 결과, 창조성이 우뇌 기능에 집중되어 있지 않은 것으로 드러났다. 창조적인 태도는 오랜 시간에 걸쳐 뇌 전체에서 활성화되었기 때문이다. 창조적인 통찰력이 빛을 발휘하는 순간, 뇌의 어느 한 곳에서만 창조성을 자극한 것이라고 말할 수는 없다. 스캐너의 크기가 더 작아지고 기능이 더 복잡해질수록 우리가 행동하고 느끼는 순간의 뇌 반응을 더 잘 관찰할 수 있다.

그러나 신경과학이 스크린에 비치는 그림자에 불과할 수도 있다는 위험 요소가 뒤따른다. 자바 섬의 인형극처럼 우리 눈에 보이는 것은 현실 그 자체가 아니라 현실을 비춘 상이 될 수도 있기 때문이다.

신경과학으로 창조성을 이해한다는 새로운 시도는 사람들의 이목을 끌기에 충분하다. 또한 창조성이 고독한 천재에게서 나온다는 생각이 틀렸다는 것을 증명할 기회도 됐다. 이제 그만 케케묵은 사고를 버려야 할 때다. 이제는 예리한 눈으로 뇌파 분석을 하는 것이 더 흥미로운 일이 됐다. '아하!' 하고 깨닫게 되는 순간을 맞는 것도 멋지지만 우리가 즉흥적으로 뭔가를 하거나 샤워를 하다가 갑자기 문제에 대한 해결책이 떠오르는 그 순간, 뇌에서 어떤 반응이 일어났는지 아는 것도 흥미로운 일이 될 것이다. 창조성은 한순간 그 이상의 무언가를 더 가지고 있다. 그 순간을 개인적으로 경험하는 것 이상의 무언가가 더 있을 것이다.

신경과학이 뇌의 특정 기능을 활성화시킴으로써 창조적인 활동을 유도하는 날이 오기 전에 우리 스스로에게 '굳이 그럴 필요가 있을까?' 하고 자문해볼 가치는 충분히 있다. 내 생각에 창조적 지성을 가장 잘 이해하기 위한 방법은 창조성을 키운 사람과 조직으로부터 배우고 연구하는 것이라고 본다.

근대적인 창조 연구에 착수한 몇몇 초기 개척자들이 바로 이런 방법을 썼다는 것은 놀랄 일도 아니다.

이탈리아의 르네상스 시대에 피렌체는 수많은 위대한 화가들을 배출했다. 그중에 대표적인 화가들로 레오나르도 다빈치, 라파엘로, 보티첼리, 도나텔로를 꼽을 수 있다. 어떤 이유에서였을까? '몰입' 상태가 절정에 이르러 창조적인 결과물을 만든 사람들이 왜 이 도시에 유독 많았던 것일까? 그저 우연이었을지도 모른다. 아니면 또 다른 이유가 있을 수도 있다.

그 당시 피렌체는 도시국가 형태의 부유한 곳이었다. 엘리트 계층은 예술 작품을 수집함으로써 자신의 사회적 위치를 보여주려고 했다. 이미 훌륭한 화가들이 활동하고 있었기 때문에 실력 있는 화가들을 배출하는 과정도 더 효과적이었다. 베테랑 화가들과 합동으로 자주 작업을 하고 서로 상대에게 비평과 조언을 들으려고 하다보니 자연스럽게 화가들의 실력이 향상된 것이다. 다시 말해서 600년 전 피렌체의 사회적, 문화적 맥락을 볼 때 창조성이 빛을 발할 수밖에 없었다. 르네상스 시대와 비교했을 때 오늘날의 피렌체에서 그때처럼 위대한 그림과 창조성을 만나기란 불가능하다. 아마 그런 시대가 다시 오지는 못할 것이다. 정치 및 경제적인 상황이 르네상스 시대 때와 딱 맞아떨어진다면 모를까.

이탈리아의 르네상스 문화가 예술적인 창조성을 발산하는 데 어떤 영향을 미쳤는지 분석한 사람은 흥미롭게도 개인의 '몰입'이라는 심리학적 개념을 제시한 바로 미하이 칙센트미하이다. 칙센트미하이는 창조성 연구를 하는 동안 4가지 주요 개념을 언급했으며 그중에서도 특히 '몰입'으로 유명해졌다. 그러면서도 15세기 이탈리아 르네상스 시대의 예술가들의 삶을 몇 번이고 되풀이해서 되돌아보았다. 그는 자신의 연구와 책에서 다음과 같은 질문들을 했다. '창조성을 유도하는 사회적 조건에는 무엇이 있는가?' '어떻게 하면 우리 스스로를 사회적 매트릭스의 일부로 만들 수 있을까?' 이 질문들은 보통 인지심리학자가 아닌 인류학자와 사회학자들이 하는 전형적인 질문이다. 문화, 조직, 변화, 사회운동과 관련된 전반적인 개념을 다루는 학문이 바로 인류학과 사회학이기 때문이다.

칙센트미하이의 제자인 키스 소여는 창조성 연구에 있어서 두 가지 큰 흐름을 강조했다. 그가 처음으로 주장한 것으로 하나는 인지이고, 다른 하나는 문화다. 칙센트미하이가 수년 동안 강의를 하면서 많은 제자들을 배출했지만 키스 소여만큼 창조성 연구에 큰 영향을 미친 제자는 없었다.

키스 소여는 버지니아 주 뉴포트 뉴스Newport News에서 성장했으며 1982년 MIT에서 컴퓨터 공학 학위를 받았다. 대학생 때 그는 그 당시에 새로운 분야로 떠오른 인공지능AI(Artificial Intelligence)을 컴퓨터 시뮬레이션 작업에 이용했다. 교수들은 컴퓨터의 인공지능이 인간의 창조성과 견줄 수 있을 것이라고 예상했다. 이때의 모든 실험은 창조성이 개인적인 프로세스라는 전제에서 출발했다. 하지만 키스 소여는 그 전제에 동의하지 않았다. 그는 재즈밴드에서 활동했을 때부터 이미 그것을 알았다. "한 사람의 머리에서 나오는 게 아니라, 여러 사람이 함께 있을 때 창조성이 생긴다고 봅니다. 그런 점에서 인공지능은 상호작용의 차원interactional dimension으로 창조성이 생긴다는 점을 놓치고 있어요"라고 키스 소여는 말했다.

물론 상호작용의 차원으로 생기는 창조성은 많은 예술가들이 가장 먼저 경험하는 것 중 하나다. 『라이프』에서 키스 리처즈는 다음과 같이 적고 있다.

> 무대 앞에서 노래하는 사람들 못지않게 그들 뒤에서 연주하는 밴드들이 저를 감동시켰어요. 사람들이 어떻게 타인과 소통하며 영향을 주고받는지가 바로 보여요. 자연스러운 충만함과 함께 어려움 없이 서로 교감하는 거죠.

키스 소여는 학위를 받은 후에 아타리Atari에 취직해 컨설턴트와 비디오 게임 디자인 작업을 했다. 그러고 나서 1990년대에는 시티코프Citicorp, AT&T, 유에스 웨스트US West와 그 외 몇몇 글로벌 기업에 들어가 경영 컨설턴트와 혁신 기술 업무를 맡았다. 시카고 대학에서 교육심리학 대학원 과정을 밟는 동안 키스 소여는 칙센트미하이 교수에게서 창조성의 심리학이란 강의를 들었다. 그는 자신이 이름 붙인 '사회극 가상 놀이sociodramatic pretend play'를 통해 어린이들이

행하는 대화의 동적인 측면을 분석했다. 타인과의 상호작용 관계를 알아보는 실험은 키스 소여에게 자신이 하는 음악을 떠오르게 했다.

재즈 연주가들이 악기를 연주할 때와 비슷하다는 생각을 했어요. 10대 때부터 재즈 피아노를 연주했고 대학에 다닐 때도, 졸업 후에도 계속 연주를 했지요. 재즈라는 음악은 앙상블로 완성되는 음악 형태인 것 같아요. 예술성이란 어느 한 음악가의 머리에서 나오는 것이 아니라 음악가들 사이에 일어나는 상호작용에 담겨 있어요.

키스 소여는 현재 세인트루이스 주의 워싱턴 대학에서 심리학과 교육학 및 경영학 교수로 있다. 그리고 앞으로 상하이의 비즈니스 스쿨에서 경영자 MBA 프로그램 관련 학장을 맡게 될 예정이다. 그는 기업들을 상대로 회사가 창의적인 결과물을 얻을 수 있는 노하우를 조언해준다. 그의 조언은 어린이들이 하는 가상 연극 놀이를 관찰한 내용과 직접적인 관계가 있다. 그는 다음과 같이 말한다.

나무랄 데 없는 창조적인 팀을 만들려면 무엇을 해야 할까요? 음악 팀이든, 즉흥으로 애드리브를 해야 하는 연극 팀이든, 비즈니스 팀이든 상관없이 세 가지 요소를 만족시키면 창조적인 팀이 될 수 있어요. 그 세 가지는 바로 신뢰와 멤버들 간의 친밀함, 그리고 동일한 목표를 이루겠다는 연대 의식의 공유입니다. 이 세 가지가 충족되면 어떤 조직이든 창조적인 성과를 얻을 수 있어요.

인지심리학과 신경과학은 우리 모두가 창조적인 능력을 가지고 있다고 말한다. 그리고 사회문화적인 접근법은 우리에게 창조적인 사람이 되기 위해 사회적인 맥락 속에서 어떤 행동을 해야 하는지 그 방법을 제시해준다. 어떻게 해야 컬래버레이션collaboration에서 창조성이 발휘될 수 있을까? 사회적인 맥락 안에서 창조적이 되려면 어떻게 해야 하는가? 사회적 대격변의 시대, 폭발적으로 늘어나고 있는 소셜 미디어 시대를 사는 우리에게 꼭 필요한 질문이 아닐 수 없다.

제2차 세계대전 동안 미국 전략사무국을 위해 일한 약 2만 4,000여 명의 직원들 중 몇 명이 그 일을 지금까지 하고 있는지 알 수 없다. 심지어 얼마나 생존에 성공했는지에 대한 정보도 없다. 많은 수의 직원들이 극히 예외적인 임무를 수행했다. 그러나 케이시를 만난 날 밤, 몇 시간에 걸쳐 그와 대화를 나눈 후 나는 많은 수가 특출하게 일을 잘한 것이 아니라는 것을 알게 됐다. 케이시는 첩보원 일을 하면서 임무의 성공 여부가 첩보원의 개인적인 성향이나 특징과 관련이 없다는 것을 깨달았다고 내게 말했다. 그보다는 어떤 훈련을 받았는지가 더 관건이라는 그의 말에 나도 동의한다. 유럽에서 활동한 사람들 가운데 지금까지 살아 있는 첩보원들은 분명 창조적인 요원이 되기 위한 훈련을 받았던 사람들이다.

우리가 창조성에 대해 알고 있는 특성을 겸비한 훈련생들은 무대에 올라 자기에게 주어진 역할을 연기하는 훈련을 받았다. 케이시의 말에 따르면, 결국은 이 가상 연극에서 높은 점수를 받은 사람일수록 생존 확률이 더 높았다고 했다. 최고의 점수를 받은 직원들 가운데 나중에 배우가 된 사람들이 꽤 있으며 광대가 된 경우도 있다. 그는 미국 전략사무국이 연기 잘하는 첩보원들을 작전에 투입시키면 그렇지 않은 경우보다 살아서 돌아올 가능성이 더 높았다고 말하며 웃었다.

극도로 불확실한 환경에서 일하고, 미처 예상치 못한 낯선 문제에 대해 즉흥적으로 해결책을 찾으며, 겉으로 보기에 이질적인 데이터와 사건들의 연관성을 찾아내야 하는 것은 미국 전략사무국의 첩보원들의 도전 과제였다. 동시에 오늘날 현대를 살아가는 많은 사람들이 직면한 도전 과제라고도 볼 수 있다. 사회가 안전하고 안정적일 때 우리에게 가장 필요한 것은 더 훌륭하고 더 효과적으로 일을 수행할 수 있는 수단을 보유하는 것이다. 반면에 기술의 변화 또는 정치나 환경의 갑작스런 변화가 현 상황에 위협을 가할 때 우리에게 가장 요구되는 것은 그전과 달라진 새로운 변화를 주도할 수 있는 수단을 강구하는 것이다. 이때 우리에게 가장 절실하게 필요한 것은 창조성이다.

지금도 여전히 사람들은 창조성이 심리적인 것, 정신적인 것, 뇌에 집중된 것으로 여긴다. 그리고 매우 개인주의적인 개념으로 생각하는 관점이 우세하다. 그래서 창조성이 어느 한 개인의 혼자 힘으로 가치를 발휘할 수 있다고 믿는다. 그러나 창조성에 대한 이런 관점은 창조적인 행동은 어떤 것이고, 창조적인 사람이 되려면 어떤 걸 배워야 하며, 창조성의 수준은 어떻게 평가하는지에 대해 설명하기에는 다소 미약하다. 오로지 창조성이 개인의 정신 과정의 결과물이라는 점만을 설명할 수 있을 뿐이다.

우리는 더 멀리 보아야 한다. 뇌 속에 창조성을 유발하는 마법의 공간이 있을 거라는 생각은 이제 그만하자. 우리 모두 각자 창조적인 능력이 있다는 것을 믿어야 한다. 적합한 사람과 팀을 이룸으로써 창조적인 능력을 발휘할 수 있다고 믿어보자. 이제 우리는 그저 연구소에서만 창조성을 연구하는 방식을 버려야 한다. 우리 주위의 모든 곳이 연구 대상이 될 수 있다는 점을 인정해야 할 때가 됐다. 위대한 화가와 그의 라이벌과 관련된 이야기에서도, 이것저것 주워 모은 조리법으로 요리한 음식에서도, 우리가 아이들과 하는 게임에서도 창조성을 찾을 수 있다.

혁신에 대해 연구하고 이른바 '더 넥스트 빅 싱the next big thing'을 찾으려고 특정 조직에서 일하는 사람들을 위해, 창조성을 개인적인 차원이 아닌 그룹 전체와 문화적인 차원에서 바라보는 시각이 필요하다. 우리는 기존의 정형화된 매트릭스를 탈피해 좀 더 심도 있는 대화를 나눌 준비를 해야만 한다.

때때로 디자인 사고를 하는 사람들은 '비즈니스 용어'로 대화를 시도하려고 한다. 그런 방식으로 대화하면 창조성을 끌어내는 과정이 일차원적으로 단축될 수밖에 없다. '프로세스 퍼널' 패턴에 따른 기계적인 움직임이 이어지면서 데이터만 쌓이고, 꼼꼼하고 지속적으로 체크한 입력 및 산출 정보만 축적될 뿐이다. 물론 결과적으로 창조성 연구에 방해가 되는 것은 아니다. 점진적인 변화incremental change를 유도한다는 점에서는 충분히 긍정적인 면이 있다.

하지만 정말 방해가 되는 요소는 따로 있다. 회사 설립자들이 문화적 변화와 사회운동에 휩쓸리는 경우다. 그럴 때는 해당 회사에 있는 경영진과 이제 막 일을 시작한 기업인들에게 큰 걸림돌이 될 수밖에 없다. 실리콘밸리와 같은 테크 허브tech hub나 뉴욕에 이제 막 사업을 시작한 기업인들의 상황은 칙센트미하이가 쓴 르네상스 시대의 피렌체의 상황과 비교했을 때 비슷한 점이 많다. 비록 현대를 살아가는 많은 혁신가들이 일하는 분야가 다양화되었다고는 하지만, 창조적인 결과를 증대시키는 데 기여하는 요소가 컬래버레이션 정신과 경쟁의식, 그리고 '더 넥스트 빅 싱'을 얻기 위해 투자하는 돈 많은 투자가들이란 점은 어디나 마찬가지다. 과거의 예술가들이 그러했듯 요즘 혁신가들은 돈으로 살 수 없는 것을 가지고 있다. 고독한 사람들과 무언가를 공유하고 싶어 하는 욕망, 수동적이기를 거부하는 사람들과 합류하고 싶어 하는 추진력, 단순히 소비만을 바라지 않는 사람들을 위해 무언가를 생산하고 싶어 하는 욕구를 가지고 있다. 그리고 그러한 욕구를 반영한 제품이나 경험을 구체화시켜 사람들이 물건이나 서비스의 형태로 사게끔 유도한다.

디자인과 혁신 분야에 있는 사람들 중에 새로운 용어나 방법론과 관련된 새로운 레퍼토리를 갈구하는 사람들이 분명 있을 줄 안다. '사용자 중심user focus', '시각화visualizing', '예외적 접근failing fast'과 같은 개념은 혁신을 더 잘 이해하고 발전시키는 데 중요한 자양분 역할을 해주었다. 하지만 우리는 그 개념들이 가진 한계를 알고 있다. 예를 들면, '사용자 중심'이란 개념은 기술자들이 주도하는 기술 중심적인 사고로 제품을 디자인하는 데 염증을 느낀 사람들에게 기발한 사고의 전환을 제시했다. 그래서 사용자가 진정으로 무엇을 필요로 하는지에 초점을 맞추어 제품을 디자인하는 데 힘썼던 것이 사실이다. 그러나 왜 사용자의 니즈needs에만 초점을 맞춰야 하는 걸까? 인도의 디자인 회사인 이디엄의 공동 설립자인 소니아 만찬다는 니즈 그 이상의 더 풍요롭고 규모가 큰 무언가를 추구해야 한다고 제안했다. 왜 사용자의 열망, 즉 우리가 미처 인식하지 못한 꿈의 세계에 초점을 맞추지 못하느냐는 것이다.

1950년대에 설립된 광고 에이전시 BBDO는 수십 년 동안 브레인스토밍brainstorming을 통한 테크닉 개발에 힘썼다. 그 결과 창조성을 유발하는 가장 인기 있는 하나의 테크닉을 만드는 데 성공했다. 한 방에 모인 직원들이 수십 개 아니면 수백 개의 독창적인 아이디어를 내놓았다. 브레인스토밍은 '미친 듯이 열광하기go wild', '틀에 벗어난 사고하기think outside the box'를 장려했다. 하지만 키스 소여가 자신의 책 『그룹 지니어스』에서 지적한 대로 많은 연구 결과 브레인스토밍이 최상의 방법은 아니라는 결론이 나왔다. 수백 가지가 넘는 아이디어를 내놓는다고 해서 반드시 그중에 맞는 답이 있는 것은 아니다. 그룹의 구성원들은 자기가 생각하는 최고의 아이디어를 바로 보여주기보다는 나중을 대비해 간직하기도 한다. 사람들은 보통 혼자 있을 때 더 많은 아이디어를 떠올리기 때문이다. 그리고 무엇보다도 가장 결정적이고 의미심장한 아이디어는 그 분야에 대한 전문 지식과 기술을 가질 때 비로소 나오는 경우가 일반적이다. 얕은 지식으로 짧은 시간 내에 서둘러 내놓은 단편적인 생각들에서 진정한 아이디어가 나오기란 어렵다.

결국 기대했던 결과가 원하는 만큼 나오지 않자 사람들은 자신들이 사용한 오래된 범주를 공격하기에 이르렀다. 그러면서 새로운 범주와 새로운 골격을 갖추어 창조적 혁신을 이해하고 수행하려고 한다.

구식 모델이 혁신을 프로세스의 일환으로 정의하려고 했다면, 이제 새로운 모델은 사업가나 예술가, 과학자, 디자이너, 기술자를 비롯한 우리 모두가 생각해낸 창조적인 아이디어가 가치를 지닌 창조물로 변환하는 데 초점을 두고 있다. 구식 모델이 니즈를 만족시키는 데 집중했다면, 새로운 모델은 사람들에게 진정으로 의미 있는 것이 무엇인지 마음속 깊이 헤아리는 데 집중한다. 또한 구식 모델이 예상 가능하고 리스크 프리risk free(구매자에게 손해가 없는 거래 방식―옮긴이)를 강조한 혁신(《하버드 비즈니스 리뷰Harvard Business Review》의 2012년 5월호

에 '위험을 회피하는 혁신Innovation for the Risk Averse'이란 제목의 기사가 커

버스토리로 실려 있다)을 찾으려고 애썼다면, 새 모델은 창조성이란 불확

실성을 훈련하는 실전 경험으로 여긴다. 그래서 불확실한 조건에서

절호의 기회를 찾으려고 한다.

나는 25년 동안 혁신과 창조성을 주제로 글을 써왔으며 100여 회

의 인터뷰를 했다. 그동안 비즈니스, 디자인, 테크놀로지 분야를 이

끄는 리더들과 만날 기회가 많았다. 내가 내린 결론은 창조성은 결

코 '희귀한rare' 대상이 아니라는 것이다. 우리 모두 노력을 통해 충분

히 얻어낼 수 있는 것이다. 창조적 지성은 수많은 분야와 직종에서

발견된다. 아니 우리가 생활하는 삶 전체에 창조적 지성이 담겨 있다

고 해도 과언이 아니다. 사람들은 자기 스스로를 평가할 때 결코 '창

조적'이란 표현을 쓰지 않는다. 실제로 평범한 사람들도 음악가나 작

가가 사용하는 기술과 동일한 방법으로 창조적인 일을 하고 있는 데

도 말이다. 창조적 지성의 가장 핵심적인 특징은 그것이 사회성을 띤

다는 점이다. 우리는 남에게서 배운 것이나 컬래버레이션 작업, 또는

공유를 통해 창조적 능력을 향상시킨다.

우리는 결코 아무것도 없는 무에서 창조적인 활동을 할 수 없다.

요즘 같은 시대에는 그러고 싶어도 현실적으로 불가능하다. 우리는

끊임없이 변화하는 불안정한 시대에 살고 있으며, 따라서 창조적인

컬래버레이션이 중요한 열쇠가 된다. 우리의 일상을 확 바꿀 변화의

힘이 곳곳에 산재해 있다. 그리고 서로 다른 분야 사이의 장벽을 허

무는 노력이 필요하다. 각 분야마다 고도로 전문화된 지식을 모아 혼합하고, 이질적인 문화와 세대 간의 차이를 뛰어넘어 아이디어를 공유하는 것이 오늘날 창조성을 만드는 길이 될 것이다.

미국이 세계에 지배력을 행사하던 시기에 미국에서 성장한 사람들은 그 당시 유행한 음악, 비즈니스, 패션 스타일, 화폐, 언어와 관련된 미국 문화가 전 세계를 주도했다는 걸 기억할 것이다. 그러나 지금의 미국은 어떤 모습인가? 경제적인 측면을 비교해보면 아시아권 국가를 비롯한 세계 다른 나라에 비해 현재 미국은 하락세를 면치 못하고 있다. 반면 중국의 영향력이 점점 커지고 있으며 인도 소비자들은 자국의 고유한 스타일을 살린 상품을 요구하고 있는 실정이다. 게다가 워싱턴 정부는 외국 정부가 미국의 막대한 국가 부채를 사들일 수 있게끔 그들의 비위를 맞추어야 한다. 미국은 오늘날 자국의 생산품과 국가정책을 다원화되는 세계에 맞춰야만 하는 지경에 이르렀다.

권력의 중심축이 전 세계로 확산되는 시대를 맞이한 오늘날, 미국은 자국의 한계를 경험하면서 전과 달라진 변화를 감당해야 한다. 베이비부머 세대에 해당하는 다수의 연령층이 고령의 나이로 접어들면서 이들 세대가 미국의 역사에 끼친 영향력도 어느덧 옛날이야기가 되어버렸다. 미국 인구의 다수를 차지하는 새로운 세대인 Y세대는 그전 세대와 완전히 차별화된 모습을 보여준다. 일단 Y세대는 지속가능성sustainability 개념을 매우 가치 있게 생각한다. 그리고 동성 결혼, 인종과 민족의 통합을 강조하며 문화적인 가치의 다양성을 존중하는 세상을 당연한 것처럼 여기며 살고 있다. Y세대는 1980년 이후에 태어난 세대를 지칭하기도 하지만 그 시대에 활동하는 국민을 포함하기도 한다. 미국의 Y세대는 미국 경제에 중대한 영향을 끼칠 수 있는 자신들의 고유한 미디어를 만들어 거기에 동참하고 싶은 욕망이 강하다.

사회적 미디어social media의 급증은 저널리즘에서 건강 서비스까지 여러 산업 분야에서 혁명에 가까운 변화를 가져왔다. 가상 세계에 참여하는 방식과 그곳에서 하는 모든 일에 새로운 변화가 생겼다. 페이스북, 텀블러Tumblr, 그루폰Groupon, 스포티파이Spotify와 같이 새로운 테크놀로지를 적용한 서비스가 보급되면서 사람들은 직접 자신만의 커뮤니티를 만들고, 수평 구조를 유지하면서 좀 더 민주적인 방법으로 공동체를 구축해나갔다. 불과 몇 십 년 전만 해도 조직 구조가 위계질서와 중앙집권 체제를 강조하는 전통적이고 권위주의적이었다면, 지금은 그때와 완전히 다른 모습의 새로운 출발을 과감히 시작했다. 기업뿐만 아니라 학교, 병원, 가상 세계를 아우르는 모든 조직이 사회적 기술에 적응해야 하거나 완전히 교체될 수밖에 없다.

2010년에는 사상 최초로 지구에 사는 인구의 절반 이상이 도시에 거주하게 됐다. 더불어 향후 40년이 지나면, 즉 2050년이 되면 지구에 약 90억 인구가 살게 될 것이라는 예상도 나왔다. 그때도 1990년대 미국에서 유행한 라이프스타일을 고수하며 대다수의 인구가 도시에 거주하게 될 것이다. 그리고 육류 위주의 식습관을 유지하고 큰 집과 아파트에 거주하면서 여전히 자동차를 타고 다닐 것이다. 수십억 인구의 사회적 이동이 자유로워진다는 측면에서는 한 편의 멋진 그림이 그려진다. 정책을 만드는 사람들이 원하던 목표가 현실로 이루어지는 셈이다. 그러나 지구의 한정된 자원에서 보면 심한 부담을 줄 것이다.

미국 군사 용어로는 이런 상황을 '변동적이고 불확실하며 복잡하고 종잡을 수 없는, 즉 VUCA(Volatile, Uncertain, Complex, Ambiguous)' 상황이라고 표현한다. VUCA는 1990년대 후반에 미국의 육군대학원 Army War College에서 처음 등장한 약어이다. 그 후로 전 세계 군사 지휘자들은 새롭게 직면한 상황을 설명할 때 VUCA란 표현을 쓰기 시작했다. 테러리즘의 확산, 국제정치의 불안정, 불균형적인 전쟁 전략과 같은 상황에 딱 어울리는 표현이었다. 또한 일반적으로 사회의 불안정한 시기를 설명해주는 표현으로도 적절하다.

보통의 평범한 미국인들이 겪는 리스크가 다른 국가에 거주하는 사람들의 리스크보다 덜하겠지만, 요즘 세계의 경제 정황을 보면 VUCA란 표현이 아주 잘 어울린다는 생각이 든다. 우리는 인생을 살면서 끊임없이 변화를 겪으며 살고 있다. 일의 분야나 직종의 궤도 변화도 심심찮게 일어나며, 그럴 때마다 새로운 환경에 적응해야 한다. 때때로 전혀 예상하지 못한 순간에 갑작스런 변화와 변동이 생길 때도 있다. 이것이 바로 오늘날 살아가는 현대인의 모습이다. 조금 겁나긴 하지만 그래도 군사 용어로 처음 만들어진 표현인 VUCA를 잘 기억해두자. 예상치 못한 기회가 왔을 때 새로운 방식으로 문제를 해결하려면 꼭 알아둘 필요가 있다. 새로운 전략을 짤 때나 새로운 방식의 사고와 커뮤니케이션, 창조 활동을 할 때 분명 유용할 것이다.

우리는 예상 가능한 미래 세계의 장단점을 알고 대처하는 방법만 배웠다. 그러나 미래란 결코 예측 가능한 대상이 아니다. 앞으로 우리에게 어떤 문제가 닥칠지 알 수 없으며 이렇다 할 해결책도 마련되지 않은, 한 치 앞을 내다볼 수 없는 세상에서 살고 있다. 미래에는 당신의 능력이 가치와 권위를 인정받은 학위나 수료증이 있어도 일자리 안전을 보장받을 수 없으며, 심지어 중산층의 소득이 늘 안정적으로 유지된다는 보장도 더 이상은 힘든 세상이 됐다. 요즘 구직 희망자들이 원하는 직종 중 많은 업무가 10년 전만 해도 있지도 않았던 일들이다. 우리는 아직 존재하지 않은 신종 직업에 대해 미리부터 준비해야 한다. 아직 개발되지 않은 새로운 테크놀로지를 이용해 우리가 미처 알아내지 못한 잠정적인 문제들을 해결할 수 있는 방안을 마련해야 한다.

이 책은 지금보다 더욱 창조적인 사람이 되는 데 관심이 있는 사람들뿐만 아니라, 인류의 삶을 변화시킬 수 있는 새로운 무언가를 창조하고 싶은 사람들을 위한 것이다. 창조적 지성의 5가지 능력은 조직의 변화를 도모하기 위한 최상의 방법이 될 뿐만 아니라, 아직 나이가 어린 사람들에게는 직업을 설계할 때 유용한 길잡이가 될 것이며,

나이가 있는 사람들에게는 직업 전환 시에 도움이 될 것이다. 창조적 지성의 5가지 능력을 제대로 이해한다면 빠르게 바뀌는 세상이란 바다를 항해하기가 더 수월할 것이다. 그리고 자기에게 가장 잘 맞는 자리를 찾는 데도 도움이 될 것이다. 또한 이 5가지 능력은 새로운 유형의 신종 직업과 사업들을 창출하는 문제나 오늘날 국가에서 절실히 필요로 하는 소득 향상에도 도움을 줄 것이다.

창조적 지성의 5가지 능력

첫 번째 능력은 바로 '지식 발굴knowledge mining'이다. 창조적 지성의 토대가 되는 지식은 정형화된 테스트를 통해 알 수 있는 것이 아니다. 최근 가장 창조적인 인물로 떠오르는 사업가, 사상가, 예술가들은 인간에게 가장 의미 있는 대상을 알아내기 위해 고군분투하며 무엇보다도 자기 자신을 관찰하는 것부터 시작한다. 창조적인 사람들은 특정 세대 또는 연령대별로 관심사가 현저히 다르다는 것을 안다. 이들은 새로운 아이디어를 떠올리는 순간에 '충족되지 않은 니즈unmet needs'에 초점을 두지 않는다. 자신이 직접 겪은 경험과 영감을 출발점으로 정한 다음 새로운 형태의 회사나 테크놀로지를 실현하기 위한 아이디어를 구상한다. 자신의 경험이 불충분하다고 해서 전통적인 시장조사로 되돌아가지 않는다. 바로 경험의 원천이 되는 곳을 찾아가고 관심 분야의 문화에 대해 잘 아는 사람들과 협력하는 쪽을 택한다.

창조적인 성향이 몸에 밴 사람들은 다양한 출처를 통해 얻은 정보들을 결합해 새롭고 놀라운 방식으로 창조적인 결과물을 만들어낸다. 이런 부류의 사람들은 새로운 아이디어를 어떻게 제시하는지 잘 안다. 다양한 분야에서 얻어낸 정보를 결합하고 그동안 잊고 있었던 아이디어를 적재적소에 떠올리면서 새로운 도전 과제에 딱 어울리는 실천 방안을 제시한다. 특정 분야에 대해 해박한 지식을 가진 사람들은 일을 진행하는 동안에 직감적으로 무엇이 빠졌는지 단번에 알아낸다.

나는 '지식 발굴' 능력을 다루는 장chapter을 통해 세계에서 가장 창조적인 인물로 뽑힌 사람들이 자신의 경험을 통해서, 그리고 전혀 불가능해 보이는 곳에서 어떤 영감을 받아 창조적인 활동을 했는지 그들의 실전 전략에 대해 소개할 생각이다.

이어서 두 번째 능력은 '틀 짜기Framing'와 관련된다. '틀 짜기'를 잘하면 일촉즉발의 변덕스러운 세상을 안전하게 갈 수 있는 초점 렌즈를 가진 것이나 다름없다. 당신이 세상을 바라보는 방식을 타인의 방식과 비교하는 것이나, 당신이 참고하는 대상의 틀이 정확히 어떤 식으로 구성되었는지 자각하는 것만으로도 창조성을 향상시키는 주요 전략을 얻은 것이라 할 수 있다. 당신의 열정이나 관심 분야와는 상관이 없다. '틀 짜기' 테크닉을 잘 이해하는 사람은 상황이나 주변 환경, 상호 관계를 맺는 커뮤니티의 성격에 따라 자신의 관점을 좀 더 용이하게 바꿀 수 있다. 그렇다고 자신의 열정이나 자신에게 중요한 것을 잊어버린다는 말은 결코 아니다. 오히려 정반대다. 왜냐하면 자신의 개인적인 성향이 타인과의 대화에 어떤 영향을 주는지 확인할 수 있기 때문이다. 또 더 창조적인 전략을 생각할 수도 있는데 자신의 제한된 세계관이 그것을 방해하고 있지는 않는지 체크할 수 있는 기회가 되기 때문이다. '틀 짜기'는 사회학과 인류학에 근본적인 토대를 둔 개념이지만, 세상을 틀 짜기 하고 상호작용을 꾀할 때 창조성의 진가는 더 크게 발휘된다.

아무리 탄탄한 금융기관과 회사라 할지라도 한순간 해체의 위기가 올 수 있다. 갑작스런 변화에 빠르게 대처하려면 '틀 짜기'에 대한 확실한 준비가 되어 있어야 한다. 예를 들면 과거에는 사람들이 건강 서비스라고 하면 곧 질병 치료법을 생각했다. 그런데 지금은 트렌드가 달라져서 메이오 클리닉Mayo Clinic을 비롯한 세계적인 의료 서비스 회사들은 웰빙에 중점을 둔다. 교육 분야를 보더라도 스탠퍼드 대학을 포함한 상위 대학들은 학생들에게 네트워크를 통한 정보 전달과 검색 기술을 가르치기 시작했다. 그래서 언제 어디서든 자신이 원하는 정보를 획득할 수 있도록 하고 있다.

틀 짜기는 세 종류로 나눌 수 있다. 먼저, 우리가 세상을 어떻게 해석하는지에 대한 '내러티브의 틀 짜기Narrative Framing'이다. 그리고 우리가 타인과의 상호 관계를 어떤 식으로 맺는지에 대해 다룬 '참여

의 틀 짜기Engagement Framing'가 있으며, 마지막으로 전혀 생각할 수
없는 것까지 끌어내어 만약 그렇게 된다면 어떻게 될까 하고 끝없는
상상을 펼치면서 혁신을 추구하는 '가정의 틀 짜기What-If Framing'로
나눌 수 있다. 우리가 속한 조직에서 더 나아가 전체 산업에 대한 믿
음을 어떻게 틀 짜기할지(재구성할지) 알게 되면 창조성의 혼란을 다잡
을 수 있는 데 굉장한 힘이 된다. 창조적 프로세스의 각 단계를 통과
할 때마다 틀 짜기를 잘하는 사람은 자신이 현재 어느 위치에 있는
지 어떤 관점에 초점을 맞춰야 하는지 남들보다 빨리 눈치챈다. 그리
고 완성된 그림에 누가 있어야 하는지 필요한 인원 파악도 정확하게
할 수 있다.

조금 유치한 것 같지만 '즐기기Playing'도 중요한 능력 중 하나다. 이
것은 삶의 궤도를 수정하는 기술이나 조합에 있어서 창조성을 운용
할 수 있는 복합적인 행동 양상이기도 하다. 창조성은 수많은 '놀이
공간'에서 포착할 수 있다. 비단 물리적인 공간뿐만 아니라 가상의 세
계에서도 즐기기는 가능하다. 게임을 즐기고 새로운 룰을 만들며 여
러 방식으로 승자를 가려내는 놀이에 창조성이 담겨 있다. 우리는 놀
이 공간이라고 하면 가장 먼저 아이들을 떠올린다. 하지만 미국 해군
의 특수부대인 네이비 실Nevy Seals이나 과학자, 기술자들의 경우 '즐
기기' 능력을 통해 도전 과제의 해결책을 찾으려고 한다. 즐기는 동안
에 엄청난 성과를 얻는 것이다.

혁신을 주도하는 사람들은 굉장한 일을 달성하기 위해서는 꼭 실

패를 겪어보아야 한다고 입버릇처럼 말한다. 창조성을 끌어내는 과정에서 실패가 웬 말인가? 즐기는 마인드를 가지면 리스크에 대처하는 요령도 늘게 되고, 여러 가지 가능성을 탐색하는 데도 더욱 열정을 쏟을 수 있기 때문이다. 또 불확실한 일에도 실패에 대한 두려움 없이 과감하게 도전장을 내밀 수 있는 용기를 가질 수 있기 때문이다. 게다가 새로운 연구 결과에 따르면, 이런 즐기는 마인드가 결국 혁신을 추구하는 해법 접근에 최상의 대안이 되는 것으로 나타났다.

게임은 오늘날 급성장하는 사회를 구성하는 요소가 됐다. 멀티플레이어 비디오 게임을 하면서 자란 신세대는 게임을 통해 자신이 얻은 경험을 바탕으로 새로운 비즈니스 모델을 구축한다. 금융, 교육, 스포츠, 제조업, 의료, 음악, 예술 등 비즈니스 분야도 다양하다. 재미와 경쟁 심리가 훌륭한 동기부여가 된다는 것을 발견한 많은 회사들은 직원들을 고용하는 과정에서 게임을 수단으로 사용하기도 한다. 가장 흥미로운 발전을 꼽으라면 바로 사회적 이득을 얻기 위한 수단으로 게임을 활용하는 회사가 점점 늘고 있다는 점이다.

게임을 즐기면서 게임 프로그램을 디자인하는 법을 배우는 것은 일석이조의 효과를 거둘 수 있다. 새로운 제품과 서비스 창출만이 아니라 그들의 복합적인 사회적 체계를 구축해나가는 방법을 배우게 된다. 게이머들은 단순히 고객을 유치하는 것에서 그치는 것이 아니라 커뮤니티를 형성한다. 게임은 동적이고 상호작용이 확실하며 몰입하게 만든다. 그리고 게임을 통해 해결책과 결론을 얻게 되는 경우도 많다. 더군다나 '검색' 모드에 익숙한 환경에서 자란 세대에게는 게임을 통한 교육만큼 완벽한 학습 방식도 없다.

창조적 지성의 네 번째 능력은 바로 '만들기Making'다. 어쩌면 사람들이 세계경제를 급부상시킨 놀라운 변화를 일으키게 된 것도 이 능력이 있었기 때문이다. 몇 십 년 동안 월스트리트의 거래나 미국 기업의 컨설팅, 전략, 브랜딩은 명민한 사고에 큰 점수를 주었다. 그러나 이제는 메이커maker의 르네상스가 다시 찾아왔다. 미국은 새로운 무언가를 다시 만들고 싶어 한다. 새로운 테크놀로지의 발견과 창조성 수단의 경제적 민주화가 가능해지면서 아이포토iPhoto에서 비핸스Behance의 3차원 프린터3-D printer까지 기존에 볼 수 없었던 최첨단 제품들이 출시됐다.

또한 오픈 소스 철학을 준수하고 사회적 미디어를 통한 유통 경로의 새로운 채널을 구축하는 데 기여하는 '문화 메이커Maker culture'의 부흥은 '만들기' 개념이 혁신을 이루는 결정적인 요소가 될 수 있도록 도와줄 것이다. 더불어 DIY(Do It Yourself)와 메이드 인 더 후드Made-in-the-Hood가 추구하는 소비자 중심주의consumerism도 '만들기' 능력에 힘을 실어줄 것이다. 요즘에는 킥스타터Kickstarter나 글로벌 그라인드Global Grind와 같은 소셜 펀딩 사이트가 생기면서 새로운 사업가들이 커뮤니티를 통해 벤처 자본을 제공받는 문화까지 생겼다. '만들기'를 다룬 장에서는 21세기에 결정적으로 필요한 만들기 기술을 알아볼 것이다. 그래서 당신이 하는 일과 직업, 정체성을 새롭게 재창조하는 법을 배워볼 수 있다.

창조적 지성의 5가지 능력 중 마지막으로 다룰 능력은 '중심 잡기 Pivoting'다. 창조적 지성이 발휘되는 초기부터 그 결과물이 제품으로 드러나기까지 창조적 지성의 5가지 능력의 피날레를 장식하는 능력이라 할 수 있다. 창조성을 다루는 전통적인 관점에서는 새로운 아이디어를 완성하는 단계와 그 아이디어를 반영한 신상품을 실제로 제작하는 단계가 철저하게 구분되어 있다. 그러나 정말 창조적인 사람들은 아이디어 구상을 하는 동안에 제품 제작의 중심을 같이 잡으려고 한다. 창조적인 아이디어가 새로운 상품과 비즈니스의 형태로 전환되려면 '중심 잡기' 능력이 매우 중요하다. 자본주의가 우세한 사회에서 창조성이 혁신과 성장의 원동력이 되려면 '중심 잡기' 능력이 결정적으로 빛을 발휘해야 하기 때문이다. 그렇다면 어떻게 해야 하는가?

파격적인 혁신은 대개 혁신의 원인이 되는 출발점으로 이끌 줄 아는 개인에게서 시작된다. 이 개인은 집단과 관련된 충성 고객loyal following에게 영감을 준다. 그럼에도 불구하고 기존의 혁신 투자 상황을 보면 이 부분을 제대로 반영하지 못하는 경우가 비일비재하다. 많은 사람들은 이미 성공한 오래된 기업에 초점을 맞추어 창조성을 향상시키려고 하는 것 같다. 그러나 이런 기업은 파격적인 혁신보다는 점진적인 혁신incremental innovation을 얻는 데 만족한다. 지난 몇 년간 사람들의 삶에 큰 변화를 준 혁신적인 개발에는 무엇이 있었는가? 구글, 페이스북, 집카Zipcar, 위키백과Wikipedia, 킥스타터는 모두 대기업이 아닌 소규모의 개인 집단이 설립한 것이다. 그렇다고 대기업은 제대로 된 혁신을 하지 못한다는 뜻은 아니다. 다만 신생 기업이 어떻게 혁신을 추구하는지 잘 지켜보고 그들의 조언에 주의를 기울일 필요가 있다는 것을 말하고 싶다.

또한 '중심 잡기' 능력은 종종 카리스마를 요구한다. 조직 구성원과의 인간관계 형성도 프로젝트를 위한 일종의 투자에 포함된다. 팀원은 물론 파트너십 관계에 있는 사람들이나 한결같은 관심을 보이는 고객들도 인간관계에 포함된다. 오늘날 창조적으로 활동하는 사람들은 자신이 하는 일을 직업적인 소명으로 여긴다. 일에 대한 강렬한 믿음이 앞으로 나아갈 수 있는 에너지를 준다. 또 단순히 비즈니스 차원이 아닌 사회운동의 차원에서 타인을 팀에 합류시켜 일을 하겠다는 동기부여도 제공한다. 창조적인 사람들은 자신의 카리스마를 잘 활용하여 직업적 소명을 달성하기 위해 노력한다. 당신이라고 못할 것 없다.

창조적 지성의 5가지 능력을 모두 겸비한다면 우리는 지금보다 더 활기찬 경제 시스템을 구축할 수 있는 새로운 토대를 마련할 수 있다. 창조적 지성을 지닌 사람들은 비즈니스를 하는 방식도 남다르다. 지난 20년간 행해온 재정에 기반을 둔 방식보다는 자본주의의 초기 모델에 더 중점을 두기 때문이다. 일명 독립자본주의Indie Capitalism로 불리는 모델이다. 기존의 경제모델이 공통적으로 부여하는 제약과 이념에서 해방된 자유로운 자본주의 모델로 볼 수 있다. 우리는 이 경제모델이 발전함에 따라 어떤 경제적인 윤곽이 그려질지 예상할 수 있다.

독립자본주의의 기초 토대는 업무적인 것이 아니라 사회적인 것이다. 그리고 독립자본주의를 구성하는 핵심 요소는 마켓이 아니라 네트워크다. 기존의 것으로 장사를 하는 것이 아니라 새로운 것을 창조하는 것에 가치를 둔 독립자본주의는 고객의 충족되지 않은 니즈에 집중하기보다는 진정으로 사람들에게 의미 있는 것을 찾아 보여주는 것에 더 많은 주의를 기울인다. 독립자본주의의 가치가 발현되는 원천지는 국제 경제에서 지역 경제로 바뀌었다. 물론 세계화Globalization는 여전히 중요하다. 그러나 다국적 대기업들도 지역 경제가 활발해야 일자리 창출이 활성화된다는 기본적인 상식쯤은 안다. 더불어 지역 경제가 살아나야 주변 농장과 공장의 활성화는 물론 공예품의 지속적인 생산과 서비스도 함께 살아난다.

창조적 지성이란 개념을 발전시켜나가면서 나는 독자들이 일상 속에서 창조적인 활동을 해나가길 바란다. 전문 컨설턴트의 도움을 받아 인위적인 방법으로 창조적 지성을 기르라는 것이 아니다. 매일매일 생활하면서 자연스럽게 창조성을 자신의 것으로 받아들였으면 좋겠다는 말이다. 우스꽝스러운 직업을 갖는다거나 화이트보드에 기상천외한 아이디어를 적으라고 시키는 조언자들의 말에 귀를 기울이지 말았으면 한다. 나는 독자들이 평소에 쉽고 간단하게 자주 무언가를 창조하는 습관을 가졌으면 좋겠다. 그래서 창조를 자신의 습관으로 만들고 그 속에서 재미를 느끼면 된다. 새 창조성을 어색해하지 않고 편안하게 받아들이라고 당부하고 싶다. 놀이play와 일work이 별개의 개념이 아니라 두 개념을 하나로 통합할 수 있다는 것을 보여주고 싶고, 창조적 지성이 놀이에서 어떻게 일로 전환되는지 그 변화 과정도 독자들에게 꼭 보여주고 싶다.

개중에는 아마 에지edge 넘치는 사진을 찍고 인스타그램Instagram으로 그것을 공유하면 왠지 자신이 창조적 지성을 가진 것처럼 보일 거라고 여기는 사람들도 있을 것이다. 그런 사람들은 엣시Etsy나 아마존에 인터넷 상점을 론칭하는 것도 이와 같다고 생각하기도 한다. 물론 우리 모두는 새로운 것을 만드는 능력을 가지고 있다. 중요한 것은 그 능력을 어떻게 현실에 적용하는가이다. 그러나 저렴한 비용을 들여 누구나 접근이 용이하고 쉽게 관리할 수 있는 대상을 만드는 것은 아무나 할 수 있는 일은 아니다.

창조적 지성은 불현듯 갑자기 떠오르는 아이디어를 말하는 것이 아니라 끊임없는 노력으로 일궈낸 수단과 방법을 가리킨다. 창조적 지성은 우리의 자발적인 행동 속에 있는 것이지 어느 날 우연히 일어난 해프닝이 아니다. 또한 통찰이 담긴 아이디어가 떠오르기까지 그 이전의 시간도 중요하지만 마찬가지로 그 이후의 시간도 중요하다. 왜냐하면 창조적인 아이디어를 구체적인 대상으로 만들기 위해서는 노력이 필요하기 때문이다. 또 당신의 머릿속에 있던 추상적인 아이디어를 세상 밖으로 가시화시키기 위해서는 옆에서 당신을 도와주는 사람들과의 컬래버레이션도 중요하기 때문이다.

창조성은 평범한 것이고 일상적인 것이다. 희귀한 것이나 갑자기 생기는 우발적인 것이 아니다. 그리고 정형화된 테스트를 통해 창조성을 평가할 수 없다. 구체적으로 수행한 일의 성과를 꼼꼼하게 분석해 평가하고, 전반적인 수행 과정을 검토함으로써 창조성의 진가를 가늠할 수 있다. 무엇보다도 창조적 지성은 인간이 휴머니티를 표현하는 하나의 방식이다. 더불어 창조, 관계, 영감의 힘을 기르기 위한 표현 수단의 하나라고 정의할 수 있다.

The Five Competencies of Creative Intelligence

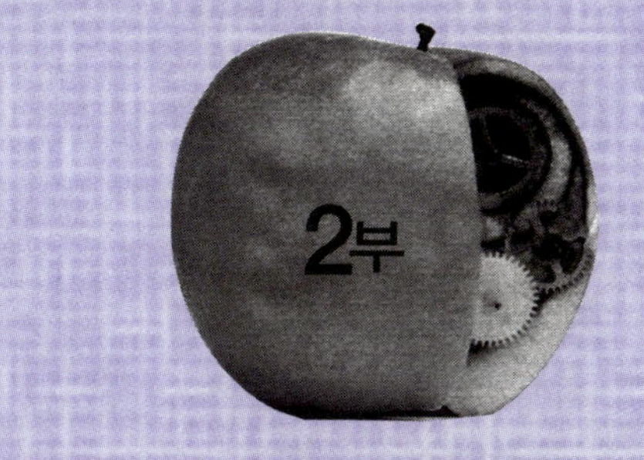

창조적 지성의 5가지 능력

3장

지식 발굴

스티브 잡스는 한동안 개인사를 공개하지 않아 베일에 싸여 있었다. 그러다가 2005년 6월 12일, 스탠퍼드 대학에서 강연을 하면서 드디어 그가 대중을 향해 마음의 문을 열기 시작했다. 애플에 이어 픽사Pixar의 CEO를 역임했던 스티브 잡스는 리드 대학교에 진학한 지 6개월 만에 중퇴하게 된 사연을 털어놓았다. 서민층인 부모에게 비싼 학비가 부담이 되리라는 생각 때문이었다.

그러나 스티브 잡스는 강의 듣는 것을 포기하지 않았다. 캠퍼스 주변을 전전하며 관심이 있는 수업을 청강했다. 친구 집 마룻바닥에서 잠을 잤으며 한 병에 5센트를 받았던 콜라 병 줍는 일도 마다하지 않았다. 일주일에 한 번씩은 하레 크리슈나Hare Krishna 인도 사원에서 제공하는 무료 식사로 끼니를 해결하기도 했다. 그런 생활을 했음에도 불구하고 잡스에게 리드 대학 시절은 그 무엇과도 바꿀 수 없는 가치가 있었다. 그는 그때를 회고하며 이렇게 말했다. "그 당시 나는 호기심과 직관에 따라 행동했어요. 그 경험이 훗날 내 삶의 귀중한 자산이 됐지요."

스티브 잡스가 대학에서 들은 강의 중에 캘리그래피calligraphy(서체) 교습이 있었다. 잡스는 과학이 포착할 수 없는 아름답고 역사적이며 예술적인 미묘함을 캘리그래피가 표현한다고 말했다. 그 이후로 다시 캘리그래피를 배운 적이 없었고 그 기술을 실제로 적용하겠다는 생각보다는 그저 배우고 즐기는 데 만족했다. "그 뒤 10년이 지나 매킨토시Macintosh 컴퓨터를 처음 디자인할 때 문득 캘리그래피가 떠올랐어요. 그래서 맥Mac의 다양한 활자체가 탄생하게 된 거예요. 글자를 아름답게 쓰는 기술이 적용된 최초의 컴퓨터였죠."

그때 잡스는 자신이 몇 년 전에 배운 캘리그래피 기술을 컴퓨터 디자인에 쓸 것이라고는 상상도 하지 못했다고 했다. 그는 우리에게 다음과 같이 강조한다.

앞을 보며 점들을 이을 수 없어요. 오직 되돌아볼 때 가능합니다. 무슨 말이냐 하면 지금 하는 일들을 꾸준히 하다보면 나중에 그것들이 하나의 관계로 이어져서 빛을 발하는 날이 올 거라는 것입니다. 그게 당신의 직감일 수도 있고 운명이나 인생, 카르마karma일 수도 있어요. 뭐라고 정의하든 과거와 현재가 이어져 있다는 거예요.

스티브 잡스는 여러 가지 학습 스타일과 특별한 지식을 쌓는 것에 대해 말했다. 그는 획일화된 교육이나 성공을 정의하는 천편일률적인 아이디어와 상관없는 그만의 학습 스타일과 지식을 강조했다. 잡스는 자신이 선택한 길을 걸었고 과거의 경험을 놀랍게도 미래의 작업과 연계시키는 통찰력을 발휘했다.

나는 이와 같은 연계성을 일부러 의도적으로 만들 필요는 없다고 독자들에게 당부하고 싶다. 잡스 본인도 애초에 그런 생각을 했던 건 아니다. 다양한 아이디어들이 모여 새로운 아이디어가 탄생하게 되는데, 그 시기나 방법은 우리가 결정하는 것이 아니라 우연한 기회에 자연스럽게 찾아오는 것이다. 다만 그런 연계성을 촉진하기 위해 어떤 태도를 가지는 것이 좋은지는 알려줄 수 있다. 스티브 잡스가 캘리그래피 수업 때 배운 기술을 나중에 컴퓨터 디자인에 적용한 것처럼 '지식 발굴'의 능력이란 겉으로 보기에 서로 연관성이 없어 보이는 두 지식을 관련지어 새로운 무언가를 창조할 줄 아는 힘을 말한다.

이 장을 통해 '지식 발굴' 능력의 몇 가지 형태를 설명하겠다. 먼저 '구체화Embodiment'로 창조적이라고 미처 생각하지 못한 지식이나 기술을 도입해 새롭고 놀라운 방식을 시도하며 지식을 발굴할 수 있다. 또 다른 지식 발굴의 예는 우리가 가장 잘 알고 있는 '몰입Immersion'

이다. 관심 있는 주제나 문화에 몰두해 온 신경을 집중한다. 그러면서 새로운 기술이나 전문 지식이 제2의 천성이 될 정도로 능통할 때까지 열심히 연마한다. 숙련된 전문가만이 지식 발굴을 할 수 있는 것은 아니다. 우리 주변을 잘 둘러보는 것으로도 충분히 지식 발굴의 첫걸음을 뗄 수 있다. 실력 있는 혁신가들은 '과거를 발굴하는 능력'이 뛰어나다. 그래서 자신이 몸담고 있는 분야의 역사를 되돌아보고 새롭게 재해석할 수 있거나 일대 혁신을 일으킬 만한 아이디어를 찾는다. 스티브 잡스가 그랬던 것처럼 혁신가들은 끝없는 호기심으로 서로 다른 대상 사이에서 연결점을 찾아낸다. 그리고 그것들이 언젠가 놀라운 관계를 맺게 될 것이라고 믿는다.

시간이 흐르면서 당신이 발굴하는 지식의 양은 점점 더 많아지며 당신이 찾아낸 연결점과 패턴도 축적된다. 그러면서 잘 들어맞지 않거나 다른 전략에 투입할 수 없는 대상들을 가려낼 수 있는 안목도 더 높아진다. 나는 이러한 사고방식을 일명 '도넛 사고donut thinking'라고 부른다. 이런 사고는 보기 드문 것이 아니다. 우리가 일상생활에서 자주 쓰는 '예감', '직감'이란 말과도 일맥상통하기 때문이다. '도넛 사고'를 도입한 사람들은 '육감six sense'이 뛰어나거나 세상 물정에 밝은 부류들을 가리킨다.

지금까지 '지식 발굴'에 필요한 여러 가지 전략들을 알아보았지만 마지막 한 가지를 잊는다면 전략을 알아도 소용없다. 그것은 바로 사람들이 진정으로 의미 있다고 생각하는 것이 무엇인지 파악하는 능력이다. 그래야 우리가 이미 알고 있는 지식을 토대로 새로운 지식을 찾아낼 수 있다. 때때로 '지식 발굴'의 능력이 어느 한 주제에 대해 깊이 파고드는 것처럼 보이지만 그럴수록 밖이 아닌 내면, 자기 자신을 잘 들여다볼 필요가 있다. 자기가 어떤 새로운 기술과 지식의 도움을 받을지 잘 몰라도 흥미를 일으키는 대상에 대한 확신을 가지고 열심히 쫓아야 한다. 그러려면 자기 자신에 대한 자신감이 있어야만 가능하다.

다행히도 당신은 지식 발굴의 능력을 겸비한 통찰력을 발휘하기 위해 10년을 기다릴 필요가 전혀 없다. 의식적으로든 아니면 무의식적으로든 당신은 태어나면서부터 지금까지 지식을 축적해오면서 살고 있다.

구체화

룸메이트 사이인 애덤 라우리Adam Lowry와 에릭 라이언Eric Ryan은 둘 다 하고 있는 일에 만족을 느끼지 못해 새로운 일을 찾고 있는 중이었다. 그 당시에 애덤 라우리는 카네기 연구소에서 환경과학을 연구하고 있었고, 에릭 라이언은 광고 회사에서 광고 기획자로 일하고 있었다.

애덤 라우리는 기후변화에 대한 연구 보고서를 작성하는 데 염증을 느꼈다. 그 보고서를 읽는 사람도 별로 없고 영향력도 거의 없었기 때문이다. 반면 에릭 라이언이 가장 최근에 맡은 프로젝트는 콜게이트Colgate 치약 광고였다. 그는 슈퍼 진열대를 가득 채운 유사 상품들을 주의 깊게 관찰했다. 그가 나중에 표현한 대로 진열대는 '비슷한 것들로 넘쳐나는 바다'를 연상시켰다.

그동안 라우리는 대부분의 친환경 제품의 단조로운 이미지들을 보면서 제품들이 마치 희생의 메시지를 전달하는 것 같다는 생각을 했다. 라우리는 다음과 같이 단언했다.

당신은 죽어가는 지구에 속죄한다는 마음으로 친환경 제품을 사고 있어요. 사람들이 친환경 제품을 사면 살수록 결국 가격은 오르죠. 그렇다고 효과가 있는 것도 아니고 특별히 즐거움을 주지도 않아요. 그게 항상 불만이에요. 긍정적이고 건강한 라이프스타일을 지향하는 것이 아니라 사람들에게 죄의식을 심어주고 면죄를 원한다면 친환경 제품을 사라고 말하는 것 같아요.

때마침 친구 라이언은 라우리에게 신상품 세제를 출시할 계획을 털어놓았다. 두 사람이 함께 사는 아파트는 실제로 깨끗함과는 거리가 멀었다. 청소에 대해 무지한 라이언이 청소용품에 관심을 갖다니 뜻밖이었다. 라우리는 그 기회를 놓치지 않고 새로운 흐름의 친환경 세제에 대한 아이디어를 구상하기 시작했다.

두 사람은 그동안 저축한 돈과 가족, 친구로부터 지원받은 자금을 끌어모아 9만 달러로 사업을 시작했다. 공동으로 창업한 회사 이름은 메소드Method이며 2001년 2월, 메소드의 첫 제품이 탄생했다. 신생 기업을 창설하기에는 시기상 아주 적절한 때는 아니었지만 혈기왕성한 두 젊은이는 피앤지를 비롯해 세제를 생산하는 대기업이 미처 생각하지 못한 차별화된 상품을 선보였다. 대다수의 사람들이 미처 생각하지 못했던 지속 가능성의 개념을 도입한 친환경 세제를 두 젊은이가 만들었던 것이다. 게다가 베이비부머 세대들은 지속 가능성을 떠올릴 때 인간이 환경을 망쳤으니 그에 대한 벌로 친환경 제품을 써야 한다는 인식이 강했다. 그러나 젊은 세대들은 좀 더 쿨cool한 친환경 제품을 원했다. 결국 라우리와 라이언은 스타일리시하고 보기에도 그럴싸한 멋진 디자인의 제품을 생산했으며 기존 세제와 동일한 가격으로 시중에 출시했다. 친구들과 그들 자신이 원했던 제품을 만들어낸 것이다. 라우리는 다음과 같은 결정적인 말을 했다.

지속 가능성과 친환경을 뜻하는 그린의 상징성은 우리 제품의 질적인 측면을 나타내는 척도입니다. 이 두 개념을 제품의 마케팅 포지션marketing position으로만 볼 수는 없어요. 그리고 저는 모든 제품이 그런 방식으로 만들어져야 한다고 생각합니다.

두 사람은 소신을 굽히지 않고 밀어붙였다. 결국 2004년에 메소드

상품이 크게 히트를 쳤다. 라이언과 라우리는 회사의 제품 디자이너로 조시 핸디Josh Handy를 채용했다. 메소드사의 빨랫비누가 그 당시 잘 팔리던 피앤지의 타이드Tide 제품을 제치고 세제 매출 1위를 기록했다. 조시 핸드의 말에 따르면 피앤지의 타이드 세제는 90퍼센트가 액체로 되어 있기 때문에 무겁고 부피도 컸다. 이런 단점을 잘 포착한 조시 핸디는 에너지 절약형 세제를 만드는 데 주력했다. 세제의 효능을 최대한 농축시킨 진액으로 만들어 부피를 줄임으로써 재료비와 운송비 등의 비용을 현저하게 절감할 수 있었다. 스타일리시한 이미지로 포장된 Y세대를 위한 친환경 세탁기용 세제가 탄생한 것이다. 메소드는 자사의 상품을 대형 할인점 '타깃Target'에서 팔 수 있도록 설득했다. 그러면서 마켓에 세련된 디자인의 친환경 제품들이 대거 진열되기 시작했다.

2007년에 메소드사는 더 활발한 연구를 진행했으며 연구 결과, 소비자들의 57퍼센트가 매번 세탁에 필요한 양의 2배에 달하는 세제를 쓴다는 통계를 얻어냈다. 조시 핸디는 소비자들이 필요한 적정량만 쓸 수 있도록 제품에 새로운 펌프를 디자인해 달았다. 심플하고 스타일리시하게 디자인한 통은 가볍게 만들어 원가 절감을 꾀했다. 큰 빨래를 한 번 할 때마다 펌프질을 4번만 하면 되었고, 세제 1개를 구입하면 평균 50번은 사용할 수 있다고 명시했다. 덜 쓰면서 더 많이 사용할 수 있는 것이었다.

메소드사의 성공 스토리는 지속 가능성의 개념을 새롭게 해석한 점에 있다. 이전 세대는 친환경의 그린 제품이라고 하면 편리함, 질적 가치, 디자인을 포기하고 오로지 환경만 생각한 제품이라는 편견을 가졌다. '성장의 한계limits to growth'라는 문구는 1972년에 획기적인 발상을 불러일으킨 책 제목이기도 하다. 이 책에는 1960년대와 1970년대 지속 가능성에 대한 사람들의 생각을 요약한 내용이 담겨 있다. 반면 라우리와 라이언은 책에 언급된 한계에 동의하지 않는 세대에 속하는 사람들이다.

메소드를 처음 설립할 때 이들은 자신들이 속한 세대가 중요하게 여기는 가치를 토대로 비즈니스 모델을 구상했다. 핸디는 이렇게 강조했다. "인사이드 아웃 브랜딩inside-out branding의 효과를 믿었어요. 만약 우리 마음에 들지 않는다면 소비자들도 당연히 좋아하지 않을 거라는 생각을 했죠." 메소드 제품의 용기는 하나같이 컬러풀하고 감각적인 느낌을 준다. 또한 공동 창업자 두 사람과 동년배들이 어린 시절 많이 읽었을 만화책은 회사에 영감을 주는 모티브로 작용한다. 회사 웹사이트에 들어가면 두 사람이 본인을 슈퍼히어로로 묘사하고 있다는 것을 눈으로 직접 확인할 수 있는데 별로 놀랍지도 않다.

위대한 슈퍼히어로들처럼 에릭과 애덤은 유해한 물질이 보이면 그 앞에서 힘이 솟지요. 정확히 말하면 세제로 더러운 것을 깨끗이 씻어내는 거죠. 하지만 기존의 친환경 제품처럼 진부한 효과를 내세우기보다는 에릭과 애덤은 더 좋은 것으로 유해 물질을 없앱니다. 바로 아이디어지요.

두 사람은 세련되고 디자인이 훌륭하면서도 환경에 유익한 제품을 만들 수 있다고 믿었다. 그들의 열정이 만들어낸 메소드의 제품은 지속 가능성이 지극히 정상이고 자연적이며 쿨한 것이라고 여기는 세대들의 가치를 구현했다. 어쩌면 메소드의 제품은 정말 쿨한 것 같다. 두 사람은 자신들 세대의 대다수가 무엇을 원하는지 정확히 꿰뚫어보고 있다. 자신이 원하는 상품, 그런 상품을 만들기 때문이다.

일반적인 통념에 따르면, 어떤 분야의 전문가가 되려면 수천 시간의 연습과 노력이 필요하다고 한다. 또한 우리는 타이거 우즈Tiger Woods나 로저 페더러Roger Federer와 같은 세계적인 운동선수들이 어렸을 때부터 운동을 했다는 것도 잘 안다. 우리는 바이올리니스트 이츠하크 펄먼Itzhak Perlman이 세 살 때부터 바이올린을 배웠다는 얘기도 들었다. 어느 분야의 지식을 쌓기 위해 많은 희생이 따른다는 생각을 하면 우리도 과연 창조적인 사람이 될 수 있을지 의구심이 들곤 한다. 펄먼과 같은 훌륭한 연주가가 되기 위해 바이올린이나 피아노를 배운 사람들은 공감할 것이다. 악기를 배우는 동안에 자신의 실력이 그 정도의 수준에 미치지 못할까봐 얼마나 두려워하며 배웠는지 말이다.

그러나 우리가 간과하고 있는 것이 있다. 우리는 저마다 타고난 미덕이 있으며 자신이 속한 민족의 고유한 특성을 가지고 있다. 또한 모든 지식이 연습을 통해서만 획득되는 것은 아니다. 살면서 자연스럽게 경험으로 얻어지는 경우도 있다. 자신이 속한 집단과 문화가 추구하는 무언의 열망을 파악하는 능력, 그리고 꿈을 현실로 옮기기 위해 필요한 수단을 달성하는 능력 역시 많은 창조적인 사람들이 공유하는 기술이라 할 수 있다.

메소드사를 세운 공동 설립자들처럼 당신도 당신이 속한 세대나 커뮤니티가 지닌 열망을 구현할 수 있는 방법을 충분히 터득할 수 있다. 아니면 좀 더 범위를 확대해서 다수의 사람들이 바라는 꿈을 실현할 수도 있다. 사람들이 좀 더 사용하기 편리한 디지털 수단을 갖춘 세상을 원한다는 것을 알아낸 스티브 잡스와 그의 능력에 대해서 생각해보자. 베이비부머 세대라고 해서 모두 스티브 잡스와 같은 생각을 할 수 있는 것은 아니다. 미국 캘리포니아 주에 있는 마운틴 뷰 Mountain View에서 유년기를 보낸 스티브 잡스는 10대 때부터 이웃에 사는 기술공 래리 랑Larry Lang의 차고를 자주 드나들었다. 래리 랑의 소개로 스티브 잡스는 휼렛패커드 익스플로러스 클럽Hewlett-Packard(HP) Explorers Club에도 가입했다. 스티브 잡스의 전기를 쓴 월터 아이작슨Walter Isaacson은 어린 스티브 잡스가 그 당시 HP의 창업자였던 빌 휼렛Bill Hewlett에게 직접 전화를 걸어 20분 동안 통화하며 고주파 측정기를 만들기 위해 필요한 부품을 요구한 일화를 적기도 했다. 또 혹자는 애플의 공동 창업자인 스티브 잡스가 어릴 때부터 전자 제품을 자주 다룰 수밖에 없는 환경에서 성장한 것과 기계 다루는 것을 좋아하는 스티브 워즈니악Steve Wozniak과 절친하게 지낸 것, 그리고 하이 테크놀로지의 분위기가 고조된 사회적 분위기에서 성장한 것이 결국 수리공이자 컴퓨터 디자이너가 되기까지 중요한 역할을 했다고 주장했다.

지식 발굴의 구체화는 자기 자신을 아는 것에서부터 시작된다. 나는 누구인가, 내가 속한 문화는 어떤 것인가, 나는 이 세상을 위해 무엇을 만들고 싶은가에 대한 질문부터 해야 한다. 뉴욕 브루클린의 파크 슬로프Park Slope에 사는 자녀를 둔 여성이 마을 주민들을 위해 직접 베이비시팅babysitting 공유 사이트를 만든 것도 자신이 알고 있는 지식을 발굴해 구체화한 사례다. 또 젊은 의사들이 자신들의 실전 경험에서 얻은 의료 결과를 공유하기 위해 소셜 네트워킹을 만든 것도 그렇다. 우리는 모두 저마다의 경험담을 가지고 있다. 그 속에서 진정한 가치를 찾아 구체화한다면 직업과 삶을 하나의 상품화된 가치로 만들 수 있다. 우리는 종종 우리가 아는 이런 지식들을 잘 깨닫지 못한다. 왜냐하면 이런 것들은 직감적으로 자연스럽게 획득한 정보들이기 때문이다. 누가 가르쳐줘서 알게 된 것이 아니다.

지식 발굴의 구체화가 창조적 행위의 필수 조건이라고 말할 수는 없다. 하지만 우리가 쉽게 간과하고 가치를 평가절하하는 지식들이 얼마나 많은지 깨닫게 해준다는 점에서 의미가 있다. 또한 우리는 하이퍼 접속 시대에 살고 있다. 아이디어뿐만 아니라 개인이 가진 능력이 괜찮을 경우 아이디어나 능력을 실행하는 속도가 예전보다 훨씬 더 빨라지고 효율적으로 바뀌었다. 그럴수록 우리는 지금 자신이 있는 곳에서 시작해야 한다. 그래야 쓸데없는 니즈를 찾는 데 허비하는 시간을 절약할 수 있다. 또 광범위한 문화인류학적 관찰조사법ethnographic research을 시도하는 데 드는 막대한 비용도 아낄 수 있다. 자기 자신의 진정한 모습을 볼 수 있고 자신이 속한 문화권의 특징을 알며 자신이 믿는 신념과 가치를 이미 알고 있다면 굳이 그런 조사를 추가로 할 필요는 없다. 어쩌면 사람들은 자신의 참모습을 깨닫지도 못한 채 살아간다.

특정 세대, 젠더gender, 문화, 심지어 종교의 가치와 관련된 지식 발굴을 구체화한다고 할 때 당신이 속하지 않은 곳에 대해서는 문외한이 될 수밖에 없다. 하지만 지식 발굴을 통해 객관적인 사실들을 접하게 될 것이다. 다만, 외국에서 온 사람이 현지어를 말할 때 심한 악센트를 없앨 수 없듯이, 만약 당신이 그 문화권에서 태어난 사람이 아니라면 현지 태생의 사람만큼 그 문화를 뼈 속 깊이 이해할 수는 없을 것이다. 그렇다고 해서 당신이 타국의 문화와 관련된 의식에 참여할 자격이 없고 그와 관련된 예술 작품을 만들 권한이 없다는 말은 아니다. 당연히 그럴 수 있다. 자기가 속한 세대가 아닌 사람들 또는 자신이 공유하는 네트워크와 거리가 있는 사람들과도 협력해서 하나의 제품을 얼마든지 제작할 수 있다. 다만 당신이 그들과 다르다는 것을 인정할 수 있어야 한다. 그래서 당신은 아웃사이더라는 것을 명심하고 인사이더와 적절한 파트너 관계를 유지해야 한다. 이때 상대는 인사이더이기 때문에 당신보다 내부 정보를 더 많이 알고 있을 수밖에 없다.

인터넷 문화의 경우, 당신이 50~60대라면 새로운 테크놀로지에 대해 잘 모르기 때문에 낯설게 느껴질 것이다. 당신이 불어도 못하고 프랑스의 풍습도 모른 채 프랑스로 이주해서 느끼는 이질감과 비슷한 상태에 처할 것이다. 하지만 당신은 독학으로라도 많은 것을 배울 수 있다. 새로운 환경에 자기 자신을 던져 몰입할 수도 있다. 그러나 베이비부머 세대는 자녀 세대, 손주 세대가 잘 아는 최신 테크놀로지에 대한 정보를 알려고 하지 않는다. 테크놀로지와 함께 탄생한 새로운 문화를 경험해보고 싶다는 의지도 없다.

물론 사람마다 외국어를 습득하는 능력이나 인터넷 문화를 흡수하는 능력에는 차이가 있다. 소셜 네트워킹 사이트Social Networking Site를 사용하는 성인의 절반 이상의 평균 나이가 35세가 넘지 않는다는 점은, 베이비부머 세대와 후기 Y세대가 거의 소셜 미디어의 세계에 참여하지 않는다는 것을 단적으로 보여주는 예다. 우리들 가운데 대부분이 새로운 수단을 사용하는 기술을 타고나지 않았다. 태어날 때부터 컴퓨터가 있었고 컴퓨터로 사람들과 커뮤니케이션을 시도하며 학습 수단으로 컴퓨터를 쓰는 신세대와 우리는 다를 수밖에 없다. 심지어 후기 베이비부머 세대는 소외감마저 느낀다고 호소한다. 세대 차이는 Y세대에 속하는 나의 제자들도 느낀다. 그 제자들은 여

동생이나 남동생이 쓰는 속어나 그들이 선호하는 커뮤니케이션 수단을 잘 이해하지 못한다고 한다. 그들은 자기보다 나이 많은 형제자매보다 더 '쿨한' 테크놀로지를 쓰고 있다. 이처럼 변화의 속도가 빠르게 박차를 가하고 있다.

그렇다고 해서 새로운 것을 배우려는 노력을 포기해서는 안 된다. 여기서 핵심은 바로 당신의 실력, 지식, 믿음을 제대로 인식하는 것이다. 그리고 새로운 그룹에 합류하거나 어떤 매체를 사용하기 위해 자신에게 부족한 것이 무엇인지 그 빈틈을 자각하는 것이 필요하다.

당신이 살아온 삶과 경험을 되돌아보면서 어떤 새로운 것을 구체화할 수 있는지 생각해보자. 그렇게 하면 창조성에 대한 믿음을 한 단계 더 높일 수 있는 자신감이 생길 것이다. 먼저, 잠시 한 걸음 물러나 당신이 구체화할 수 있는 것과 구체화할 수 없는 것이 무엇인지 자각하는 시간을 가져보자. 나는 최근에 파슨스 패션 스쿨에 입학 신청을 한 여성과 대화를 나눈 적이 있다. 이 패션 스쿨은 전 세계에서 가장 훌륭한 패션 스쿨 랭킹 2, 3위 안에 드는 학교인 데다가 TV 프로그램 '프로젝트 런웨이Project Runway'가 방영되면서 더 유명해졌다. 이 프로그램은 맨해튼의 타임스스퀘어 근처에 위치한 파슨스 스쿨 36번가에서 자주 촬영되곤 했다. 이 여성은 뉴멕시코의 작은 마을에서 왔으며 몇 년 동안 프로그램을 시청하면서 패션 디자이너가 되겠다는 꿈을 꾸게 되었다고 했다. 하지만 결혼을 한 그녀에게는 자녀들과 남편이 있었다. 그리고 패션 스쿨에 들어오는 어린 학생들과 과연 경쟁을 할 수 있을지 걱정부터 앞선다고 고백했다.

이 여성이 미처 깨닫지 못한 점은 아이들의 어머니로 살면서 옷 만드는 데 필요한 기술을 이미 가지고 있다는 것이다. 그녀는 자녀들의 옷을 손수 만들어 입혔을 뿐만 아니라 지금껏 옷 만드는 일이 일상이 되어왔다. 2011년 뉴욕에 여행 왔을 때 메트로폴리탄 미술관에서 알렉산더 맥퀸을 추모하기 위한 전시 '야만적 아름다움savage beauty'을 감상했을 때도 그녀는 디자이너 맥퀸이 사용한 기술을 자신도 알고 있다는 것을 몰랐다. 맥퀸이 젊은 시절 런던에서 수습생으로 일하면서 남성복 슈트를 재단하고 디자인할 때 쓰던 기술이었다. 그런데 이 여성도 어머니에게서 같은 기술을 전수받았다. 그녀가 라이벌로 생각하는 대다수의 어린 학생들은 알지 못하는, 솔기를 완벽하게 바느질할 때 필요한 기술이었다.

당신이 아는 것이 정확히 무엇인지 냉철하게 파악하는 것이 중요한다. 왜냐하면 한 번 구체화된 지식은 암묵적이기 때문이다. 우리 스스로가 의식적으로 그 지식을 이해하고 참된 가치를 부여할 수 있어야 한다. 예를 들면, 졸업을 앞둔 학생들은 여름에 어떻게 해서든 회사나 비영리단체에 들어가 인턴사원으로 일하고 싶어 한다. 앞으로 자신이 일하고 싶은 분야의 네트워크를 형성하게 되면 졸업 후 취업하는 데 도움을 받을 수 있기 때문이다. 하지만 이 어린 학생들이 맛있는 커피를 타주는 것 외에 회사를 위해 어떤 기여를 할 수 있을까? 열여덟이나 열아홉 살, 고작해야 스무 살인 이들이 어떤 가치로 자신을 표현할까?

젊은 세대의 장점은 바로 여기에 있다. Y세대가 사용하는 오픈 소스의 테크놀로지, 즉 구세대가 잘 다루지 못하는 신기술을 손쉽게 다루며 공유할 줄 안다. 이들은 온라인 커뮤니티 형성에도 능하다. 또 시각을 중요시하는 문화를 보고 자랐기 때문에 이미지나 비디오 제작도 손쉽게 다룰 줄 안다. Y세대는 새 플랫폼이 나오면 더 생각할 것도 없이 자연스럽게 동참해 뛰어든다.

당신이 태어난 문화권이 웹 세계에서 사는 세대에 속하든 아니면 프랑스 해안에서 떨어진 섬에 사는 집단에 속하든, 당신은 자신의 문화에 대해 속속들이 잘 알 수밖에 없다. 그 문화권의 특징과 의식, 금기 사항 등 민감한 부분도 잘 안다. 그러나 그 문화권에 속하지 않은 이방인의 눈에는 모든 것들이 새롭고 참신해 보일 것이다. 물론 이방인이 겉으로 드러나지 않는 속사정까지 다 이해하기는 힘들 것이다. 역사와 문화의 맥락 속에서 정확한 의미를 파악하기란 어려운 일이다. 하지만 그 문화를 제대로 흡수하려면 노력해야 한다. 그 단계가 바로 몰입이다.

몰입

모든 문화에 대해 꿈과 야망을 구현하기 위해 애쓰는 것은 어리석은 짓이다. 하지만 그렇다고 모든 사람들이 자기가 태어난 문화권에만 머무르길 원하는 것은 아니다. 우리는 새로운 장소를 탐험하고 싶어 하고 새로운 사람들을 만나고자 하며 새로운 라이프스타일을 시도한다. 마크 저커버그Mark Zuckerberg처럼 자신이 속한 세대를 위해 새로운 아이템을 개발한 회사를 설립한 사람들이 있다. 기존의 생활 방식에 만족하지 않고 새로운 지역에서 새로운 기술을 습득하고 싶어 하는 창조적인 개인들이 존재한다. 스타벅스 회장인 하워드 슐츠Howard Schultz는 이탈리아 커피 문화권에서 태어나지 않았다. 그러나 이탈리아를 여행하는 동안 특별한 것을 배우고 싶어 했고, 거기서 얻은 경험을 미국으로 가져와 오늘날 그 유명한 스타벅스 커피 체인점을 설립했다. 메소드와 같은 회사들은 고객과의 연계성을 위해 리서치보다 개인적인 경험에 더 의존해 회사 스토리를 만들어냈다. 집단의 가치를 아직 구현하지 못한 사람들은 그런 일을 하는 사람들과 한 팀을 이루거나 집단이 믿는 신념과 습관에 대해 익힐 수 있도록 자기 자신을 그 속에 완전히 몰입해야 한다.

중국의 혁신적인 사기업이었던 레노버Lenovo는 중국에 들어온 외국 브랜드에 전혀 밀리지 않으며 월등한 경쟁력을 자랑해왔다. 참혹한 문화혁명 시대가 끝나고 난 후에 태어난 세대들은 레노버의 제품을 구입하는 것에 만족스러워했다. 그 당시 베이징에 본사를 둔 레노버는 자국민들에게 훌륭한 기능을 자랑하는 컴퓨터를 선보였다. 그러나 세월이 흐르면서 상황이 완전히 바뀌었다. 빠른 속도로 변화하는 중국에 새로운 소비 세대가 등장한 것이다. 중국이 번영하는 시대에 태어난 이들의 안목은 이전 세대보다 훨씬 까다로웠다. 레노버의 경쟁사인 HP, 델Dell, IBM이 저가 제품을 선보이면서 시장 점유율을 점점 높이기 시작했다. 중국 소비자들이 서양 브랜드를 자국 브랜드보다 더 고급스럽게 생각하며 관심이 그쪽으로 쏠렸기 때문이다.

레노버의 경영진은 중국의 새로운 소비자 계층보다 나이가 많은 구세대와 더불어 기업을 키워나갔다. 그들은 열심히 일하고 가족을 부양하며, 자식들을 자신보다 더 나은 환경에서 교육시키는 것이 인생 최대의 목표인 사람들이었다. 레노버는 젊은 세대의 직장인들로 구성된 성공한 신생 기업을 따라잡을 수가 없었다. 그 이유는 레노버 내부에서는 새로운 소비자 계층의 안목과 취향을 이해할 수 있는 경쟁력을 가진 사람이 없었기 때문이다.

결국 2000년대 초반에 레노버는 오리건 주의 포틀랜드에 위치한 지바 디자인에 컨설팅을 의뢰했다. 지바 디자인으로 말할 것 같으면 기업을 상대로 한 혁신과 디자인 컨설팅 분야에서 세계 정상을 달리는 디자인 회사다. IDEO와 컨티뉴엄Continuum, 스마트Smart를 비롯한 여러 회사들은 산업디자인에서 출발해 소비자 제품을 제작하는 일에까지 관여했다. 지바 디자인도 마찬가지였다. 디자인 연구는 물론 마케팅과 브랜딩 전략을 세워 디자인 컨설팅의 범위를 확대시켜나갔다.

지바 디자인은 문화 깊숙이 침투하는 노하우를 알고 있다. 지바 디자인의 설립자 소랍 보소히가 내게 말하길, 회사 직원의 국적만 해도 모두 18개국이며 총 25개 언어를 사용한다고 했다. 포틀랜드에 위치한 본사에는 100명 이상의 직원들이 일하고 있으며 전문 분야가 62가지가 넘는다. 컬러 스페셜리스트, 환경 디자이너, 정보 설계자, 인류학자, 인지과학자 등 분야도 다양하다. 이런 다양성이 회사에는 큰 강점으로 작용한다. 여러 분야의 사람들이 함께 일하기 때문에 어떤 결과물을 종합하고 일정하게 반복되는 패턴을 인지하는 속도가 전문가 한 사람이 하는 것보다 훨씬 더 빠르다. 더불어 무엇이 결여되어 있는지 찾는 능력도 더 뛰어나다.

레노버는 단순히 가격경쟁이나 제품의 고급화를 위해 타사와 경쟁을 하는 것이 아니다. 제품의 참된 의미와 가치를 찾고 싶어 했고 지바 디자인이 그것을 찾아주기 위한 일을 맡고 나섰다. 사회과학자, 디자인 연구가, 제품 디자이너로 이뤄진 팀은 중국으로 떠나기에 앞서 디자인 프로젝트를 위해 '전략 회의실'에 모였다. 중국의 광고 포스터로 도배를 하다시피 한 이 방에서 그들은 하루 종일 중국의 록과 클래식 음악, 그리고 중국 전통음악을 들었다. 중국에서 온 교환학생들을 데려다가 중국의 라이프스타일과 기술 잡지, 특히 광고 내용을 번역하는 일도 시켰다. 젊은 중국인들이 일상적으로 사용하는 물건들, 즉 지갑이나 휴대폰, 담배 라이터 등을 수집해서 그들의 취향을 분석했다. 요즘 중국의 젊은이들이 어떤 색과 질감을 좋아하는지, 또 어떤 스타일로 마무리된 디자인을 좋아하는지 알아보기 위해

서였다.

중국에 도착한 팀원들은 일단 두 그룹으로 나뉘어 4주 동안 세 지역을 돌아다니며 중국 문화에 몰입했다. 디자인 인류학자, 디자인 전략가, 산업디자이너들이 베이징의 직장인들과 함께 자전거로 이동하면서 휴대폰으로 통화했다. 또 길거리 포장마차에서 파는 음식을 먹고 큰 만찬회가 열리는 식당 홀에서 돼지머리와 비둘기 요리를 먹어보기도 했다. 팀원들은 오래된 후퉁胡同(골목이라는 뜻—옮긴이) 거리를 걸어 다녔고 밤에는 단란주점에 들어가 늦게까지 노래도 불렀다. 팀원들은 각자 흩어져 버스와 기차로 이동했고 나이트클럽에서 문자를 주고받기도 했다. 그리고 스타벅스에 들어가 노트북으로 자료를 정리하기도 했다. 시각적인 영감을 얻기 위해 패션 부티크와 전자 제품 상점은 물론 전통적인 정원과 현대식 건축물을 두루두루 둘러보았다. 거기서 끝나지 않았다. 지바 디자인 팀원들은 젊은이들이 사는 아파트를 방문해 옷장을 열어보고 중국 젊은 층의 패션 취향까지 조사했다.

지바 디자인 팀은 중국 소비자들에게까지 도움을 요청했다. 협조에 응한 지원자들에게 카메라와 접착제, 포스터보드 2장을 준 다음 한 장은 일할 때, 다른 한 장은 여가 시간의 모습을 찍은 사진을 붙여오라고 부탁했다. 즉 일상 속에서 테크놀로지와 관련된 시간을 보낼 때 그 순간을 사진으로 찍어 붙여오는 것이 지원자들이 해야 할 일이었다. 그런 다음에 지원자들에게 비주얼 타임 라인을 만들도록 했다. 그래야 팀원들이 연구할 때, 시간별로 달라지는 태도와 감정의 변화를 잘 비교할 수 있기 때문이었다.

팀원들은 포틀랜드로 돌아간 뒤 '전략 회의실'에 모여 지원자들이 작업한 결과물과 사진, 인터뷰를 통해 수집한 관찰 일지를 정리해 민족지학적 영감 도표를 완성했다. 팀원들은 이 도표를 이용해 중국의 기술 소비자 집단의 특징을 가장 잘 보여주는 행동 양식과 열망을 정의했다. 지바의 설립자 보소히는 "우리는 이들을 '테크놀로지 집단technology tribes'이라고 불렀어요. 그리고 중국의 떠오르는 이 신흥 '테크놀로지 집단'을 5가지 특징으로 구분했습니다"라고 말했다.

이 테크놀로지 집단은 '매우 사교적인 자Social Butterflies', '관계 형성을 잘하는 자Relationship Builders', '가치를 극대화하는 자Upward Maximizers', '자기 세계에 몰입하는 자Deep Immersers', 그리고 '뛰는 수집가Conspicuous Collectors'로 이루어져 있다. 각각의 특징을 가진 사람마다 원하는 것이 달랐다. '매우 사교적인 자'는 광범위한 소셜 네트워크를 통해 사람들과 연결되기를 희망했다. 반면에 '자기 세계에 몰입하는 자'는 환상과 몰입을 통해 현실을 도피하려는 욕망이 강했다. 이와 같은 특징은 지바 디자인이 레노버와 함께 일하면서 세분화된 시장의 규모를 정하는 데 도움을 주었다.

지바 디자인은 즉흥 연기를 동원해 '매우 사교적인 자'가 핸드폰을 어떻게 사용하며, '자기 세계에 몰입하는 자'나 '관계 형성을 잘하는 자'의 경우와는 어떻게 다른지 비교해보았다. 레노버와 함께한 프로젝트의 이름은 일명 '영혼을 위한 조사Search for the Soul'였다. 그만큼 레노버 제품의 타깃 소비자층이 누구인지 그들의 영혼을 찾는 일이 급선무였다. 그래서 레노버의 데스크톱, 노트북, 핸드폰의 각 라인별 판매 전략의 기초 작업을 완성했다.

마침내 레노버는 몰입을 통한 소비자층의 이해를 통해 3종의 신상품을 만드는 데 성공했다. 자기 세계에 몰입하는 소비자층을 위한 데스크톱 PC와 관계 형성을 잘하는 소비자층을 겨냥한 노트북 및 태블릿 PC, 그리고 가치를 극대화하는 소비자층을 위한 핸드폰도 출시했다. 각 소비자 집단이 원하는 고유한 니즈를 만족시키기 위한 제품들이었다.

새롭게 알게 된 지식을 잘 활용한 결과 레노버는 라이벌인 외국 기업들을 물리치고 중국 시장 점유율을 증가시키는 데 성공했다. 2012년 레노버는 중국 컴퓨터 시장에서 점유율 30퍼센트를 기록했다. 에이서Acer, 델, HP, 아수스텍Asustek을 앞질렀던 것이다. 지바 디자인이 중국 시장을 타깃으로 시도한 몰입은 레노버의 미래에 중요한 역할을 했다. 그 덕분에 2005년 레노버는 세계 컴퓨터 시장에서 HP와 막상막하인 IBM의 싱크패드ThinkPad를 인수하는 결정을 내릴 수 있었다.

몰입은 우리에게 친숙한 지식 발굴의 한 유형이다. 학창 시절, 누구나 역사와 문학, 과학을 알기 위해 푹 빠져들었던 시절이 있었을 것이다. 그러나 이 몰입 단계를 창의적인 능력으로 인정하는 사람은 거의 없었다. 우리는 이 지식이라는 것을 열심히 연구하고 실천해서 얻은 결과물인 동시에 창의성을 유발하는 자원으로 여기지 않았다. 하지만 이제는 그렇게 해야 한다.

지바 디자인이 중국에서 일하는 동안 지식 발굴에 대한 몰입은 매우 중요한 역할을 했다. 물론 시간을 투자해야 하는 일이었다. 중국 젊은 층의 문화를 이해하기 위해 12명의 팀원이 3개월 동안 중국에 머물렀다. 레노버 프로젝트를 성사시키는 데 투자한 기간이 205일, 거의 500시간에 가까운 시간을 데이터 수집과 분석 및 타깃이 된 소비자층의 윤곽을 결정하고 결과물을 발표하는 데 사용했다. 지바 디자인은 중국에서 나이키의 경쟁 업체인 중국 브랜드 리닝李寧과도 함께 일한 적이 있다. 리닝 프로젝트에는 약 9,000시간을 투자했다. 이처럼 다른 국가의 문화를 이해하고 세대 간의 문화 차이를 이해하는 과정은 매우 복잡하며 다양한 주제들을 다뤄야 하는 일이다. 특히 이럴 때는 깊이 있게 몰입하는 태도가 결정적으로 필요하다.

몰입을 통해 획득한 지식은 결코 얕은 지식이 될 리가 없다. 그렇다고 결과가 무조건 깊이 있는 내용이라고 단정 지을 수도 없다. 때때로 수업에서 배운 내용이나 자신이 관심 있어 하는 주제에 대해 연구하는 과정에서도 지식 발굴의 몰입이 작용한다. 디자이너 알렉산더 맥퀸이 자신의 뿌리인 스코틀랜드에 대해 공부하는 동안 자신이 훗날 스코틀랜드와 관련된 컬렉션을 열게 될지 상상이나 했을까? 스코틀랜드의 학살을 표현한 '고원의 강간Highland Rape'이라는 제목의 컬렉션이 런던 런웨이 쇼에서 화려하게 펼쳐졌다. 그러면서 알렉산더 맥퀸은 패션계의 독보적인 디자이너로 탄탄대로를 달렸다. 2010년 그가 자살을 하기 전까진 그랬다. 스티브 잡스도 대학에서 캘리그래피 강의를 들었지만 그때 배운 기술이 훗날 애플 컴퓨터의 유저 인터페이스의 디자인 모델에 영감을 줄 거라고는 미처 생각하지 못했다. 잡스가 만든 모든 디지털 제품이 캘리그래피에서 모티브를 얻었는데도 말이다.

학교에서 배운 내용이 그의 인생을 송두리째 바꿔놓았다고 해도 과언이 아니다. 우리의 삶도 마찬가지다. 게다가 인생 역전에 많은 시간이 걸리는 것도 아니다. 당신을 그 분야의 전문가로 만드는 지식과 당신을 창조적으로 만드는 지식을 엄격하게 구분해보자. 전자에 해당하는 지식을 자기 것으로 만들려면 시간이 많이 걸린다. 하지만 창조성 실현에 필요한 지식은 그만큼의 시간이 걸리지 않는다. 따라서 우리는 창조성 발굴을 위한 지식 기반을 쌓는 데 충분할 만큼 자신을 몰입시킬 수 있다.

만약 창조성이 당신의 목표라면 더 좋은 전략을 짜는 데 용이하다. 특정 분야의 최고가 되고 싶다면 행동으로 옮기는 시간보다 배움의 시간을 더 많이 가져보자. 다양한 종류의 지식을 습득하는 일에 시간을 투자하는 것이 유리하다. 『새로운 미래가 온다』와 『드라이브』의 저자 다니엘 핑크Daniel Pink는 한 인터넷 방송에 나와 오늘날 미국 대학생들이 복수 전공을 하는 추세가 증가하고 있다고 말했다(예를 들어 인기 전공이 컴퓨터 과학이면 컴퓨터 과학과 학생들이 예술 분야나 디자인을 부전공으로 선택해 수강하고 있다). 학생들은 지식의 폭을 넓히게 되면 창조적 지성을 활성화시킬 수 있다는 것을 직감적으로 느끼고 있었다.

대부분의 사람들은 새로운 것을 배우는 일에 관심을 갖는다. 그래서 무언가를 공부하고 실제로 행동으로 옮겨보고 다량의 정보를 수집하는 데 시간을 보낸다. 하지만 이런 학습이 창조성을 북돋운다는 것에 대해서는 잘 모르는 경우가 태반이다. 우리가 배우는 모든 것은 혁신을 이끌 수 있는 가치를 지니고 있다. 당신이 들은 강의, 읽은 책, 참여한 전시, TED(Technology, Entertainment, Design)에서 시청한 18분짜리 비디오를 통해서도 얼마든지 새로운 아이디어를 끄집어낼 수 있다. 자신만의 독창적인 호기심을 따라가다 보면 흥미를 유발하는 대상에 자기 자신을 몰입시킬 수 있다. 반드시 배워야 된다는 생각으로 되는 것이 아니다. 이렇게 획득한 지식은 훗날 종종 그것과 전혀 관련이 없는 일이나 뭔가를 이루려고 노력할 때 도움을 줄 것이다.

사람들은 흔히 호기심을 쫓는 것은 시간 낭비라고 말한다. 열심히 공부하고 문제에 맞는 해답을 알아내는 데 집중하며 본업에 충실하라고 말한다. 그래서 음악이나 예술을 비롯해 본업이나 전공과 무관한 것을 배우는 데 지출하는 비용을 우선적으로 삭감하며 종종 죄다 포기해버리기 일쑤다. 그러나 다양한 분야를 폭넓게 배우고 몰입하다 보면 이질적인 대상 사이의 연결점을 찾기가 훨씬 수월해진다.

그리고 그런 연결점은 나중에 창조성을 발휘하는 필수적인 역할을 한다.

몰입은 제약이 없는, 궁극적으로 자유로운 해방을 추구하는 활동이다. 관심 있는 분야라면 무엇이든 배울 수 있다. 시간과 노력이 허락하는 한 다양한 지식을 쌓아두면 그 지식들이 쌓여 수많은 연결점을 만들 수 있다.

연결점 찾기

MIT 출신의 로봇 기술자 로드 부룩스Rod Brooks와 콜린 앵글Colin Angle, 헬렌 그라이너Helen Greiner는 공동으로 IS 로보틱스Robotics란 이름의 회사를 창업했다. 이들이 최초로 주안점을 둔 분야는 바로 우주 탐사 차량을 만드는 일이었다. 이들은 당시 나사NASA에서 개발 중인 우주 로봇 로버rover 연구에 매진했으며, 그 결과 나사는 1997년 화성 탐사선을 완성할 수 있었다. 회사 웹사이트에 들어가 보면 세 공동 창업자들이 다른 분야에서도 활동한 것을 알 수 있다. 정부의 보조금을 받으며 로봇 공룡 랩터Raptor를 제작한 적도 있고, 물고기처럼 움직이는 로봇 다츠DARTS를 설계한 적도 있다. 또 지뢰 탐색 로봇 아리엘Ariel을 개발했는데, 이 로봇은 외형이 유기적인 생명체처럼 생겼다. 회사는 완구 전문 업체인 해즈브로Hasbro와 손을 잡고 로봇 인형 마이 리얼 베이비My Real Baby를 내놓았지만 결국 생산이 중단되고 말았다. 그 일을 계기로 회사의 팀원들은 저비용으로 로봇을 제작하는 방법을 찾느라 고심했고 마침내 현실로 이루었다.

하지만 우주 탐사 차량과 장난감 로봇은 보통 사람들의 일상을 크게 바꾸지 못했다. 이 회사가 추구하는 주요 목표 중 하나가 로봇을 일상생활에 적용하는 것이었다.

1997년에 이 회사는 정부의 지원을 받아 자연재해의 희생자를 찾는 데 쓰일 로봇 제작에 착수했다. 미국 세계무역센터와 펜타곤이 2001년 9월 11일 공격을 받았을 때 생존자들을 찾기 위한 수단으로 로봇이 사용됐다. 그 후에는 미국 방위고등연구계획국DARPA의 지원을 받아 팩보츠PackBots를 제작했다. 이 로봇은 아프가니스탄의 탈리반 추적과 이라크의 폭탄을 해체하기 위해 전격 투입됐다. 또한 팩보츠는 일본에 일어난 지진과 지진해일로 후쿠시마 다이이치Daiichi 원자력 발전소에서 방출된 방사선의 수치를 측정하고 잔여물을 제거하는 데도 사용됐다.

같은 해, 회사는 외부의 지원을 받아 새로운 로봇 제작에 들어갔다. 그동안 실행한 작업 중 계약 규모가 가장 큰 프로젝트였다. SC 존슨 왁스Johnson Wax로부터 자동 청소기Auto Cleaner를 제작해달라는 주문을 받았는데, 거대한 산업용 자동 청소 로봇을 만드는 것이었다. 구상 작업이 끝난 후, 디자인 팀에 있던 두 기술자는 해즈브로와 함께 저비용의 로봇 인형을 제작하면서 획득한 정보를 이 새 프로젝트에 적용시켰다. 이 회사의 제품 개발 전략의 중요한 특징 중 하나는 '기존에 알고 있는 지식'을 잘 활용하는 것이다. 일반적으로 로봇 제작이 부품 개발에 기반을 두기 때문에 기존에 사용된 방법을 활용해 새로운 테크놀로지에 적용하는 경로가 비교적 용이했다. 아무런 사전 준비나 지식 없이 로봇 제작에 들어간 것이 아니었다.

이 회사가 미래의 룸바Roomba가 될 로봇의 원형을 완성하는 데 총 5년이 걸렸다(회사는 2000년 뉴햄프셔에 본사를 둔 로봇 회사인 리얼 월드 인터페이스Real World Interface와 합병한 직후에 이름을 아이로봇iRobot으로 개명했다). 2002년 9월에 처음 출시된 이래로 500만 대 이상의 룸바가 판매됐다. 심지어 작은 로봇 룸바에 열광하는 '컴퓨터 도사층'까지 생겼다. 그래서 룸바를 살아 있는 인격체로 보고 로봇의 모양을 변형하거나 색을 칠하는 사람까지 생길 정도였다.

서로 연관 관계를 찾아볼 수 없었던 정보들을 잘 연결한 룸바 개발자들은 최상의 지식 발굴을 보여준 모델이나 다름없다. 아이로봇은 솔직하게 말해서 '새로운' 무언가를 창조해낸 것이 아니다. 룸바 제작에 사용된 테크놀로지는 이미 다른 프로젝트에서 한번쯤 다룬 기술들을 재활용한 것이다. 섬광처럼 떠오른 통찰이 만들어낸 결과물이 아니다. 그 대신에 수년간의 시간과 노력이 필요했다. 로봇 기술자들은 다양한 분야에서 획득한 지식과 경험을 적용해 룸바를 탄생시켰다. 그 결과, 로봇이 일상생활의 한 부분을 차지하게 되었으며, 공상과학 소설가들의 오랜 꿈이 드디어 현실로 나타난 것이다.

사실 지식 발굴은 수백 가지의 소소한 아이디어를 요구하지 않는다. 브레인스토밍의 결과로 이뤄진 하나의 테크닉만 갖춰지면 된다. 겉으로 보면 서로 관련이 없어 보이는 지식들을 연결 짓는 과정은 일명 수평적 사고나 상관관계를 잘 고려한 사고를 활용하면 된다. 과거의 경험을 떠올려보고 완전히 새로운 것을 창조하기 위해 기존의 지식과 경험을 어떻게 확장시켰는지 곰곰이 생각해도 금방 찾을 수 있다. 아니면 다른 사람들이 어떻게 했는지 주변 사례를 찾아봐도 좋다. 어찌되었든 당신은 연결점을 찾기 위한 전략을 가지고 있어야 한다.

이런 접근법을 지지한 피앤지는 2000년부터 기존의 전통적인 연구 개발 프로세스를 포기하고 모든 부서가 연계 개발Connect Develop 프로세스를 따르도록 회사 방침을 바꾸었다. 말 그대로 연계되는 대상을 모아 개발하는 것이다. 피앤지는 회사 방침을 연계 개발 프로세스로 전환하면서 모든 부서가 외부에서 정보와 영감의 원천을 얻어 외부의 기술과 아이디어를 내부의 연구 개발 역량과 연결시키는 시도를 수도 없이 진행했다.

피앤지는 일반 소비자를 겨냥해 대량 판매용 제품을 만드는 회사처럼 보인다. 하지만 기업의 핵심 문화는 화학에 대한 진지한 연구가 기본 바탕을 이룬다. 실력 있는 화학자들이 수십 년간 우수한 청소용품과 가정용품을 만들기 위한 연구에 심혈을 기울였다. 그 결과 탄생한 제품이 타이드를 비롯한 팸퍼스Pampers와 크레스트Crest가 있다. 이 제품들은 패키지 상품으로 출시되어 브랜드화된 피앤지의 대표적인 상품들이다. 마케터와 판매원의 영향력 덕분에 세계 각지로 수출된 상품이기도 하다. 사실상 피앤지 제품은 사내의 화학자들 머리에서 나온 것이다.

2000년 피앤지의 새로운 CEO로 임명된 래플리는 기존의 기업 문화를 타파하고 사내 부서가 외부에서 새로운 아이디어를 가져올 수 있도록 적극 장려했다. 그 결과 피앤지는 새로운 네트워크를 형성했으며 전 세계의 피앤지 고위 간부들이 다양한 곳에서 정보를 얻을 수 있도록 했다. 이들은 테크놀로지에 정통한 사업자들과 팀을 결성하여 현재 발행되는 과학 저널을 수집해 연구했다. 또 관련 학회에 참여하고 회사의 향후 프로젝트에 유용한 정보를 제공해줄 만한 과학자들을 직접 만나기도 했다. 나인시그마NineSigma를 통해 전 세계에 확산된 과학기술 관련 회사 및 대학교와의 접촉을 촉진시킬 수 있는 네트워크를 형성하는가 하면, 이노센티브InnoCentive와 같은 네트워크를 통해 26만 명 이상의 '문제 해결자들'과 연결망을 구축했다. 회사가 해결해야 하는 도전 과제에 대한 해답을 찾아주는 대가로 서비스 비용을 지불하면 되는 것이다.

새로운 네트워크 구축 덕분에 피앤지는 그동안 회사 내의 관리자들과 과학자들이 찾아내지 못한 신상품 콘셉트를 찾을 수 있었고 더불어 시너지 효과도 발휘할 수 있게 됐다. 그렇게 해서 탄생된 대표적인 제품이 바로 피앤지에서 출시한 배터리가 내장된 칫솔인 '크레스트 스핀브러시Crest Spinbrush'다. 이 제품은 피앤지가 2001년에 존

오서John Osher가 주도한 기업가 그룹에서 아이디어를 사온 것이었다. 다른 제품들의 경우에도 피앤지의 기존 브랜드를 새롭게 변형해 신상품으로 만든 것들이 더 있다. 예를 들면 '미스터 클린 매직 이레이저Mr. Clean Magic Eraser'와 '올레이 리제너리스트Olay Regenerist'가 대표적인 상품들이다. 적어도 피앤지에서 출시된 혁신적인 신상품의 3분의 1은 연계 개발을 통해 탄생한 것이라 해도 과언이 아니다.

당신이 속한 조직 내에서 연결점을 찾는 아이디어를 구상할 때 또는 당신이 직접 경험한 것을 바탕으로 사람들의 이목을 끌 만한 참신한 대상을 혁신적으로 뽑아낼 때, 어느 누구도 그 일이 누워서 떡 먹기처럼 쉽다고 말하지 못할 것이다. 수많은 선택 사항들을 고려해야 하는데 대체 어디서부터 시작해야 하는 것일까? 무한하게 펼쳐진 수많은 점처럼 보이는 방대한 지식 가운데 과연 내게 알맞은 점은 어떤 것일까?

아이디어 캐스팅

당신이 아이디어 사냥을 하면서 빛나고 눈에 띄는 것이라면 무조건 낚아채려고 하는 습관을 가졌다면 사냥은 쉽게 이뤄질 것이다. 하지만 당신이 애초에 찾으려고 했던 것을 망각할 가능성이 높다. 아이디어 사냥은 일종의 낚시와도 같다. 낚싯대를 던지기 전에 인내할 줄 알아야 한다. 낚시를 하는 사람이라면 누구나 당신에게 이렇게 말할 것이다. 낚싯대를 던지고 난 후 무엇이 낚일지 아무도 정확하게 예측

할 수 없다고 말이다. 예상치 못한 곳에서 영감을 받게 된다는 것이 중요하다. 대만의 공업기술연구원ITRI(Industrial Technology Research Institute)에 있는 과학자들도 최근 개발된 컴퓨터 테크놀로지의 결과물을 연구하는 동안 그와 같은 교훈을 얻었다. 아이패드, 스마트폰, PC와 TV를 위해 화면이 스크롤처럼 이동 가능한 플렉시블 스크린flexible screen을 연구할 때였다.

연구소 팀원들은 유리에 플렉시블 기판을 형성한 후 트랜지스터를 덮어 유연성을 성공시키는 연구에 한창이었다. 트랜지스터가 플렉시블 기판에 밀착되면서 기판이 유리면과 떨어져야 하는데, 문제는 점착성이었다. 플렉시블 기판이 유리에 밀착되어 있어서 잘 떨어지지 않아 애를 먹었다. 《월스트리트 저널Wall Street Journal》에 따르면 이 공업기술연구원의 담당 책임자였던 리정중李正中과 리쭝밍李宗銘이 대만 사람들이 즐겨 먹는 팬케이크에서 영감을 받아 해결책을 찾았다고 한다. 요리사라면 프라이팬에 두른 기름을 고온으로 가열하면 프라이팬 바닥에 붙은 팬케이크를 떼어내기가 더 쉽다는 사실을 잘 알고 있다. 연구소 과학자들은 이 상식을 연구에 반영해 플렉시블 기판과 유리 사이에 비점착성 물질로 이루어진 층을 깐 다음 팬케이크 원리를 적용해보았다. 그 결과, 이북 리더e-book reader를 위한 플렉시블 디스플레이어가 시장에 출시될 수 있었다.

캐스팅의 범위를 넓히다 보면 자연히 낯선 곳을 만나게 된다. 이때 당신이 닻을 잘 던져야 난바다로 표류하는 일이 없다. 당신이 풀어야 할 퍼즐과도 같은 문제, 당신이 기능을 향상시켜야 하는 제품이나 프로세스, 당신이 속한 커뮤니티나 그룹에 대한 사전 지식들이 곧 당신에게 필요한 닻이 되어줄 것이다.

우리는 어떤 정보들이 서로 연관성을 갖는 것이 최상일지, 또 이질적인 두 아이디어가 가장 효과를 발휘하려면 어떻게 결합해야 할지 늘 알 수는 없다. 그래서 아이디어를 캐스팅할 때는 항상 열린 사고open mind로 사물을 바라보아야 한다. 놀라움이 선사하는 기쁨이 어떤 것인지도 잘 알아야 한다. 우리가 발견하는 해결책들은 대개 놀라운 발견 속에서 찾는 경우가 많다. 제임스 다이슨James Dyson이 기존의 부피가 큰 필터가 들어 있는 평범한 진공청소기가 아닌 새로운 기술을 적용한 진공청소기를 개발했을 때 그는 제재소에서 아이디어를 발견했다. 공장에서 톱밥을 흡입할 때 사용하는 전통적인 사이클론 팬cyclone fans을 보고 영감을 얻은 것이다. 그가 스피닝spinning 사이클론 방식을 적용해 먼지를 빨아들이는 진공청소기를 연구함으로써 사이클론 브랜드의 진공청소기가 탄생했다. 그의 아이디어 캐스팅이 성공적인 결과물로 이어진 것이다.

태어날 때부터 연결점을 찾는 능력을 갖춘 사람은 없다. 살면서 배움을 통해 훈련해나가는 것이다. 그 배움을 학교에서 얻는 사람도 있고 일터나 인생을 살면서 얻는 사람도 있다. 아주 까다로운 것은 아니지만 신중한 선택이 요구되는 능력이다. 우리 중 많은 사람들은 창조성이 무에서 유를 만드는 능력이라고 생각해 창조성에 대해 자신없어 하며 걱정부터 한다. 하지만 절대 그렇지가 않다. 대만의 공업기술연구원의 과학자들과 제임스 다이슨의 경우를 보라. 이미 세상에 존재하는 것에서 새로운 아이디어를 떠올리지 않았는가. 자신들이 업데이트하고 싶어 하는 전문 지식과 기술, 테크놀로지를 바탕으로 새로운 무언가를 창조한 것뿐이다. 다만 새로움과 익숙함 사이에서 아이디어 캐스팅을 시도한 것이다. 이런 혁신가들은 하나같이 인생의 우연한 기회를 적절하게 활용해 매우 독창적인 창조물을 구체화시키는 능력을 가지고 있는 사람들이다.

과거 발굴

내가 2011년 토론토를 방문했을 때 만난 빌 벅스턴은 크리족 인디언들의 전통 카누 제작법에 따라 자작나무로 카누를 만들고 있었다. 과거에 모피 교역로로 이용되던 처칠과 서스캐처원 주를 흐르는 강 상류에 배를 띄워 오로라를 보러 갈 준비가 한창이었다. 그는 바쁜데도 시간을 내어 연계성과 창조성에 대한 자신의 생각을 내게 들려주었다.

빌 벅스턴은 진정한 르네상스형 인간이다. 그가 크리족 인디언들처럼 카누를 만들어서가 아니다. 그는 소프트웨어 그래픽 회사인 에일리어스/웨이브프론트Alias/Wavefront와 실리콘 그래픽스사SGI(Silicon Graphics Inc.)에서 수석 과학자로 일한 적이 있으며 토론토 대학에서 컴퓨터 공학 교수직을 맡은 적도 있다. 그리고 지금은 마이크로소프트 리서치Microsoft Research에서 수석 연구원으로 일하고 있다. 그전에 벅스턴은 작곡가, 악기 디자이너, 악기 연주자로 활동했다. 캐나다 퀸스 대학에서 음악과 학사 학위를 딴 그는 자신의 디지털 기기를 디자인하는 일을 시작했다. 그러고 나서 컴퓨터 공학 학위를 딴 후에 제록스Xerox 팰로 앨토 연구소PARC(Palo Alto Research Center)에 들어갔다. 제록스 부설 연구소로 설립된 이 회사에서 처음 제작한 컴퓨터 마우스와 메뉴판, 윈도, 그래픽 사용자 인터페이스를 비롯한 다양한 디지털 기기들은 오늘날 우리가 당연한 것으로 알고 쓰는 기기들이 됐다.

그날 우리는 내가 가장 좋아하는 주제에 대해 허심탄회하게 이야기를 나누었다. 벅스턴이 위대한 기업으로 예찬하는 애플에 대한 얘기였다. 업계의 어떤 CEO나 관리자, 디자이너도 벅스턴의 찬사에 반대하지 않을 것이다. 애플은 명실상부 세계에서 가장 창조적인 기업 중 하나이며 애플의 산업디자인 부사장 조나단 아이브Jonathan Ive야말로 이 시대의 가장 천재적인 산업디자이너로 손꼽힌다. 그러나 벅스턴은 애플과 조나단 아이브가 어떻게 창조성을 사용하는지에 대해서는 사람들이 잘 모르는 것 같다고 지적했다. 그래서 가전제품을 생산하는 많은 회사들이 디자인 혁신성을 잘못 알고 시작한다고 꼬집어 말했다.

인간은 숙제를 하면서 살아야 할 때가 있다고 말하면서 벅스턴이 자신의 의견을 밝혔다. 그리고 자신과 관련된 분야가 초반에 어떤 성공과 실패를 했는지 지나온 역사를 되돌아보며 공부해야 한다고 강조했다. CEO와 관리자들은 스티브 잡스처럼 되고 싶어 하고 애플과 같은 회사를 꿈꾼다. 그러나 정작 자신이 일하고 있는 회사가 어떻게 운영되는지, 핵심 아이디어가 어디에서 나오는지에 대한 숙제를 푸는 데 시간을 할애하지 않는 것 같다. 벅스턴이 내게 이렇게 말했다.

> 컴퓨터에 열광하는 젊은 기술자들은 지난 50년간 기타리스트로서 가장 큰 영향력을 행사한 전설적인 음악가인 지미 페이지Jimmy Page나 에릭 클랩튼Eric Clapton, 키스 리처즈의 음악을 들으면, 이들이 과거 블루스 장르의 위대한 예술가들에게 어떤 영향을 받고 따라했는지 알 수 있을 거예요. 또한 이 기타리스트들이 걸어온 길과 그들이 그전 세대의 음악 선배들에게 어떤 영향을 받았는지 확인할 수 있을 겁니다.

> 하지만 기술자들은 정작 자신이 속한 회사나 자신이 일하는 분야에 같은 원리를 적용하지는 못하는 것 같다. 벅스턴이 다시 말을 이었다.

> 유명인을 동경하는 사람들의 공통적인 특징 가운데 하나가 창조성과 혁신이라는 것이 어느 순간 머릿속에 섬광처럼 스쳐 지나가는 것이라고 믿는다는 거예요. 발명의 순간을 알리는 신호가 그

렇게 찾아온다고 믿는 거죠.

벅스턴은 아이브와 잡스가 만나 애플이라는 성공적인 회사를 이루게 된 것은 이들이 과거의 성공에 연연해하지 않았기 때문이라고 말했다. 그러면서 4가지 사례를 예로 들어 설명했다. 최초의 아이팟을 떠올려보라면서 벅스턴이 말했다. "아이팟은 디터 람스Dieter Rams가 1958년에 디자인한 브라운 T3 트랜지스터라디오Braun T3 transistor radio를 반영한 것이었어요." 그는 독일의 가전제품 회사 브라운의 실력 있는 디자이너 디터 람스를 언급했다. 그가 디자인한 스타일은 지극히 바우하우스Bauhaus적이고 깔끔한 라인에 기능성도 매우 심플했다. 아이팟도 그랬다. 벅스턴은 아이팟 미니와 1928년 코닥 베스트 포켓 카메라Kodak Vest Pocket Camera의 마케팅 사이에도 역사적인 연계성이 있다는 것을 알아냈다. 미국 최초의 디자인 컨설팅 회사 가운데 한 곳인 티그Teague는 코닥에 5가지의 컬러 테마를 제안했다. "그 후에 애플도 마찬가지로 코닥처럼 5가지 컬러를 사용했어요." 벅스턴이 덧붙였다. 우연의 일치가 아닌 것 같았다.

이상하게 들리겠지만 제품 생산에 도입된 진보한 테크놀로지 대부분은 몇 십 년 전에 이미 개발된 기술을 바탕으로 한다. 벅스턴이 테크놀로지의 역사에 관심이 많다는 것은 아마 세계 최고인 그의 상호교환 기기 소장품들이 확실히 증명해준다. 벅스턴은 '에치 어 스케치Etch A Sketches'를 비롯해 세계 최초로 제작된 일렉트로닉 드럼 세트,

시계, 키보드, 닌텐도 파워 글로브Nintendo Power Glove 등 100여 가지 이상의 오래된 물건들을 소장하고 있다. 실제로 그는 자신의 소장품을 쿠퍼 휴잇 국립디자인미술관에 기증한 적도 있다. 그의 오랜 친구이자 IDEO의 공동 설립자였던 빌 모그리지가 한때 이 미술관 소장으로 일했다. 빌 모그리지는 세계적으로 유명한 인터랙션 디자이너interaction designer로 손꼽히는 인물이다.

벅스턴이 가장 좋아하는 이야기는 과거에서 영감을 찾는 사례다. 그 사례와 관련해 벅스턴은 자신의 소장품 중 하나인 '시몬Simon'을 예로 들었다. 1993년산 IBM/벨 사우스Bell South 스마트폰으로 어쩌면 세계 최초의 스마트폰이라 할 수 있다. 시몬에 달린 버튼이라고는 전원과 볼륨 버튼이 전부이다. 그 외 나머지 기능은 터치스크린으로 가능하며 기기의 앞면 전체가 스크린이다. 아마 독자 중에 시몬을 기억하는 사람이 많지는 않을 것이다. 터치스크린 기술이 20년 전에 존재했다는 것조차 모르는 사람도 있을 것이다. 하지만 실리콘밸리에서 조나단 아이브가 애플의 초기 휴대용 단말기의 하나인 뉴턴Newton의 재기를 위해 일을 시작했을 때 이미 시몬의 존재는 그쪽 계통 사람들에게 알려진 후였다. 벅스턴은 시몬이 뉴턴과 아이폰에 매우 의미 있는 영감을 불어넣을 것이라고 그때 이미 확신했다.

예술가, 무용수, 작가들은 자신의 과거 발굴이 얼마나 중요한지 공감한다. 빈센트 반 고흐Vincent van Gogh는 여러 예술가의 작품에서 영향을 받았는데, 대표적인 화가로 장-프랑수아 밀레Jean-François

Millet가 있다. 고흐는 밀레의 작품 21점을 '모사'하면서 남동생 테오
Theo에게 자신의 상황을 이렇게 표현했다.

> 나는 지금 들라크루아Delacroix와 밀레의 목판화를 보고 있어. 앞
> 으로 내 작업의 주제로 설정했지. 이제 나는 그 위에 색을 즉흥적
> 으로 입힐 거야. 나 혼자서 하는 일이지만 나는 그 화가들의 작품
> 에 담긴 기억을 찾아내려고 애쓸 거야. 기억을 찾는 과정, 감정이
> 배어 있는 색깔들 사이의 오묘한 조화를 찾는 게 내 일이지.

반 고흐는 다른 화가들의 작품을 모사하는 것이 아니라 그 작품
들을 자기 고유의 언어로 번역해 자신의 그림으로 탄생시키는 데 대
한 신념이 있었다.

밥 딜런은 우디 거스리Woody Guthrie를 자신이 받은 영감의 원천
으로 보았다. 다음은 카스파 루엘린 스미스Caspar Llewellyn Smith가
《가디언Guardian》에 쓴 기사의 일부다.

> 딜런은 자신의 영웅이 말하는 방식을 흉내 냈을 뿐만 아니라 1월
> 에 뉴욕에 도착했을 때 '카페 와Cafe Wha?'에 모인 사람들 앞에
> 서 "나는 전 세계를 돌아다니고 있어요. 우디 거스리의 흔적을
> 쫓으면서"라고 말했다.

최근으로 시선을 돌려 레이디 가가Lady Gaga의 음악과 스타일, 뮤직비디오를 보면 마돈나Madonna의 작업과 유사점이 많다. 이와 관련해 두 사람의 관계를 분석한 글들이 많이 쏟아져 나왔는데, 레이디 가가가 마돈나를 향한 오마주homage로 그렇게 한 것인지, 그냥 무조건 따라 한 것인지 논쟁이 분분하다. ABC 뉴스의 신시아 맥패든Cynthia McFadden이 마돈나에게 레이디 가가의 노래 「본 디스 웨이Born This Way」에 대해 어떻게 생각하는지 질문했다. 이 곡은 1980년대 대표적인 클래식 팝송인 마돈나의 「익스프레스 유어셀프Express Yourself」와 화음 전개가 비슷하다.

마돈나는 잠시 생각에 잠기더니 이렇게 대답했다. "축소된 느낌이에요."

맥패든이 다시 물었다. "좋은 의미인가요?"

팝의 여왕이 마녀 같은 웃음을 지으며 머그잔을 향해 손을 뻗었다. 한 모금 마시고 난 뒤 그녀가 대답했다. "지금부터 알아보죠."

예술과 음악 세계보다는 덜하겠지만 비즈니스 세계에서도 과거를 발굴하는 사람들이 분명히 있어 왔다. 국제우주정거장International Space Station에 민간 우주선을 보낸 세계 최초의 사기업 스페이스엑스SpaceX를 설립한 엘론 머스크Elon Musk는 새턴 5호Saturn V에서 아이디어를 얻어 우주선을 개발했다. 1960년대~1970년대에 미국은 아폴로 프로그램을 계획했으며 24명의 우주 비행사들이 달 탐사를 떠날 수 있도록 육지에서 원격 조정하는 새턴 5호를 개발했다. 엘론 머스크는 새턴 5호에서 영감을 받아 팰컨Falcon 로켓을 개발했으며 나아가 우주를 상업의 공간으로 만들기 위해 애썼다. 우주 산업뿐만 아니라 자동차 산업도 과거에서 영감을 받았다. 신형 자동차 모델들이 한때 우리가 열광했던 옛 모델을 반영한 것만 봐도 알 수 있다. BMW는 영국의 미니 쿠퍼MINI Cooper를 사들여 새롭게 재탄생시켰다. 미니 쿠퍼는 앨릭 이시고니스Alec Issigonis가 1959년에 새로운 소형차를 위해 개발한 참신한 디자인으로, 잭 쿠퍼Jack Cooper가 이를 보완해 1961년에 출시한 자동차다. 그랬던 것이 세월이 흘러 다시 현대인들의 주목을 받으면서 세계에서 가장 많이 팔린 도시형 자동차 모델 가운데 하나가 됐다.

당신이 알고 있는 지식의 전반적인 윤곽을 구체화해보는 것은 그 사실이 어디에서 출발했는지 과거를 알게 해줄 뿐만 아니라 앞으로 어떤 방향으로 전개될지 미래도 알게 해준다. 또한 그 과정에서 무엇이 결핍되었는지도 덤으로 알려준다.

도넛 지식

1980년대 후반 나는 유럽에서 열린 금융 관련 회의에 참석한 뒤 집으로 돌아가기 위해 비행기를 탔다. 기내 좌석에 앉아 잠이 들었는데 갑자기 얼굴에 액체가 튀는 바람에 깜짝 놀라 눈을 떴다. 나는 벌

떡 일어나 주섬주섬 안경을 챙겨 낀 다음 주변을 두리번거렸다. 나는 비행기에 문제가 생긴 거라고 생각해 몹시 겁을 먹었다. 몇 초 후에 어린 꼬마애가 내 쪽으로 걸어왔다. 아이가 통로를 지나오는 동안 주변 승객들이 내가 그랬던 것처럼 얼굴 위로 뭐가 떨어지자 화들짝 놀라며 자리에서 일어났다. 마침내 꼬마가 내 쪽으로 돌진해왔다. 어린 여자아이였다. 그때까지는 몰랐는데, 가만 보니 여자아이는 도넛처럼 가운데 구멍이 난 우유병을 들고 있었다. 아이는 자그마한 손으로 병을 꽉 잡고 있었지만 좌석 사이를 지나며 손을 흔들 때마다 어른들의 얼굴에 우유를 튀겼다. 그런데도 병에 든 우유를 맛있게 먹었다. 환하게 웃는 아이는 무척 행복해 보였다. 혼자서 우유를 먹는 것은 장하지만 주변에 있는 어른들에게는 그 시간이 고문과 같았다. 이것이야말로 스스로 의사를 결정하는 개인의 역량 강화empowerment란 생각이 들었다. 집에 도착하자마자 나는 《비즈니스 위크》에 보낼 디자인에 관한 첫 기사를 작성했다.

여자아이의 부모님은 두 사람 모두 미드웨스턴Midwestern의 제품 디자이너였고 일상생활에 자주 쓰이는 병을 디자인했다. 그러다가 어느 날, 딸아이가 손에 쥐기에는 병이 너무 크다는 생각에 가운데 구멍을 만들어 도넛 모양의 병을 디자인하게 됐다. 어린아이들이 손을 그 사이에 넣어서 병을 잡으면 병을 쉽게 떨어트리지 않아서 좋았다. 물론 아이가 도넛 모양의 우유병을 흔들 때마다 주변 사람들의 몸에 우유가 튄다는 게 문제긴 하지만, 아주 기본적인 지식의 특징을 잘 살린 아이디어란 생각이 들었다. 때로는 기존에 있지 않았던 것이 더 유용할 때가 있다.

폴 폴락Paul Polak은 이와 같은 도넛 사고, 즉 기존에 무엇이 없는 지를 볼 줄 아는 능력이 탁월한 기업가다. 1980년대 초반부터 사회적 기업가로 활동하면서 폴락은 수많은 아프리카와 아시아 촌락의 현실에 대해 몇 시간 동안이고 이야기를 늘어놓았다. 그는 인도주의적인 관점에서 빈곤 국가의 발전을 위해 돈을 주는 기부 제도의 문제점을 비판했다. 일시적인 즐거움은 결국 실망으로 이어졌고, 갑자기 국가에 급격한 변화가 찾아오는 것처럼 보여도 실상 국민의 일반적인 삶의 질은 크게 달라지지 않았다. 폴락은 식량 부족, 식수와 병원 시설 부족이 개발도상국의 가장 심각한 문제라는 지적과 함께 여러 가지 해결책을 찾으려는 토론은 많이 있어 왔다고 말했다. 하지만 정작 효과적인 해결책은 토론에서 제기되지 않은 부분에 있는 경우가 많다고 강조했다.

1980년대 중반 폴락은 자신이 창설한 국제개발기업IDE(International Development Enterprises) 사업팀과 함께 방글라데시에 있었다. 거기서 그는 관개용수가 부족하다는 얘기를 자주 들었다. 마을에는 우물이 있었지만 양동이로 물을 길어 나르려니 어려움이 많았다. 폴락은 우물에 있는 물을 끌어올릴 간단한 방법을 찾았고 마침내 발판이 달린 새로운 형태의 수동식 펌프를 제작했다. 가격도 25달러밖에 되지 않았다.

그러나 관개 사업과 펌프에 대해 마을 주민들과 얘기를 나누는 동안 폴락은 물 부족 문제와 관련해 논의하지 않은 더 큰 문제를 알게 됐다. 바로 주민들의 소득 문제였다. 농사를 짓기 위해 더 많은 물이 필요한 것은 사실이지만 가난을 극복하려면 마을 사람들의 소득 향상이 급선무였다. 폴락은 수동식 펌프를 중국이 아닌 방글라데시 자국의 공장에서 제작하도록 힘을 썼고 그 결과 소득이 생겨 지역사회에 돈이 돌게 됐다. 방글라데시에만 84개의 공장에서 이 수동식 펌프를 만들었다. 공장에서 일하는 노동자들은 월급을 받아 마을에 사는 가족들의 생계에 보탬을 주었다. 또 농사를 짓는 농부들도 관개시설이 개선되면서 수확량이 증가해 소득이 늘어났다. 1985년 이래로 방글라데시에서 팔린 발판 수동식 펌프의 수량은 150만 대나 됐다.

몇 십 년이 흐른 뒤에도 폴락은 여전히 같은 문제로 고민하는 여러 나라를 방문해 개발 사업을 벌였다. 인도 동부에 있는 오리사Orissa 주에는 3억 2,500만 명이 살고 있는데 이 중 80퍼센트가 안전한 식수를 공급받지 못하고 있는 실정이다.

흔히 우리는 가난한 나라가 안고 있는 문제가 결핍이라고 생각한다. 그래서 물이 부족하다는 것에 중점을 둔다. 그러나 인도 동부를 여행하던 폴락은 굉장한 것을 발견했다. 보편화된 현상 속에서 결정적인 두 가지 사실을 깨달았던 것이다. 먼저 오리사 주에는 사용 가능한 물이 충분히 있었지만, 문제는 그 물이 깨끗하지 않다는 것이었다. 사람의 배설물을 종종 비료로 쓰기 때문에 그런 비료가 지하수에 섞였다. 마을에서 펌프로 물을 뽑어 올리면 사람들은 식수로 쓸 물을 길어 날랐다(인도에서는 대부분 여성이 이 일을 맡는다). 하지만 문제는 이 식수에 배설물 성분이 남아 있다는 것이었다. 그래서 인도 사람들은 설사나 그 밖의 만성질환에 시달리는 게 예사였다.

두 번째로 폴락이 발견한 것은 인도에서 물 문제가 정치적인 영향을 받고 있다는 점이었다. 카스트 제도의 상류층일수록 식수를 철저히 통제하고 있었다. 폴락이 언급한 일화 중에 한번은 최하층민인 불가촉천민이 마을에 있는 수도꼭지를 손으로 만졌다. 이를 알게 된 마을의 상류층 계급 사람들은 당장 물탱크를 비우고 깨끗하게 '정화한' 다음 새 물을 채워야 한다고 주장했다. 또한 물 부족 사태를 겪는 지역에서도 상류층 계급 농장주들은 정치적인 입김을 불어넣어 마을에 깨끗한 물을 유입하기 위해 댐 건설을 촉구했다.

폴락은 사회적인 통념의 허점을 찾아내어 다양한 해결책을 끌어냈다. 인도의 수급 시스템은 부조리했고 관개용수를 사용하는 것은 너무 비쌌다. 결국 폴락은 저렴한 정화 과정을 사업 대상으로 정했다. 인도에 사기업 스프링 헬스Spring Health를 설립한 그는 인도의 디자인 컨설팅 회사인 이디엄의 도움을 받아 구체적인 사업안을 구상했다. 스프링 헬스는 물탱크를 100달러에 구입한 다음 키라나 숍kirana shop으로 불리는 인도식 구멍가게 옆에 그 탱크를 설치했다. 동네에 있는 키라나 숍 중 한 곳에 탱크를 설치한 다음, 오염된 하수로 탱크가 가득 채워지면 염소로 정화 작업을 했다. 그런 다음에 가게 주인이 정화된 깨끗한 물 10리터를 4센트에 팔았다. 10리터면 하루에 필요한 양이었다. 만약 집까지 배달을 요청할 경우에는 가격이 5센트로 조금 더 비쌌지만 많은 사람들이 물 주문을 했다. 이디엄은 지역별 운송 시스템을 구축해 마을 외곽에 사는 가정에까지 식수를 배달할 수 있는 방법을 마련했다. 10리터들이 플라스틱 병을 새로 디자인했고, 자전거 배달부가 6리터들이 병에 물을 가득 담아 배달했다. 3킬로미터 반경 내의 가정에서는 하루에 8센트만 내면 깨끗한 물을 쓸 수 있었다.

2012년, 이 시스템을 적용하고 6개월 만에 설사와 수인성 질병으로 인한 의료비 지출이 크게 줄었다. 키라나 숍 주인들의 수입이 늘고 물 배달을 위한 일자리가 늘면서 마을 사람들의 수입도 전보다 늘었다. 폴락은 이렇게 말했다.

스프링 헬스는 마을의 일자리 창출에 점진적으로 기여할 거예요. 이 일을 시작한 지 1년이 지난 후에도 계속 성공을 거둔다면 앞으로 키라나 숍 600곳과 함께 일을 할 생각이에요. 가게 운영자들의 살림이나 마을의 형편도 크게 개선될 것입니다. 또 물 배달에 필요한 자전거 배달부를 더 많이 고용할 것이고, 그러다 보면 이 일에 주안점을 두게 되어 릭샤rickshaw로 물 배달을 하려는 사람까지 나오겠죠.

인도에는 키라나 숍이 수백만 개나 있는데, 앞으로 이런 물 배달 시스템을 따라 할 가능성이 매우 높다. 그렇게 되면 폴락이 제안한 사업이 인도 전역에까지 확산되는 것은 시간문제다.

현재 재클린 노보그라츠Jacqueline Novogratz가 설립한 애큐먼 펀드 Acumen Fund가 스프링 헬스의 사업 확장에 투자를 하고 있다. 폴락 은 3년 안에는 500만 인도인이, 나아가 향후 10년 안에는 1억 인구가 깨끗한 물을 쓸 수 있는 세상이 오기를 바란다. 물론 대부분은 아니 지만 깨끗한 물을 구경도 못하던 불가촉천민 계층의 많은 사람들이 이 같은 수혜를 받게 될 것이다. 스프링 헬스는 프라할라드가 인구통 계학적으로 명명한 '저소득층BOP(Bottom Of the Pyramid)'을 위해 특 별하게 구상한 첫 10억 달러 사업이 되었다고 폴락은 생각한다.

아마 폴락이 몇 십 년에 걸쳐 이 분야에 대한 심도 있는 연구를 하 지 않았다면 스프링 헬스는 결코 소기의 목적을 달성하지 못했을 것 이다.

당신은 어떻게 도넛 지식을 얻을 것인가? 답은 간단하다. 바로 시 간이다. 반복되는 패턴을 잘 이해할수록 당신은 어디서 이 패턴에 틈 새가 생기는지 알 수 있어 그와 관련된 준비를 더 잘할 수 있게 된다. 익숙한 것을 뒤로한 채 낯선 것을 향해 나아가야 한다. 정신적으로도 육체적으로도 익숙하지 않아 때로는 불편하겠지만 어쩔 수 없다.

도넛 지식은 보통 시간과 함께 축적되기 때문에 시간에 비례해 양 이 증가한다. 따라서 실전에서 전문 기술을 쌓아나가는 것이 가장 현명한 방법이다. 당신이 보아야 하고 들어야 하는 것을 가장 잘 가르쳐줄 수 있는 사람은 누구인가? 또 어떻게 하면 기대하지 않은 곳에서 놀라운 발견을 할 수 있는 것인가?

패턴을 알고 있되 틈새 공략하기

나는 조류 애호가인데 그러다 보니 새를 보러 다니는 동안 예상치 못한 곳에서 새로운 것을 듣고 보는 방법을 터득했다. 흔히 일어날 수 없는 특이한 일이나 비상식적인 일을 목격하게 되는데, 전문적인 지식이 요구되는 일에서도 예외는 아니다. 15년 전 처음 조류에 관심을 가지기 시작했을 때보다는 지금 새에 대해 더 잘 안다고 자부한다. 하지만 그 분야에 대해 잘 알고 풍부한 경험을 가진 사람이라도 전혀 다른 새로운 전략을 받아들인다면 보이지 않는 새로운 발견에 눈을 뜰 확률이 높아진다.

조류 애호가는 새를 보기 위해서라면 사람들이 꺼리는 더러운 곳이나 이상한 장소에 가는 것도 마다하지 않는 사람들이다. 디자인 학회 때문에 싱가포르에 갔을 때 나는 시에서 운영하는 하수처리장에 가서 그곳에 서식하는 많은 새들을 관찰한 적이 있다. 나는 거기서 흑고니를 보았는데, 싱가포르에서는 희귀한 새로 운이 좋게 발견한 것이었다. 좀 놀라긴 했지만 그렇다고 큰 충격에 빠질 정도는 아니었다. 그곳에 없을 법한 새들을 찾고 있던 중이었기 때문이다.

수완 좋은 탐정가는 개가 짖지 않는 데도 개의 소리를 듣는 훈련을 받는다고 한다. 또 실력 좋은 과학자는 그 자리에 있지도 않은 대상을 눈으로 보고 소리를 듣는 훈련을 받는다고 한다. 2012년 러트거스 대학에서 박사 과정을 밟고 있던 제러미 파인버그Jeremy Feinberg는 뉴욕 시 근처에 있는 습지와 연못이 그의 작업장이었다. 표범개구리 수의 지속적인 감소에 대해 연구하던 그는 그곳에서 우연히 예사롭지 않은 개구리 울음소리를 들었다.

CNN에 보도된 내용에 따르면 그 당시 파인버그는 개구리 울음소리가 독특하다는 걸 발견했다고 한다. 울음소리가 기묘한 구석이 있었다. 원래 표범개구리는 '길게 코 고는 듯한 소리'와 '뚝뚝 끊어지는 소리'를 내는데, 파인버그가 발견한 개구리는 흔히 듣는 울음소리와는 전혀 달랐다. "개구리가 우는 소리를 처음 들었을 때 기존의 개구리 소리와 너무 달랐어요. 그래서 뭔가 범상치 않다는 걸 바로 깨달았죠." 그의 말대로 범상치 않은 발견이었다.

유전자 확인 결과, 파인버그가 발견한 개구리는 뉴욕 시에 서식하는 신종 표범개구리였다. 앨라배마 대학의 파충류학 부교수이자 큐레이터인 레슬리 리슬러Leslie Rissler는 이 발견에 대해 '정말 믿기지 않은 희귀종'을 파인버그가 찾은 것이라고 평했다.

새로운 개구리 종이라 아직 이름도 없다. 파인버그는 스태튼Staten 섬의 습지에서 개구리를 처음 발견했지만 그 후에 다른 두 지역에서도 같은 종이 발견됐다. 《뉴욕타임스New York Times》와 한 인터뷰에서 파인버그는 다음과 같이 말했다.

이름 때문에 생각이 많아요. 뉴욕에서 처음 발견해서 '뉴욕표범 개구리'라고 명명하고 싶었지만 뉴저지와 코네티컷에서도 같은 종이 살고 있다는 것이 알려진 이상, 그곳 지역 주민들이 '뉴욕'을 붙이는 것에 대해 항의할지도 모른다는 생각이 들더군요. 이름을 짓는 데도 정치적인 문제를 고려하면서 균형을 찾아야만 하는군요.

이처럼 과학적인 발견을 한 후에 과학자들이 어떻게 이름을 짓는지 나는 아주 잘 알고 있다. 과학자들이 자주 써먹는 방법인데, 현명하게 문제의 틈새를 빠져나가는 방법이다. 그냥 '파인버그 개구리'라고 지으면 된다.

공통된 관심사를 가진 모임

도넛 지식을 성공시키는 또 다른 전략은 바로 '공통된 관심사를 가진 모임'에 참여하는 것이다. 조류 애호가들을 만나야 새에 대해 더 잘 알 수 있다. 철새들의 이동 기간 동안 나는 센트럴파크에 가곤 한다. 또 중앙아메리카나 아마존을 여행하기도 하는데 그럴 때는 주로 경험 많은 조류 애호가들과 어울리게 된다. 조류에 대해 잘 아는 사람들과 다니다 보면 신기한 희귀종을 발견할 기회도 많아진다. 가령 붉은발조롱이red-footed falcon(비둘기조롱이)가 갑자기 눈앞에 턱 나타나는 것처럼 말이다.

당신의 관심사가 무엇이든 일단 특이한 구석을 찾는 방법을 잘 아는 사람과 같이 있다 보면 당신도 독특한 무언가를 발견할 가능성이 높아진다. 전문가를 통해 배울 수도 있고, 그들이 어떤 식으로 행동하고 대처하는지 직접 눈으로 볼 수도 있기 때문이다. 때로는 전문가를 따라다니는 것만으로도 공부가 될 때가 있다.

대학에는 학생들의 창조적인 활동을 도모하기 위한 조직이 오래전부터 있었다. 스탠퍼드 대학 출신 중에 기업가나 신생 기업 창립자가 많은 이유를 이해할 수 있다. 네트워크가 잘되어 있는 데다가 미래를 전망하고 차이점이나 결핍 요소를 찾아내는 모임 또는 이벤트가 대학 시절부터 자주 있었기 때문이다. 대학 활동뿐만 아니라 다양한 분야에서 열심히 활동하고 있는 노련한 혁신가들을 만날 수 있는 방법은 수도 없이 많다. 가령, 자신의 관심사와 맞는 적절한 학회에 참여할 수도 있다. 강연회를 정기적으로 개최하는 미국의 비영리 재단 TED나 매년 열리는 세계경제포럼인 다보스 포럼과 같이, 몇 년 후에 사람들의 입에 오르내릴지도 모르는 신흥 사상가나 크리에이터를 만날 수 있는 소규모 페스티벌이 곳곳에 산재해 있다. 당신의 분야와 관련된 이브닝 이벤트가 매주 열릴 것이다. 물론 TED의 경우, 참가 비용이 너무 비싸거나 참여 대상이 제한된 학회들도 있다. 그러나 독립적으로 운영되는 TED의 소규모 이벤트들이 점점 확산되고 있는 추세다.

창조성을 우연한 발견처럼 묘사하거나 창조성이 넘치는 도시들을 소개하는 글들도 많다. 하지만 대학과 마찬가지로 도시에 사람이 많다고 해서 창조성도 넘칠 거라고 생각하는 것은 비약이다. 인구밀도가 높고 많은 사람이 사는 대규모의 도시라고 해서 무조건 그곳이 다른 곳보다 창조적인 사람이 많다고 단정 지을 수는 없는 법이다. 가령 싱가포르를 예로 들어보자. 한때 새롭게 발견한 발전 가능의 도시로 급부상한 싱가포르지만 결국 지루한 도시라는 평을 면치 못했다. 미국과 유럽에서 공부한 싱가포르 출신의 예술가나 학생들과 얘기를 나눠보면, 그들은 사회에 대한 순응과 대중적인 소비주의가 싱가포르의 문화를 규정한다는 말을 한다. 싱가포르 사람들은 대부분 자국의 디자이너가 제작한 브랜드보다 성공적인 글로벌 브랜드인 프라다Prada와 구찌Gucci를 훨씬 더 선호한다. 싱가포르 정부는 국민의 창조성을 향상시키겠다는 의지를 불태우며 대규모의 프로젝트를 실시했다. 하지만 성공 여부는 앞으로 두고 봐야 알 것이다.

2013년의 싱가포르 모습을 뉴욕과 비교해보면 그 차이가 확실히 보일 것이다. 지난 50년 동안 뉴욕 시에는 기업가, 기업 인큐베이터, 벤처 자본가, 대학, 미디어 회사, 예술가들로 구성된 다양한 네트워크가 구축되어 창조성과 기업가 정신entrepreneurialism에 새로운 바람을 일으켰다. 그러면서 뉴욕이 처음으로 신생 기업의 메카인 실리콘밸리의 막강한 경쟁자 자리에 우뚝 올라섰다. 게다가 테크놀로지 기업보다는 문화 콘텐츠 기업의 수가 더 많았다. 시간을 되돌려 1970년대를 회상해보자. 소호SoHo 지역에 모인 다양한 분야의 예술가들의 모습이 그려질 것이다. 여러 지역에서 온 래퍼, 브레이크 댄서, 비트 박스를 하는 사람들이 모여 새로운 종류의 음악과 문화를 탄생시켰다. 반면에 그래픽 디자이너와 소셜 미디어 전문가들을 위한 확실한 네트워크를 구축할 만한 장소로는 적합하지 않았다. 그 당시만 해도 뉴욕은 새로운 미디어 회사들이 들어서기에 이상적인 도시는 아니었다. 그때는 그랬다. 그래서 당신은 당신이 하는 일이 어디에 밀집되어 있는지를 살피고 살게 될 도시를 신중하게 골라야 할 필요가 있다.

니즈가 아닌 꿈을 좇아라

인도는 국제 스포츠 경기에서 보통 하위권의 성적을 기록하는 편이다. 그러나 최근에는 인도의 여자 레슬링 선수들이 금메달을 따기도 했다. 2010년에 개최된 영연방 경기 대회Commonwealth Games에서 인도의 여자 레슬링 선수들이 금메달 3개를 딴 데 이어 2011년 멜버른에서 열린 영연방 레슬링 선수 대회Commonwealth Wrestling Championship에서는 금메달 5개를 따서 금의환향했다. 여성 스포츠에 대한 지원이 약한 인도 입장에서는 매우 놀라운 결과가 아닐 수 없었다. 인도는 여성 스포츠뿐만 아니라 여성 인권에 있어서도 지원이 필요한 상태다.

인도에서는 남녀 레슬링 선수 모두 정부의 지원을 제대로 받지 못하며 훈련하고 있다. 다만 메달 획득 시 상금을 수여하는 제도가 있기는 하다. 게다가 인도의 학교에서는 아직까지 '성차별 교육 금지법Title IX'이 제대로 실시되고 있지 않아 여성 운동선수들의 환경이 많이 열악하다. 심지어 여성 스포츠 향상을 위한 정부의 지원도 턱없이 부족한 형편이다. 인도에서 레슬링은 오랜 전통을 자랑하는 운동이다. 최근 여성 레슬링 선수들이 훌륭한 성적을 거두었음에도 불구하고 여전히 인도 사람들은 레슬링을 남성들의 스포츠라고 여긴다.

경찰관 출신으로 여러 명의 메달 수상자를 키워낸 우샤 샤르마Usha Sharma 코치가 드디어 변화를 모색하고 나섰다.

샤르마가 운영하는 레슬링 학교는 하리아나Haryana 주에 있다. 이 지역은 인도에서 두 가지 점에서 널리 알려져 있다. 먼저 경제성장을 이룬 주로 유명하지만 여아의 낙태율이 인도에서 가장 높은 주이기도 하다. 여전히 많은 인도 사람들이 여아보다 남아를 선호한다. 하리아나 주처럼 기술이 발달한 주는 다른 주에 비해 임산부의 태아 성별을 쉽게 판별할 수 있다. 1971년 이래로 인도에서 낙태가 불법으로 금지되었지만 여아를 임신한 산모들은 낙태 시술을 받았다. 하리아나 주의 태아 성별 분포를 살펴보면 남아 1,000명에 여아가 830명이다. 다른 주의 남아 1,000명에 952명이 여아인 경우와 비교해보면 그 차이가 확연하게 드러난다. 이런 통계는 인도와 관련된 여러 보도 자료에 영향을 미치는 중요한 사회적 요소를 인식하게 해줄 뿐만 아니라 현재 진행 중인 복잡한 사회현상을 이해할 수 있는 지표가 된다.

샤르마는 지역사회의 기업이든, 주 정부나 국가든, 아니면 이들 모두의 스폰서를 받아 지방의 여성 스포츠 리그를 활성화시키는 것이 꿈이다.

저는 여성을 위한 일을 하는 것이 늘 소원이었어요. 특히 도시보다 혜택의 기회가 적은 지방에 사는 여성들을 위한 일을 하고 싶었습니다. 그래서 여성 운동선수들이 경기에 출전해 좋은 기록을 내고 메달을 따서 국가에 이바지하고 자신의 이름을 세상에 알리는 기회를 얻게 해주고 싶었어요.

아프리카와 아시아에서 활동하는 사회적 기업가와 자선가들은 사람들의 니즈를 만족시키려고 애쓴다. 인도에서 비즈니스 모델의 혁신과 디자인 컨설팅 전문 회사로 최고의 성과를 거둔 이디엄의 공동 설립자인 소니아 만찬다는 사람들에게 꿈에 대해 물어보는 것이 사업 성공 전략의 강력한 열쇠라고 생각했다. 사람들에게 니즈를 물어보면 그들은 길게 적은 목록을 내밀 것이다. 그 목록은 하루에서 길면 일주일 동안 필요한 대상들일 것이다. 그러나 사람들에게 꿈이 무엇인지 물으면 하나 또는 두 개의 대답을 들을 수 있을 것이다. 길게 적은 목록을 보여주는 대신 그들의 인생에 진정으로 의미 있는 무언가를 담은 희망적인 메시지를 알리는 듯한 표정을 지을 것이다.

2011년 1월에 만찬다와 이디엄 회사 측은 드림 : 인 프로젝트를 시작했다. 전 세계 모든 사람들이 꿈을 이룰 수 있도록 힘을 불어넣기 위한 취지로 생긴 프로그램이었다. 만찬다는 인도 학생 101명을 끌어모았다. 디자인이나 예술을 전공하는 학생도 있었고 비즈니스 스쿨에 다니거나 일반 대학에 다니는 경우도 있었다. 팀을 만들어 인터뷰하는 요령과 촬영 기술을 가르쳤다. 그런 다음 인도 각지의 촌락과 도시를 다니며 사람들과 인터뷰한 내용을 담아오도록 요청했다.

학생들은 사람들의 다양한 꿈 이야기를 들었다. 그중에서 가장 많이 반복되는 내용을 열 몇 개로 간추려보니 '더 많은 교육'을 받고 싶다는 대답이 제일 많았다. 그다음으로는 '여성의 권리 향상'과 '새로운 사업 시작과 확장'이 차지했다. 또 인터뷰에 응한 사람들 중에는 축구나 레슬링, 크리켓과 같은 인기 종목 스포츠에 대한 지원이 더 많았으면 좋겠다고 답한 사람도 꽤 많았다(크리켓은 인도의 인기 스포츠이긴 하지만 부자들이나 중산층의 전유물이나 다름없다).

나는 만찬다가 이디엄의 본사가 있는 방갈로르Bangalore에 사는 사람들을 대상으로 이들의 꿈이 이뤄지는 과정을 여러 가지 방식으로 전략화하는 작업에 참여했다. 우리 팀은 거리 곳곳에 있는 구멍가게에 인터넷을 설치해서 사람들이 자유롭게 인터넷 접속을 할 수 있도록 했다. 또 사립학교와 대학에 저렴한 비용으로 온라인 강의를 들을 수 있도록 했으며, 인터넷 사용자 수가 많아 높은 수익을 내게 되면 인터넷 통신사가 나중에 학교에 일정 금액을 내는 제도도 추진했다. 그리고 스폰서 역할을 하는 정부와 기업들이 사이버 카페를,

교육을 위한 에듀 카페로 전환시키는 역할을 할 수 있도록 장려했다. 거기서 끝나지 않고 우리들은 화면 크기가 작긴 해도 휴대폰을 통한 교육 전달 서비스에 대한 가능성에 대해서도 검토했다.

그 프로젝트가 실시된 지 1년 반이 지난 후, 샤르마는 여전히 여성 레슬링 학교를 위한 자금 지원 확보에 열중했다. 사이버 카페가 미니 스쿨로 전환되는 프로젝트는 아직 비즈니스 콘셉트로만 제시된 단계였다. 그러나 만찬다와 이디엄은 독립적인 드림 : 인의 네트워크를 구축해 벤처 자본가와 펀드 기업, 비영리단체들을 이어줄 조직망을 만들었다. 그리고 샤르마의 꿈이 이뤄지고 인터뷰에 응했던 사람들의 꿈이 드림 : 인을 통해 이뤄질 수 있도록 열심히 일했다. 그 결과 그레이 고스트 벤처스Gray Ghost Ventures로부터 5만 달러를 지원받는 데 성공했다. 그레이 고스트 벤처스는 저소득 국가들을 상대로 소액 금융과 기업 투자 사업을 펼치는 선구자적 벤처 기업이다.

드림 : 인의 모델이 인도에서 형성된 것은 크게 놀랄 만한 일이 아니다. 10억에 가까운 인구의 65퍼센트가 35세 미만인 나라이기 때문이다. 국가의 미래를 짊어질 인도의 젊은이들은 살면서 무엇을 이룰 수 있는지 자신의 꿈을 생각해본다. 그러나 이런 생각은 비단 인도뿐만 아니라 전 세계 모든 사람들이 공통적으로 갖는 생각이다. 만찬다의 관찰 포인트는 사람들이 원하는 니즈만을 생각하는 것은 너무 편협하며, 니즈의 결핍이 인도의 근본적인 문제는 아니라고 여겼다.

수십 년 넘게 혁신 컨설팅, 브랜드 전략, 비영리 목적의 기업들이 수십 억의 자금을 투자하면서 사람들의 니즈를 채우려고 애쓰고 있다. 미국과 유럽의 혁신 컨설턴트들은 이 채워지지 않는 니즈를 찾기 위한 새로운 전략을 제시하고 있으며, 일반적으로 통용되는 MBA 프로그램을 보면 관리자들에게 소비자들이 상품과 서비스를 통해 얻고 싶어 하는 니즈를 분석할 수 있는 방법을 가르치고 있다. 하이 테크놀로지 분야에서도 이와 마찬가지로 기존 제품의 기능성을 확대하기 위해 버튼을 더 추가하거나 사용자 클릭을 늘려 소비자들의 모든 니즈를 만족시키는 일에 열을 올리고 있다.

정형화된 상업 시장과 사회, 심지어 인간관계에도 니즈가 있다고 여길 정도다. 그러나 이런 틀 짜기는 한계가 있다. 인간은 니즈를 나열한 목록만으로 모든 것에 만족할 수 없는 좀 더 고차원적인 존재다. 물론 우리는 살기 위해 음식과 집, 쉼터가 필요하다. 그러나 인간은 꿈이 있고, 생존에 필요한 물질 그 이상의 더 복잡한 무언가를 갈망하며 산다는 점에서 타 생물과 다른 인간만의 고유한 특성을 가지고 있다. 아이폰이나 집카가 꼭 필요한 생계 수단은 결코 아니다. 그런데도 우리가 사는 집이나 먹는 음식처럼 일상생활에 중요한 것이 됐다.

지식 발굴은 단순히 데이터를 골라내는 것을 뜻하지 않는다. 사람들이 진정 의미를 느끼는 대상을 찾아서 이해하는 작업이다. 키스 리처즈와 믹 재거가 리듬앤드블루스에 재즈를 결합시켰을 때 그들의 음악은 잠시도 가만히 있지 못하는 변화를 갈망하는 사람들의 갈증을 해소시켰다. 애덤 라우리와 에릭 라이언이 세운 메소드는 소비자에게 희생의 개념을 강요하지 않는 친환경 제품을 만들었으며 쿨한 디자인과 지속 가능성의 특징을 완성시켰다.

물론 사람들이 의미를 두는 대상도 세월이 지나면서 바뀌게 마련이며 문화와 세대에 따라 달라질 수밖에 없다. 페이스북의 경우, 20대와 그보다 나이가 좀 더 많은 세대는 새로운 형식의 사회적 공유 방식으로서 페이스북을 가치 있게 여길 것이다. 하지만 손자들이 집에 찾아오고 친구들과 전화로 통화하며 관계를 유지하는 것을 더 가치 있게 여기는 노인 세대에게 페이스북은 별 흥미를 유발하지 못한다.

그렇다면 노인 세대에게 의미 있는 것을 창조하려면 어떤 실질적인 단계를 밟아야 할까? 기업이나 조직은 소비자와 고객에게 더 의미 있는 결과물을 제공하기 위해 무엇을 해야 할까?

먼저 폭넓고 진보적인 교육을 받으며, 평생 그런 배움을 계속 이어가는 것에서 출발해야 한다. 그래야 사람들이 가장 의미 있게 여기는 것이 무엇인지 파악하여 상대의 마음에 감정을 이입해 공감하는 단계에 이르게 되는 것이다. 경제와 사회가 안정적인 시대에는 전문화가 대세였다. 그때는 전문적인 지식만 갖추면 자신의 재능에 가장 적합한 일자리를 얻을 수 있다고 생각했다. 그래서 기존의 조직과 직무에 승부수를 던졌다. 그러나 격변의 시대를 맞아 산업과 직종이 변하면서 이제는 자기의 길을 개척하는 기초를 스스로 다져야만 하는 시대가 됐다. 요즘 미국 대학생들이 가장 많이 전공하는 분야가 경영학이다. 그러나 전통적인 경영 방식을 고수하는 회사들은 생산, 회계, 정보 기술IT을 비롯한 인사와 관련된 업무를 외부 업체에 아웃소싱한다. 그래서 인도나 중국, 라틴아메리카에 아웃소싱을 하는 미국계 회사들이 많다. 비즈니스 관련 교육 프로그램을 봐도 지난 세기의 전문화된 기술들을 답습하는 경우가 대부분이다. 그러나 비즈니스를 하려면 세상에 대한 일반적인 부분들을 두루두루 이해할 필요가 있다. 역사, 문화, 예술, 과학과 같은 다방면의 지식을 알아두면 분명 창조적인 활동을 하는 데 필요한 영감을 제공하는 토대가 될 것이다.

작가 빌 데리지위츠Bill Deresiewicz는 스탠퍼드 대학에 갓 입학한 1학년 대학생들을 상대로 강연을 한 적이 있다. 그때 그는 학생들에게 전공에만 너무 집착하면 삶의 방향을 설정하는 데 시야가 좁아질 수 있다며 이렇게 경고했다.

다들 전문화를 추구하는 바람에 지식의 범위가 협소해지고 있어요. 여러분이 알고 있는 것과 알고자 하는 것, 그리고 알 수도 있는 것 모두가 여러분의 전공 분야에 묶이게 됩니다. 전문가의 자리에 붙박이게 되는 셈이죠. 결국 세상의 다른 모든 것뿐만 아니라 여러분 내면의 다른 것들에게서 자신을 고립시키는 겁니다.

우리가 정말로 원하는 것은 개인과 조직이 세상과 격리되지 않고 친밀한 연대 관계를 맺는 것이다. 그렇다고 지금 내가 페이스북에 있는 수많은 '가상의 친구'들, 즉 한 번도 만나본 적 없는 사람들과 대화를 나누라고 권하는 것은 아니다. 다만 서로 다른 문화권에 사는 다양한 사람들과 함께 공통의 관심사를 공유하고 연대 의식을 나누며 연계성을 찾아보기를 권장하는 것이다. 이런 참여 의식이 당신의 열정적인 꿈을 실현시킬 수 있는 아이디어를 찾는 데 밑거름이 될 수도 있지 않을까.

지식 발굴 : 창조성의 기초 닦기

최근 대규모 기업을 대상으로 창조성 노하우를 가르치는 유명한 컨설팅 회사에서 일하는 여성과 점심식사를 한 적이 있다. 대화를 나누는 동안 그녀는 회사에서 젊은 직원들이 신상품에 대한 아이디어를 제시해도 경력자들은 그 아이디어의 가치를 잘 모르는 것 같다고 말했다. 경력이 오래된 사람들이 볼 때 사회 초년생 젊은이들은 아직 배우는 단계에 있고 자신들의 일을 도와주는 보조자일 뿐이라고 여겨지는 게 사회 통념이다. 그래서 신입 사원들이 하는 일이 혁신적인 결과를 가져올 것이라고 처음부터 기대하지 않는다. 자신의 아이디어가 회사 서열상 선임인 상사로부터 계속 퇴짜를 맞게 되면 젊은 직원들 입에서는 이런 말이 쉽게 튀어나올 수밖에 없다. "좋아,

차라리 킥스타터에 아이디어를 올리지 뭐."

이와 같은 일화는 성공한 기업 조직이 통찰력 있는 똑똑한 직원들의 능력을 알아보지 못하는 전형적인 사례에 해당한다. 특히, 나이가 젊은 직원들이 창조적인 프로세스를 제안해도 그 가치를 알아보지 못하는 경우다. 학교를 갓 졸업한 사회 초년생들은 당연히 경험이나 안목이 부족할 수밖에 없다. 이 청년들이 아이디어를 제시하고 실행에 옮기는 단계까지 다 생각해서 월급에 대한 대가를 회사에 공헌할 때까지 기다리라고 하는 것보다 더 나은 전략이 분명 존재한다. 젊은 아이디어를 버림으로써 큰 대가를 치러야 할 수도 있다. 그런 이유 때문이라도 회사들은 내부에 벤처 펀드를 세우는 방안을 고려해보아야 한다. 혹시 그럴 만한 여건이 안 된다면 경험 있는 벤처 자본가를 영입해서 아이디어를 제품화하는 데 도움을 받을 수도 있다.

많은 회사들이 직원들이 가지고 있는 방대한 양의 지식을 자본화하는 데 실패하고 있듯이, 우리도 우리 자신이 가진 기술과 능력을 간과하고 있다. 당연한 말 같지만 당신이 이미 습득한 지식이나 능력과 친숙해지기보다는 지식을 발굴하는 기술을 향상시키는 것이 우선되어야 한다. 당신이 우세한 입장에서 핵심을 확실하게 파악했다고 느끼는 순간에도 형식적인 평가 단계에 이르면 놀랄 수도 있다. 그럴 때는 적절한 '경험과 지식, 기술'을 평가할 수 있는 시간을 충분히 갖도록 하자. 이때 평가 대상이 요점 정리 목록이나 논문, 또는 당신이 작업한 사진 폴더나 관심 분야가 될 수도 있다. 무엇보다 중요한 것은 자기 스스로를 객관화할 수 없다는 것이다. 앞서 얘기한 뉴멕시코 출신의 주부는 자신의 바느질 실력이 창조적 기술이라는 걸 스스로 알아보지 못했다. 틀림없이 창조적 기술이었는 데도 말이다.

당신이 이룬 성과가 다른 사람들 것만큼 멋지고 훌륭하게 보이지 않을 수도 있다. 하지만 실제로 당신의 생각과 달리 당신은 훌륭한 일을 해낸 것일 수도 있다. 그렇다면 친한 친구나 가족, 당신을 잘 아는 사람들, 가령 교수, 코치, 관리자, 편집자에게 도움을 청하는 것이 현명하다. 이런 과정을 통해 당신은 어쩌면 당연하다고 생각한 지식과 경험들의 가치를 발견하게 될 것이고, 새로운 변화를 시도하는 열정의 원동력을 얻게 될지도 모른다.

그런 의미에서 기업들은 직원의 능력과 관심사를 수시로 평가할 수 있는 시스템을 도입해야 한다. 많은 회사들이 이미 실시하고 있는 '20퍼센트 타임' 정책을 확장한 또 다른 시스템이 될 것이다. 어떤 회사들은 이 정책을 '프리 타임free time'이라고 부른다. 직원들이 매주 자신이 관심 있게 여기는 일에 시간을 보낼 수 있도록 자유 시간을 주는 것으로, 기업의 창조적 지성을 향상시킬 수 있도록 값진 투자를 실시하는 것이다. 이런 전략을 최초로 실시한 쓰리엠3M사는 1948년에 직원들의 전체 업무 시간의 15퍼센트를 자유 시간으로 쓰도록 회사 방침을 정했다. 그 결과 쓰리엠은 미국의 혁신적인 기업이라는 명성을 꾸준히 이어오고 있다. 지난 5년 동안 출시된 신제품 매출로 인한 수익이 회사의 전체 수입에서 상당 부분을 차지하고 있으며 계속해서 목표 달성에 성공을 거두고 있다. 쓰리엠이 실시한 '15퍼센트 프리 타임' 프로그램을 통해 탄생한 신제품들 덕분이었다. 클리어 밴드, 벽에 붙이는 접착제 페인터 테이프, 빛을 반사하는 광학용 필름, 커터처럼 날카로운 샌드페이퍼가 그 예다.

구글의 경우에는 회사 설립 이후 20퍼센트 프리 타임 정책을 시행해왔다. 이 프로그램 덕분에 직원들이 다양한 서비스를 만들어냈고, 이 정책은 성공적인 회사 방침으로 자리 잡았다. 그러다가 구글의 공동 설립자인 래리 페이지Larry Page가 페이스북에 맞설 수 있는 구글플러스Google+에 시간을 투자해보라고 제안했다. 20퍼센트 프리 타임을 보내는 동안 구글 직원들은 사람들이 온라인상에서 만남을 통해 이미지와 정보를 교환할 수 있는 구글의 소셜 미디어인 구글플러스를 발전시켜 페이스북을 따라잡으려고 고군분투했다.

구글과 쓰리엠은 프리 타임 동안 직원들이 자유롭게 선택한 일이 회사의 업무 향상에 동기를 부여할 수 있게 함으로써, 그들에게 할당된 지시 사항이었다면 미처 생각하지 못했을 기발한 아이디어를 떠올릴 수 있도록 유도했다. 일부 회사 관리자들은 이런 프로그램이 과연 의도한 대로 실행 가능성이 있는지 의구심을 버리지 못하고 있다. 그렇다면 직원들에게 20퍼센트의 프리 타임을 인센티브처럼 준다고 생각하면 된다. 그래서 직원들이 개인의 열정을 프로젝트에 투영해 회사에 이득이 되는 가치를 창출할 수 있도록 장려해보는 것이다. 그런 다음 이 프로그램을 6개월 또는 1년 동안 실시해보고 그 결과를 평가해보라. 밝은 미래를 약속하는 발전이 있었는가? 만약 없었다면 (개인적으로 그럴 일은 없을 것 같지만), 당신은 그저 직원들이 금요일에 업무 외의 다른 일을 하면서 시간을 낭비했다고 생각하면 된다. 직원들이 전화로 노닥거리거나, 주말에 할 일을 계획하거나, 유튜브YouTube로 고양이 동영상을 보는 시간 말이다.

또한 기업들 중에 비공식적인 '창조성 네트워크'를 만들어 기업의 전략을 이루어나가는 곳도 있다. 과학자, 기술자, 디자이너들은 회사라는 틀 너머에 있는 사람들과도 자연스럽게 대화를 나누고 함께 일을 한다. 팀원들은 종종 회사 밖으로 나가 비슷한 일을 하는 다른 회사 사람들과 만나 교류하기도 한다. 이렇게 비공식적인 창조성 네트워크를 수용하고 다른 사람의 생각이나 제의를 받아들임으로써, 비록 팀원들이 회사의 관료주의적인 틀을 벗어나긴 하지만 그래도 매우 생산적인 결과를 창출할 수 있다. 기업들은 관습적인 규율을 깨트리고 싶어 하는 의지를 가진 '창조적인 강도bandito creatives'에 해당하는 남녀 직원들을 육성해야 한다. 그런 성향을 보이는 직원들을 찾아 네트워크를 구축해야 한다. 그리고 그들에게 다음과 같은 질문을 해보자. 당신은 회사 안과 밖에서 주로 누구와 얘기를 하는가? 연구나 프로젝트를 수행할 때 어떤 사람과 일을 했는가? 당신이 생각할 때 가장 독창적인 사상가는 누구인가? 영감을 얻고 싶을 때 어디로 가는가? 이런 질문과 함께 '장부에 없는off-the-books' 참여에 해당하는 창조성 네트워크를 적극 권장하라. 잘만 유지하면 그 덕분에

10억 달러짜리 신상품으로 이어질 수 있기 때문이다.

기업 못지않게 대학에서도 이런 창조성 매핑mapping을 권장할 필요가 있다. 최상의 새로운 연구법은 기반이 탄탄하게 다져진 두세 가지의 분야가 서로 교차하면서 완성된다. 예를 들면 생명과학, 신경과학, 디지털 제작이 결합된 연구를 떠올려볼 수 있다. 이런 식으로 서로 다른 분야에 종사하는 학생들이 네트워크를 매핑하고, 여러 분야를 조합해 연구하는 배짱 좋은 연구가들을 지원한다면 그들이 속한 대학은 연구계의 일인자가 될 수 있을 것이다.

내 개인적인 판단으로는, 우리 모두 20퍼센트 프리 타임 전략을 충분히 실행할 수 있다고 본다. 매주 일정 시간을 정해서 개인적인 관심사와 관련된 시간을 보내는 것이다. 초반에는 그 일에 대한 가치가 선명하게 드러나지 않을 수도 있다. 하지만 관심 있는 분야에 대한 '과거 발굴'에 시간을 투자해야 한다. 그리고 적어도 일주일에 한 번 그 분야의 전문가와 미팅을 마련해 의견을 말할 수 있는 자리를 가져야 한다. 전문가에게 요즘 주로 무슨 생각을 하는지, 가장 관심 있어 하는 대상이나 영감을 주는 대상이 있다면 무엇인지, 혹시 고민이 있다면 무슨 일인지 이야기를 주고받을 수 있는 시간이 필요하다.

또한 우리는 전문가에게 누락된 것을 찾아내는 전문적인 기술에 대해서도 물어볼 수 있다. 그리고 업계 종사자들이 간과하고 있는 것이라든가 잘못 알고 있는 문제에 대해서도 물어볼 수 있다. 또 무엇을 고려해야 하는지 아니면 어디에 초점을 맞추어야 하는지도 물어볼 수 있다.

물론 어떤 분야와 관련된 모든 지식을 아는 것이 중요한 출발점이 될 수도 있겠지만, 그 지식을 가지고 창조적인 목적을 이루려면 지식을 실행 단계로 전환시키는 과정을 생각할 줄 알아야 한다. 당신이 이 책을 읽으려고 했다는 것은 어쩌면 일터에서 맞닥뜨린 힘든 도전 과제를 해결하고 싶은 마음에서였을 것이다. 그런 거라면 일단 이 책을 잠시 덮어두고 산책을 해보라고 권하고 싶다. 하지만 책을 덮기 전에 다음 세 단락을 마지막으로 더 읽은 뒤에 나가기를 권한다.

요즘 사람들은 끊임없이 관계를 맺고 있다. 누군가와 문자를 주고받고 이메일을 하며, 대화를 하고 아침에 일어나는 순간부터 메시지에 답을 하느라 바쁘다. 하루의 특정 시간만큼은 이 모든 관계를 끊어보라. 특히 이른 아침에 모든 외부와의 연결을 차단하고 혼자서 걷는 시간을 가져보라. 혼자 걷는 것만큼 정신을 자유롭게 하는 방법은 없다. 그렇게 하면 의외로 그동안 모르고 있던 또 다른 지식의 영역을 발견하게 될 것이다.

걸으면서도 당신이 해결해야 하는 도전 과제를 생각의 끈에서 놓지 말자. 주변을 돌아다녀보는 것도 좋고 당신을 고무시키는 영감의 원천을 찾아보아도 좋다. 스티브 잡스와 마크 저커버그는 산책을 좋아한다. IDEO의 공동 설립자인 빌 모그리지는 뉴욕의 고가도로를 걸어 다니면서 생각을 정리하고 창조적인 영감을 받는다고 했다. 마을에 있는 공원 또는 당신이 운 좋게 바다 근처에 산다면 해변을 거닐어도 좋다. 아니면 이웃 마을에 놀러가서 당신이 그동안 쌓은 지식들이나 연결점을 찾으려고 했던 지식들을 새롭게 발굴하는 시간을 가져보는 것이 필요하다. 그곳에서 편하게 죽치고 앉아 있을 수 있는 카페를 찾을 수도 있을 것이다. 혼자만의 시간을 가지면서 그저 이것저것을 생각하는 것만으로도 매우 가치 있는 시간을 보내는 것이다.

풀리처상 수상자로 기자이자 교수인 도널드 머리Donald Murray가 쓴 글을 보면 이런 구절이 있다. "나의 진짜 글쓰기 작업은 오전 11시 반 컴퓨터를 끄고 점심을 먹으러 가면서부터 시작된다. 글을 쓰고 나서 그때부터 다시 빈 우물을 채울 시간을 갖는 것이다." 그는 분명 컴퓨터를 끄면서 글쓰기 작업이 시작된다고 말했다. 반면에 우리는 컴퓨터 앞에 앉아 일을 하는 시간을 근무시간으로 계산한다. 하지만 우리가 잊고 있는 것이 있다. 우리의 정신은 일터를 떠난 후에도 계속 사고하며 무언가를 배우고 연계성을 찾는다. 안타깝게도 우리는 어떤 일을 행할 때가 아닌 이런저런 생각을 할 때나 장소를 이동하고 있을 때에도 창조성이 멈추지 않고 활동한다는 것을 쉽게 잊어버린다.

좋다, 이제 당신은 산책을 나가도 된다.

지식 발굴을 할 때 꼭 기억해야 할 마지막 사항은, 배움을 얻고 그것을 발굴하고 연계성을 찾는 과정에서 다른 사람들이 무엇에 의미를 두는지에 대해 고려하지 않는다면 당신이 하는 일이 성공적인 결과를 얻기가 매우 힘들다는 점이다. 당신의 열정과 통찰력을 발휘한 아이디어를 해독해내는 것이 중요하다. 그래서 다른 사람들이 당신의 설명에 흥미를 느끼고 참여하고 싶다는 마음을 갖게 해야 한다. 물론 어느 시대나 다 마찬가지겠지만 특히 요즘 같은 경제에서는 대중의 참여를 유도하는 것이 핵심이다.

다음 장에서는 창조적 지성의 또 다른 능력에 대해 소개할 것이다. 우리가 실천하는 수많은 방법들을 다시 생각해보고, 우리를 둘러싼 세계에 대해 이미 알고 있는 이야기의 틀을 다시 짜볼 생각이다. 그리고 미래에 대한 이미지를 다시 그려볼 것이다.

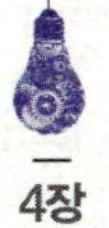

4장

틀 짜기

찰스 애들러Charles Adler는 어렸을 때부터 음악을 사랑했다. 하지만 아버지의 권유로 퍼듀 대학에서 기계공학을 전공해야만 했다. 정작 본인은 좋아하지 않는 과목이었다. 운이 좋게도 그때가 1990년대 중반이었고 인터넷 보급이 한창이던 시기여서 전통적인 교육 방식을 거부하는 사람들이 선택할 수 있는 옵션이 많이 생겼다. 그래픽디자인에 유독 관심이 많았던 애들러는 학업을 중도에 포기하고 그래픽 코드를 독학했다. 결국 그는 시카고에서 미디어 컨설팅과 관련된 인터랙션 디자인 분야에서 일을 하게 됐다.

애들러는 웹에서 유저들의 사용 공간을 디자인하면서 기술을 갈고 닦았다. 그 후 미디어 시장 컨설팅 전문 회사인 에이전시닷컴Agency.

com에서 전략 및 정보 구조Information architecture 책임자로 일했다. 그리고 인터랙티브 디자인 스튜디오인 소스아이디SourceID를 공동으로 설립하기도 했다. 또한 그는 무료로 음악을 다운로드받을 수 있는 예술 간행물 사이트에서 제공하는 잡지인 《서브시스턴스Subsystence》를 공동으로 출간했다. 그가 이 프로젝트에 관심을 쏟게 된 것은 음악이나 예술 세계와 함께하고 싶은 그의 욕망이 은연중에 드러난 것이나 다름없었다. 결국 그는 몇 년 동안 열심히 한 후에야 비로소 후회 없이 그 일을 그만둘 수 있었다.

페리 첸Perry Chen도 일을 그만둘 준비가 된 사람이었다. 2002년 뉴올리언스에 근거지를 둔 음악 기획자인 그는 콘서트 준비를 위한 자금을 모으기 위해 늘 같은 사람들을 상대하는 일에 지친 상태였다. 게다가 사업 운영이 점점 어려워지고 리스크가 더 높아져만 갔다. 페리 첸은 그 당시에 새롭게 붐을 일으킨 크라우드펀딩 crowdfunding을 활용하면 콘서트 기획 자금을 안정적으로 모을 수 있지 않을까 생각했다. 만약 많은 사람들이 소액의 자금을 그의 사업에 투자한다면 팬으로서가 아니라 자금 제공자로서 콘서트 개최에 도움을 주게 될 것이었다.

이런 아이디어를 생각하기까지는 모델이 있었다. 시카고에서 티셔츠를 제작, 판매하는 스레들리스Threadless는 새로운 형태의 소매 방식을 시도해보았다. 디자이너가 디자인한 모델을 온라인에 소개하면 사람들이 자신이 좋아하는 옷에 투표했다. 생산자와 구매자 사이의 엄격하게 구분된 역할 구분이 허물어진 변화였다.

뉴욕에 거주하는 동안 첸은 브루클린의 한 레스토랑에서 얀시 스트리클러Yancey Strickler를 만났다. 첸은 스트리클러에게 크라우드펀딩으로 자금을 지원받는 음악 기획 사이트를 만들겠다는 아이디어를 설명했다. 그 당시에 온라인 뮤직 스토어인 이뮤직eMusic의 편집장으로 일하던 스트리클러는 첸의 아이디어가 마음에 들었다. 하지만 두 사람 모두 직접 웹사이트를 만든 경험은 없었다. 결국 도움을 청해야만 했다. 첸의 대학 시절 룸메이트는 애들러를 추천했다. 그당시에 새로운 사업에 뛰어들 준비가 된 애들러에게는 아주 적절한타이밍이었다. 그렇게 세 사람은 뉴욕에서 만났고 서로에게 질문을 했다. 어떻게 하면 음악과 예술을 소비했던 사람들을 후원자로 만들수 있을까?

매우 간단한 질문 같지만 이에 대한 대답은 기존의 음악과 예술에대한 관점과 참여 방식을 완전히 바꿔놓는 말이었다. 소비자를 후원자로 바꾼다는 것은 신생 기업이 자금을 지원받는 방식에 획기적인변화를 유도할 뿐만 아니라 기업의 자본주의 문화에 새로운 변화를가져온다는 것을 의미했다. 이런 변화가 킥스타터의 탄생을 이끌었다.

애들러는 킥스타터 사이트에 사용이 아주 간편한 디자인을 제시했다. 사람들이 창조적인 아이디어를 소개할 수 있는 작은 창을 마련해'후원자'로 불리는 대중들이 온라인상에서 그 아이디어를 바로 선택할 수 있다. 후원자는 돈을 기부할 수도 있고 아무것도 하지 않을 수도 있다.

예술가가 설정한 최소 목표 금액에 미치지 못할 경우, 투자금은 다시 환불된다. 하지만 목표 금액을 넘을 경우에 아이디어를 올린 예술가나 음악가는 투자금의 100퍼센트를 소유할 권한을 얻는다. 모든 거래는 아마존을 통해 이뤄진다.

첸과 스트리클러, 애들러는 크라우드펀딩의 모델을 만든 사람들이다. 또 다른 한편으로 세 사람이 세운 킥스타터는 자금을 모으는 사이트인 동시에 군중을 한곳에 모이게 했다는 점에서 크라우드 빌딩 crowd-building 사이트를 발전시켰다. 그것도 그냥 군중도 아니고 돈을 투자하는 군중들을 말이다. 게다가 돈을 투자한 프로젝트가 실행되면 크리에이터는 투자자들에게 진행 상황을 전달한다. 이메일을 보내고 채팅을 하면서 제작에 대한 세부적인 내용에 대해 알려주고 조언을 받는다. 가령, 어떤 재료를 선택할 것인지, 제품을 어디에서 제조할 것인지, 또 제품의 비주얼에 대해서도 투자자들에게 의견을 묻는 방식으로 진행된다.

프로젝트가 끝나면 크리에이터는 열성적으로 참여한 투자자들을 선정한다. 뽑힌 투자자들은 친구와 가족에게 메시지를 전할 수 있는 선물을 제공받는다. 후원금으로 단돈 몇 달러를 냈든 수천 달러를 냈든 상관없다. 실제 제품을 이용할 수 있는 교환권에서부터 크리에이터와 함께 저녁을 먹는 파티 초대권까지 모두에게 선물이 주어진다. 투자자, 후원자가 된 대중은 중요한 가치가 있는 새로운 무언가를 창조하는 데 도움을 주는 사람이 된다. 이런 경험은 단순히 갤러리에서 예술품을 구매하는 것과는 차원이 다르다. 또 아이튠즈 iTunes로 앨범을 사서 듣는 것과도 비교할 수 없다. 훨씬 더 심오하고 풍요로운 행위다.

킥스타터를 통해 실시된 프로젝트의 투자금이 처음에는 1,000달러에서 시작했으나 그 후 5,000달러에서 2만 5,000달러까지 모였다. 창조적인 프로세스에 투자한 참여자의 규모가 점점 커졌을 뿐만 아니라 초기 설립자들이 상상하지 못한 금액을 투자하는 사람도 늘어났다. 2009년에 킥스타터가 생겼는데, 2012년 10월에 벌써 킥스타터를 통해 성공한 프로젝트에 투자된 총 액수가 3억 1,600만 달러에 이르렀다. 그때는 예술과 음악에 투자된 프로젝트가 대부분이었다. 킥스타터가 이런 속도로 성장한다면 미국 국립예술기금National Endowment for the Arts에 당당히 맞설 수 있는 날이 올 수도 있다. 2012년 한 해에 미국 국립예술기금이 집행한 예산이 1억 4,600만 달러였다. 킥스타터는 예술과 음악에만 자금을 지원하는 것으로 끝내지 않았다. 아이팟 나노iPod nano 뮤직 플레이어를 사용할 수 있는 신종 시계(특수 제작된 팔찌처럼 생긴 시계) 캠페인도 제작했다. 그 결과, 광고 효과로 100만 달러의 크라우드펀딩을 받는 데 성공했다. 틱톡 TikTok과 루나틱LunaTik 시계를 제작한 스콧 윌슨Scott Wilson은 시카고에 위치한 그의 회사 미니멀Minimal에서 출시한 이 두 시계를 킥스타터에 선보이면서 1,000만 개 이상을 팔았다. 고가의 3D 프린터인 프린트봇Printrbot도 킥스타터에 캠페인 활동을 펼친 결과, 83만 827달러의 투자금을 받았다. 샌프란시스코에 본사가 있는 한 스튜디오는 300만 달러의 투자금을 받아 온라인 게임 '더블 파인 어드벤처Double Fine Adventure'를 출시하는 데 성공했다.

킥스타터는 크리에이터와 자본가, 제작자와 후원자의 의미를 새롭게 바꾸는 데 이바지했다. 첸과 스트리클러, 애들러가 만든 사이트와 커뮤니티는 결국 우리와 같은 일반 사람들이 새로운 것을 창조하는 과정에 참여할 수 있게 해주었다. 그리고 미래에 기업가가 될 수 있는 기회를 제공했다. 킥스타터는 전통적인 투자 모델의 서열 구도를 타파했으며 크리에이터들의 엘리트주의적인 편견을 없앴다. 킥스타터와 뜻을 같이하는 '잡스법JOBS Act'이 제정되면서 신생 기업에 직접적인 투자를 할 수 있게 되었으며 소액 투자자들이 동등한 권리를 인정받았다. 이 지원법은 우리 모두가 벤처 자본가가 될 수 있도록 민주주의적인 투자 활성화를 약속한다.

크리에이터가 있고 자금 공급자가 있다. 그리고 그와 상관없는 일반 사람들이 있다는 일반적인 통념을 새롭게 바꾼 결과, 킥스타터는 우리가 살고 있는 시대의 이야기의 틀을 깨부수고 새로운 틀 짜기에 성공했다.

우리는 모두 세상을 자기만의 색깔로 바라보며 사람들과 일련의 사건들을 자기만의 방식으로 해석한다. 세상에 대한 '틀 짜기'를 하는 것이다. 우리가 그것을 의식하고 있든 그렇지 않든 마찬가지다. 창조적 지성을 가진 사람들은 그 틀을 옆으로도 돌려보고 회전도 해보는 재주가 매우 뛰어난 사람들이다. 어쩌면 전혀 다른 틀 속에 어울리지 않는 대상을 넣어보거나 세상을 바라보는 관점을 완전히 바꿔서 사람들을 그 세상에 넣어보기도 한다.

영국의 인류학자이자 마거릿 미드Margaret Mead의 세 번째 남편인 그레고리 베이트슨Gregory Bateson은 1972년 그의 저서 『마음의 생태학Steps to an Ecology of Mind』에서 사회과학 분야에 '틀 짜기'를 창안해 적용한 사람으로 알려졌다. 이 책을 보면 베이트슨이 샌프란시스코의 동물원에서 원숭이를 관찰하며 '틀 짜기'의 개념을 발전시킨 것을 알 수 있다. 그는 원숭이들이 하루 종일 다른 원숭이와 어떻게 관계를 맺으며 상호작용하는지를 지켜보았다. 그런데 놀이를 할 때의 행동과 싸움을 할 때의 행동이 매우 유사하다는 것을 알아냈다. 생존을 위해 원숭이들은 현재 벌어지는 상황을 이해하는 행동에서 정해진 양식을 취했다. 또 '놀이'를 하자는 신호나 '싸움'을 하자는 신호를 보낸다는 것도 이들 사이에 약속된 '틀'이 있다는 것을 유추할 수 있다. 이런 틀은 단순한 스토리를 말하는 것이 아니다. 원숭이들은 주어진 상황의 의미를 이해하고, 놀이를 하고 싶어 하는 원숭이의 의도라든가, 그 결과 발생하게 될 일을 예상하고 싶어 한다. 이때 정해진 행동 양식을 취하는 것이 그들만의 '틀 짜기' 과정이며, "지금 무슨 일이 벌어지고 있는 거야?"라는 질문에 대한 답을 얻게 해준다.

'틀 짜기'를 잘 보여주는 사례 가운데 파블로 피카소Pablo Picasso의 대표 아이콘이 된 그림과 관련된 이야기를 빼놓을 수 없다. 피카소는 여러 양식의 화법을 구사하며 외부의 정보와 테크닉을 자기 것으로 만들었다. 또 다른 예술가들과 팀을 이루어 활동을 하기도 했으며 새로운 스타일을 창조하기 위해 늘 진취적인 태도를 보였다. 그는 특히 고갱Gauguin과 세잔Cézanne, 아프리카 부족의 가면 예술에 영향을 많이 받았다. 1908년에 피카소는 브라크Braque와 함께 작업하며 새로운 예술 사조인 입체파Cubism를 창시하기도 했다.

피카소는 거기서 만족하지 않았다. 1912년에 그는 판지를 이용해 해체된 스페인 기타 형태의 작품을 만들었는데, 그것은 마치 입체파의 조각품 같았다. 그리고 제목을 '기타가 있는 정물Still Life with Guitar'이라고 붙였다. 피카소는 예술 비평가들을 화실로 초청해 그의 혁신적인 작품을 보여주었다. 비평가들은 눈앞에 펼쳐진 대상이 그림인지 조각품인지 혼란스러웠다. 그 작품은 그림으로서의 '틀'을 거부했으며 '예술'이라는 범주도 벗어난 대상처럼 보였다. 피카소는 그 전까지 갤러리나 미술관에 그 작품을 전시하지 않았다. 피카소는 자신의 작품을 너무나도 사랑했다. 이어서 1914년에 피카소는 얇은 금속판으로 두 번째 작품을 만들었다. 틀에 갇힌 사람들의 기대를 성공적으로 깨트린 작품이 탄생했던 것이다. 2011년 뉴욕 현대미술관 MoMa(The Museum of Modern Art)에 피카소의 기타 작품이 벽에 걸린 채 전시됐다. 피카소는 그림에 새로운 '틀 짜기'를 시도한 화가임에 틀림없었다.

피카소가 기타 작품을 만든 지 94년이 지난 뒤, 뉴멕시코 출신의 젊은 예술가 라구나 푸에블로Laguna Pueblo는 전통적인 그림에 새로운 틀 짜기를 시도하기 시작했다. 또 말라 앨리슨Marla Allison은 산타페 인디언 마켓Santa Fe Indian Market에 작품을 선보여 혁신상Innovation Award을 처음으로 수상하는 영예를 얻었다. 앨리슨은 운동화를 신고 의자에 앉아 다리를 꼬고 있는 친어머니의 모습을 담은 초상화 '마더Mother'를 출품했다. 그림의 오른쪽 상단에 LCD 화면을 설치해 어머니와 한 인터뷰 영상이 흘러나오는 예술 작품이다. 앨리슨의 어머니는 어린 시절 원주민이 거주하는 마을에서 성장했고, 제2차 세계대전이 일어나는 동안에 일본계 미국인이 사는 지역으로 이사를 하게 된 사연을 이야기했다. 테크놀로지를 예술에 적용한 앨리슨은 초상화에 자신의 이야기를 동적인 영상과 함께 표현했다. 초상화를 정의하는 일반적인 틀을 과감히 깨는 시도를 했던 것이다.

캐나다에서 태어난 사회학자 어빙 고프먼Erving Goffman은 베이트슨의 연구 결과를 더 발전시켰다. 그는 인간도 원숭이처럼 적극적으로 틀을 만든다고 주장했다. 무대에 선 배우들이 자신이 맡은 역할을 소화해내기 위해 연기를 하듯이, 우리는 모두 새로운 역할, 새로운 스토리 라인, 새로운 참여 활동을 조성할 수 있는 능력을 가지고 있다. 고프먼이 관찰한 내용은 안정적이라고 생각했던 분야가 어느 순간 힘없이 무너지고, 애써서 정복하려고 했던 직종이 점점 사라지는 요즘 시대와 잘 맞아떨어진다는 점에서 그의 주장은 설득력이 있다. 교사나 의사, 군인, 광고업자, 공장 노동자, 책 편집자, 영업인, 디자이너, CEO, 비영리단체의 관리인, 심지어 정치가들까지도 변화의 필요성을 절감하고 있다. 우리 자신은 물론 우리가 세운 기관이 변화해야 한다는 것을 모두가 느끼고 있다. 그런데 어떻게 할 것인가? 개혁은 늘 엄청난 노력을 필요로 하며 사람들을 걱정하게 만든다. 관습이 되어버린 방식이 더 이상 유효하지 않다는 것을 알면서도 기존의 방식에 어떻게 맞서 도전할 수 있을까? 우리 몸속에 깊이 밴 습관들을 하루아침에 없애는 것이 어디 쉬운가? 어떻게 해야 지금과 다른 새로운 일을 과감하게 시도할 수 있을까?

일단 우리는 자신만의 특별한 렌즈로 세상을 해석하고 있다는 것을 이해해야 한다. 그리고 이 렌즈를 바꾸는 것은 오로지 자신의 힘으로만 가능하다는 것도 알아야 한다. 돈이 문화의 중심에 우뚝 선 시대에는 월스트리트의 주가가 무섭게 치솟았다. 그때는 최고의 직업이 골드만삭스Goldman Sachs에서 일하는 것이었다. 하지만 지금은 아니다. '월가 시위Occupy Wall Street movement'와 '티 파티Tea Party' 운동의 1퍼센트를 향한 격렬한 시위 덕분일 것이다. 월스트리트를 떠난 골드만삭스의 전 분석가는 우리에게 "새로운 지위를 획득한 직종은 골드만삭스에 있지 않다. 구글과 애플, 페이스북에 있다"고 말한다.

새롭게 틀을 짜는 훈련을 통해 우리는 여러 가지 대안을 실천할 수 있다. 우리가 몸담은 분야, 그리고 그 기관이 하는 일과 일을 처리하는 방식을 새로운 '틀 짜기'를 통해 변화시킬 수 있다. 물론 기존에 존재하는 것과 조화를 이루면서 새로운 분야나 업무를 만든다는 것이 단순히 차이를 만드는 것으로 족할 일이 아니라는 것은 잘 안다. 하지만 창조성에 대한 자신감을 가져야 한다. 그래야 기존의 조직이 성과를 거둔 방식과 행동 양식에 변화를 추구할 수 있다. 변화를 시도하기 위한 첫 번째 통과 단계가 바로 창조성에 대한 확신을 가지는 것이다.

내러티브의 틀 짜기

화학요법Chemotherapy은 사람들이 몹시 힘들어하는 치료법이며, 실제로 겪어본 사람들은 불편함을 가장 먼저 떠올린다. 이것은 누구나 알고 있는 이야기다. 당신이 운이 없게도 암 진단을 받았다면 낯선 이들이 누워 있는 큰 방에서 몇 시간을 보내야 할 것이다. 의사가 당신의 팔에 정맥주사를 놓으면 화학물질이 당신의 몸속을 돌아다니게 된다. 이어 구토 증상과 함께 온몸에 힘이 쭉 빠질 것이다. 잠시 후에 당신은 침대에서 일어나 병원을 나와야 한다. 집으로 가는 길에 구토 증상은 점점 심해진다. 화학요법으로 치료를 받은 하루가 그렇게 지나간다. 암 환자들이 겪게 되는 이런 일상은 누군가가 이 틀을 다시 짜지 않는 한 변함없이 반복된다.

다른 산업 분야와 마찬가지로 의료 서비스는 진료 체계가 정해져 있으며, 집중화되어 있다. 특히 보건 규칙은 다른 어떤 분야보다 규칙이 엄격하고 제약 사항이 많다. 당신은 아프면 일단 큰 병원부터 찾을 것이고, 대기실에서 기다렸다가 치료를 받고 집으로 돌아오는 순서를 밟게 된다. 전문화된 업무와 비싼 장비를 요구하는 서비스인 이상 수술 과정이 체계적이고 고도의 발전된 치료법을 시행하며, 진단 내역도 매우 세부적인 것이 특징이다.

그러나 실제로 병을 호소하는 환자들이 치료를 받는 과정에 있어서 의료 서비스가 구축한 기존 체계는 부적절하고 불필요한 부분이 많다. 또 치료비도 터무니없이 비싸다. 특히 정기적으로 받아야 하는 화학요법은 문제가 매우 심각하다. 2010년 미국의 메모리얼 슬론 케터링 암 센터Memorial Sloan-Kettering Cancer Center에서 전략 계획과 혁신 프로젝트 관리자로 일한 아일랜드계의 말리크Maliq는 새로운 변화를 시도하기로 결심했다. 그는 뉴욕 대학, 카네기 멜론 대학, IIT 디자인 학교, 파슨스 디자인스쿨에 다니는 학생들을 모아 화학요법을 둘러싼 경험의 틀을 다시 짜라는 과제를 냈다.

학생들이 가장 먼저 한 일은 화학요법을 받는 환자들을 옆에서 관찰하고 환자들의 기분 상태를 물으며 인터뷰를 하는 것이었다. 멀리서 차를 타거나 지하철을 타고 병원을 찾는 환자들은 치료 후에 다시 집으로 돌아가는 동안 몸이 너무 힘들다고 호소했다. 많은 사람들이 승용차나 대중교통을 이용하는 동안 구토 증상이 나타나면 패닉 상태를 느꼈다고 고백할 정도였다. 또 어떤 환자들은 병실의 분위기가 너무 무미건조하고 환자의 사생활 보호가 어렵다는 것이 불만이라고 했다. 환자들 대부분이 집에서 최대한 가까운 자기 동네에서 치료를 받기를 원했다.

학생들은 병실을 따뜻한 색상으로 꾸미고 인터넷을 설치하며 커피를 마실 수 있는 곳으로 만들었다. 그런 식으로 화학요법을 받을 수 있는 새로운 공간을 만든 것이다. 환자들이 많이 모여 있는 곳인 브루클린에서 가까운 동네에 작지만 여러 개의 방이 딸린 치료실이 마련됐다. 또 팀원들이 환자용 의자를 라운지 느낌이 나는 새로운 의자로 배치했다. 또 간호사들에게도 병원에서 입는 간호복이 아닌 평상복을 입도록 요청했다.

병원 밖에 화학요법 치료 센터를 세운 결과, 환자들이 직접 병원에 가서 치료할 때마다 비용이 덜 들었고 환자들도 그런 변화에 만족스러워했다. 메모리얼 슬론 케터링 암 센터는 환자의 회복률이 실제로 높아지고 있는지 그 결과를 연구 중이다.

틀 짜기를 다시 하는 것은 틀에 박힌 사고방식을 깨는 일과 같다. 우리는 삶을 구성하는 내러티브에 대해 특별히 고민하지 않는 경향이 있다. 태어날 때부터 갖추어진 틀을 당연한 것으로 받아들인다. 심지어 그중에는 우리가 스스로 창조한 것도 있을 텐데 잘 모르고 넘어가는 경우가 많다. 변화를 별로 시도하지 않고 상대적인 안정에 만족하는 상황에서는 기존의 틀을 바꾸고 싶다는 욕구가 절실하지 않다. 하지만 무언가 일이 뜻대로 잘 풀리지 않아 곤란을 겪는다면 스스로 정해진 틀을 바꾸는 것이야말로 당신의 인생을 바꿀 수 있는 첫걸음이 되어줄 것이다.

누가 스토리텔러인가?

내가 《비즈니스 위크》에 기고한 첫 번째 커버스토리의 제목은 '아무리 해도 해결할 수 없는 문제가 생겼다! 그러나 난 거기서 아이디어를 얻었다I Can't Make the !@#&%! Thing Work'였다. 때는 1991년이었다. 비디오 재생기를 작동시키는 데 그 기능이 어찌나 복잡하던지 좌절감마저 느꼈다. 게다가 소비자로서, 그리고 한 남자로서 그 당시 가장 세련된 최신 기계 하나 제대로 못 만지다니 부끄럽고 내 자신이 원망스러웠다. TV 프로그램의 시간대를 바꾸고 싶었는데 그 과정이 까다로웠다. 버튼을 여러 번 눌렀지만 번번이 실패했다. 그 순간 갑자기 분노가 치밀어 올랐다.

나는 그 당시에 비디오 재생기를 사용하는 소비자들이 나처럼 분노를 느꼈는지 알아보았다. 일반 사용자들이 쓰기에 제품의 기능이 너무 복잡했기 때문이다. 취급 설명서는 거의 해독이 불가능했다. 일본어를 영어로 번역한 것이었는데, 번역 과정에서 몇 가지 문제가 있었다. 전문 기술자들이 사용하는 언어를 그대로 옮겨서 평범한 소비자들이 이해할 수 없게 만든 것이다.

일본에서 처음 제조된 비디오 재생기의 스토리는 일본 출신의 명석한 디자이너들이 친구들을 위해 만든 기계에서 출발했다. 그러면서 일본산 비디오 재생기가 전 세계로 수출되어 팔려나갔다. 당연히 기술자들이 첨단 테크놀로지와 복잡한 기능성을 결정하는 데 중요한 역할을 했다. 그러다 보니 이 기술을 처음 채택한 사람들이나, 기술자들, 기계광인 10대 청소년들(그것도 대부분 남자들)은 사용 설명서를 잘 이해했지만 그렇지 않은 사람들에게는 모호한 것일 수밖에 없었다. 기계의 다양한 작동 원리를 훤히 꿰고 있는 기술자들은 설명서를 이해했을 것이다. 그러나 나를 비롯한 수백만 명의 일반 소비자들에게는 그 설명서가 별 도움이 되지 않았다 파나소닉Panasonic의 기술자들을 비롯한 비디오 재생기를 생산한 초기 기술자들은 그들이 생산한 제품이 실제로 일반 사람들이 사용할 때 어떻게 받아들여지는지 잘 이해하지 못했다.

단 한 군데 일본 회사만이 그 차이를 이해했다. 소니Sony는 버튼 몇 개로 작동되는 비디오 재생기를 제작했다. 버튼이 100개는 될 그전 제품들에 비하면 크게 간소화된 기능이었다. 전원, 플레이, 되감기 버튼이 주요 버튼이며 다른 브랜드보다 버튼의 크기가 더 커서 눈에 잘 들어왔다. 좀 더 복잡한 기능도 물론 있지만 그냥 넘어가면 됐다. 제품 기술자와 디자이너들을 비롯한 소니의 CEO였던 모리타 아키오盛田昭夫는 비디오 재생기를 둘러싼 내러티브의 틀을 새롭게 짠 사람들이었다. 소니의 비디오 재생기가 기술의 경이로운 기적을 일으킨 제품으로 기억되지는 않겠지만 적어도 소비자들에게 최상의 경험을 제공한 최초의 비디오 재생기로 기억될 것이다.

스티브 잡스가 자신의 회사를 설립할 때 소비자 친화적인 기술을 강조하는 소니를 모델로 삼은 것은 우연이 아니었다. 그는 기술자의 관점에서 소비자의 관점으로 틀이 전환되는 기술 회사를 만드는 것이 얼마나 중요한지 잘 알고 있었다. 이후로도 그는 애플 제품이 사용이 간편해야 한다는 문제를 두고 기술자들과 늘 실랑이를 벌였다.

그 누구도 스티브 잡스만큼 개인 기술personal technology의 스토리 틀을 재구성한 사람은 없을 것이다. 신상품이 나올 때마다 그는 제품의 핵심을 기술자 중심의 기능성에서 소비자의 경험으로 옮기는 데 주력했다. 그는 컴퓨터 시장뿐만 아니라 디자인 분야에도 큰 변화를 유도했다. 그 자신이 기술자가 아닌 디자이너라는 생각으로 자신의 역할 기준을 바꾸었고, 사람과 테크놀로지의 근본적인 관계를 새롭게 보기 시작했다. 그가 경영한 애플은 기술 산업의 전반적인 변화를 가져왔을 뿐만 아니라 각 개인이 제품과 맺는 상호적인 관계 양상에도 변화를 일으켰다.

틀이라고 하는 것은 상품과의 상호작용은 물론 우리가 세상을 이해하는 신념에도 영향을 미친다. 2004년에 버클리 대학의 교수인 인지언어학자 조지 레이코프George Lakoff가 펴낸 『코끼리는 생각하지 마Don't Think of an Elephant』를 보면 미국인을 크게 두 부류로 나누었는데, 그 이유를 서로 다른 틀을 유지하며 그 안에서 자신의 신념을 더욱 확고하게 다지기 때문이라고 설명했다. 먼저 민주주의 옹호자들은 정부를 '자식을 돌보는 부모'처럼 여긴다. 그래서 국민이 속한 조직을 도와 더 나은 생활을 할 수 있도록 하는 것이 정부가 할 일이라고 생각한다. 작은 도움만으로도 국민의 삶은 번창할 수 있으며 안정적인 세상을 이룩할 수 있다고 믿는다. 이런 사고의 틀을 가진 사람에게 세금은 국민이 모두 참여해야 하는 사회적인 의무 조항에 해당된다.

반면에 공화주의 옹호자들은 생각이 달랐다. 이들에게 정부란 약한 자식들을 엄하게 키워야 하는 아버지와 같았다. 그래서 아버지가 엄격하고 원칙을 강조하는 모습을 보여주어야 자식들이 나중에 험난한 세상에 나가 버틸 수 있는 힘을 기를 수 있다고 보았다. 또한 공화주의 옹호자들이 정부를 바라보는 틀에 따르면 국민은 각자 자신이 가지고 있는 수입에 의지해야 하는 것이 당연했다. 따라서 세금은 독립성과 자유를 단속하는 방해물이자 무거운 짐일 뿐이므로 세금을 최소한으로 축소시켜야 한다고 주장했다.

이런 틀이 우리가 인식하는 세계관의 색깔을 결정해버린다는 것조차 인식하지 못한 채 우리는 새로운 기회를 보는 안목을 크게 제한받는다. 새로운 것을 창조하기 위한 첫 단계는 무엇보다도 오래된 관념이 정의한 내용을 과감하게 깨는 것이다. 새로운 방식으로 사실을 해석하고 반복되는 패턴을 이해하고 싶다면 꼭 그래야만 한다. 물론 그 과정이 쉽지만은 않다.

지난 수십 년 동안 중점 사항으로 정한 포인트를 전환해야 할 상황에 직면한 기업들도 마찬가지다. 한 예로 IBM의 경우 1980년에 회사에 큰 위기가 찾아왔다. 주력 상품인 많은 데이터를 필요로 하는 메인 프레임 컴퓨터mainframe computer의 수요량이 크게 줄어들었기 때문이다. 새 CEO로 취임한 루 거스트너Lou Gerstner는 컴퓨터 산업에서 일하던 사람이 아니었다. 담배 회사인 RJR 나비스코Nabisco의 CEO였던 그가 IBM에 들어오면서 회사의 틀을 재정비할 수 있었다. 루 거스트너는 IBM을, 데이터와 분석을 통해 회사의 문제 해결에 도움을 주는 컨설팅과 서비스 비즈니스에 비중을 둔 기업으로 발전시켰다. 이처럼 기업의 틀을 다시 짠 결과, IBM은 그 후 20년 넘게 번창하는 기업이 될 수 있었다.

이보다는 못하지만 위기를 맞아 틀 짜기를 다시 함으로써 성공한 기업들이 더 있다. 코닥Kodak은 디지털 시대를 맞이해 사진의 개념을 재정립하는 데 시간이 걸렸다. 그래서 소비자들의 구매 선호도가 점점 코닥에서 다른 경쟁사들로 빠르게 옮겨갔다. 그리고 블랙베리BlackBerry 제조 업체인 리서치 인 모션RIM(Research In Motion)도 스마트폰의 선두 주자였으나 핵심 전략 대상을 기업 고객에서 일반 소비자 중심으로 전환하는 데 신속하게 대응하지 못했다. 반면 애플은 그 점에 있어서 민주화된 방식을 도입해 발 빠르게 대처했다. 구글도 이전의 많은 기업들과 유사한 입장에서 새로운 방식을 찾아냈다. 검색 엔진의 독보적인 입지를 굳힌 지 꽤 되었는 데도 구글은 여전히 페이스북과 그 외의 다른 소셜 네트워킹 사이트들과 경쟁에서 뒤지지 않기 위한 정보 찾기에 투자를 아끼지 않는다. 이런 흐름이 계속

이어질지 아니면 중간에 변화가 생기거나 새로운 틀 짜기가 이뤄질지는 두고 볼 일이다.

틀을 다시 짜는 과정은 이렇듯 사람들에게 무수한 기회를 제공한다. 당신은 지금 하는 일과 전혀 다른 직업을 가질 수도 있다. 그러면 지금까지 경험해볼 수 없었던 새로운 시장에 눈을 뜨게 될 것이다. 미시간 대학 산하의 로스 비즈니스 스쿨에서 경영전략학 교수로 있는 프라할라드는 '가난poverty'이라는 개념의 틀을 새롭게 정의했다. 먹고살기도 힘든 '상황'이 아니라 단지 돈이 별로 없어서 절약해야 하는 결핍 상태로 본 것이다. 유니레버Unilever와 같은 국제적 기업은 이런 사고의 전환을 잘 활용해 일회용 샴푸 같은 소량 포장의 제품을 제작했다. 또 제품을 처음 구입하는 절약형 소비자들을 위해 물건을 낱개로 분리해서 팔거나 두 개를 한 묶음으로 파는 서비스를 제안했다. 이런 혁신적인 변화의 바람은 모바일 뱅킹이나 저렴한 아이 케어eye care 제품을 출시하는 데도 이바지했다.

우리는 요즘 스토리의 힘에 대한 얘기를 많이 한다. 이제 스토리텔링 기술은 예술가와 연기자에 국한된 능력이 아니다. 다양한 산업 분야에 널리 활용되고 있다고 해도 과언이 아니다. 생소한 개념을 회사 직원들에게 가르쳐 업무 능률을 높일 때도 스토리텔링 기술이 필요하다. 그러나 스토리도 커다란 틀 안에 국한되어 있다는 점에서 스토리가 제시하는 의미 역시 누가, 어떤 의도로 말하느냐 등의 얘기하는 방식에 따라 달라지게 마련이다. 이 점을 잘 감안해서 우리는 자신의 스토리가 가진 틀을 다시 짜는 작업을 수행해야 하며, 그래야만 자기 자신과 자신이 속한 조직을 표현하는 방법을 결정할 수 있다. 내 업무가 《비즈니스 위크》의 논평 편집에서 온라인 채널과 블로그를 상대로 한 혁신 및 디자인 업무로 바뀌었을 때 나는 새로운 틀 짜기의 중요성을 실감했다. 내게 주어진 새로운 역할은 미디어와 저널리즘의 광범위한 틀을 다시 짜는 전형적인 사례였다. 미디어 분야에 종사하는 나 같은 이들은 중요한 이슈에 대한 생각을 사람들에게 전달하는 것에 그치거나, 또 중요 이슈가 무엇인지에 대한 입장을 전달하는 것에서 그치지 않는다. 대화에 참여하고 싶은 욕망을 확산시키는 것 역시 나 같은 이들이 해야 할 일이었다. 나는 새 일을 하면서 해설자와 기고자들을 통해 많은 것을 배웠다. 과거에는 단순한 독자였을 사람들이 이제는 공개적으로 의사를 표현하는 사람들이 된 것이다.

기자는 그저 기성 언론사를 위해 일하는 직원인 것인가? 대학 교수는 단순히 대학 강단에서 자신이 발견한 것을 전달해주는 일을 하는 사람인가? 또 자본가란 대기업의 자본을 관리하는 사람을 이르는 것인가? 이런 질문들에 스스로 답해봄으로써 자기만의 내러티브의 틀을 다시 짜볼 수 있다. 그리고 어쩌면 우리 주변에 있는 다른 사람들의 내러티브의 틀까지도 새롭게 짜보는 기회를 얻게 될 수도 있다.

참여의 틀 짜기

10년, 혹은 20년 전까지만 해도 언론계 종사자가 하루에 인터랙션을 할 수 있는 기회가 많지 않았다. 하루에 한두 건의 인터뷰, 편집자와의 대화, 오전 시간의 팀 미팅이 고작이었다.

그러나 오늘날 이런 일을 하는 사람들은, 예를 들면 하루에만 트위터에 올라온 수백여 개의 글을 읽고 페이스북을 통해 5명과 인터뷰를 시도해 스토리를 얻어낸다. 또 스카이프Skype로 아시아에 있는 팀원과 대화를 나누고 자신의 블로그나 개인 텀블러 서비스를 이용해 6개의 짧은 글을 포스팅한다. 또 아침에는 뉴스 미팅을 하는 것도 잊지 않는다.

소셜 미디어 기술과 세계화 덕분에 미국 사람, 브라질 사람, 독일 사람들이 국적을 막론하고 전 세계의 다양한 유형의 사람들을 만날 수 있는 시대가 된 것이다. 그동안 우리는 자신이 속한 그룹이나 사회에서 자신의 정체성을 구현해왔지만 이제는 달라졌다. 자기 스스로 새로운 커뮤니티를 창조하고 그 속에서 사람들과 상호작용하며 정체성을 새롭게 정의하는 시대가 된 것이다. 하루에 10명, 100명, 많게는 1,000여 명의 사람과도 인터랙션이 가능한 세상에 우리는 살고 있다. 이 말은 곧 우리 자신과 우리가 하는 행동이나 대화의 틀 짜기를 어떻게 해야 하는지 계속해서 '체크하며' 확인해야 한다는 뜻이다.

물론 역으로 생각해서 정해진 틀이 우리의 대화를 결정지을 수도 있다. 또한 당신이 부모님과 파티에 갔을 때 당신이 취하는 행동과 온라인상에서 친구와 채팅을 할 때 취하는 행동에는 엄연히 차이가 있게 마련이다. 회사들도 공급자를 상대로 할 때와 소비자를 상대로 할 때 취하는 커뮤니케이션 방식이 다르다. 오늘날 우리는 여러 곳에서 수없이 많은 정보를 접하며 살고 있다. 그리고 또 수많은 참여 활동 내역을 검토하면서 더 의미심장하고 깊이 있는 인터랙션을 유도하게 된다. 페이스북에 친구가 5,000여 명이 있다는 것은 무엇을 의미할까? 우리가 '공짜'로 제공받는 음악과 예술, 엔터테인먼트, 증정용 '선물'은 정말 공짜로 받는 것일까? 내가 가르친 제자들 중에 나이가 어느 정도 있는 학생들은 온라인상의 친구들과 주고받는 인터랙션은 그 깊이가 얕다고 말한다. 페이스북 네트워크를 통해 친구 관계를 맺은 사람들의 경우 실제로 만날 수 있는 '진정한' 친구는 열 명 안팎이다. 또한 이들은 인터넷으로 '공짜' 서비스를 제공받는 것에는 만족해했지만 원치 않는 광고를 의무적으로 봐야 한다는 불편함이 따른다는 것쯤은 잘 알고 있었다. '선물'의 문제를 보더라도 그루폰에서 제공하는 쿠폰으로 레스토랑이나 가게의 서비스를 절반 가격에 이용할 수 있다는 장점이 있지만, 한 번 이용한 후에 다시 또 가고 싶다는 생각은 들지 않는다.

사업가들은 오랫동안 '커뮤니티'란 개념을 포용해왔으면서도 킥스타터와 같은 네트워크나 티 파티, 월가 시위와 같은 운동이 무엇을 의미하는지 제대로 이해하지 못했다. 하지만 오늘날 우리는 그 의미에 대해 전보다는 더 깊이 있고 광범위하며 공공연하게 이해할 수 있다. 우리가 할 수 있는 역할은 무수히 많다. 사람들이 참여 대상의 틀을 어떻게 짤지 알게 되면 날마다 전통과 모던함 사이에서 교류의 바다를 더 능숙하게 헤엄치며 더욱 창조적인 개인과 조직의 입지를 굳힐 수 있다.

한 개인이 킥스타터를 통해 참여할 수 있는 방식에는 여러 가지 유형이 있다. 나는 2011년 맨해튼 동부 지역을 풍경으로 한 사진 책에 25달러를 투자했다. 그곳에서 성장한 어머니께 선물로 드리면 좋을 것 같아 사진 책 제작 사업에 투자를 한 것이다. 제작자는 매주 제작 과정을 모든 후원자들에게 업데이트했다. 그렇게 나는 새로운 커뮤니티의 회원이 됐다. 후원자들 중 몇몇은 책과 관련된 조언을 해주는 자문가 역할도 했다. 드디어 책이 출간되던 날, 나는 전통적인 의미의 소비자처럼 책을 받았다. 킥스타터와 함께한 새로운 유형의 '거래'를 선택함에 따라 상품의 제작 과정의 절반을 지켜보고 관여할 수 있는 기회를 얻었던 셈이다.

참여 방식을 새롭게 생각할 줄 아는 능력 또한 오늘날 새로운 아이디어를 창조하기 위한 강력한 테크닉 중 하나다. 레스토랑 예약을 할 때도 요즘처럼 오픈테이블OpenTable과 같은 앱이 생기기 전에는 레스토랑에 일일이 전화를 걸어 자리가 있는지 확인해야 했다. 수화기 너머로 거들먹거리는 목소리를 들으며 상대방의 대답을 기다려야 했던 것이다. 또 원하는 식사시간을 정하기 위해서는 협상도 필요했다. 시간 소모에다 기분까지 망치는 예약 방식이었다. 그러나 지금은 온라인으로 예약이 가능하다. 오픈테이블 앱을 통해 담당자가 빠르게 레스토랑 자리를 확인하고 가능한 시간대를 알려주면 애걸할 필요 없이 손쉽게 레스토랑 예약을 할 수 있게 됐다.

어느 정도의 인터랙션만 있으면 혁신의 가능성이 있게 마련이다. '시기적절한' 참여를 통해 영역을 이 그룹에서 저 그룹으로 확장시킬 수 있고, 이 분야에서 저 분야로 다양화시킬 수 있다. 서로 다른 문화권의 사람들과 의사소통에 문제가 있을 때 우리가 자주 하는 실수는 크게 말을 하거나 자신의 입장만 자꾸 반복해서 설명하는 것이다. 기업들 중에도 이런 식으로 행동하는 경우가 있다. 비싼 비용을 들여서 시끌벅적하게 마케팅을 하면 된다고 생각하거나 단일 기준의 하나의 사이즈로 고객 서비스 전략을 짜는 경우가 있는데, 결과는 당연히 실패로 돌아갈 수밖에 없다. 사람들이 정말로 원하는 참여 방식이 무엇인지 심사숙고하지 않았기 때문이다. 언어 차이로 인한 장벽은 차치하더라도 특정 그룹이나 문화권에 속하는 사람들이 선호하는 참여 방식을 연구하고 조사하는 자체가 가장 최상의 해결책이 아닐까 싶다.

노크의 필요성

참여의 틀 짜기는 세대마다 다양한 양상을 보인다. 토론토에 있을 때 나는 학생들의 프로젝트를 심사한 적이 있다. 그때 확실히 알았다. 참여의 틀 짜기에도 세대마다 차이가 있다는 것을 말이다. 수상작 중 '노크KNOCK'란 제목의 프로젝트가 있었는데, 그것은 18~26세의 연령층은 직접 상대에게 전화를 거는 것을 회피한다는 흥미로운 관찰을 출발점으로 삼고 있었다. 전화를 걸면 사생활에 침해를 줄 수 있으며 문자를 보내는 것에 익숙한 세대에게 전화는 아주 친한 사이에서나 가능한 일이었다. 그래서 '노크'를 해야 한다는 아이디어가 생겨났다.

문자 메시지를 보내 상대와 통화 가능한 시간을 물어보는 앱을 만들어서 이름을 '노크'라고 지었다. 누군가에게 바로 전화를 거는 대신 그 사람이 사는 집의 문을 똑똑 하고 두드리는 것처럼 노크를 한다. 즉 자신의 신분을 밝히고 왜 전화를 했는지 용건을 먼저 메시지로 보낸 다음 통화 가능한 시간대를 제안한다. 또한 메시지를 다른 사람에게 전달해 다른 사람들끼리 연락을 취하도록 연결을 시켜줄 수도 있다. 노크 앱을 개발한 학생들은 이 앱이 사회 경험이 부족한 사람들뿐만 아니라 전화 예절에 대해 익숙지 않은 사회 초년생들에게 도움이 될 것이라고 말했다.

인구통계학적 기준으로 나눈 그룹이든 지역 또는 국가 그룹이든 제각기 고유한 문화를 가지고 있다. 우리가 새롭게 결성하는 신생 그룹도 예외는 아니다. 그룹마다 고유한 의식과 공통된 가치, 그 공동체의 기대치, 비밀스러운 '노크'가 있게 마련이다. 이런 것들이 어떻게 전달되는지 그 방식을 배우는 것은 한마디로 '나는 당신이 속한 그룹의 가치를 존경합니다'라고 말하는 것과 같다. 그리고 자신도 타인에게 중요한 가치를 줄 수 있는 무언가를 가지고 있다는 것을 보여주는 일종의 약속이 될 수도 있다.

음식은 종종 사람들 사이의 '노크'를 가능케 하는 수단이자 커뮤니티에 참여하게 하는 원인으로 작용한다. 우리는 친구나 가족의 집에 초대를 받으면 감사의 표시로 와인이나 음식을 가져간다. 새로 사귄 사람과 함께 음식을 나눠먹는 행위를 통해 서로의 관계를 의식화하고 정당화시키는 것이다. 비록 상대가 대접한 특별 요리를 먹고 싶지 않다 해도 예의상 피할 수 없다. 1968년에 필리핀에 평화봉사단으로 간 적이 있다. 나는 바나웨Banaue의 계단식 논을 보기 위해 루손Luzon 섬의 코르딜레라스Cordilleras 산맥으로 갔다. 오토바이를 타고 고지대를 가는 동안 그곳에 사는 이고로트Igorot 족을 만났다. 그곳 촌장이 마을에서 함께 음식을 먹자고 권했다. 나는 얼른 계단식 논을 구경한 다음 마닐라로 돌아가고 싶었다. 하지만 그곳은 이고로트 족이 사는 땅이었고 방문자의 입장에서 촌장의 청을 뿌리칠 수가 없었다.

이고로트 족은 점심식사를 준비한다면서 살아 있는 원숭이를 데려왔다. 마을 사람들과 아이들이 커다란 식탁에 둘러앉아 나를 보며 웃었다. 원숭이를 보자마자 눈이 휘둥그레져서 입을 다물지 못하는 내 모습이 우스웠을 것이다. 마을 사람들은 괜찮을 거라면서 나에게 시식을 권했다. 남자 한 명이 작고 날카로운 도끼로 원숭이의 정수리를 베어냈다. 그러자 다른 남자가 수저로 원숭이의 골수를 퍼내더니 마을을 찾아온 방문객인 나에게 내밀었다. 이들 사회에서는 그 행위가 일종의 '노크'인 셈이었다. 물론 나는 거절할 수도 있었다. 그 와중에 원숭이는 비명을 질러댔다. 원숭이의 뇌가 보였는데 끈적끈적한 점액질 같았다. 사람들의 시선이 모두 내게 집중됐다. 한편으로는 겁도 났다(이고로트 족은 두 세대 이전까지만 해도 무시무시한 전사였으며 사람을 죽이는 사냥꾼이었다고 한다). 나는 이걸 먹어야 이고로트 족의 외부인 신고식을 통과하는 것이라는 것을 알았다. 결국 나는 원숭이의 골수를 먹었다. 그러자 마을 사람들이 크게 웃으며 나를 안아주었다. 귀한 손님으로 맞아들인다는 표시였다. 그리고 가이드를 시켜서 외부인들이 거의 볼 수 없는 고지대의 멋진 풍경을 볼 수 있게 해주었다.

어떤 커뮤니티에 들어가든 당신은 참여 의식을 배울 것이다. 어쩌면 가장 중요한 것을 습득하는 것일 수도 있다. 그렇게 함으로써 당신은 닫힌 문을 여는 열쇠를 얻게 되어 그 문으로 들어갈 수 있는 기회를 가질 수 있는 것이다.

중국의 컴퓨터 회사인 레노버는 중국의 지방 소비자층의 마음을 파고들어 노크하는 법을 습득했다. 지방에서도 PC 시장이 빠른 속도로 확산되었기 때문이다. 농민들의 소득이 증가하고, 수출용 제품을 생산하는 공장에서 일하는 젊은 층의 수입도 증가했다. HP와 델은 경쟁력 있는 가격을 제시해 중국의 지방 소비자들을 유혹했다. 바로 서양의 고전적인 마케팅 전략이었다. 저렴한 가격으로 고품격의 제품을 살 수 있다는데 어떤 소비자가 마다하겠는가?

하지만 레노버는 중국의 지방 문화를 잘 파악했고 그 점을 활용했다. 즉, 지방 사람들에게 더 의미 있는 메시지를 전달하는 방법으로 그들의 마음을 '노크'하는 전략을 선택했다. 미국의 경영 월간지 《패스트 컴퍼니Fast Company》에 따르면, 그 당시 중국의 지방에 사는 사람들은 혼수로 PC를 장만해 가는 것이 유행이었다고 한다. 그래서 컴퓨터 구입은 단순히 가격에 기초한 시장 거래의 성격을 띠는 것에서 그치지 않았다. 두 가문을 이어주는 사회적인 인터랙션의 역할을 하는 결혼 예물이라는 점을 간과하지 않아야 했다. 그래서 컴퓨터를 선물용 상자에 담아 포장하는 것이 구매 선택에 결정적인 역할을 했다. 선물용으로 포장한 레노버산 컴퓨터가 HP보다 중국의 지방 소비자들의 마음을 사로잡는 것은 어쩌면 당연한 일이었다. 레노버가 10억 달러의 수익을 얻게 된 것은 '노크' 전략 덕분이었다.

어쩌면 소비자들에게 줄 수 있는 가장 놀라운 선물은 아마도 문제를 해결하기 위한 창조적인 접근을 생각해내는 그 자체일지 모른다. 그리고 실수는 실제로 참여 방법의 틀을 다시 짤 수 있는 완벽한 기회를 제공해준다. 특히 서비스 분야는 제품의 외형적인 특징보다 인터랙션에 따라 만족도가 정해지는 경우가 더 많다. 오류가 있을 때 단순히 실수를 정정하는 데 그치기보다는 진심을 담아 소비자에게 '죄송하다'는 말을 전하는 것이 소비자에게 더 가치 있는 서비스가 될 것이다.

2010년 디자인 경영 회의에 참석한 나는 포 시즌스Four Seasons 호텔과 리조트의 CEO인 캐슬린 테일러Kathleen Taylor의 연설을 들었다. 그녀는 사소한 결함이 생겼을 때 오히려 이것을 절호의 기회로 삼아야 한다며 다음과 같이 말했다. "이쪽 분야에 있다 보면 실수를 하게 됩니다. 수많은 인터랙션을 통해 서비스를 제공하다 보니 꼭 그런 일이 일어나는 거죠."

우리가 흔히 저지를 수 있는 실수가 바로 뭔가를 엎지르는 일이다. 포 시즌스 호텔에서 일하는 관리자들과 직원들은 이런 일이 일어났을 때 실수를 바로 인정하고, 이미 엎질러진 일보다는 그다음 상황에 더 중점을 둔다. 직원이 실수로 식사 중인 손님의 옷에 음식물을 흘렸다면 곧바로 드라이클리닝을 맡긴다. 그리고 손님이 식사를 하는 동안에 오염된 재킷이나 코트를 세탁해 가져다주는 것을 원칙으로 한다. 직원들은 손님에게 진심 어린 사과를 하고 상황을 빠르게 파악해서 문제를 해결한다.

포 시즌스 호텔의 접근법을 듣고 보니 문득 실수를 해도 겁먹을 필요가 없다는 생각마저 든다. 문제는 실수를 한 다음에 어떻게 처신하느냐가 관건이다. 당신이 실수를 긍정적인 경험으로 다시 틀 짜기한다면 당사자는 그 사고를 좀 더 좋은 쪽으로 기억하게 될 것이다. 물론 사고가 일어난 것 자체를 잊지는 않겠지만 말이다.

행동의 기회 제공

사회 전반에 걸쳐 참여 방식의 틀이 점점 수동적인 것에서 능동적인 것으로, 거래적인 것에서 관계적인 것으로, 비개인적인 것에서 개인적인 것으로 바뀌고 있음을 알 수 있다. 한 예로 미국 교사 학습 자료 지원 사이트인 도너스추즈DonorsChoose만 보더라도 처음에는 자선 활동으로 시작했다가 개인 기부자와 학습 자료가 필요한 교사를 직접적으로 이어주는 사적인 만남을 알선하는 곳으로 성격이 변했다. 이외에도 참여 방식의 틀이 변한 사이트들이 더 있다. 가령, 키바Kiva는 소액 대출자와 소액 차용자를 직접 연결해주며, 코페르닉Kopernik은 기업이나 개인이 자본을 지원해 개발도상국에 신기술을 도입할 수 있도록 다리 역할을 하고 있다. 스파크드Sparked는 급하게 처리해야 할 일이 생겼을 때, '자원봉사자들'과 연결해주는 매칭 사이트이다. 그래서 자신의 컴퓨터 앞에서 10분 안에 보조금 제안서 제출, 조사서 작성 등 다양한 업무를 처리해줄 사람들을 찾을 수 있다. 새로운 형태의 인터랙션과 커넥션은 사람들에게 더 깊은 의미를 부여한다. 이제는 우리의 선택 여부에 따라 더 큰 커뮤니티를 만들어 서로 함께 참여하면서 훌륭한 성과를 이룰 수 있는 세상이 됐다.

주어진 기회를 잘 잡으면 우리는 더 나은 참여의 틀 짜기를 이룰 수 있다. 불과 몇 년 전에 나는 학생들에게 창조적인 영감을 얻고 싶을 때 주로 어디를 가는지 물었다. 뜻밖에도 내 강의를 듣는 85명의 학생 중에서 '미술관'을 말한 학생은 아무도 없었다. 그때 내가 받은 충격은 이루 말할 수 없었다. 나는 학생들에게 그들 세대가 경험할 수 있는 미술관의 모습을 개선하기 위해 무엇을 하면 되는지 팀을 이루어 조사해오라는 과제를 내주었다. 치아 슈미츠Chia Schmitz란 학생이 이끄는 그룹과 파슨스 디자인스쿨에서 디자인 경영을 전공하는 선배들은 조사 결과, 오늘날 미술관이 학생들 세대가 중요하게 생각하는 세 가지 원칙에 위배된다는 주장을 내놓았다. 먼저, 전시된 작품에 대한 정보가 담긴 오디오 기기를 지적했다. 헤드폰을 쓰고 작품을 보는 것이 주변 사람들과 경험을 공유할 수 있는 사회성을 차단시킨다는 점에서 문제라는 것이었다. 보통 젊은이들은 갤러리와 영화관을 찾을 때 같이 간 친구들과 그 순간에 보고 들은 것을 즉각적으로 공유하며 소통하고 싶어 하기 때문이다. 두 번째는 전시회에서 얻을 수 있는 정보가 매우 제한되어 있고 고정적이란 점이 문제였다. 그림이나 전시물이 걸린 벽 한쪽에 붙은 작은 해설 정보에만 의존해서 작품을 감상해야 했다. 아니면 녹음되어 있는 기록을 듣는 것밖에는 없었다. 슈미츠는 이렇게 말했다. "우리는 검색 세대예요. 책을 읽는 세대는 아니어도 정보를 사랑하죠. 그래서 정보를 저장하고 공유하는 것을 무척 좋아한답니다." 슈미츠 팀은 미국에서 제일 유명한 미술관 두 곳을 방문했고 방문객의 3분의 2가 미국인이 아니라는 것을 알아냈다. 외국에서 온 사람들이 미술관에 전시를 보러 왔다면 주변 여건상 현지인들보다 미술관 참여의 기회가 제한될 수밖에 없다. 그렇다면 어떻게 해야 할까?

슈미츠 팀은 전시회가 시작되기 전에 전시와 관련된 앱을 만들자는 제안을 했다. 그래서 전시와 관련된 시각 자료를 제공하는 탄탄한 링크를 만들어 네트워크를 공유하려는 것이었다. 그리고 예술가 및 그의 작품과 관련된 다양한 정보를 인쇄할 수 있게 했다. 더불어 뉴욕에서 사람들이 가장 많이 찾는 메트로폴리탄미술관Metropolitan Museum of Art과 뉴욕 현대미술관을 대상으로 한 정보들이 여러 언어(불어, 이탈리아어, 스페인어, 포르투갈어, 중국어, 러시아어, 독일어는 물론 영어도 포함)로 번역된다면 매우 유용할 것이었다.

팀원들은 스마트폰 앱이 미술관에서 귀에 꽂고 들어야 하는 오디오 기기의 자리를 대체할 것이라고 예상했다. 스마트폰 앱은 헤드폰을 쓰고 관람할 때처럼 외부와 차단된 방식이 아니다. 또 사진을 찍고 감상평을 바로 적고 다른 예술가나 정보를 검색할 수 있어서 개인용 일지의 역할을 소화해낸다. 미술관을 누군가와 같이 가면 그때 본 작품에 대한 인상을 공유하기 때문에 기억에 더 오래 남게 마련이다. 이와 같은 방식으로 미술관에 참여하는 것은 정보 습득 면에서도 훌륭하고 기억에도 더 오래 남는다. 미술관 상점에서 관련 책을 사는 것보다 더 의미 있는 작품 감상을 할 수 있다.

또 사람들의 참여율을 증가시킬 수도 있다. 좀 더 많은 사람들이 과거의 수동적인 소비 행태를 거부하고 있다. 가령, TV 쇼를 정규 방송 시간에 챙겨서 본다든지, 전시된 그림 앞에 서서 다른 사람들이 지나가는 동안 혼자 남아 한참을 감상한다든지, 의사의 진단을 곧이

곧대로 다 믿으며 의사를 마치 신처럼 떠받든다든지 하는 일들은 이제 옛말이 됐다. 우리는 능동적인 참여 방식을 원하며, 참여의 형태까지도 스스로 만들고 싶어 한다. 학회에 가면 우리는 트위터에서 조잘조잘 떠드는 것처럼 강단에 오른 전문가들에게 온갖 질문을 해대며 그들의 주장에 도전장을 내민다. 2010년에 케이프타운에서 열린 디자인 인다바 학회Design Indaba Conference에 참석했는데, 나는 그곳에서 마사 스튜어트Martha Stewart가 남아프리카공화국의 디자인을 주제로 한 연설에서 청중을 사로잡는 데 실패하는 모습을 목격했다. 바로 이어서 트위터를 통해 그녀에 대한 비판이 즉각적으로 쏟아져 나왔다.

요즘 연예인과 정치인은 페이스북을 포함한 소셜 미디어를 통해 사람들과 소통하면서 자신의 브랜드 충성도를 구축해나간다. 비즈니스도 마찬가지다. 미디어와 시장 광고 업체를 거치지 않고 직접 고객의 참여를 유도하기도 한다. 그래서 수많은 브랜드들마다 저마다의 훌륭한 스토리를 가지고 소비자들에게 함께 스토리를 공유할 수 있도록 유혹한다(볼보Volvo는 '안전한safe' 승차감, BMW는 '짜릿한thrilling' 스피드, 지프Jeep는 '투박한rough' 매력을 강조한다). 하지만 참여의 틀이 소비자와 기업의 관계를 직접적이면서도 연속적인 방식으로 연결시킨다면 그 파장 효과가 더 클 것이다. TV를 통해 가족의 모습을 보는 것과 실제 그 가족의 일원이 되는 것은 엄연히 다른 일이다. 그런 의미에서 이베이는 소비자를 강력한 참여자로 만들어 회사의 가족으로 만들었다. 또한 영국의 경제 주간지 《이코노미스트The Economist》의 경우에도 독자들을 단순히 주간지를 읽는 소비자에서 공개적으로 의견을 표명할 수 있는 행동파 구성원으로 변신시켰다. 《이코노미스트》의 산하 연구 기관인 경제지식부EIU(Economic Intelligence Unit)가 만든 '오피니언 리더스 패널Opinion Leaders' Panel'이 바로 그 증거다. 2012년에는 이 패널 회원 수만 12만 명이 넘었다.

사람들의 참여율을 증가시키기 위한 활동은 우리 주변을 둘러싼 모든 대상으로 점차 확대되고 있다. 스마트폰 사용자는 QR 코드를 스캔해 각종 정보를 접한다. 잡지, 광고판, 상표에 표시되어 있으며 우리가 구매한 물건에도 QR 코드가 있어서 제품사의 웹사이트를 방문하거나 온라인상으로 제품에 대한 추가 정보를 얻을 수 있다. 이제는 QR 코드에 스마트폰을 가져다 대기만 하면 접속이 가능하다. 요즘 다양한 분야에서 일하는 혁신가들이 이 코드를 적극적으로 수용하는 추세다.

뉴멕시코에서 금속 세공사로 일하는 팻 프루잇은 2011년 산타페 인디언 마켓에서 자신이 제작한 소라껍데기 벨트로 혁신상을 수상했다. 그는 벨트에 QR 코드를 장식으로 사용했다. 9개의 소라껍데기마다 고유한 코드가 있으며 추상적인 예술 작품처럼 코드의 형태가 매우 스타일리시하다. 휴대폰으로 이 코드를 스캔하면 프루잇이 쓴 시구가 등장하며 그의 웹사이트로 연결되는 링크가 나온다.

또 캘빈 클라인Clavin Klein의 어떤 광고판에는 사진도 모델도 광고 이미지도 없다. 그저 커다란 QR 코드판이 빈 공간을 가득 채우고 한쪽에 '검열되지 않은 것을 보라Get It Uncensored'라는 문구만 등장한다. 이 코드를 스캔하면 캘빈 클라인 모델의 유혹적인 비디오를 볼 수 있다. 스마트폰을 살짝 흔들어 은밀하게 QR 코드에 접속하는 방식은 사람들의 참여를 이끄는 매우 독창적인 방식이라 할 수 있다.

예술 세계도 마찬가지로 이 QR 코드 사용에 열광적이다. 2011년 뉴욕 현대미술관의 건축 및 디자인 수석 큐레이터인 파올라 안토넬리가 기획한 '내게 말을 해Talk to Me' 전시회가 열렸다. 우리는 보통 미술관에 가면 벽에 걸린 아름다운 작품을 감상한다. 때로는 선정적인 그림들을 감상하거나 스크린 프로젝션을 보기도 한다. 일반적으로 미술관에 가면 우리 앞에 놓인 대상에 대해 우리가 할 수 있는 반응은 제한되어 있다. 그러나 안토넬리가 기획한 이 전시는 그 틀을 깼다. 우리가 보는 대상과의 인터랙션에 더 초점을 맞췄기 때문이다. '내게 말을 해' 전시회에 출품된 모든 아이템에는 저마다 QR 코드가 있다. 그래서 사람들이 코드를 스캔해서 전시된 작품과 더 친밀한 관계를 맺으며 반응할 수 있는 기회가 마련됐다.

1999년에 조지프 파인Joseph Pine과 제임스 길모어James Gilmore가 공동으로 펴낸 『체험의 경제학』을 보면, 우리 사회가 물질적인 것에 가치를 둔 경제에서 체험(경험)에 가치를 둔 경제로 진화하고 있다는 글을 읽을 수 있다. 사람들에게 진짜 의미 있는 것을 찾는 데 중점을 두는 단계로 이행하는 동안 '체험'이란 말이 수동성을 함축하는 의미가 됐다. 그러나 자기만의 고유한 참여 방식을 창조해내고 싶어 하는 요즘 사람들에게 이런 수동적인 의미의 체험은 더 이상 맞지 않을 것이다. '참여의 틀 짜기'는 그보다 더 동적이고 더 활동적인 방식을 의미한다. 그래서 '참여의 틀 짜기'는 우리가 외부와 상호작용하는 방법과 그전까지 굳게 닫혀 있던 문을 활짝 여는 방법을 이해할 수 있도록 길을 열어줄 것이다. 우리가 더 가치 있게 여기는 것이 이처럼 특별하고 활동적인 참여에 있다는 것을 이제는 인정해야 할 시간이다.

가정의 틀 짜기

"만약에 ~라면?"이라고 묻는 가정문은 틀 짜기의 마지막 단계이자 가장 흥미로운 부분이라 할 수 있다. 세상을 있는 그대로 이해하는 것에 대한 하나의 도전이 될 수 있다. 당신은 색다른 미래에 대해 생각하면서 자신이 지금의 세상을 어떻게 보는지에 대한 이해력을 높일 수 있다. '가정의 틀 짜기'는 신제품 또는 특정 분야의 극단적인 변화를 유도한다. 그리고 일반적인 '내러티브의 틀 짜기'와 '참여의 틀 짜기'에 안주해 있던 자신을 바깥으로 끌어내어 새로운 변화 가능성을 생각하게 해준다. 그래서 당신이 당연하게 여기는 습관과 편견, 믿음에 대해 진지하게 고민하게 만든다.

'가정의 틀 짜기'는 급진적이면서도 밝은 청사진과도 같은 틀을 당신에게 제시한다. 그리고 우리가 알고 있는 것 그 너머의 자극적인 대상까지 볼 수 있게 해준다. 이때 당신의 목표는 새로운 가능성을 제시할 수 있도록 자기 자신에게 도전장을 내미는 것과 새로운 가능성을 창조하는 법을 알아내는 것이다.

"만약에 ~라면?"이라고 물으면서 있음직하지 않은 일, 불가능에 가까운 일을 떠올리게 될 것이다. '시나리오 플래닝Scenario Planning', '워 게이밍War Gaming', 그리고 '미래 리서치Future Research'와 같은 모든 강력한 효과를 자랑하는 방법론에는 현재의 유행 흐름을 숙지하면서 미래의 가능한 결과물을 예상하고 사전에 그에 따른 준비를 하는 과정이 포함되어 있다.

'가정의 틀 짜기'의 훌륭한 전략은 주요 유행의 흐름을 제대로 볼 줄 아는 것에서부터 출발한다. 글로벌 비즈니스 네트워크GBN(Global Business Network) 내의 비즈니스 컨설팅 모니터링을 위한 가상 시나리오 제작팀은 중국, 일본, 한국의 인구 고령화를 주제로 한 워크숍을 개최했다. 2009년에 스탠퍼드 대학의 롱제비티 센터Center of Longevity와 월터 H. 쇼렌스타인 아시아 태평양 연구소Walter H. Shorenstein Asia-Pacific Research Center에서 열린 워크숍의 목표는, 바로 문화와 정책의 변화가 출산율의 급격한 저하와 평균수명의 획기적인 연장에 어떤 영향을 미칠 것인지에 대한 전망이었다.

글로벌 비즈니스 네트워크가 발표한 자료에 따르면, 중국의 60세 이상 인구가 크게 증가했으며 2050년에는 65세 이상의 중국인 수가 3억 3,400만 명에 달할 것으로 예상된다. 이것은 현재 미국 인구와 맞먹는 숫자이며, 2050년 중국 전체 인구의 4분의 1에 해당된다. 반면 일본은 이미 세계에서 노령화가 가장 심한 나라로, 2050년에는 일본인 6명 중 1명이 80세 이상이 될 것으로 예상된다. 한국의 경우, 성인 여성의 평균 자녀수가 1.2명으로 세계에서 가장 낮은 출산율을 기록했다. 또한 2050년이 되면 한국 전체 인구의 35퍼센트가 65세 이상의 노인이 될 것이다.

인구 고령화에 따른 정책을 연구하는 전문가들은 학회에 제시된 연구 보고서와 관련된 인터뷰를 하면서 고령화 인구를 보호하기 위한 대책에 관심을 표명했다. 가상 시나리오와 미래에 대한 예상 보고서 내용을 보면 '전통적인 가치'를 강조하던 시대로의 회귀를 주장하는 내용에서 서구화Westernization를 강화해야 한다는 내용 등 그 범위가 매우 넓었다. 인터뷰에 응한 어떤 이는 미래에는 인간보다 기계가 고령화 인구를 돌보고 서비스를 더 많이 제공할 것이라고 예측했다. 또 어떤 사람은 고령화 인구가 독립적인 생활을 원할수록 서구적인 방식의 케어 서비스가 더 활성화될 것이라고 전망했다. 한 전문가는 고령화 인구를 위한 케어 서비스를 정부가 혼자서 단독적으로 처리할 수는 없다고 강조했다. 따라서 지역 내의 창조적인 서비스가 구축될 수 있도록 사기업이 참여할 수 있는 기회가 더 늘어날 것으로 보았다.

이와 같은 방식의 미래 전망은 기업의 체험 전략을 수행하는 사람들에게 매우 익숙한 일이 될 것이다. 하지만 '가정의 틀 짜기'를 '시나리오 플래닝'과 '워 게이밍'처럼 정형화시킬 필요는 없다. 리사 K. 솔로몬Lisa K. Solomon은 리더십 트레이닝과 시나리오 플래닝 전문 컨설팅 회사인 LKS 파트너스LKS Partners의 대표이자, 캘리포니아 칼리지의 예술 MBA 과정에서 디자인 전략 프로그램 강의를 맡고 있다. 2010년 디자인경영연구소DMI(Design Management Institute)의 학회에서 솔로몬은 이런 말을 했다. "대개 불확실성에 맞서게 되면 기능이 마비되는 현상이 생겨요. 미래를 부인하려는 거죠." 시나리오 플래닝은 이런 불확실성을 제압하는 방식 가운데 하나다. 솔로몬는 시나리오들이 체계적으로 성립되고 중요한 핵심을 선정해서 완성되어야 한다고 주장한다. 먼저 솔로몬은 최소한 10년에서 20~30년까지 내다보는 장기적인 관점의 시나리오를 만들라고 권한다. 맞벌이 부부에서 기업의 재무 관리자까지 사람들은 대체로 가까운 날을 기준으로 계획을 짠다. 멀게 보고 계획을 짜더라도 그날그날의 미팅이나 마감일, 할당 업무, 분기별 목표 수익이 변수로 작용해 계획이 쉽게 바뀔 수 있다. 그래서 3개월 후를 내다본 계획도 너무 멀게 느껴진다. 하지만 실제로 그렇지가 않다. 우리가 하는 업무를 미리 계획하고 사업안이나 수익성이 없는 요구까지 계획하려면 그보다 더 오랜 시간을 잡아야 한다.

내가 가르친 학생들 경우를 보면, 졸업 후 첫 3년 동안 회사를 4~5번 바꾸는 것이 보통이다. 베이비부머 세대인 부모와 조부모 세대가 보기에는 경솔한 행동이며 시간 낭비처럼 보일 것이다. 하지만 그렇게 생각하는 것은 잘못된 판단이다. 10년 아니 20년을 내다볼 때 다양한 직업을 경험하고 여러 분야에서 일하는 것이 미래의 경력에 큰 도움이 된다는 것을 모르고 하는 얘기다. 자기 자신에게 다양한 기회를 주는 것이 나중에 이점으로 작용한다.

솔로몬이 강조한 두 번째 핵심은 '아웃사이드 인outside in'으로 사고하는 것이다. 많은 사람들은 자신이 이미 알고 있는 것을 하며 하루를 보낸다. 우리는 쉬지 않고 죽어라 일하면서 당장 문제가 되는 일에 매달린다. 그러다 보니 시간이 흐르면서 우리의 삶에 부차적인 영향을 미칠 구조적인 틀의 대대적인 변화를 무시한다. 따라서 몇 년 후에 어떤 사람이 되고 싶은지, 또 무엇을 하고 싶은지에만 중점을 두고 미래를 생각하는 것은 잘못된, 편협한 계획이라 여긴다. 영화 〈졸업The Graduate〉에서 더스틴 호프먼Dustin Hoffman이 연기한 벤Ben이란 인물은 맥과이어McGuire의 충고에 신경 쓰지 않았다. 맥과이어는 벤에게 미래의 대세가 될 플라스틱 산업에서 일해보라고 제안했다. 젊은 벤은 맥과이어를 물끄러미 바라만 보며 그의 의중을 이해하지 못했다. 어쩌면 이해하고 싶지 않았던 것일 수도 있다. 그러나 맥과이어는 꽤 훌륭한 조언을 한 것이다. 기술적인 큰 변화뿐만 아니라 사회학, 인구학, 경제학, 정치학적인 대변화는 창조적인 에너지(또는 존재론적인 불안감)를 분출할 수 있도록 사람들에게 중대한 통찰을 안겨준다. 베이비부머 세대가 점점 고령화되면서 많은 사람들이 노인의 니즈를 만족시킬 수 있는 트레이닝, 코칭, 의료 서비스와 관련된 직업을 선택하고 있다. 가족과 더 자주 연락하고 더 자주 만나고 싶어 하는 할아버지, 할머니의 욕망을 충족시켜주는 일과 관련된 테크놀로지나 서비스가 10~20년 후면 대세가 될 것이라고 나는 확신한다.

현명한 미래 설계를 위해 솔로몬이 강조한 세 번째 전략은 바로 '다양한 관점을 촉구'하는 것이다. 자기가 속한 또래 그룹이나 문화권 밖에 있는 사람들과 컬래버레이션을 시도하면서 자기 자신을 열린 세상과 만나게 하는 것이다. 지바와 IDEO, 스마트 디자인과 같은 컨설팅 회사들은 다양한 문화권에서 온 직업인들을 영입해 함께 일을 하고 있다. 디자이너, 인류학자, 심리학자, 역사가, 언어학자로 구성된 팀을 만들어 주어진 대상을 여러 관점에서 바라보려고 애쓴다. 자신과 다른 관점을 가진 사람들, 자신이 경험하지 못한 것을 체험한 사람들과 함께 일을 하면서 자신의 시야가 넓어질 것이다. 정해진 틀을 허물며 경계선을 넘나들다 보면 자연적으로 다양한 종류의 결과물을 산출할 수 있다.

과거를 벤처링해서 가능성 찾기

우리 주변에는 '가정의 틀 짜기'를 실천할 수 있는 요소가 있다. 이때 틀 짜기가 최상의 상태에 이르게 되면 도무지 상상이 불가능한 것도 상상할 수 있는 경지에까지 이르게 된다. 내가 가장 좋아하는 방식으로 '가정의 틀 짜기'를 시도하는 사람은 바로 공상과학물을 쓰는 작가들이다. 이들은 현재의 가능성을 바탕으로 더욱 영역을 확장해 미래를 자신이 원하는 스토리로 꾸미면서 미래에 있을 법한 시나리오를 완성한다. 아서 C. 클라크Arthur C. Clarke야말로 이런 관점에서 볼 때 공상과학소설의 정수를 보여주는 작가다. 클라크가 쓴 공상과학물의 고전이 된 이야기를 스탠리 큐브릭Stanley Kubrick 감독이 영화로 만든 작품이 〈2001 : 스페이스 오디세이2001 : A Space Odyssey〉다. 클라크는 이 영화가 세상에 등장하기 훨씬 이전부터 이미 자신이 중요하게 생각하는 미래를 구상했다. 닐 매클레인Neal McLain의 증언에 따르면, 1945년에 클라크가 《무선세계Wireless World》라는 잡지의 편집자에게 편지를 보냈는데, 그 내용인즉 미래에는 인공위성이 지구 주위를 돌지 않고 지구가 자전하는 것처럼 일정한 궤도에 머물러 있을 것이라며 인공위성의 새로운 개념을 편집자에게 소개했다. 이어서 그는 잡지에 실릴 글을 보냈고 그해 10월에 실제로 잡지에 실렸다. 클라크는 적도에서 약 3만 5,800킬로미터 떨어진 원 궤도를 향해 발사한 로켓이 '우주 정거장'이 될 것이라고 말했다. 그리고 지구의 자전 시간인 24시간에 딱 맞는 위치에 '우주 정거장'이 설치될 것이라고 덧붙였다. 그 위치에 있는 인공위성은 지상에서 볼 때 늘 같은 자리에 머물러 있게 될 것이며 인공위성이 수신한 정보를 지구로 전송할 수 있을 것이라고 판단했다. 클라크가 예언한 대로 19년 뒤에 정지궤도에 있는 인공위성이 탄생했으며 모든 통신위성의 토대가 됐다. 미국은 독일이 성공한 V2 로켓을 모델로 로켓 델타Delta를 제작하는 데 꽤 오랜 시간이 걸렸다. 정지위성을 쏘아 올리려면 공간이 충분한 로켓을 만들어야 했기 때문이다.

클라크는 생전에 미래 기술을 예측하는 세 가지 법칙을 발표했는데, 그중 두 번째 법칙이 '가정의 틀 짜기'를 가장 확실하게 설명해준다. 클라크는 "가능한 것의 한계를 밝혀내는 유일한 방법은 그것이 불가능한 일이 되도록 살짝 길을 바꿔보는 모험, 즉 벤처링venturing을 하는 것"이라고 말했다. 불가능에 대한 그의 사고가 다른 사람에게까지 이어지지 않은 것이 그저 유감스러울 따름이다. 〈콤샛 회사의 짧은 초창기 역사, 또는 내가 여가 시간에 10억 달러를 잃게 된 사연 A Short Pre-History of Comsats, Or : How I Lost a Billion Dollars in My Spare Time〉이란 제목의 희곡을 보면, 클라크는 정지위성 발견과 관련해 특허를 신청할 것이라고 변호사에게 얘기했고, 변호사는 그런 클라크를 극구 말렸다. 변호사는 클라크에게 우주에서 신호를 전송한다는 아이디어는 말도 안 되는 헛소리라고 일축했다.

틀 짜기 : 세계관 바꾸기, 타인과의 유대 관계 형성, 미래 예측

당신이 경제의 대변동 또는 당신이 종사하는 분야의 격변기로 말미암아 직접적인 타격을 받았다면, 자신이 저항할 수 없는 힘에 짓눌렸다는 기분이 들면서 무력감에 빠지기 쉽다. 예상치 못한 변동에 가까스로 살아남았다 하더라도 변화의 순수 속도를 경험한 이상 자신이 노를 저어 방향을 결정하는 것이 아니라 물살에 실려 표류하는 삶을 사는 것처럼 느끼게 된다.

사회생활을 막 시작했다면 경력과 미래에 대해 자신이 결정할 수 있는 것이 별로 없다는 생각을 갖게 될 것이다. 당신이 열아홉 살 때 한 선택이 당신이 보내야 할 향후 60~80년을 결정짓는다는 생각까지 들 수도 있다. 당신이 일하는 직종에서 자리를 잡았다면 불안정한 시기를 보내는 동안 머리를 더 조아리고 죽어라 일하는 저자세를 보이면서까지 상황을 극복하려고 할 것이다. 당신이 일하는 직종이나 분야에 미칠 파장은 고려해보지도 않은 채 다음에 있을 승진에 대해 바짝 기대하고 퇴직 후의 안정적인 생활을 희망하며 직장 생활을 할 것이다.

당신이 불확실성을 없앨 능력이 안 되거나 업무가 '안정적'인 시절로 돌아가게 할 수 없다면, 기본적인 틀 짜기 능력이 당신에게 평정심을 잃지 않는 관점을 다시 설정하는 길을 알려줄 것이다. 당신과 관련된 모든 인터랙션과 당신이 처한 위치의 틀 짜기 능력은 당신이 소유한 힘이다. 그 점을 아는 것만으로도 새롭고 창조적인 방식으로 타인과 인터랙션하는 길이 열릴 것이다. 또 당신이 대상을 바라보는 사고방식도 재고하게 될 것이다.

당신이 어떤 변화나 도전 과제에 직면했을 때 당신을 비롯한 주변의 모든 사람들이 내러티브의 틀 짜기를 한다는 점을 기억하라. 스토리에는 당신이 변화시킬 수 있는 요소들이 포함되어 있다. 그리고 그 틀을 다시 짜는 방법은 종종 생각 외로 간단한 질문에서 출발한다. 지금 무슨 일이 일어나고 있는 거지? 우리가 어쩌다 여기까지 온 거지? 단순하게 들리겠지만, 사실 당신은 살면서 이와 같은 질문을 얼마나 자주 하는가? 우리의 삶은 점점 피상적이고 참여적인 방식으로 바뀌고 있다. 그러다 보니 묵상을 하며 조용히 생각에 잠길 만한 공간이 점점 부족하고 본질적으로 중요한 것에 대해 생각할 시간이 부족하다.

창조적인 개인은 무조건 전진하기보다는 한 걸음 물러서는 미학을 알고 있다. 그리고 스토리가 자연스럽게 흘러가도록 내버려둔다. 스토리는 당신의 능력에 대해 스스로 이야기하는 것일 수 있다. 또 당신이 속한 조직의 수준이나, 새로운 것에 도전하려는 사람들에게 방해가 되는 당연한 요소들에 대한 것일 수도 있다. 기술 산업의 성공한 기업가들은 효과적인 아이디어와 버려야 할 아이디어를 가려낼 줄 아는 것이 중요하다는 것을 본능적으로 이해하고 있다. 하지만 이미 성공 대로를 달리고 있는 기업들이 기존의 틀을 갑자기 바꾸는 일은 굉장히 힘들다. 자사를 경쟁력 있는 기업으로 만든 기술과 문화적 가치들이 새로운 테크놀로지의 도입과 문화적 가치의 변화로 하루아침에 구식이 되어버리는 것을 바로 인정하기 어렵기 때문이다. 바로 틀 짜기를 할 때가 된 것이다.

캐나다의 운수회사 봉바르디에Bombardier는 회사가 어려운 시기를 보낼 때 틀 짜기를 성공적으로 해냈다. 회사의 설립자 조제프 아르망 봉바르디에Joseph Armand Bombardier는 스노모빌 차량을 처음 개발해 사람들이 퀘벡의 눈밭을 문제없이 이동할 수 있었다. 하지만 제2차 세계대전 동안 회사를 끌어가기 위해 새로운 돌파구를 찾아야만 했다. 결국 봉바르디에는 군사용 차량을 제작하는 일을 시작했다.

봉바르디에는 자체적으로 틀 짜기를 꾀해 스노모빌 제작에 머무르지 않고 운수회사를 운영했으며, 지난 수십 년에 걸쳐 열차 및 지역의 주민들이 탈 수 있는 제트기도 제작했다. 테크놀로지와 경제의 흐름이 바뀌는 동안 리더들이 회사의 정체성을 포기해서는 안 된다. 그 범위가 좁든 넓든 최소한 회사의 정체성을 재정립할 필요가 있다. 만약 코닥의 고위 간부들이 사진을 화학이 아닌 하나의 이미지로 여겼다면 발 빠른 디지털 제품의 경쟁사들이 생겨나면서 불어닥친 폭풍과도 같은 위기를 더 잘 견뎠을 수도 있다.

일대일로든, 웹사이트에서든 인터랙션이 발생할 때 '참여의 틀 짜기'에 필요한 다음 두 가지 기본적인 원칙을 꼭 기억하자. 첫째는 커뮤니케이션 스타일은 결코 고정된 것이 아니다. 우리는 주어진 상황과 인터랙션 상대자의 특징에 따라 다양한 반응을 시도할 수 있다. 두 번째는 사람들과의 접촉에 성공하려면 우리의 행동 양식에 영향을 미치는 틀(고정관념이나 '심리적 지름길mental shortcuts', 습관, 두려움의 대상)이 무엇인지 정확히 알고 있어야 한다.

사람들이 자신이 하는 말을 잘 이해하지 못할 때 우리는 스스로에게 묻곤 한다. 어떻게 하면 그들 용어로 표현할 수 있을까? 또 반대로 우리가 사람들의 말을 잘 이해하지 못하면 자신이 무엇을 놓쳤는지 자문하게 된다. 결국 귀 기울여 상대의 말을 경청해야 한다. 그저 드러난 말만 붙들고 늘어질 게 아니라 행간의 의미를 읽을 줄 알아야 한다. 상대가 왜 이 점을 강조하는지, 그 배경에 어떤 스토리가 숨어 있는지, 상대에게 왜 그 일이 그토록 의미 있는 것인지를 파악해야 한다.

세상에 대해 더 잘 알면 알수록 당신은 틀 짜기에 뛰어난 능력을 발휘하게 될 것이다. 흔히 얘기하는 현명한 사람, 경험이 풍부한 사람은 자신과 다른 틀을 짜는 사람과 소통하는 능력이 훌륭한 사람들이다. 세상의 모든 지식을 다 아는 사람도 결코 상대의 의도를 제대로 이해하고 있는지 수시로 확인하는 사람을 당해낼 수는 없는 법이다.

'참여의 틀 짜기' 능력을 향상시킨다면 당신은 더욱 깊이 있고 풍부한 대화를 할 수 있다. 창조적인 컬래버레이션을 위해 꼭 필요한 능력이다. 하지만 그 이상을 내다보며 사람들이 선호하는 참여 방식에 대해 생각함으로써 각자의 분야를 새롭게 개척할 수도 있다. 소셜 미디어의 증가는 여러 가지 혜택도 많지만 뜻하지 않은 결과도 낳았다. 좀 더 큰 '진정성'을 찾기 위한 경험과 참여에 적극적이다 보니 과부하가 생기는 경우도 있다. 내 제자들도 흔히 '사회적 기쁨'이나 더 깊고 의미 있는 참여를 갈망한다. 수업 중에 어떤 팀은 예쁜 종이에 잉크로 하고 싶은 말을 가득 채운 아주 멋진 편지 쓰기 키오스크Kiosk를 고안했다. 게다가 '스타터starter' 편지를 만들어 사람들에게 편지 쓰는 법을 시범으로 보여주는 서비스까지 생각했다.

사람들이 느긋하게 여유 있는 생활을 할 수 있도록 도와줄 수 있는 기회는 수도 없이 많다. 그리고 기업들은 그런 기회를 아이디어로 만들어 제품으로 선보일 수 있다. 소니는 제품을 심플하게 만드는 소비자 기술 개발에 많은 노력을 기울임으로써 시장을 장악했다. 그러다 보니 사람들의 생활을 간편하게 만드는 방법에 적극적으로 뛰어들 필요성이 커졌다. TV로 영화를 신청하는 서비스가 느리고 진부한 프로세스가 되어 사람들에게 실망감을 줄 무렵, 애플과 다른 회사들은 소니가 제공하는 제품 경험보다 더 쉽고 간편한 서비스를 제공하기 시작했다. 독일의 소비재 기업의 거물인 필립스Philips는 소비자들의 TV 참여 방식의 틀 짜기를 새롭게 한 결과, 평면 TV 제작에 성공했다. 기본적인 비즈니스의 형태와 조직 모델의 틀을 다시 짜는 것은 우리가 생각하는 것보다 더 훌륭한 결과를 가져다준다.

미국 오리건 주의 유서 깊은 움프쿠아 은행Umpqua Bank은 새로운 틀 짜기의 대표적인 성공 사례를 보여주었다. 움프쿠아 은행은 농업과 목축업 종사자들이 오랜 고객이었기 때문에 지역 은행의 성격이 짙었다. 그런데 21세기 초반 은행 경영이 침체되기 시작하면서 파산 위기에 몰렸다. 움프쿠아 은행은 지바에 도움을 요청했다. 컨설팅 회사인 지바가 처음으로 한 일은 "움프쿠아의 본질은 무엇인가?"라는 질문을 던진 것이었다. 지바는 이 은행이 애초에 잡화점에서 출발해 목재 산업에 종사하는 지역 사람들이 주요 예금주인 은행 업무를 첫 서비스로 시작했다는 것을 알게 됐다.

지바는 움프쿠아 은행을 사람들이 모여 커피를 마시고 인터넷을 이용하거나 신문을 읽을 수 있는 모던하고 친근한 공간으로 다시 디자인했다. 전문가들과 은행 업무에 필요한 것을 상담할 수도 있게 했다. 은행 업무를 보기 위해 문을 열고 들어온 순간부터 움프쿠아 은행은 고객을 반겨준다. 포틀랜드는 큰 개가 많은 도시로 유명한데, 각 은행 지점 앞에는 개를 위한 물과 음식을 파는 편의 시설까지 제공하고 있다.

우리는 흔히 정해진 방식으로 대상을 바라보는 데 익숙해져 있기 때문에 미처 상상하지 못한 것들에 대한 가능성을 알아보지 못하는 경우가 많다. 기존의 방식과 차별화된 색다른 무언가를 창조하려면 자신이 보는 관점에서 한 발자국 뒤로 물러날 필요가 있다. 그리고 그렇게 해서 절대적인 진실로 당연하게 여기던 스토리가 새롭게 바뀌는 기회를 잡아야 한다. '가정의 틀 짜기'는 흔히 윤곽이 잡히기 시작하는 트렌드를 눈여겨보고 10년이나 20~30년 뒤의 모습을 상상하는 것에서 시작된다. 그리고 시간의 변화와 함께 어떻게 하면 창조적으로 대응할 수 있는지를 궁리하는 것이 새로운 틀 짜기의 완성 단계다. 매주 일정 시간을 비워두고 불가능한 일을 생각하는 시간을 가져보자(당신이 회사를 운영하는 기업가라면 직원들에게도 이 방법을 적극 추천해보길 권한다). 이 훈련의 포인트는 새로운 아이디어를 떠오르게 하는 것도 있지만, 당신이 당연하다고 생각하는 세상의 이치에 대한 신념이 얼마나 강한지 새삼 확인해본다는 점에서도 의의가 있다. 왜 그런 신념이 생긴 것인지 정확한 이유도 모른 채 자신의 신념을 강력하게 밀어붙였다는 걸 알게 된다면 놀랄 것이다.

트렌드를 예상할 때는 장기적 안목으로 고찰하라는 리사 솔로몬의 충고를 따르는 것도 현명하다. 자신의 일을 안정적으로 유지하기 위해 향후 몇 십 년 뒤에 사회가 필요로 하는 직종이 무엇일지 예측하는 것만큼 더 좋은 방법이 있을까? 미래에는 건강 서비스와 교육 산업이 새로운 형태로 변화할 것이다. 이 점을 고려하는 것도 당신에게 동기를 부여하는 일이 될 것이다. '뉴욕타임스 오피니어네이터New York Times Opinionator'란 제목의 블로그에 언론인 티나 로젠버그Tina Rosenberg가 로스앤젤레스에서 처음 활동을 시작한 인게이지EngAGE란 이름의 단체에 대한 글을 썼다. 이 단체는 예술을 공부하는 학생들이 노인 복지시설에서 생활하는 5,000명의 노인들을 찾아가 함께 시간을 보내는 일을 추진하고 있었다. "우리 사회는 응급 환자를 우선으로 하고 있어요. 아플 때까지 기다렸다가 그때 비로소 병원을 찾는 거죠." 인게이지를 처음 설립한 팀 카펜터Tim Carpenter는 말했다. "그래서 저희는 사람들이 의사를 만나러 가야 할 일이 생기기 전에 평소에 건강한 일상을 즐길 수 있는 방법을 찾기로 결심했습니다."

카펜터는 질병에 초점을 맞추는 산업이 아니라 사람들이 건강할 때 상상조차 해보지 못한 것을 만들어내게끔 창조 활동의 기회를 제공하는 산업을 추진했다.

'가정의 틀 짜기'의 가장 초보적인 단계는 우리 주변에 있는 세상을 유심히 관찰하는 것이다. 이를테면 우리의 생활이나 우리가 하는 일, 우리가 소유한 물건들을 살피는 것이다. 그리고 왜 세상이 이런 방식으로 존재하는지, 만약 다른 방식이 있다면 그게 무엇인지 스스로에게 물어보자.

5장

즐기기

비록 몇 시간이 걸리긴 했지만 해리 웨스트와 그의 팀은 결국 도전 과제에 대한 결론을 찾을 수 있었다. 특이하게도 마시는 행위와 관련된 문제가 있었다.

보스턴에 본사가 있는 디자인 컨설팅 회사 컨티뉴엄의 CEO인 웨스트는 회사의 최고급 인력으로 이루어진 여러 팀을 한자리에 모이게 했다. 이들은 전공도 다양해서 패키징packaging, 디자인, 비즈니스, 엔지니어링, 휴먼 팩터human factor, 기술 정책 등 여러 분야의 학위를 가지고 있었고, 그래서 스웨덴의 상업 역사에 큰 획을 그을 만한 기발한 혁신 상품을 디자인하는 데 도움이 됐다. 사면체 모양의 테트라 팩Tetra Pack은 오늘날 유럽과 아시아는 물론 세계 각지에 익히 알려져 있다. 루벤 라우싱Ruben Rausing 박사는 코팅된 두꺼운 종이 팩 아이디어를 고안해 인정을 받았다. 1950년대에 테트라 팩이 처음 선보인 피라미드 모양의 음료 팩은 지금도 그 모양이 크게 변하지 않았다. 이런 팩 디자인은 사람들이 자리에 앉아서 음료를 마시는 방법을 염두에 두고 고안됐다.

그러나 사람들이 늘 앉아서 음료수를 마시는 것은 아니다. 그 점을 테트라 팩의 경영진도 잘 알고 있었다. 사람들이 이동하면서 음료수를 마실 수도 있는데 이동 중에도 음료의 신선도가 유지되길 원했다.

이 점을 고려한 음료 팩을 만들기 위한 노력이 수년 동안 진행됐다. 하지만 뾰족한 수가 나오지 않자 테트라 팩의 고위 간부들은 디자인 컨설팅 전문가 해리 웨스트에게 도움을 요청했다. 웨스트의 회사 컨티뉴엄은 그때부터 주요한 민족지民族誌(여러 민족의 생활양식 전반에 관한 내용을, 해당 자료를 수집해 체계적으로 서술한 것―옮긴이)를 적용한 리서치 프로젝트를 실시해 여러 문화권의 자료를 수집했다. 중국 상하이와 항저우, 이탈리아의 밀라노와 모데나를 비롯해 컨티뉴엄 본사가 있는 보스턴을 중심으로 조사한 자료를 모았다. 그 결과, 풍부한 양의 데이터가 집계됐다. 하지만 데이터만 가지고 제품의 디자인을 결정할 수는 없었다.

웨스트는 그전에 함께 일했던 팀원들을 다시 불러서 살짝 정신 나간 일을 하기로 합심했다. 그들은 회사 기획실에 모여서 술을 마시기 시작했다. "우리는 술병과 술이 담긴 팩을 들고 다니면서 술을 마셨어요. 그러면서 느낀 점이라든가 우리가 했던 일을 곰곰이 되새겨 보기 시작했죠. 평소보다 더 진지하게 생각했어요." 웨스트는 이어서 말했다. "회사 동료와 함께 술이 담긴 팩을 앞뒤로 흔들면서 같이 마시는 친밀한 경험을 한 거죠. 한 모금 마시고 느낀 점을 이야기하면서요. 평소에 배우자나 연인과 있을 때만 할 수 있는 행동이었죠."

웨스트와 그의 팀원은 상대를 주의 깊게 관찰하며 술을 마시는 방식이 사람마다 어떻게 다른지 그 차이점에 대한 의견을 그들만의 언어로 정리해나갔다. 어쨌든 동료와 회사 안에서 술을 마시는 독특한 행위를 한 것에 대해서도 이야기했다. "각자 자신이 선호하는 술 마시는 방식에 대해 얘기했어요. 팀원 중 누군가가 술을 마시면서 보여준 행동에 대해 놀라움을 표현하기도 하고 때로는 무시하기도 했죠."

이야기 끝에 웨스트는 "재미있는 일이었다"라고 덧붙였다.

한때 미국 사회에서는 놀이를 즐기는 것을 유아적인 행동으로 보던 시절이 있었다. 그래서 놀이라고 하면 가치 없는 것처럼 묵살했다. 아니면 창조적인 활동이나 예술 분야에서 일하는 사람들이 운 좋게 누리는 아웃사이더의 전유물처럼 여겼다. 물론 이런 오해 속에 일정 부분 이해가 가는 진실이 숨어 있기는 하다. 하지만 수세기 동안 음악가와 화가, 무용수들은 이 놀이 전략을 적극 활용해 많은 걸작을 탄생시켰다. 최근 《하버드 비즈니스 리뷰》에 조각가 리처드 세라 Richard Serra에 대한 기사가 실렸다. 그는 종이처럼 얇은 철판을 나선형, 타원형, 아치형으로 구부려 대형 설치 예술품을 만들었다. 그는 자신의 작업 과정을 설명하며 다음과 같이 말했다.

> 하나의 놀이라 생각하고 작업하면 어떤 결과물이 나올지 예상할 수가 없어요. 마지막 판단을 유보할 수밖에 없거든요. 원래 한 가지 문제에 대한 해결책이 생기면 그 밖의 문제에서 해결의 실마리가 줄줄이 보이는 경우가 보통이죠. …… 하지만 그 연결점이 보여도 전체 스케일을 아우르는 결론을 예측하는 것은 거의 불가능에 가까워요. 실제로 그 상황에 처해 겪어보지 않는 이상 예상하기 힘들죠.

놀이 즐기기에는 수많은 방식이 있다. 하지만 새로운 규칙을 지키거나 새로운 가능성을 시도해보고 싶다면 일정 기간 동안 '틀에 박힌 생활regular life'의 규칙을 내던져야 진정한 놀이 즐기기가 무엇인지 정의 내릴 수 있다. 놀이 즐기기는 공식적인 게임에서도 볼 수 있다. 물론, 꼭 그래야 한다는 것은 아니다(실제로 독일어를 포함한 일부 외국어에서는 '놀이'와 '게임'이 유사어로 사용되고 있다. 하지만 영어에서는 두 단어의 의미를 구분해서 쓰고 있다).

우리는 종종 어떤 목표를 달성하기 위해 노력한다. 하지만 놀이를 즐길 때는 그 과정에서 찾아오는 즐거움을 느끼려고 애쓴다. 놀이를 하듯 즐기려면 일종의 전략이 필요하다. 단순한 전략도 있고 매우 복잡한 전략도 있다. 게임을 시작하기 전에 숙지해야 할 것들을 알려주고 시작하는 게임들도 있는 반면, 어떤 게임은 이기기 위해 애쓰면서 자연스럽게 게임 방법을 배우는 경우도 있다.

놀이를 즐길 때 우리는 어떤 것들을 시도해보기도 하고 테스트해보기도 한다. 즉흥적으로 놀이를 하기도 하고 새로운 역할을 부여하기도 한다. 또 새로운 능력이나 다른 행동을 취했을 때 어떤 반응이 있을지 상상해보면서 놀이를 한다. 시도한 것이 별 효과가 없으면 과감히 버리고 새로운 옵션을 선택한다. 우리는 혼자서, 또는 누군가와 경쟁을 하며 놀이를 할 수도 있다. 또 다른 사람과 힘을 합치거나 팀을 이루어 거대한 적에 맞서 싸울 수도 있다. 게임이나 싸움에서 질 수도 있지만 항상 다시 시작할 수 있는 기회가 주어진다.

물론 놀이에는 진지한 면이 있게 마련이다. 체스의 기원을 두고 학자들의 의견 대립이 있었다고 한다. 체스의 기원이 되는 게임의 이름은 '차투랑가chaturanga'였는데, 고대 산스크리트어인 '차투랑가'는 군대를 나누는 4군 편제, 즉 보졸(보병대), 마(기병대), 상(코끼리 부대), 그리고 차(전차 부대)를 지칭했다. 이 게임은 5~6세기경에 인도에서 처음 행해지다가 페르시아로 확산됐다. 그러다가 아랍인들이 스페인을 정복할 무렵 유럽에까지 퍼졌다. 데이비드 솅크David Shenk가 체스의 역사에 대해 기록한 책 『불멸의 게임The Immortal Game』을 보면 이런 구절이 있다. "체스는 하나의 전쟁 게임과 같다. 전쟁에서는 운이나 무력보다는 아이디어가 더 중요하고 큰 힘을 발휘한다. 상황을 정확하게 파악하는 것이 전쟁에서 가장 중요한 무기가 된다."

군사 전략가이자 역사가인 맥스 부트Max Boot가 쓴 『전쟁이 만든 신세계War Made New』를 보면, 오늘날 우리가 사용하는 확률을 토대로 전쟁 게임 시나리오를 처음 구상한 선구자가 누구인지 찾아본 결과, 바로 1803~1809년의 프러시아 참모 조직이라는 내용이 나온다. 참모진들이 지도나 모래판 위에 금속 조각들을 올려놓는다. 파란색 조각은 프러시아 군대를 나타내고 빨간색 조각은 적군을 나타낸다. 주사위를 던져서 전투에 참여할 수 있는 병력 수를 결정한다. 심판이 점수를 합산해 이긴 팀을 결정하는 게임이다.

전쟁 게임의 형식은 미국의 군사 전략과 훈련에도 중요한 부분을 차지했다. 2002년에 토미 프랭크스Tommy Franks 장군은 중부 사령부의 최고사령관으로 있으면서 이라크 침공 전에 훈련 과정의 일환으로 '인터널 룩Internal Look'이라고 부르는 전쟁 게임을 진행했다. 이라크 부대가 과거에 전쟁을 할 때 시도했던 전술이나 군사훈련을 분석해봄으로써 이라크 부대가 전쟁에서 어떻게 싸울지를 예측하는 데 성공한 것도 바로 이 전쟁 게임 덕분이었다. '인터널 룩' 게임은 2012년에도 다시 사용됐다. 이번에는 이란의 핵무기 시설에 대항한 이스라엘의 공격이 어떤 결과를 불러올지 평가하는 데 쓰였다. 시뮬레이션처럼 이 전쟁 게임을 해본 결과, 이스라엘이 먼저 이란을 공격할 경우 전쟁에 개입한 미군의 피해가 상당할 것으로 예측됐다. 200명의 미국 해군이 죽는다는 예상 수치가 나오자, 미국 정부는 이란의 핵무기에 대항한 전쟁 선포를 막기 위해 이스라엘에 주의를 주었다.

군사 전략가들이 전쟁에 게임을 이용했다면 경제학자들과 경영 사상가들이 그 뒤를 따랐다. 100년 전부터 가장 저명한 경제학자들이 자본주의를 게임에 빗대어 은유적으로 표현해왔다. 1905년 독일의 경제학자 막스 베버Max Weber는 종교적인 '부름calling'이 세속화되면서 자본주의가 본격화되었으며, 경제모델이 게임의 질을 좌우하게 되었다는 이론을 내세웠다. 막스 베버는 자신의 저서 『프로테스탄티즘의 윤리와 자본주의 정신The Protestant Ethic and the Sprit of Capitalism』에서 다음과 같이 서술했다. "미국에서는 더 이상 물질적인 부의 축적에 종교적인 의미와 도덕적인 의미를 부여하지 않는다. …… 실제로 부의 축적은 스포츠의 특징을 가지고 있다."

미국의 경제학자 프랭크 나이트Frank Knight는 한 걸음 더 나아가 자본주의를 이렇게 비유했다.

산업과 무역은 서로 이기기 위해 경쟁하는 게임과 같아요. 일반 게임이나 스포츠와 동일한 동기부여를 갖고 있거든요. 비즈니스 분야에 위대한 제국을 건설하기 위해 게임을 시작한 사람들에게는 경제적인 재화 그 자체가 만족을 주는 대상이 아니에요. 그 게임에서 이겨 성공의 표지를 받으려는 게 목적이죠. 말하자면 이런 식의 시합에서 승리한 사람에게 주는 훈장이나 메달 같은 것 말이에요.

그러나 프랭크 나이트의 혜안은 지난 30년 동안 이성과 효율성을 강조한 시장 원리에 초점을 맞춘 미국의 경영 문화를 바꾸어놓지는 못했다. 하지만 창조적인 경영자들은 이 '즐기기' 능력이 얼마나 중요한 학습법이며 전략인지 누구보다 잘 알았다. 바버라 월터스Barbara Walters는 구글의 공동 설립자인 래리 페이지와 세르게이 브린Sergey Brin에게 성공의 가장 큰 비결이 무엇인지 물었다. 그런데 두 사람이 대학 교수인 부모님과 스탠퍼드 대학의 엔지니어링 학위를 얘기하지 않아 월터스는 내심 놀랐다. 래리 페이지는 이렇게 대답했다. "우리는 둘 다 몬테소리 학교Montessori School를 다녔어요. 그래서 어렸을 때부터 세상이 돌아가는 원리에 대해 자유롭게 질문하고 남들과 다르게 생각하는 방식을 익힐 수 있었어요."

몬테소리 학교는 게임 학습을 통해 아이들이 지식을 발견하는 법을 가르치는 곳으로 유명하다. 위키백과의 설립자 지미 웨일스Jimmy Wales와 아마존 설립자 제프 베저스Jeff Bezos, 그리고 심스Sims 비디오 게임 크리에이터인 윌 라이트Will Wright가 몬테소리 학교 출신이라는 것도 결코 우연이 아니다. 그리고 세계적인 래퍼 퍼프 디디P. Diddy(본명은 숀 콤스Sean Combs)도 몬테소리 학교를 나왔다.

어려서부터 예술, 디자인, 음악을 가까이 할 수 있는 교육 환경에서 자란 사람들이 나중에 새로운 회사를 차렸을 때, 즐기기의 힘이 총체적인 기반을 다지는 데 기여했다. 그들이 만든 새로운 유형의 회사들이 바로 이름만 들으면 누구나 아는 킥스타터, 텀블러, 유튜브,

플리커Flickr, 인스타그램, 비메오Vimeo, 안드로이드Android와 애플이다. 그리고 지금도 계속해서 그 수가 더 늘고 있다. 실리콘밸리의 신생 기업 인큐베이터로 성공한 와이 콤비네이터Y Combinator의 창립자 폴 그레이엄Paul Graham은 로드아일랜드 디자인스쿨에서 미술을 전공한 후 피렌체의 국립미술대학교를 다녔다. 그 후에는 하버드 대학에서 컴퓨터 공학 박사 학위를 받았다. 트위터와 장가Xanga의 공동 설립자인 비즈 스톤Biz Stone은 그래픽디자인을 공부하면서 값진 교훈을 배웠다고 고백했다. 그는 정해진 틀이나 계급 구조에 얽매이지 않고 놀이를 하듯 즐겁게 일하는 것이 얼마나 중요한 것인지 강조했다. 비즈 스톤이 임팩트 어드바이저impact advisor로 활동하기 전에 버클리 하스 경영대학에서 MBA 과정의 학생들을 대상으로 한 특별 강연에서도 이와 같은 말을 했을 것이다. 그는 학교를 두 번이나 중퇴했다. 그런데도 그가 선택한 즐기기 접근법이 회사 경영과 조직에 도움이 된다는 것을 증명이나 해주듯 버클리 대학이 강연을 요청할 정도로 유명인이 됐다.

업무에 유희와 같은 즐거움을 부과하겠다는 생각은 어느 날 갑자기 생겨난 것이 아니다. 닷컴 회사 창립 붐이 일었을 때 모든 기업이 만들어낸 스토리에는 에프에이오 슈워츠FAO Schwarz(뉴욕에 있는 대형 장난감 백화점-옮긴이)에 들어간 기분이 들도록 멋지고 참신한 신규 업체를 만들자는 내용이 꼭 빠지지 않고 들어갈 정도였다. 사업 보고와 컨설팅 분야에 종사하는 사람들은 '경영은 쿨하고 멋진 것이어야 한다'는 아이디어를 적극적으로 수용했다. 그 당시에 '이노베이션 짐 Innovation gym'이라고 불리는 기업 환경을 조성하는 일이 전국적으로 유행했다. 회사 내에 말랑말랑한 빈백beanbag 의자와 이동식 테이블, 화이트보드, 포스트잇을 곳곳에 배치하면서 분위기의 변화를 시도한 것이다. 《인 : 인사이드 이노베이션》이란 이름의 새로운 매거진 창간 작업을 하면서 나는 작은 회의실이 생기자 일단 벽에 걸린 영웅 CEO들이 팔짱 낀 사진들을 모조리 떼어냈다(HP의 CEO인 칼리 피오리나Carly Fiorina를 제외한 모든 CEO들이 남자였다). 그리고 사진을 떼어낸 텅 빈 벽에 생기 넘치는 아이들과 불타는 것처럼 강렬한 오렌지색으로 채색된 풍경 그림을 붙였다.

우리가 구상한 아이디어란 즐거움을 주면서 창조성을 발휘하는 것이어야 한다. 실제로 밝은 색상은 정신을 맑게 해주고 영감을 주는 데 도움이 된다고 들었다. 그래서 1시간에 100개, 많으면 1,000개의 새로운 아이디어를 떠올릴 수 있도록 팀원들의 브레인스토밍에 영향을 끼친다는 얘기도 들었다. 비즈니스 스쿨과 경영 관리자들이 요즘 '파괴적 혁신'이라고 부르는 거대한 돌파구와 같은 생각의 전환도 이처럼 신선한 아이디어에서 나온다고 할 수 있다. 미국 기업체의 많은 사람들이 실제로 이런 '즐기기' 업무를 시행하고 있다. 그런데 과연 이 시도가 얼마만큼의 효과를 창출했을까? 2006년에 《비즈니스위크》가 야심차게 출간한 매거진 《인 : 인사이드 이노베이션》이 성공했을 때 '이노베이션 짐'의 효과라고 말하기는 좀 뭣했다. 사실 우리 팀은 화이트보드를 사용한 적도 거의 없었고 그저 아트 부서의 잡지 매니저들과 자주 만났을 뿐이다. 차라리 매거진 창간 성공에 도움이 된 것을 꼽으라면 광고 에이전시 모더니스타Modernista에서 일하고 있던 케이티 안데르센Katie Andresen을 팀원으로 영입해 창조성의 불꽃을 더 활활 타오르게 한 일을 들 수 있다. 하지만 회사 내부 공간을 새롭게 디자인하거나 참신한 아이디어를 침 튀기며 쏟아내는 일은 하지 않았다.

돌이켜 생각해보면 의도적이든 우연의 일치든 사람들을 무조건 한 곳에 모아둔다고 해서 창조성이 생길 거라 기대하는 것은 너무 순진한 발상이었다. 훌륭한 팀이라면 신뢰와 기술, 지식을 필요로 하는 것이지 완전히 생소한 것이라든가 조립식 가구 따위와는 전혀 상관이 없다. 주변을 멋진 색상으로 바꾸는 것도 나쁘진 않다. 하지만 실제로 도움이 될지는 잘 모르겠다. 게다가 나를 포함한 우리 팀원 5명은 모두 색깔에 구애받지 않는 사람들이다. 결국 '이노베이션 짐'을 외치는 방식이 몇 년 만에 유치한 일로 전락하고 말았다.

2008년 나는 패서디나의 아트센터 디자인 대학에서 '진지한 놀이Serious Play'란 제목으로 열린 회의에 참석했다. 이 회의를 주최한 치펄먼은 당대 최고의 디자인 매거진 《아이디ID》의 편집자로 일하면서 내셔널 매거진 어워드National Magazine Award에서 다섯 차례나 상을 받았다. 회의에 참석한 인물들 중에는 찰스 엘라치Charles Elachi도 있었다. 제트추진연구소Jet Propulsion Laboratory의 총괄 책임자인 그는 자신이 일하는 연구소를 '컴퓨터만 아는 괴짜에게는 디즈니랜드, 어른들에게는 놀이 공간'으로 표현했다. 또한 인형극의 거장 마이클 커리Michael Curry는 〈라이온 킹The Lion King〉의 성공적인 완성을 자신의 스튜디오 덕분이라고 말했다. 그의 스튜디오는 '장비와 기계들로 가득한 놀이 공간'과도 같았다. 용접 기술공과 재단사는 물론 조각가와 화가들이 함께 모여 무대에 필요한 소품을 만들었다. IDEO의 회장 팀 브라운은 디자인과 혁신 컨설팅 분야의 최고 전문가로 명성이 높다. 그는 놀이를 통한 결과물이 왜 그렇게 특별한지에 대해 다음과 같이 말했다. "사람들 사이의 우정이 진정한 놀이를 가능하게 합니다. 우정이 있기 때문에 우리는 자신이 무서워하는 것, 자신을 당혹케 하는 것과 맞닥뜨리는 용기를 가지게 되고 그 경계선에서 자신을 방어할 수 있는 겁니다."

나는 창조적인 기업으로 유명한 회사들을 이끄는 리더들과 함께 수많은 토론을 했고, 그 결과 결정적인 주제를 찾을 수 있었다. 단순히 즐기기를 위한 놀이만으로 혁신을 보장할 수는 없었다. 컨티뉴엄 회사의 팀원들은 새로운 테트라 팩 상품을 만드는 과정에서 최고의 아이디어는 다양한 참가자들이 서로를 믿고 함께 일하면서 특정 목표를 이루기 위해 협력하는 과정 속에서 생긴다는 것을 깨달았다.

최근에 크레이그 와이네트가 나를 불렀다. 피앤지가 '이노베이션 짐'을 통해 수많은 새 아이디어를 뽑아내어 신상품 출시 및 판매와 수익을 보장할 것이라는 예상이 실패로 돌아갔기 때문이다. 와이네트는 '이노베이션 짐'을 시도하기만 하면 전후 상황에 영향을 받지 않는 독보적인 아이디어들이 생겨나 회사가 기대하던 새로운 돌파구를 마련해줄 것이라고 예상했다. 그러나 피앤지의 '이노베이션 짐'의 실패는 창조성을 위한 놀이 공간에 문제가 있었던 것은 아니다(실제로 큰 규모에 멋진 공간을 꾸며놓았다). 다만, 그 속에 있는 직원들이 변화하는 환경에 적응하고 새로운 목표를 달성하기 위해 도움을 주는 게임을 즐기지를 못했던 것이 문제였다. 오히려 내가 3장에서 언급한 '연계성' 전략이 피앤지의 성공에 더 중요한 영향을 미쳤다. 회사 내의 부서들 사이의 장벽을 깨고 회사 밖의 과학자들과 피앤지 직원들을 이어주었기 때문이다.

여기서 내가 말하고자 하는 '즐기기' 능력이란 사무실 분위기를 밝게 만들기 위한 색깔을 고르거나 잘 모르는 대상에 대한 수백 가지 아이디어를 내놓는 것을 말하는 것이 아니다. 진지한 놀이에는 규칙이 있게 마련이고 경쟁도 불가피하다. 또 당연히 승자가 있고 패자가 있다. 게다가 놀이를 통해 배우며 그 과정이 미지의 세계에서 비틀거리지 않고 나아가는 데 도움이 될 것이다. 또 예상치 못한 연계성을 찾고 전혀 생각하지 못한 방식으로 새로운 목표를 달성할 수 있도록 도와줄 것이다.

즐기면서 답을 찾아라!

경제가 안정적이던 시기에는 보통 '문제를 확인해서 해결책을 찾는' 전략이면 충분했다. 하지만 이런 문제 해결 접근법은 문제가 무엇인지 알고 있을 때라야만 비로소 효과를 발휘하는 것이다. 이에 반해 오늘날 우리는 '모르는 것을 모르는unknown unknowns' 시대에 살고 있다(미국 전 국방 장관 도널드 럼즈펠드Donald Rumsfeld가 한 유명한 말이다). 그래서 문제를 모르니 누구한테 물어볼 수도 없어 스스로 답을 얻어내야 한다. 이런 불확실한 시대, 변화가 지속적으로 일어나는 복잡한 시대에 놀이처럼 즐기면서 새로운 답을 찾아볼 수 있다. 여러 가지 답이 가능한 퍼즐을 푸는 것이다. 예전처럼 한 가지 문제에 대한 한 가지 해결책을 찾는 것보다 이 시대에 더 적절한 접근법이라 하겠다.

우리에게 필요한 것은 동적이고 결말이 정해지지 않은 전략이다. 전 세계의 창조적인 인물들이 직접 테스트를 했지만 그들은 그 과정을 '전략'이라고 이름 붙이지 않았다. 그들에게는 단지 '빈둥거리며 노는 것'이었다. 유튜브의 공동 설립자인 채드 헐리Chad Hurley는 IDEO의 공동 설립자이자 쿠퍼 휴잇 국립디자인미술관의 소장을 맡았던 빌 모그리지와 한 인터뷰에서 회사 이름을 유튜브로 정하게 된 사연을 다음과 같이 들려주었다. "화이트보드에 이런저런 의견들을 적어 나가던 중에 누군가가 '붑튜브Boobtube'란 단어를 말했어요. 그러고 나서도 계속 노닥거리다가 '유튜브'란 이름이 나왔고, 제가 그 이름을 기억하고 등록했던 거예요."

기업 설립자와 경영인들이 사용하는 언어는 때때로 놀이의 언어가 될 때가 있다. 또한 그들이 문제 해결을 위해 회사에 있는 것이 아니라 즐기기 위해 회사에 존재하는 순간이 있다. 바로 이런 순간이 파괴적인 혁신과 일상을 바꾸는 제품을 만들기 위한 프로세스가 진행되는 시간이다.

놀이 즐기기는 경쟁과 협력, 끈기와 기쁨을 촉발시킨다. 놀이를 즐길 때 사람들은 평소에 피하는 위험 요소도 과감히 받아들인다. 그리고 실패를 자신에게 상처를 주는 강한 타격으로 여기지 않고 노력했으나 달성되지 못한 아이디어로 바라본다. 그리고 놀이 즐기기는 문제를 도전 과제로, 심각한 일을 재미난 일로 전환시킨다. 또 놀이를 즐기면서 질문에 대한 적절한 대답을 찾은 다음에 여러 가지 결과물로 산출할 수도 있다. 자기 자신의 능력을 '하나의 적절한 대답'에 묶어두지 않음으로써 자기 자신을 개방해 지금까지 상상하지 못한 놀라운 결과를 생각해낼 수도 있다.

즐기기 위한 플래닝

월터 아이작슨이 쓴 스티브 잡스의 전기를 보면 잡스가 사람들과 어떻게 인터랙션을 했는지 자세하게 설명해놓은 부분이 있다. 매혹적인 이 부분이 본문 26장의 아주 깊숙한 곳에 들어가 있긴 하지만, 어쨌든 아이작슨은 애플의 창조성이 탄생하는 센터로 들어가는 문을 열었다. 놀이방에 가까운 애플의 디자인 스튜디오가 바로 그곳이다. 애플의 수석 디자이너 조나단 아이브는 다음과 같이 말했다.

이 멋진 방에 들어오면 회사에서 제작하고 있는 모든 모델을 둘러볼 수 있어요. 스티브 잡스가 이 방 안에 들어오면 여기 테이블 중 한 곳을 골라 앉지요. 그리고 예를 들면 우리가 최신판 아이폰 출시를 앞두고 있었을 때와 같은 경우에, 잡스는 해당 모델과 다른 모델들을 손으로 만져보면서 서로 비교해요. 그러면서 자신이 어떤 차이를 느끼는지 살펴보고 가장 좋아하는 모델을 선택합니다. 그런 다음에 다른 테이블로 자리를 옮겨서 애플이 계획하고 있는 또 다른 제품들을 확인한답니다. 물론 저와 잡스, 단 둘이서 말이죠. …… 잡스는 제품들 사이의 관계까지 미리 볼 줄 알아요. 큰 기업에서 그 부분까지 다 고려하기란 어려운 일이죠. 그런데도 잡스는 여러 테이블에 놓여 있는 모델들을 모두 확인한 다음, 향후 3년 뒤에 어떤 제품이 필요할지 미래를 전망한답니다.

또 아이브는 스튜디오를 조용하고 온화한 곳으로 묘사하며 이렇게 말했다.

당신이 시각적인 것에 민감한 사람이라면 이곳은 천국이죠. ……
형식적인 디자인 리뷰는 없어요. 결정을 내려야 하는 중대한 순
간도 없고요. 그 대신 결정이 유동적으로 진행돼요. 매일 그 과
정을 반복하면서도 동료들끼리 의견이 심하게 엇갈려본 적이 없
어요. 또 유치한 프레젠테이션을 한 적도 없어요.

아이브의 설명을 듣고 있자니 문득 네덜란드의 문화학자이자 역사
학자인 요한 하위징아Johan Huizinga가 언급한 '매직 서클magic circle'
이 떠올랐다. 그는 1938년에 발표한 저서 『호모루덴스Homo Ludens』
에서 전 세계의 문화를 대상으로 놀이의 역할을 분석하며 다음과 같
이 썼다. "무대, 스크린, 테니스장, 법정 등 우리 주변을 둘러싼 모든
공간의 형태와 기능에는 놀이 공간의 특성이 담겨 있다." 그가 말하
는 '매직 서클'은 '평범한 세상 안에 존재하는 임시적인 세상으로 특
별한 역할을 수행하도록 만들어진 공간'을 가리킨다.

정상적인 활동 영역과 분리된 이런 특별한 공간을 마련하는 것이
야말로 당신이 속한 팀원의 창조적 능력을 향상시킬 수 있는 중요한
자극제가 될 것이다. 그곳에서 사람들은 서로 상대를 믿으며 상투적
인 행동에서 벗어난 차별화된 행동을 얼마든지 할 수 있다. 이처럼
'매직 서클'을 만드는 것은 퍼즐을 맞추는 일과 같다. 또 서로 다른
점들을 이어주는 연계성을 찾고 원형이 될 만한 모델을 완성한다. 또
그 과정에 오류가 생길 경우, 그 실수를 통해 새로운 교훈을 깨닫는

다. 다시 말해 '매직 서클'은 사람들이 창조성을 겨루는 게임장이기도 하다. 그런 곳을 어떻게 만들지 아는 것만으로도 일단 창조적인 기술을 가지고 있다고 볼 수 있다.

'매직 서클'은 테트라 팩의 신제품처럼 혁신적인 제품을 만들기 위한 이상적인 환경을 제공한다. 애플의 디자인 스튜디오는 형식적이고 번거로운 검토 과정을 생략한 디자인 수정 작업을 실시한다. 또한 이 두 놀이 공간에서 일하는 방식이 똑같을 수는 없다. 모두에게 적용되는 획일화된 공식 따윈 없는 것이다. 개개의 팀원들은 당연히 각자 서로 다른 업무 스타일과 재능을 발휘한 결과를 내놓게 될 것이다.

일을 할 때는 몇 가지 매개변수를 정하는 것이 중요하다. 미식축구와 일반 축구 게임에도 정해진 규칙이 있는 것처럼 일에도 기본적인 규칙이 있어야 한다. 그렇다고 아이디어의 자유로운 흐름을 제한할 정도로 엄격한 규칙을 만들어서는 안 된다. '매직 서클'이 요구하는 것도 바로 체계적인 것과 자유로움 사이의 균형이다. 매개변수를 설정하면 일단 팀원들이 한 배를 탔다는 소속감을 느낀다. 그리고 빠른 속도로 순조롭게 인터랙션을 시도하며 소기의 목표를 달성하기 위해 나아간다.

얼마간 판단을 미룰 수 있을 만큼 상대를 믿고 기다릴 줄 아는 사람들을 선택하는 것도 중요하다. 신뢰는 인간관계에서 매우 중요하다. 계획이 실패로 돌아갈 수도 있고 상대를 우롱할 수도 있다. 하지만 그런 실수를 통해 깨달음을 얻을 수도 있다. 당신이 문제를 해결하고 있는 게 아니라는 걸 기억하라. 완벽한 정답이란 존재하지 않는다. 당신과 팀을 이루기 위해서 파트너 한두 명만 있어도 된다. 결코 양과 질을 혼동해서는 안 된다. 방대한 양의 아이디어를 제시하는 것보다 자기와 맞는 몇몇 사람들이 한 방에 모여 경험을 공유하고 그 속에서 새로운 무언가를 창조하는 것이 훨씬 더 중요하다.

마지막으로 당신의 손길이 필요한 일을 하는 것에 대해 겁내지 마라. 아니면 컨티뉴엄 회사의 팀원들이 테트라 팩의 신제품을 만들면서 입으로 떠들어댄 것처럼 말로만 하지 않은 것과 같이 직접 몸으로 부딪쳐야 한다. 컨티뉴엄 직원들이 몸을 움직이며 행동으로 실천한 결과, 그들은 음료를 마시는 세 가지 스타일, 즉 이른바 '빨기Sucking', '당기기Pulling', 그리고 '붓기Pouring' 스타일을 발견했다.

일상생활에서 우리는 주변 사람들이 먹고 마실 때 입 모양이 어떤지 자세히 관찰해보는 경우는 드물다. 왜냐하면 상대의 입을 뚫어지게 쳐다보는 것을 의도적으로 피하기 때문이다. 그러나 컨티뉴엄의 팀원들은 일상의 규칙과 사회적 제약에 얽매이지 않았다. 그들은 술을 마시는 동안 다른 사람을 관찰했다. 그리고 평소 자기가 하는 이상한 버릇을 있는 그대로 보여주었다. 그들은 상대의 모습을 흉내 내면서 웃고 목이 멜 때까지 명료한 결론을 얻기만을 기다렸다.

팀원들의 예리한 관찰 결과, 음료를 마시는 방식이 개인과 문화에 따라 달라지며 동시에 음료의 종류에 따라서도 달라진다는 의견이 제시됐다. 웨스트와 그의 팀원들이 자유로운 상호작용을 유도하기 위해 회의실에서 장난치듯 놀면서 상대방과 농담을 주고받는 동안 결정적인 아이디어가 떠올랐던 것이다. 컨티뉴엄은 곧바로 이 새로운 개념을 발전시키기 위해 음료를 마시는 세 가지 스타일에 모두 적합한 상품을 디자인하기 시작했다. 심지어 사람들이 음료를 마실 때 입과 입술이 어떻게 움직이는지 자세히 보기 위해 음료 포장 팩에 카메라를 설치할 정도였다. 웨스트는 이런 말을 했다. "우리는 지금 창조성을 발휘하기 위한 목적을 달성하기 위해 결의에 차 있어요."

그 결과, 어떤 해결책을 찾았을까? 컨티뉴엄의 새로운 팩 디자인은 가장자리에 난 구멍 크기가 기존의 테트라 팩보다 더 큰 것이 특징이다. 접힌 가장자리 앞에 입술 보호용 래미네이트를 부착했으며 열었다 다시 닫을 수 있는 캡도 추가로 달았다. 그래서 '빨기', '당기기', '붓기', 이 세 가지 스타일에 모두 적합한 팩을 만드는 데 성공했다. 사람들이 걸어 다니면서도 쉽고 편하게 음료를 즐길 수 있도록 한 것이다. 테트라 팩이 3년 동안 연구 개발한 결과 드디어 '드림캡 테트라 팩Dreamcap Tetra Paks'이 탄생했다. 2011년 중동 수출을 시작으로 2012년 여름에는 미국까지 진출해 펩시Pepsi의 스포츠 음료인 게토레이Gatorade의 포장에 사용됐다.

만약 자신에게 창조적 지성 능력이 없다고 생각된다면 좀 더 즐기는 방식으로 자신의 일과 생활 방식의 틀을 다시 짜보기 바란다. 일이나 생활에 방해가 되는 걸림돌을 해결해야 할 문제로 보지 말고 맞닥뜨려야 하는 도전 과제라는 생각으로 접근해보자. 그리고 새로운 임무가 주어졌을 때 혼자 해결하려 하지 말고 당신이 믿는 팀원들과 함께하라. 또 서로에게 솔직해지도록 상대에게 용기를 북돋워주라(이 부분이 진지한 놀이 형태가 브레인스토밍에서 갈라지는 지점이다. 열린 대화를 통해 긍정적인 격려에 중점을 둔다). 아울러 조금 엉뚱해보여도 괜찮다고 말하면서 모두를 격려해주자.

놀이를 여기에서 끝낼 필요는 없다. 자신의 즐거운 마음가짐과 기업의 문화를 증진시키는 것도 창조성에 중요하다. 우리가 일을 하고 생활을 하는 방식을 게임화시키는 것도 즐기기의 능력을 발휘하는 또 다른 측면이 될 수 있다. 우리 주변을 둘러보면 사람들은 게임이란 개념을 일상생활에 직접 개입시키고 삶의 질을 향상시키기 위한 새로운 방법으로 활용한다.

게임이란 무엇인가?

보건 정책 입안자와 의료 보건 서비스를 제공하는 기관은 수년 동안 사람들에게 체중, 운동, 다이어트, 흡연과 관련된 피드백을 해주는 것이 생활의 질적인 개선에 효과가 있다고 강조했다. 그러면서 또 하나 새로운 전략을 발견했다. 케어스Keas를 설립한 애덤 보즈워스Adam Bosworth는 회사에 건강을 위한 프로그램을 게임처럼 설정해 직원들이 팀을 이루어 주어진 목표를 달성할 수 있도록 관리했다. 이른바 '놀이의 힘the Power of Play'을 강조한 전략이라 할 수 있다.

보즈워스는 2011년 《테크 크런치Tech Crunch》에 발표한 글에서 "은퇴 후의 계획, 시험공부, 새로운 대상에 대한 학습, 건강 개선, 자녀를 위한 학교 선택 등 여러 가지 일에 대해 사람들의 참여도를 높이고 싶다면 소셜 게임을 만들면 된다"라고 주장했다. "5퍼센트에서 시작한 참여율이 나중에 70퍼센트까지 올라갈 겁니다. 매주 사람들의 참여도가 증가할 테니까요. 왜냐고요? 게임은 즐거운 일이니까요. 원초적인 뇌 구조상 누구에게나 보상을 받고 싶어 하는 심리, 사회적인 인정, 모험을 좋아하는 성향이 있는 법이죠."

보즈워스가 2006~2007년 사이에 구글 헬스Google Health의 개발 팀에 들어갔을 때만 해도 '놀이의 힘'을 미처 생각하지 못했다. 보즈워스와 팀원들은 보험회사와 병원, 정부와 환자의 관계를 살펴본 결과, 미국의 의료 시스템이 굉장히 복잡하고 이해관계의 충돌이 심하다는 사실을 발견했다. 그래서 구글 문화에 맞게 원인을 찾아본 결과, 데이터에 대한 접근 부족이 문제라는 것을 알아냈다. 구글 헬스 팀은 개인의 건강 정보를 다른 사람과 공유하면 체중 감량이나 콜레스테롤 저하, 혈압 문제를 해결하는 데 도움이 될 것이라고 생각했다. 개인의 건강 기록을 환자에게 알려주고 의료 기록을 의사에게 전달하면 되는 것이었다.

하지만 구글 헬스의 제안은 실제로 효과를 발휘하지 못했다. 에릭 베일리Eric Bailey와 에이미 융만Aimee Jungman, 토머스 서턴Thomas

Sutton은 그 몇 가지 이유를 프로그 디자인Frog Design 사이트인 디자인 마인드Design Mind를 통해 언급했다. 가장 큰 원인은 의료 정보 자체가 사람들에게 큰 의미가 있지 않았다는 것이다. 개인의 의료 기록은 수많은 데이터를 담고 있었다. 그러나 그것만 가지고는 건강을 개선하기 위한 개인의 노력을 끌어내는 식의 강력한 동기부여를 제시하지는 못했다. 한마디로 '내러티브의 틀 짜기'가 결여되어 있기 때문에 효과가 없었던 것이다. 게다가 구글 헬스가 사용하는 기술만으로는 사람들이 자신의 개인적인 질환 기록을 가족이나 친구, 그리고 무엇보다도 동일한 질환을 가진 다른 사람들과 공유할 수 있는 플랫폼을 완성할 수 없었다. 게다가 개인이 가진 의료 기록과 그의 주치의가 보유한 기록이 완전히 통합되지 않아 환자와 의사가 동일한 데이터를 공유하기가 어려웠다. 그리고 기록을 컴퓨터로는 확인할 수 있었지만 스마트폰으로는 해당 정보를 다운로드할 수가 없었다. 그래서 밖에 있으면서 급하게 건강 정보를 알아야 하는 사용자에게 도움을 줄 수가 없었다.

비록 구글 헬스가 시간이 지나면서 더 사회성을 띠고 사용하기 쉬운 앱을 개발했다 하더라도 여전히 중요한 핵심은 놓쳤을 것이다. 보즈워스와 그의 팀원은 사람들이 시작점과 목표점 사이의 차이를 확인하는 것만으로도 충분히 변화를 유도하는 자극제가 될 것이라고 믿었다. 논리적으로 보면 맞는 말이고 효율적인 방법이었다. 하지만 구글 헬스가 간과하고 있는 것이 있었다. 결국 구글 헬스는 기대했던 사용자 수를 기록하는 데 실패했으며 3년 만에 프로그램을 중단해야 했다.

구글이 미처 생각하지 못한 점은 바로 게임이었다.

구글 헬스는 실패로 끝났다. 하지만 보즈워스는 포기하지 않았고, 3년 뒤에 케어스라는 신생 기업을 탄생시켰다. 케어스는 직원의 질병으로 인해 발생하는 기업의 재정적인 지출과 생산성 손실을 고려해 직원의 건강을 진단하고 관리하는 신개념의 의료 정보 프로그램을 제공하는 기업이다. 미국에는 이와 같은 프로그램을 제공하는 신생 기업이 열 몇 군데 있다. 미국 성인 3명 중 1명 이상이 비만이라는 공식 통계가 나왔을 정도로, 질환으로 인한 지출 비용이 갈수록 증가하면서 심각한 문제로 대두되고 있다.

《하버드 매거진Harvard Magazine》에 따르면, 35곳의 기업을 대상으로 10만 명의 직원들이 이미 12주 맞춤형의 케어스 프로그램을 받은 적이 있다(이 프로그램을 신청한 회사는 해마다 직원 1명당 12달러를 지불해야 한다). 전 세계의 다양한 기업에 다니는 8,000명의 직원이 케어스 프로그램에 참여했다. 그중 유명한 건축 회사인 벡텔Bechtel 역시 프로그램에 참여해 직원들의 체중 감량에 성공했다. 케어스는 퀘스트 다이아그노스틱스Quest Diagnostics와 화이자Pfizer, 프로그레스 소프트웨어Progress Software를 대상으로 12주 견본용 프로그램을 실시한 결과, 전체 직원의 70퍼센트가 프로그램 대상자로 등록되었으며, 그중 30~40퍼센트가 매주 게임 뉴스피드news feed에 결과를 게시했다. 체중 감량 소식을 전하는 사람들은 평균 약 2.5킬로그램을 빼는 데 성공했으며, 채소와 과일 위주의 식사를 하는 사람들이 처음에는 전체 수의 37퍼센트였다가 나중에는 73퍼센트로 2배 가까이 증가했다. 대상자의 절반 수가 프로그램에 참여하면서 신체적인 활동량도 더 늘었다고 증언했다.

물론 케어스 프로그램의 더 큰 도전 과제는 사람들이 이 프로그램을 마치 게임을 즐기듯이 장기적으로 이용하는 것이다. 하지만 많은 기업들이 반짝 기회를 노리며 프로그램을 이용했다.

케어스닷컴은 건강을 유지하는 습관을 게임화하는 데 주력했다. 창조적인 개인과 기업들은 사람들이 더 나은 의사 결정을 하고 더 즐겁게 일을 할 수 있도록 동기를 부여하기 위해 게임을 활용하고, 즐거운 놀이처럼 일을 할 수 있는 방법을 찾으려고 애쓴다. 케어스닷컴의 노력도 그런 방법들 가운데 하나로 볼 수 있다. 버진 헬스마일스Virgin HealthMiles(버진 그룹 회장인 리처드 브랜슨Richard Branson은 항상 새로움과 최신 유행의 선두를 달리는 시대를 앞서가는 인물이다)와 레드브릭 헬스 RedBrick Health는 웰빙을 게임의 테마로 설정해 대기업과 여러 기관에서 일하는 조직원들의 건강을 관리하는 대표적인 벤처 기업이다.

이런 기업들이 개발한 프로그램의 공통점은 즐거움과 경쟁의 힘을 최대한 활용할 수 있도록 도와준다는 점이다. 종종 성취하기 어려운 결과물을 산출하는 데 성공할 수 있도록 도와준다. 한번은 누가 결혼한 내 친구에게 만약 남편이 욕실 청소를 적극적으로 하도록 하고 싶다면 욕실 청소용품인 대걸레나 빗자루를 전자 제품으로 바꾸라고 충고했다. 그렇게 하면 남편이 청소를 하기 싫은 잡일로 생각하지 않을 것이라고 했다. 게임을 한다는 마음가짐을 가지면 의욕도 더 높아지게 된다. 이와 같이 자연스럽게 게임을 하듯 프로그램을 하면 체중 감소도 더 쉽게 이뤄진다. 또 게임처럼 만든 학습 프로그램으로 역사를 공부하면 머리에도 더 잘 들어온다. 게임의 힘이 얼마나 위대한지 잘 보여주는 예들이다.

슈퍼베터SuperBetter는 게임 장르를 추가한 가장 창의적인 소셜 게임으로, 베스트셀러 『누구나 게임을 한다Reality Is Broken』의 저자인 제인 맥고니걸Jane McGonigal이 개발했다. 그녀는 게임을 통해 더 좋은 세상을 만들 수 있다고 말하는 선두적인 게임 옹호가다. 슈퍼베터는 사용자가 여러 가지 퀘스트quest를 통과함으로써 개인적으로 설정한 목표를 달성하는 데 필요한 회복력resilience이 생기도록 도와주는 게임이다. 체중 감량, 명상법 배우기, 외상으로부터 치유되기 등 개개인이 설정한 목표도 다양하다. 게임의 힘을 열정적으로 믿으면 지금보다 더 나은 삶을 살 수 있다고 맥고니걸은 말한다. 그러면서도 의무적으로 강요한 '게임화'를 통한 마케팅 기법은 반대한다고 했다. 《뉴욕타임스》 기자 브루스 페일러Bruce Feiler와의 인터뷰에서 맥고니걸은 다음과 같이 말했다. "목표 달성에 대한 의욕이 없는 사람에게 게임으로 동기부여를 해봤자 소용없어요. 사용자가 마음속으로 바라는 것이 있어야만 게임이 그 목표를 달성할 수 있는 역할을 하지, 그렇지 않으면 게임을 한다 해도 효과가 없을 겁니다." 슈퍼베터는 똑똑하게도 사용자가 목표 세팅과 관련된 게임의 레벨을 직접 고를 수 있도록 사이트를 디자인했다. 그래서 어떤 퀘스트부터 시작할 것인지, 사용자의 사기를 높이기 위해 어떤 활동을 하고 주변 친구들이 어떤 도움을 줄 수 있는지와 관련된 카테고리를 직접 선택할 수 있도록 해놓았다.

사용자가 선택할 수 있는 게임을 만든다는 발상은 75년 전에 요한 하위징아가 했던 놀이에 대한 다음과 같은 말과도 맥락을 같이한다. "놀이는 자발적인 활동입니다. …… 이런 자유의 가치를 잘 발휘하면서 놀이 자체가 자연 작용에 의한 추진 단계와 차별화된 독자적인 영역을 구축할 것입니다."

기업이 회사 밖에서 하는 업무 외 활동에 자주 실패하는 이유는 직원들에게 자유가 없기 때문이다. 우리가 진실 게임이나 릴레이 경주를 싫어하는 이유도 마찬가지다. 바로 자유로운 선택에 의해 이뤄지는 게임이 아니기 때문이다. 진짜 놀이는 자발적으로 이뤄지는 것이다. 상사에게 '열린 마인드'를 가진 사람으로 평가받기 위해 게임을 하는 것이라면 그런 압박감을 느끼면서 누가 과연 진정으로 게임을 즐길 수 있겠는가? 게임이란 것은 억지로 떠밀려서 하게 되면 진정한 의미의 성공적인 놀이가 될 수 없다. 신뢰라는 본질적인 요소가 결여되었기 때문이다. 이론상 아무리 재밌어 보이는 게임이라도 별수 없다.

게임을 만드는 플레이어

나 역시 많은 사람들처럼 아침마다 오늘은 뭔가 새로운 소식이 있을까 기대하며 이메일을 열어본다. 친구에게서 온 메시지, 온라인 신문이나 웹사이트에서 발송한 획기적인 뉴스, 온라인 친구들이 보낸 쿨한 트위터 링크 등 종류는 여러 가지다. 또 대폭 할인 판매 셔츠 광고나 최신 유행의 패션 스타일을 찾을 수 있는 쇼핑몰 사이트 길트 Gilt에서 60퍼센트까지 할인을 한다는 광고까지 있다. 여기서 중요한 것은 내가 얼마나 적절하게 대응하느냐이다.

길트에서 쇼핑하는 것은 단순한 거래에 그치지 않는다. 이 사이트에 들어가면 여러 가지 게임의 요소를 만날 수 있다. 먼저, '불확실성'을 들 수 있다. 어떤 상품이 올라올지 미리 알 수 없고, 내가 원하는 상품을 성공적으로 구매할 수 있는지도 확실하지 않아 스릴이 있다. 그다음 '스피드'가 필요하다는 점도 게임과 비슷하다. 빨리 행동으로 옮겨야 원하는 대상을 얻을 수 있다. 이어서 '경쟁'이 필요하다. 베스트 상품은 금방 팔려나가기 때문에 다른 사람들과 무조건 경쟁을 해야 한다. 그뿐만 아니라 이 사이트는 뭔가 배울 점이 있다. 나는 이제 언제 사이트에 접속하는 것이 최상인지 알게 됐다. 그리고 발 빠르게 움직이며 쇼핑을 하는 노하우도 깨닫게 됐다. 그러다 보니 여러 가지 다양한 결과를 얻을 수 있다. 이 옷에서 저 옷으로 금방 넘어가는데 이따금 길트와 자매결연을 맺고 있는 또 다른 커머셜 사이트인 젯세터JetSetter에도 들어가 본다. 가끔은 런던이나 뭄바이에 위치한 멋진 호텔들이 이용 금액을 파격적인 가격에 내놓을 때가 있어서 들어가 꼼꼼히 훑어본다. 길트는 제품을 수시로 바꾸는 경향이 있다. 그래서 소비자 입장에서는 호기심이 생기기 때문에 자발적으로 자주 들어가 쇼핑 놀이를 즐기게 되는 것 같다.

길트는 이처럼 소비자의 기분을 좋게 하는 판타지를 제공한다(물론 나는 길트가 타깃으로 생각하는 사람들처럼 고수입에 경제적으로 매우 여유 있는 부류는 아니다. 실제로 길트에서 구입한 상품도 몇 개 없다). 길트 사이트에 들어가 있는 짧은 시간 동안 나는 마치 하이패션의 스토리를 몸소 느끼는 기분이 든다. 또 상류층이 되어 세계를 여행하는 것 같은 환상에 빠지기도 한다. 아마 다른 사람들도 나와 비슷한 인상을 받았을 것이다. 길트는 창립 이래 빠르게 성장했다. 실제로 2011년에 골드만삭스와 일본 소프트뱅크Softbank의 투자자들로부터 1억 3,800만 달러의 투자를 받았다. 그리고 2012년에는 회사 설립 5년 만에 반짝 세일을 선보여 온라인 소매업 사이트로서는 순이익의 최고치를 달성했다.

세대교체는 창조적 지성을 위한 여러 능력들과 함께 게임의 인기를 확산시키는 주요 원인으로 작용했다. Y세대는 소셜 게임을 하며 성장한 세대들이다. 친구들 또는 익명의 사람들과 함께 온라인상에서 게임을 하고 또 게임을 통해 배우는 학습에 익숙하다. 이들에게 게임은 세상을 이해하고 발견하는 원동력이 된다. 소셜 게임을 즐기며 자란 세대들이 성인이 되어서도 사회적 구조를 게임화하는 경향을 보이는 것은 그리 놀라운 일이 아니다. 반면에 Y세대 이전의 세대는 게임을 배움과 성취의 수단으로 보는 경향이 높다. 그리고 암기나 강요하는 방식보다는 차라리 게임을 통해 학습을 유도하는 편이 더 효과적이라고 생각한다. 그런 의미에서 보면 오늘날 우리는 세대에 상관없이 모두 게임을 생활화하고 있다.

요즘 게임은 예전보다 그 종류가 훨씬 다양해졌고 기능도 복잡해졌다. 그만큼 인기도 훨씬 높아졌다. 팜빌Farm-Ville의 경우, 사용자 수가 최고 수치를 기록했을 때는 8,000만 명 가까이 이 게임을 즐겼다. 또한 그보다 수백만 명이 더 추가된 사용자 수가 월드 오브 워크래프트World of Warcraft에 참여했다. 그들은 대장장이나 광부가 되는 법을 배우며 퀘스트를 통과하고, 용과 적을 물리치며 온라인상의 롤플레잉 게임을 즐긴다. 이제는 게임이 단순히 즐거움을 주는 공간이라는 틀이 완전히 깨졌다. 게임의 역동성은 건강을 개선시키고 새로운 대상을 배울 때도 활용된다. 그뿐만 아니라 물건을 구입할 때도 재미를 가미해 게임을 즐기듯 쇼핑하는 법도 생겨났다. 게임이 어느새 지배적인 사회적 구조의 틀을 형성하게 된 것이다.

당신도 게임의 요소를 빌려와 고객을 모으기 위한 웹사이트를 만들 수 있다. 또는 대형 프로젝트를 잘 마무리할 수 있도록 당신 스스로 아니면 당신의 팀원에게 꾸준히 동기부여를 제공하는 프로그램을 짤 수도 있다. 그렇다면 구체적으로 어떤 게임을 만들어야 할까? 그리고 어디서부터 시작해야 할까?

일단, 플레이어와 함께하라.

광고 회사 R/GA의 CEO이자 CCO(Chief Creative Officer)인 밥 그린 버그Bob Greenberg는 고객인 나이키Nike가 '소셜social'한 광고를 의뢰했을 때, 게임의 플레이어를 가장 먼저 생각해야 한다는 것을 깨달았다. 지식 발굴의 대가 그린버그는 달리기를 할 때 사람들이 무엇을 하는지부터 생각했다. 가장 먼저 떠오른 게 음악 감상이었다. 그렇다면 음악을 들으면서 뛸 때 가장 자연스러운 모습은 어떤 것일까? 사람들이 달리면서 음악을 자주 듣는다는 사실에서 출발해 결국, 2006년에 R/GA는 나이키와 애플의 연계 사업을 추진시켰다. 그래서 나이키 운동화 속에 무선 칩을 장착해 나이키 소비자들이 뛰면서 아이팟으로 음악을 들을 수 있도록 했다. 그리고 달리기에 필요한 정보를 저장하고 걷거나 달린 거리를 확인할 수 있는 시스템도 추가로 만들었다. 또 운동을 하는 동안 소모된 칼로리와 운동 시간도 확인할 수 있게 했다.

여기까지는 시작에 불과했다. 그린버그는 사람들이 달리면서 음악 감상 외에 어떤 것에 열광할지 생각했고 경쟁이라는 답을 떠올렸다. 야구나 여러 운동과 같이 달리기도 기록이 나오는 승부 경기다. 사람들은 자신의 기록뿐만 아니라 함께 뛴 다른 사람의 기록에 대해서도 궁금해 한다. 결국, R/GA는 나이키 운동화를 신고 뛰는 전 세계 사람들이 각자 자신의 달리기 기록을 올리면서 세계인을 상대로 달리기 경주를 할 수 있는 웹사이트를 디자인했다. 그린버그의 의도대로 달리기의 게임화는 성공했다. 사람들은 이 색다른 유형의 달리기 경주를 즐기고 싶어 했다. 달리기는 건강에 좋은 운동이다. 그러나 숨은 노력이 있었기에 이렇게 재미난 달리기 게임이 생긴 것이다. 그린버그의 회사가 제작한 웹사이트 덕분에 나이키는 매출에서 큰 성공을 거두었다. 소비자들과 제품 추종자들이 커뮤니티를 이루어 즐겁고 의미 있는 활동에 참여하는, 일명 '생태계ecosystem'를 강조한 사업 전략은 애플의 사업 전략과도 잘 맞아떨어졌다. 600만이 넘는 숫자가 사이트에 접속해 나이키 운동화를 신고 달리는 전 세계 사람들과 기록 경쟁을 펼친다.

당신이 만든 게임을 사용하는 플레이어가 누구인지를 생각한다면 당신은 게임에 필요한 규칙을 좀 더 수월하게 만들어낼 수 있다.

자신만의 게임 만들기

이 세상에는 수많은 게임이 있다. 게임 디자이너들은 게임을 크게 두 가지로, 즉 단순한 게임과 복잡한 게임으로 구분한다. 단순한 게임의 대표적인 예로 《뉴욕타임스》의 십자말풀이crossword와 같은 퍼즐을 들 수 있다. 플레이어가 어떤 결정을 한다고 해서 결과가 크게 달라질 게 없는 게임이다. 퍼즐은 문제를 해결하는 방식이 간단하다

(하지만 문제를 풀기는 쉬워도 게임을 만드는 과정은 간단하지 않다. 아마 십자말풀이를 직접 만들어본 사람은 내 말에 동의할 것이다). 보통 퍼즐은 혼자 하는 게임이며 해결책, 즉 정답이 하나로 정해져 있게 마련이다.

물론 난이도가 있는 퍼즐은 어렵다. 레벨이 높아질수록 완성하는 데 어려움을 호소한다. 《뉴욕타임스》에 실리는 십자말풀이의 경우, 월요일에는 잽싸게 풀 수 있다. 하지만 토요일에 실리는 것은 다른 날보다 성공 확률이 낮다. 쉬운 게임이든 어려운 게임이든 단순한 유형으로 분류된 게임은 닫힌 시스템을 고집한다. 즉, 플레이어가 다른 사람들과 함께 참여하는 인터랙션이 없다.

반면에 복잡한 게임에는 여러 버전의 스토리가 존재한다. 간단한 방식으로 시작할 수 있고 그 상태를 계속 유지할 수도 있다. 하지만 해결책은 퍼즐보다 덜 무미건조하다. 포커의 경우와 같이 고정된 정답이 없는 것처럼 말이다. 복잡한 게임은 플레이어의 선택에 따라 그다음 결과가 달라진다. 카드와 플레이어 사이에 새로운 정보가 지속적으로 유입된다. 플레이어는 참여자들에게서 정보를 받고 게임 밖에서도 정보를 얻기 때문에 포커와 같은 복잡한 게임은 열린 시스템에 해당된다.

다시 말해 복잡한 게임은 현실의 불확실성, 애매모호함, 변덕을 그대로 반영한 놀이라 할 수 있다. 따라서 복잡한 게임을 잘 이해하면, 즉 게임의 규칙과 반복되는 패턴을 잘 알면 일상생활에서 직면하게 되는 문제를 해결할 때 훌륭한 전략을 세우는 데 도움이 된다.

'몰입' 개념이 그런 것처럼, 복잡한 게임도 겉으로 보기에는 그 게임 자체의 시간과 공간 안에서 존재하는 것처럼 보인다. 즉, 게임의 세계와 일상적인 삶을 영위하는 현실 세계가 분리된 것처럼 느껴진다. 사람들은 반복적인 일상에서 벗어나 휴식을 취하면서 복잡한 게임을 즐긴다. 그러면서 여러 유형의 행동과 기대치, 결과물과 반복되는 의식을 만들어나간다. 복잡한 게임을 시도하는 플레이어라면 게임이 요구하는 일반적인 규칙과 게임이 의도하는 목표에 동의해야 한다. 하지만 목표를 이루는 전략은 변화무쌍하며 역동적인 성격을 띤다. 게임의 최종 결과는 정의하기 나름이지만 모든 사람들이 게임의 시작에 동의할 때부터 이미 게임은 시작된다. 그리고 플레이어들이 게임의 종료를 선언할 때 비로소 게임이 끝난다(게임이 완전히 끝나려면 참가자 모두 게임 종료를 인정해야 한다는 것을 이 세상의 모든 부모들은 누구보다 잘 알 것이다).

복잡한 게임이 가진 매우 흥미로운 특징 가운데 하나는 게임을 즐기면서 학습을 유도할 수 있다는 것이다. 사실, 놀이 즐기기는 진보적인 교육 운동이 선택한 유아 학습 방법론의 핵심적인 키워드라 해도 과언이 아니다. 1840년대 독일에서 '유아의 정원'이란 뜻을 가진 유치원을 처음 만든 프리드리히 프뢰벨Friedrich Froebel은 유아들을 위해 나무로 된 육면체의 블록을 제작해 어린아이들이 블록을 쌓으면서 모양을 완성해나가는 과정을 이해하도록 유도했다. 프뢰벨은 학습과 놀이가 창조적인 활동을 표방할 수 있도록 이 둘을 연결 짓는 교육법을 고안했다.

20세기 초에 진보적인 교육 운동이 확산되면서 몬테소리와 발도르프 스쿨Waldorf school에 의해 'K-12(유치원부터 고등학교까지의 교육 기간)'에 놀이와 게임에 중점을 둔 교육이 실시됐다. 이 두 학교는 산업화 시대가 한창일 때 발달했다. 그래서인지 그 시대의 향수를 느끼게 해주는 장난감들(블록, 보드판, 작은 막대, 구슬, 집게, 상자)에 많이 의존한다. 지금도 나무로 된 단순한 장난감들과 보드게임을 놀이에 사용하는데, 오히려 이 점이 학교를 부각시키는 장점으로 작용한다.

빠르게 성장하는 디지털 시대에 적응하기 위해 몇몇 학교는 소셜 게임을 학습 수단으로 쓰기 시작했다. 2007년에 로드아일랜드 디자인스쿨을 졸업하고 파슨스 디자인스쿨의 변형 미디어 센터Center for Transformative Media의 초기 책임자로 있었던 케이티 살렌Katie Salen은 맥아더 재단의 지원을 받아 미국 국립학교의 6~12학년 교육과정을 위한 게임 기반 학습 프로그램 '퀘스트 투 런Q2L(Quest to Learn)'을 제작했다.

살렌은 5학년 학생들을 대상으로 일주일 동안 위치 기반 게임을 디자인하는 기술을 가르치는 여름 캠프를 주최했다. 캠프가 끝나갈 즈음, 학생들은 디지털을 해석하는 능력, 창조적으로 문제를 해결하는 능력, 컬래버레이션의 능력을 향상시켰다. 또한 학생들은 블루투스Bluetooth를 통해 디지털 아바타를 만들어 다른 사람들과 교류했으며, GPS 태그와 관련된 원인을 알 수 없는 문제들을 해결했다. 또 디지털 게임과 게임기를 직접 만들어 게임을 즐기기도 했다.

성인을 대상으로 한 여름 캠프는 아직까지 없다. 하지만 성인들도 게임 디자인에 필요한 기본적인 사항을 잘 기억한다면 나중에 새 프로젝트를 시작하거나 팀 작업을 할 때, 아니면 해결하기 어려운 중대한 문제를 처리하기 위한 계획을 세울 때 도움이 될 것이다(가령, 게임의 속성을 잘 활용해 아이가 채소를 거부하지 않고 잘 먹을 수 있도록 유도할 수 있다). 또 게임을 통해 사람들의 행동을 변화시키고 원하는 목적을 달성할 수 있는 동기를 부여할 수 있으며, 게임이 어떤 일에 대한 보상이 되기도 한다. 현재 미국 전체 가정의 72퍼센트가 디지털 게임을 한다.

1. 복잡한 게임은 동적이며 적응력을 요구한다

스타크래프트2Star Craft II는 2010년에 가장 많이 팔린 온라인 게임이다. 로드아일랜드의 프로비던스에서 열린 스타크래프트 챔피언십에 전 세계 각지의 플레이어들이 참가했으며, 1등에게는 5만 달러의 상금이 주어졌다. 이 게임은 외관상으로만 보면 꽤 간단해 보인다. 먼저, 플레이어는 테란terran(인간), 저그zerg(곤충 종족), 프로토스protoss(광합성을 하는 외계 생물) 중에 한 종을 선택한다. 그런 다음 자신의 영역을 지키기 위한 전투battle를 시작한다. 플레이어의 결정에 따라 새로운 숙주들이 생겨나기 때문에 플레이어는 적을 상대로 한 전략을 계속해서 바꿔야 한다.

스타크래프트2는 오늘날 우리가 만나는 모든 형태의 조직, 대기업, 신생 기업, 아트 갤러리의 모습을 반영한다. 더불어 개인의 일상도 담고 있다. 맞벌이 부모의 하루 일상을 생각해보면 이해가 될 것이다. 일하는 부모들이 바쁘게 살면서도 늘 변화에 빠르게 적응하는 것은 의사 결정 능력이 있기 때문이다. 그리고 이런 능력은 스타크래프트2에서 이기기 위해 꼭 필요하다. 그런 의미에서 볼 때 속도가 빠른 역동적인 게임을 하는 것은 현실에서의 결정 능력을 기를 수 있는 준비 과정이 될 수 있다. 당신이 실제로 여러 가지 일을 동시에 해야 할 때 우선순위를 결정할 수 있도록 도와주기 때문이다.

2. 복잡한 게임은 확률이 아닌 가능성에 의존한다

자녀와 부모 모두가 무서워하는 것 중 암보다 더 무시무시한 존재는 없다. 그러면서도 우리는 암이 어린이들에게 생길 수 있다고는 거의 생각하지 않는다. 자신의 삶을 스스로 결정하고 싶어 하는 조숙한 아이들도 일단 암이라고 하면 자신감을 잃는다. 10대 청소년들에게 암에 대한 정보를 전달하기 위한 교육의 일환으로 탄생한 게임이 있다. 리−미션Re-Mission이라고 이름 붙인 이 게임은 백혈병, 림프 종양, 육종과 같은 병을 소개하면서 플레이어가 암세포를 죽이는 전투를 통해 암을 치료하는 과정을 그린 의학 게임이다. 게임의 주인공인 여전사 록시Roxxie는 무기를 들고 다니면서 임무를 수행하고 곳곳에 숨어 있는 암세포를 잽싸게 총으로 쏘아 죽인다.

이 게임은 팸 오미디아르Pam Omidyar(이베이의 창립자 피에르 오미디아르의 부인)가 설립한 회사인 호프랩HopeLab에서 개발한 것이다. 나이 어린 암 환자들이 암을 무찌르는 비디오 게임을 하면 투병 생활을 더 잘 견딜 수 있을 것이라는 생각에 동의한 게임 개발자와 게임을 사랑하는 연구가들이 모여 게임을 개발하기 시작했다. 미국 소아과학회에서 발행하는 《피디애트릭스Pediatrics》에 실린 호프랩의 연구 보고서에 따르면, 실제로 게임에 참여한 어린 암 환자들의 치료 효과가 그전보다 눈에 띄게 개선되었다고 전해졌다.

왜냐하면 게임은 현실의 영역을 떠난 범위에 존재하는 만큼 플레이어들에게 현실적으로 불가능해 보이는 일도 가능할 수 있다는 생각을 품게 한다.

3. 복잡한 게임은 스캐폴딩을 활용한다

새로운 정보를 충분히 제공함으로써 플레이어가 레벨을 무사히 통과하고 스스로 의사 결정을 할 수 있도록 해주면서도 게임의 속도감을 떨어트리지 않는 것이 최고의 게임이다. 플레이어는 특정 도구, 무기, 기술을 통해 작은 시련들을 극복하고 나중에 일어날 큰 시련에 대비한다. 살렌은 "게임 디자이너는 훌륭한 교사가 생각하는 것을 생각할 줄 알아야 한다"고 말했다. 교사가 하는 질문을 게임 디자이너도 해야 한다. 플레이어가 도전 과제를 해결하고 목표를 달성하려면 무엇을 알아야 하는지에 대해 의문을 가져야 한다.

혹시 당신이 앵그리 버드Angry Birds 게임을 해본 적이 있는 수백만 명의 플레이어 중 한 사람이라면 스캐폴딩scaffolding이 어떻게 작용하는지 알 것이다. 돼지들이 세워놓은 받침대는 시간이 지날수록 그 구조가 더 복잡해지고 격파하기가 힘들어진다. 다행히도 돼지를 향해 작은 새들이 잘 만든 폭탄을 가지고 날아가거나, 날아가는 패턴을 달리하면서 새롭게 직면한 도전 과제를 푸는 일이 가능해진다. 플레이어는 첫 번째 레벨에서는 여러 종류의 '세계'를 경험하면서 정교한 테크닉을 배우며 그다음에 이어지게 될 어려운 레벨에서 싸울 준비를 미리 한다. 게임을 하면서 시간이 지날수록 배움의 양이 축적된다(그 과정에서 플레이어는 점점 더 짜릿한 경험을 만끽한다).

심시티SimCity는 전 세계적으로 많은 사람들의 사랑을 받은 게임이다. 플레이어가 직접 자신의 도시를 짓는데, 게임을 할수록 게임 내용이 점점 더 복잡해지고 어려운 과제들이 주어진다. 도시를 처음 세우기 시작할 때는 시뮬레이션의 여러 가지 특징을 간과하기 쉽다. 하지만 시간이 지날수록 주의해야 할 부분들이 많아진다. 도시의 오염도를 줄이고 범죄 발생 빈도수를 줄여야 하기 때문이다. 또 택시 요금을 적절하게 조절하고 쓰레기도 처리해야 한다. 사람이 살 수 있는 환경을 유지하려면 신경 써야 하는 도시의 기능이 한두 가지가 아니다.

새로운 것을 창조해야 할 때 우리는 흔히 그 순간을 모면하기 위해 "어떻게 하는지 몰라요"라고 대답한다. 하지만 복잡한 게임을 할 때는 이 말이 통하지 않는다. 게임을 하면서 동시에 게임의 규칙을 터득해나가야 하기 때문이다. 어떤 프로젝트에 참여할 때 당신은 그 과정에서 새로운 기술이나 생각들을 배우고 찾아내어 활용한다. 특히, 중대한 도전 과제를 해결할 때 사용하면 효과적이다. 당신이 일하는 분야든, 학교에서든, 일상생활에서든 당신은 어디에서나 이미 획득한 기술과 지식이 무엇인지 끊임없이 확인하게 마련이다. 이때 당신이 실제로 알고 있는 것이 당신 스스로 인정하는 것보다 훨씬 더 많을 수도 있다.

4. 복잡한 게임은 종종 단순하게 볼 줄 알아야 한다

인간 대 모기Humans vs. Mosquitoes란 이름의 게임은 특별한 장비나 복잡한 규칙, 컴퓨터가 필요 없다. 야외에서도 할 수 있는데, 평평한 곳이면 어디서도 가능하다. 예일 대학과 파슨스 스쿨 출신의 학생들이 제작한 이 게임은 아프리카와 아시아, 라틴아메리카에서 어떻게 하면 뎅기열 전염병을 없앨 수 있는지 아이들에게 알려주기 위한 취지로 만들어졌다. 말라리아처럼 뎅기열도 모기에 의해 전염된다. 그래서 모기가 사람들을 죽이기 전에 모기 알이 있는 번식지를 찾아내 알을 제거해야 한다.

플레이어들은 모기와 인간, 두 팀으로 나뉘는데, 모기는 모기 알로 사용되는 병마개나 자갈과 같은 돌을 얼마간 모아 번식지를 만든다. 그 사이 다른 모기들은 사람들을 공격해 문다. 인간 역할을 맡은 플레이어에게는 모기로부터 몸을 안전하게 보호할 수 있는 블러드 토큰blood token이 주어진다. 인간 역을 맡은 플레이어들은 모기 번식지를 찾아 알을 제거하기 위해 고군분투한다. 수비자와 공격자 역할을 번갈아 선택하면서 게임이 진행된다. 인간 팀이 모기 알을 다 찾아내기 전에 모기 팀이 모든 인간을 물게 되면 모기 팀이 이기는 것이고, 그렇지 않으면 인간 팀이 이긴다. 한 게임당 소요 시간은 15~30분 정도이다.

이 게임은 간단한 게임이다. 굳이 복잡한 게임을 만들지 않아도 아이들에게 얼마든지 귀중한 교훈을 전달할 수 있다는 사실을 깨닫게 하는 훌륭한 표본이 되고 있다.

5. 게임에서 이길 수 없다면 규칙을 바꿔라

1485년 레오나르도 다빈치는 사람의 힘으로 움직이는 비행기를 처음으로 스케치했다. 새의 날개처럼 생긴 비행기를 최초로 그린 사람이 바로 레오나르도 다빈치다. 예술적인 관점에서도 훌륭한 작품이지만 그가 구상한 아이디어에는 게임의 속성도 함께 담겨 있다. 많은 사람들이 수년에 걸쳐 스케치한 비행기를 실제 비행기로 만드는 작업에 참여했다. 1959년 영국의 부유한 사업가 헨리 크레머Henry Kremer는 역사상 최초로 인력으로 작동하는 비행기를 타고 시합을 벌이는 경기를 열었다. 미국의 경영 월간지 《패스트 컴퍼니》에 게재된 아자 라스킨Aza Raskin의 글에 따르면, 크레머가 인력 비행기를 타고 약 800미터 떨어진 곳에 위치한 두 지표 사이를 오가며 8자형으로 비행에 성공하는 최초의 사람에게 5만 파운드(오늘날의 화폐 가치로 따지면 약 130만 달러에 해당하는 금액)를 보상금으로 주겠다고 약속했다. 또 인력 비행기를 타고 최초로 영국 해협을 건너는 사람에게는 10만 파운드(오늘날의 250만 달러에 해당하는 금액)를 주기로 했다.

라스킨이 전하는 내용에 따르면, 그 당시에 사람들은 장거리 운행이 가능한 인력 비행기를 만들기 위해 기존의 미흡한 점을 해결하려고 애썼다. 그러나 비행 테스트를 할 때마다 문제점이 개선되지 않아 애를 먹었다. 또 어떤 비행기는 이륙 후에 몇 백 미터도 못 가 다시 착륙해야 할 정도로 상태가 안 좋았다. 인력 비행기가 그 이상의 거리를 비행하기에는 현실적으로 무리였다.

거의 20년이 지난 뒤에야 비행기의 문제점들이 서서히 보완되기 시작했다. 문제를 단번에 해결할 수는 없었다. 진보란 원래 그런 것이 아닌가? 시간이 걸려야 해결되는 일들이 있는 법이다. 게임도 마찬가지다. 당신은 게임을 하면서 게임에 필요한 규칙들을 익혀나간다. 이런 규칙들은 모델이 되는 원형을 세우는 데 필요하다. 그래서 하나의 원형이 완성되고 난 다음에 새로운 테스트를 시도해 또 다른 원형을 구축해나가면서 결정적인 결과물들을 얻게 되는 것이다.

그런데 항공기 설계자 폴 B. 맥크리디Paul B. MacCready는 게임 자체에 결점이 있다는 것을 알아냈다. 라스킨의 말에 따르면, 인력 비행기를 제작한 다른 경쟁자들이 여러 차례 시행착오를 하고도 별다른 성공을 거두지 못한 데 비해, 맥크리디는 게임의 규칙을 새롭게 짜는 데서부터 다른 경쟁자와 달랐다고 했다. 그는 비행에 성공하는 비행기 모델 제작보다는 시행착오의 과정이 빨리 진행되도록 학습 속도를 가속화시키는 데 중점을 두었다. 1년에 한 대의 비행기를 제작하고 다시 또 만드는 대신, 맥크리디는 불과 몇 시간 만에 새로운 모델을 제작해도 된다고 생각했다. 그는 수시로 구할 수 있는 재료들과 완성된 부품들을 모아 원형 모델을 만들었다. 전기절연 재료인 마일라Mylar와 알루미늄 튜브, 전선, 테이프로 모델을 제작했다. 비행기 한 대를 완성해 단번에 성공하겠다는 작전 대신에, 라스킨의 표현을 빌리면 '실패하고 다시 원상 복귀해서 또 새롭게 시도하기까지의 시간을 단축시키는 방법'을 선택한 것이다.

맥크리디는 하루에 3~4대의 비행기를 공중에 띄웠다. 그의 방식대로라면 여러 대를 빠른 속도로 만들 수 있었기 때문이다. 원형을 만들고 시험하고 그 속에서 새로운 것을 배우고, 다시 새로운 원형을 만드는 과정이 반복됐다. 몇 달, 몇 년에 걸쳐 일어날 일을 맥크리디는 몇 시간, 며칠 안에 가능하게 만들었다. 맥크리디가 새로운 형태의 게임을 만들어낸 것이다. 진행 속도가 빠른 역동적인 게임을 시도함으로써 빨리 배우고 빠른 의사 결정을 할 수 있었다. 변화를 시도하며 새로운 길로 전환하는 속도도 빨라졌다. 결국, 6개월 동안 인력 비행기 프로젝트에 매달린 결과, 맥크리디는 게임의 패러다임을 바꿨고 장거리 비행이 가능한 인력 비행기를 만드는 데 성공했다.

즐기기 : 불확실한 환경에서의 성공 전략

게임을 즐기는 것은 어떤 면에서 보면 우리에게 여러 가지 행동을 요구하는 것처럼 보인다. 하지만 매 순간 우리가 무엇을 할지 배우고 또 배우는 과정이 게임의 묘미다. 어린 시절 우리는 게임을 직접 만들어보기도 하고 뒤뜰이나 침실, 길거리를 운동장 삼아 놀이를 즐겼다. 그리고 누구와 놀이를 할지 (또 누구와 놀이를 하지 않을지) 결정했다. 우리 스스로 규칙을 만들기도 했다. 과학자들과 기술자들이 일하는 연구소든, 열정이 식을 줄 모르는 디자인 스튜디오든, 제품 개발 부서든, 당신은 어디서든 함께 놀이를 할 사람을 찾을 것이다.

살면서 놀이를 많이 하려면 어떻게 해야 될까? 먼저 당신이 미처 깨닫기도 전에 이미 마법 동아리의 회원이 되었을지도 모른다는 생각을 해야 한다. 예를 들면, 독서 클럽만 해도 하위징아가 오래전에 설명한 놀이 공간에 해당한다. 놀이 공간이 완성되려면 함께 시간을 보내며 즐거운 시간을 보낼 팀원이 필요하다. 그리고 함께 미지의 여행을 떠나겠다는 각오와 상대에 대한 신뢰가 바탕이 되어야 한다. 당신은 자신의 개인적인 생각을 있는 그대로 여과 없이 표현할 수 있는 그룹을 원한다. 그리고 상대의 의견에 귀 기울이면 당신도 지금까지 생각하지 못한 아이디어를 발견할 수 있을 것이다.

우리가 일상생활에서 만날 수 있는 독서 클럽 모임뿐 아니라, 축구 애호가들을 위한 축구 연맹, 멀티플레이어 게임장도 모두 놀이 공간이다. 우리가 그렇게 생각하지 않을지도 모르지만 모두 다 성인들을 대상으로 한 새로운 발견의 공간이 될 수 있다. 여러 가지 다양한 활동이 존재한다는 것은 곧 사람들이 자신이 원하는 팀을 고르고 싶어 한다는 것을 보여준다. 때때로 일터에서도 우리는 자신과 맞는 사람과 조화를 이루어 일을 할 때가 있다. 하지만 임의적으로 우연히 형성된 그룹 안에서 혁신적인 결과물을 기대하기란 매우 힘들다. 또한 주변 상황에 따라 개인적인 재능이 세상에 빛을 발하기 어려울 때도 있다. 그 이유는 다양하다. 우선 조직의 구성원이 살아온 환경이 아주 흡사할 때 새로운 것을 발견하는 데 제한이 있다. 또 주어진 역할에 대한 정의가 불확실할 때 사람들은 자신이 생각한 아이디어를 솔직하게 드러내는 데 불편함을 호소한다. 그리고 상대방의 의견에 대해 정직한 비평을 하기가 불편하기 때문에 속마음을 드러내는 것을 꺼리기도 한다.

당신의 창조적인 능력을 향상시키고 싶다면 자신이 속한 틀 밖으로 과감하게 나가는 것이 최선책이다. 그리고 자신과 맞는 파트너나 팀을 찾아야 한다. 나는 기업가들과 대화를 나눌 때마다 매번 대화 주제가 친한 친구에게나 할 것 같은 얘기로 빠지는 경험을 자주 했다. 기업가들 중에 혼자 있으면서 기막힌 아이디어를 떠올리는 사람은 극히 드물었다. 물론 아주 없다는 말은 아니다. 하지만 사회관계를 통해 사람들을 만나면서 아이디어에 대한 영감을 받는 횟수가 훨씬 더 많다는 점을 강조하고 싶다.

업라이트 시티즌스 브리게이드Upright Citizens Brigade 극단을 창립해 열성 팬을 확보한 네 명의 초기 멤버들도 이 점에 대해 동의했다. 1996년 이 네 사람은 시카고를 떠나 뉴욕으로 건너가 이들만의 색깔이 담긴 즉흥 연기와 스케치 쇼를 선보였다. 그리고 2011년 극단의 예술 감독인 존 프루시안테John Frusciante와 무대 지도 감독인 윌 하인스Will Hines는 한 인터뷰에서 이안 로버츠Ian Roberts가 업라이트 시티즌스 브리게이드 극단을 설립한 네 멤버들(로버츠를 포함해 에이미 폴러Amy Poehler, 맷 월시Matt Walsh, 그리고 맷 베세Matt Besser)이 초반에 활동하는 동안 아무도 극단을 떠나지 않도록 연극 활동 외에 다른 직업을 갖지 않기로 굳게 약속했다고 말했다. 그 결과 업라이트 시티즌스 브리게이드만의 독창적인 스타일의 스케치 쇼가 탄생했다. 극단은 최고의 배우만을 골라 정식 팀원으로 캐스팅했다. 로버츠는 이렇게 말했다. "최고의 스케치 쇼는 우리가 함께 있음으로 얻어진 조화로운 결과였어요. 그때 우리가 받은 인상이 그랬고 저는 지금도 그렇게 느껴요." 업라이트 시티즌스 브리게이드 극단의 전략은 큰 성공을 거두었다. 초기 네 멤버는 코미디 센트럴Comedy Central 채널을 위한 TV 쇼도 만들어 당대의 고전적인 코미디 문화를 만들었다. 그 결과, 오늘날 이름을 들으면 다 아는 유명한 코디미언을 배출한 트레이닝 프로그램도 제작해 사람들의 인기를 한 몸에 받았다. 그들이 낳은 스타로는 영화 〈앵커맨Anchorman〉을 감독한 애덤 맥케이Adam McKay, '새터데이 나이트 라이브Saturday Night Live'의 호라시오 산츠

Horatio Sanz, 영화 〈행오버Hangover〉에 출연한 에드 헬름스Ed Helms, 그리고 전도유망한 연기자로 혜성처럼 떠오른 도널드 글로버Donald Glover, 엘리 켐퍼Ellie Kemper, 보비 모이니핸Bobby Moynihan이 있다.

당신이 혼자서 창조적인 프로젝트(책, 앨범, 블로그)를 만든 다음 주변 팀원들에게 피드백을 요청하든, 아니면 파트너와 함께 더 큰 규모의 프로젝트를 구상하든, 당신의 창조적인 능력을 현실화시키는 지름길은 당신과 잘 맞는 팀원을 찾는 것이다. 당신은 집과 일터에서 '누구와 함께 게임을 할 것인지' 스스로 결정해야 한다. 당신의 창조성에 불을 지필 수 있는 사람이 더 필요한 것은 아닌지 생각해보라. 당신에게 부족한 기술이 있다면 무엇인지, 당신의 부족한 점을 다른 사람을 통해 채울 수 있는지 잘 고려해야 한다. 예를 들면, 자금 지원의 원천을 잘 찾는 사람이 필요한지도 생각해야 한다. 아니면 물적 유통의 종합적 시스템을 잘 알아서 당신의 아이디어를 현실로 실행하는 데 도움을 줄 사람이 누구인지도 찾아야 한다.

우리는 '우연한 발견'과 같은 이야기를 좋아한다. 우리도 그런 사람처럼 자신과 잘 맞는 적절한 파트너를 만난다면 좋겠지만 그렇지 못할 바에는 우리와 잘 맞는 적절한 사람을 찾는 일에 열중해야 한다. 마음을 열고 신뢰할 수 없는 이방인과 어떻게 놀이를 즐길 수 있겠는가! 그럴 수는 없다.

기업들은 회사를 구성하는 팀원들을 잘 관리하기 위해 무엇을 하면 될까? 직원을 채용할 때 팀원들과의 조화까지 세심하게 고려하는 회사는 매우 드물다. 회사는 가장 똑똑한 사람, 해당 직무에 가장 잘 맞는 '최고의' 직원을 뽑으려고만 하지 다른 직원들과 조화를 이룰 수 있는 팀원을 뽑아야 한다는 생각을 거의 하지 않는다. 그러나 내가 알고 있는 기술 및 미디어 신생 기업들의 경우, 기존의 회사와 차별화된 전략을 시도하는 분위기가 빠르게 확산되고 있다. 그들은 입사 지원자들이 직원들과 잘 어울려 일을 할 수 있을지를 확인했다. 창조성은 대부분 한 개인의 노력으로 완성되기보다는 여러 사람의 사회적인 유대 관계에 좌우된다. 이런 특징을 염두에 둔 전략이야말로 대규모 기업들이 놓치지 말아야 할 부분이다.

인도와 중국에 혁신적인 아이디어를 아웃소싱하는 기업 수가 점점 늘고 있다. 과학자와 기술자들의 연구 비용을 절약하기 위한 것도 있지만, 이런 선택은 사내 조직의 창조성을 죽이는 지름길이다. 24시간, 일주일 내내 쉬지 않고 아이디어를 창출하는 전략을 세운 기업들이라면 이제는 새로운 연구실 환경을 조성하는 데 신경을 더 써야 한다. 그래야 회사의 혁신성이 자발적으로 싹틀 수 있게 된다. 기업들이 본사 말고 외국에 연구소를 만드는 이유는 여러 가지다. 단순히 비용 절감 때문이라면 굳이 해외 연구소를 만들 필요가 없다. '이노베이션 짐'은 기업의 연구 환경을 최적화하기 위한 여러 가지 노력 중의 하나라고 나는 생각한다. 그러나 사내의 풍부한 가능성을 생각하지 않은 '이노베이션 짐'은 사람들이 모여 좋은 연구 성과에 대해 수다를 떨면서 시간을 보내는 헬스장에 지나지 않는다. 새로운 것을 배우고 실력을 인정받은 전문가들을 영입해 훈련을 쌓는 기회가 주어져야 진정한 의미의 '이노베이션 짐'이 될 수 있다. 사람들이 한자리에 모여 혁신에 대해 얘기하는 것도 물론 하나의 조건이 되지만, 추상적인 아이디어를 현실로 이뤄지게 하려면 객관적인 지식과 장비가 갖추어져야 한다.

　게임을 변화의 수단으로 잘 활용해야 그것이 진지한 놀이가 된다. 우리가 진지한 게임을 하는 것도 변화를 추구하기 위한 하나의 방법이다. 게임을 통해 우리는 자신의 한계를 알게 되고, 게임을 원동력 삼아 그 한계를 극복해 그 너머의 경지에 도달하려고 한다. 일터에서 새로운 도전 과제에 직면할 때 당신은 게임을 할 때처럼 새로운 틀 짜기를 시도하게 될 것이다. 만약 당신이 그전에 해본 적이 없다는 이유로 어떤 과제를 다음으로 미룬다면 지금부터 내가 하는 말을 명심해야 할 것이다. 복잡한 게임은 규칙을 친절하게 설명해준 지침서 없이 시작한다. 게임을 하는 과정을 통해 배우는 것이다. 우리가 인생을 살면서 겪게 되는 위대한 도전도 마찬가지다. 작가는 책상 앞에 앉아 글을 쓰기 전까지 소설을 어떻게 쓰는지 모르는 법이다. 기업가도 회사를 세우기 전까지는 창업하는 법을 안다고 말할 수 없다. 물론 우리 주변에는 여러 가지 기술을 자세하게 설명해놓은 책과 이론서들이 널려 있다. 경영과 금융 분야와 관련된 전문 서적 역시 셀 수 없이 많다. 하지만 당신이 그 분야에 직접 뛰어들어 몸으로 경험하기 전까지는 온전히 자기의 지식과 기술이 될 수 없다. 그런 면에서 볼 때, 게임은 우리를 강하게 단련시켜주는 훌륭한 훈련소와 같다. 우리가 배움의 길에 들어설 자세가 되어 있다고 느끼기 전에 일단 직접 현장에 뛰어들어 도전해볼 수 있는 기회를 제공해주기 때문이다.

게임의 요소를 회사의 문화와 자산으로 만들고 싶어 하는 기업들은 꼭 게임의 주인공인 플레이어들을 가장 먼저 생각해야 한다. 그린버그가 나이키 운동화를 신고 달리기를 하는 소비자들을 위한 새로운 사이트를 만들었을 때, 플레이어들이 원하는 것이 무엇인지에 초점을 맞춰 게임을 만들었던 것처럼 해야 한다. 당신도 외관상 멋있어 보이고 구조가 정교한 슈팅 게임(대표적인 예로 많은 사람들의 사랑을 받고 있는 '콜 오브 듀티Call of Duty'와 같은 비디오 게임)을 만들 수 있다. 그러나 당신이 타깃 대상으로 정한 플레이어가 판타지에 가까운 폭력을 좋아하지 않는다면 당신이 계획한 게임은 세상 사람들이 시작도 하기 전에 막을 내리게 될 것이다.

6장

만들기

2012년 5월 22일, 새벽 3시 44분 플로리다 주의 케이프 커내버럴 Cape Canaveral에서 다단계 로켓이 발사됐다. 어두컴컴한 하늘이 환해지면서 팰컨 9호가 빛줄기를 내뿜으며 하늘 높이 솟아올랐다. 몇 분 후에 우주 비행 해설자가 로켓이 재해 발생 가능성이 있는 첫 번째 구역을 통과했다고 발표했다. 이때 1단 로켓이 2단 로켓과 성공적으로 분리됐다. 다시 몇 분이 흐른 뒤 로켓 꼭대기에 있던 드래건 캡슐Dragon capsule이 2단 로켓에서 완전히 분리됨으로써 두 번째 발생 가능한 위기도 피했다. 드래건 캡슐은 자유의 몸이 되었지만 에너지를 공급받지 못했다. 그래서 태양 전지판이 펼쳐져 캡슐에 에너지를 공급함으로써 마지막 위험의 순간도 무사히 통과할 수 있었다.

로켓 발사 다음 날 450킬로그램가량의 물품을 실은 드래건 캡슐이 국제우주정거장에 도착했다. 지구 주위의 궤도를 따라 이동한 것이었다. 드래건 캡슐이 정거장에 다다르자 정거장의 원격 조정 장치인 기계 팔이 길게 확장되면서 캡슐을 안착시켰다. 몇 시간 후, 우주 비행사들이 캡슐에 있는 짐을 실어 내렸다. 민간 화물 우주선 로켓에서 분리된 드래건 캡슐이 성공적으로 임무를 달성하는 순간이었다.

스푸트니크Sputnik 호가 발사된 시대를 살았던 나는 로켓이 우주를 향해 날아가는 장면을 보는 순간 소름 끼치는 전율을 느꼈다. 소방관이 장래 희망이었던 시절이 있기 전에 내 꿈은 우주 비행사였다. 1960년대 나사NASA에서 개발한 새턴Saturn 로켓이 달을 향해 발사되는 장면을 하나도 놓치지 않고 보았다. 1970년대에 우주 왕복선이 생기면서 왕복선이 지구를 떠나 우주로 날아가는 모습도 목격했다. 내게 우주 비행은 언제나 최고의 도전 과제였다. 지구를 벗어나 자유의 몸이 되어 우주를 탐사하는 모습이라니, 얼마나 멋진가!

나는 팰컨 9호가 케이프 커내버럴의 공군기지에서 이륙하는 장면을 녹화한 비디오를 몇 번이고 되돌려 반복해서 보았다. 그때마다 팰컨 9호의 비상을 알리는 사람의 목소리가 내 귓가에 선명하게 들렸다. 내가 어렸을 때 들었던 나사 소속 직원의 목소리보다 더 젊은 남자의 음성이었다. 최초의 여자 우주 비행사들도 있었다. 미국 우주선에는 늘 남자들만 있는 줄 알았는데 그게 아니었다. 여자 목소리가 들렸을 때 갑자기 흥분이 되기 시작했다. 우주선 발사 초기부터 그때까지 우주여행에 많은 변화가 있었다는 것이 실감되는 순간이었다. 사실 팰컨 9호는 나사에 소속된 미국 정부 우주선은 아니었다. 닷컴 회사로 억만장자가 된 민간 기업이 개발한 발사체였다.

많은 사람들이 페이팔PayPal의 공동 설립자인 엘론 머스크의 이름을 들어봤을 것이다. 페이팔은 오늘날 온라인 결제 수단의 중추적인 역할을 하는 결제 거래 서비스를 제공하는 회사로, 개인과 개인이 일대일로 결제하고 거래하는 인터넷 전자 상거래 시스템을 구축했다. 페이팔을 이용하지 않을 경우, 이베이와 아마존 사이트에 들어가 온라인으로 상품을 구매할 때마다 매번 카드 결제나 수표, 현금을 지불해야 했을 것이다. 머스크는 자신의 회사인 엑스닷컴X.com을 또 다른 온라인 결제 서비스 회사인 컨피니티Confinity와 합병하면서 페이팔을 설립하게 됐다. 페이팔은 닷컴 회사들이 유행처럼 생기면서 전반적인 상황이 별로 좋지 않을 때 생겨났다. 그러다가 2002년에 이베이가 고객의 절반가량이 페이팔을 사용하자 머스크의 회사인 페이팔을 15억 달러 상당의 주식으로 매입했다.

디지털 경제 시대에 접어들면서 많은 기업가들이 그전에 경험하지 못한 놀라운 성공을 거두었다. 특히 전자 상거래 회사를 세운 머스크는 신화적인 인물이 됐다. 그는 실리콘밸리에 들어가 성공한 기업가들이 걸어온 길, 그러니까 벤처 자본가가 되어 디지털 시대에 맞는 신생 기업 창립에 투자를 하는 것으로 만족하지 않았다. 머스크는 다른 기업가들과는 다른 길을 걸어갔다.

2002년 머스크는 우주 항공 프로젝트를 실시하기 위해 스페이스 엑스라는 회사를 창업해 회사의 CEO가 되었고 총괄 디자인을 맡았다. 이 민간 기업은 캘리포니아에 자체 공장을 세워 로켓을 디자인하고 생산했다. 그 결과, 스페이스엑스에서 제작한 팰컨 9호는 나사의 우주 왕복선을 대신해 국제우주정거장에 물건을 납품하는 최초의 민간 로켓으로 자리매김됐다.

그러나 머스크는 거기서 멈추지 않았다. 1년 후 그는 다시 창업을 계획했고, 자동차 제조 회사 테슬라 모터스Tesla Motors를 설립했다. 21세기를 맞이해 머스크는 전기로만 움직이는 차를 만들기로 결심했다. 그래서 디트로이트와 스탠퍼드 대학에서 멀지 않은 팰로 앨토에서 본격적으로 사업을 시작했다. 2007년 테슬라 모터스는 문이 2개인 자동차 로드스터Roadster를 생산하는 제조 라인을 처음으로 완성했는데, 1대당 가격이 10만 9,000달러였다.

당신은 머스크가 민간 기업으로서는 최초로 상업용 로켓을 국제우주정거장까지 올려 보낸 것을 가장 훌륭한 업적으로 여길 것이라고 으레 짐작할 것이다. 그러나 실제로 머스크가 자신의 성공담을 얘기할 때 가장 흥분되는 순간은 따로 있었다. 회사가 개발한 제품을 생산하기 전에 마지막으로 안전 점검을 받는 한 주가 가장 짜릿한 순간이라고 그는 말했다. 5년 동안의 준비 과정을 거쳐 테슬라 모터스가 처음으로 문이 4개인 세단 전기차를 대량생산하는 순간을 맞이했다. 캘리포니아에 위치한 오래된 공장에서 제조 공정 라인 허가를 승

인받은 이 세단 전기차 1대의 가격은 놀랍게도 단지 5만 달러였다.

그것은 어쩌면 미국 문화에서 변화의 시작을 알리는 것이었을 수도 있다. 엘론 머스크의 여정은 '만들기'가 중심이 된 시대로의 회귀를 지향했다.

'만들기'의 르네상스

대공황이 시작된 이래 2007년 또다시 미국에 금융 위기가 발생하기 전까지 미국 전체 기업의 총 수익의 41퍼센트가 월스트리트에 위치한 투자은행, 상업은행, 그 외의 금융기관에 투자됐다. 놀라운 수치였다. 인류 역사상 미국 은행이 자국 기업 자산의 절반에 가까운 자본을 보유한 적은 한 번도 없었다. 하지만 이제는 달라졌다. 은행이 기업을 지원하고 또 '진짜' 경제를 이끄는 주인공이 된 것이다. 21세기가 시작되고 처음 10년 동안 금융계는 단순히 기업 투자를 활성화시키는 연료 역할을 하는 것에 그치지 않았다. 더 나아가 엔진, 변속 레버의 역할을 할 뿐만 아니라 전체 경제 시장의 방향을 좌지우지하는 핸들의 역할까지 겸했다.

그러다 보니 명석한 두뇌를 가진 똑똑한 젊은이들이 돈이 모여 있는 주식시장으로 몰려드는 것은 지극히 자연스러운 현상이 됐다. 1960년대~1970년대만 해도 비즈니스 스쿨을 졸업한 학생들 대부분이 소매업이나 제조업을 비롯한 미국 경제의 주요 소득원인 산업 분야에 진출했다. 그러나 20세기가 끝날 무렵부터 하버드, 스탠퍼드, 컬럼비아, 와튼, 시카고의 유명한 비즈니스 스쿨 졸업생의 3분의 2가 금융 컨설팅 분야에 취직했다.

잘나가는 은행가들은 어마어마한 돈을 받고 일을 한다. 아이비리그 대학 출신의 똑똑한 은행가들의 첫 월급은 평균 20만~30만 달러에 이르며, 매년 수차례 두둑한 보너스까지 챙긴다. 이들은 수학 모델을 공식처럼 적용해 일반 사람은 결코 이해할 수 없는 난해한 공식으로 세분화된 모기지mortgage를 비롯한 여러 유형의 대출과 관련된 금융 상품을 소개한다. 소위 월스트리트의 마법사로 불리는 펀드 매니저들이 만든 상품 유형은 그 구조가 매우 복잡하다. 그래서 은행의 CEO들도 잘 모를 뿐만 아니라 그 상품이 실질적으로 얼마나 가치 있는지도 모르는 경우가 허다하다. 하지만 우리는 그런 상품들이 세계경제에 어떤 파장을 일으켰는지는 잘 알고 있다.

물론 우리도 처음부터 그럴 것이라고는 예상하지 못했다. 사람들이 점점 금융과 상거래 전문가들을 신뢰하면서 신경제New Economy의 시대가 본격적으로 모습을 드러내기 시작했다. 《비즈니스 위크》도 2000년에 신경제를 주요 이슈로 다루었으며, 테크놀로지, 금융, 전략, 컨설팅, 세일즈, 서비스, 경험의 중요성을 예찬했다. 그러면서 제조업 부문이 해외로 이전되고 고난이도의 부가가치 정보 활동에 집중했다. 손을 쓰는 것이 아니라 머리를 쓰는 것이 경제는 물론 사회의 높은 진화 단계로 여겨졌다. 그리고 후자가 월급 면에서도 훨씬 쏠쏠했고, 사람들은 '손을 더럽히지 않는 일'을 더 선호하게 됐다. 그러다 보니 오하이오 주와 미시간 주의 공장들이 하나둘 문을 닫게 되었고, 서비스 위주의 산업이 확산되면서 모든 인력이 서비스업에 집중되는 결과를 낳았다.

물론 그전부터 세계화의 물결에 반대하는 신호는 있었다. 노동자 조합은 공장들이 문을 닫는 것에 격렬하게 반대하며 항의했다. 또 인권 보호 운동가들은 저렴한 인건비가 야기하는 어두운 측면에 대해 걱정하며 쓴소리를 냈다. 미국과 세계 각지에서 이와 관련된 시위와 집회가 일어나기도 했다. 시애틀에서는 자유무역에 반대하는 사람들이 대규모의 격렬한 시위를 벌였다. 기업들이 지속 가능한 경영 실무를 추구하고 생산지를 현지로 선택하며 초반에 신기술을 도입한다 하더라도, 어쨌든 아웃소싱은 회사를 경영하는 데 필요한 주요 전략에서 빠지지 않았다.

나중에는 아웃소싱의 영역이 더욱 확장되어 화이트칼라의 사무직까지 아웃소싱 대상이 됐다. 기술과 소프트웨어 개발 업무를 인도에서 아웃소싱하는가 하면 회계, 법, 건축, 디자인 업무까지도 위탁하는 상황에까지 이르렀다. 아울러 정보 기술이나 금융과 관련된 수백, 수천의 서비스 직종까지도 방갈로르나 마닐라와 같은 해외로 이전됐다. 제조업과 서비스 분야가 다 함께 피를 흘리고 나서야 화이트칼라와 블루칼라의 이해관계 당사자들은 공동의 목표를 찾았다.

　미국인들은 경기 침체가 어떤 영향을 미치는지 생생하게 피부로 느낀 사람들이다. 신경제가 소수의 엘리트 계층에게 과도한 혜택을 주는 바람에 계층 간의 불균형이 심화됐다. 심지어 미국의 다수를 이루던 중산층의 생활마저 궁핍해지면서 많은 수가 하류층으로 전락하고 말았다. 1920년대 대공황 이후 이보다 더 심한 부익부 빈익빈 현상을 경험한 적이 없을 정도로 미국의 경제 상황이 최악에 이르렀다. 마침내 사람들은 월가 시위를 벌였고 "우리는 상위 1퍼센트를 뺀 나머지 99퍼센트다!"라는 의미심장한 슬로건을 내세우면서 변화의 필요성을 강력하게 호소했다. 티 파티와 월가 시위가 공공연히 부르짖은 공공의 적은 바로 '패거리 자본주의Crony Capitalism'라 할 수 있었다. 그렇게라도 해서 아메리칸 드림의 거품을 걷어버리고 새로운 변화를 추구하려고 했다.

　신경제의 바람이 최고 절정에 이르렀을 때, 이미 세계 곳곳에서는 그와 병행할 수 있는 대안을 생각하고 행동으로 옮기려는 움직임이 꿈틀대고 있었다. 앨리스 워터스Alice Waters는 획기적인 개념의 유기농 레스토랑 셰 파니스Chez Panisse를 열었다. 현지에서 생산한 음식으로만 요리를 한 식당을 여는 것이 그녀의 창업 아이디어였다. 그리고 40년이 지난 지금 셰 파니스는 세계적으로 유명한 레스토랑이 됐다. 본점이 버클리에 있으며 지금도 도시에서 몇 킬로미터 떨어지지 않은 곳에서 생산된 재료로 요리를 만드는 것을 원칙으로 하고 있다. 그리고 지금은 셰 파니스를 모델로 삼아 현지에서 생산된 재료를 쓰는 레스토랑이 셀 수 없을 정도로 늘었다. 시카고나 보스턴은 물론 포틀랜드와 신시내티, 로스앤젤레스 등 미국 전역에 퍼져 있다. 또한 수공예도 다시 인기몰이에 한창이다. 엣시와 같은 온라인 전자 상거래 회사의 인기가 말해주듯 어쩌면 수공예의 인기는 예전부터 죽지 않고 계속 이어져왔던 것일지도 모른다.

Y세대가 애플이 제공한 디지털 기기를 통해 무언가를 제작하는 것은 매우 중요한 만들기 활동에 해당한다. 손으로 직접 제본한 책을 만드는 것에서부터 독립적으로 웹사이트에 시리즈물을 제작해 올리는 등 다양한 만들기가 가능해졌다. 게다가 디지털 기기를 사용하는 법이 비교적 쉬운 편이어서 사용자들은 자신이 '창작 활동', '만들기'를 한다는 생각을 하지 못한다. 그만큼 방법이 간단하기 때문이다. 하지만 디지털 기기로 무언가를 배우고 자기 것으로 만든다는 것은 분명 창작 행위, 만들기 과정에 해당된다. 디지털 기기의 탄생이 본격화된 초기 10년이 지나면서 2차원 디지털 기기에 이어 3차원의 입체 프린터가 출시됐다. 이 입체 인쇄기는 가격대도 기존 모델과 크게 차이 나지 않았고 사용법도 2차원 기기만큼이나 쉬웠다. 이제 이 3D 프린터로 여러 대상을 입체적으로 인쇄할 수 있게 됐다. 다양한 종류의 금속과 플라스틱 소재를 이용해 문의 경첩과 손잡이에서 보석과 장난감까지 입체적으로 복제한 결과물을 얻을 수 있는 세상이 된 것이다. 또한 미국의 장비 대여 업체인 테크숍TechShop에 100달러를 내고 매달 회원으로 등록하면 여러 도시에 위치한 테크숍을 찾아가 필

요한 장비를 빌릴 수 있다. 그리고 저녁이나 주말마다 바느질, 목재 절단, 기계 다루는 법, 3D 프린터 사용법에 대한 수업을 들을 수도 있다.

새로운 화두로 부상한 '메이커 운동maker movement'은 다소 이질적인 내용들이 혼합되어 있어서 전반적인 유행의 흐름을 까딱하면 놓치기 십상이다. 많은 사람들이 'DIY 운동'이라고 하면 가정에서 직접 가구를 만들고, 집 구조를 식구들이 리모델링하거나 자기만의 개성이 담긴 멋진 옷을 만드는 것이라고 생각한다. 하지만 그게 전부가 아니다. 전통적인 예술의 형태가 다시 태어나는 진짜 르네상스를 경험하는 활동이 'DIY 운동'이다. 특히 위빙weaving이라고 하는 직접 천을 짜는 방식이 다시 크게 유행하면서 바구니와 덮개를 만들 때 위빙을 이용하는 사람들이 점점 늘고 있다. 실제로 미국 예술품 대회나 산타페에서 매년 열리는 인디언 마켓, 피닉스에서 열리는 허드 마켓Heard Market에 출품된 위빙으로 제작된 값진 수공예품 수가 예전보다 크게 늘었다.

2005년에 처음 출간된 잡지 《메이크Make》는 새로운 것을 창조하는 데 관심이 있는 사람들로 구성된 커뮤니티를 돕기 위한 온라인 도구를 제공하고 있으며, 2006년에 처음 개최된 메이커 페어Maker Faire에 스폰서로 후원을 하기도 했다. 메이커 페어는 지방의 농산물 품평회나 가축 품평회처럼 전통적인 방식을 그대로 답습했다. 다만 그해 최고의 소와 버터를 엄선하는 대신 기발한 아이디어가 돋보이

는 창작물(바이오 연료 펌프에서 불을 내뿜는 로봇까지)을 만든 메이커에게
상을 주었다. 《메이크》는 메이커 페어의 개최 목적이 '예술, 수공예,
기술, 과학 프로젝트, 그리고 DIY의 마인드'를 지향하기 위해서라고
강조했다. 오늘날에는 미국 전역에서 메이커 페어가 열리고 있다. 수
많은 가족들이 참여해 자녀들이 직접 만든 발명품을 사람들에게 소
개한다(자녀뿐만 아니라 부모가 직접 개발한 물건도 선보일 수 있다).

디지털 세계에서 해킹이란 단어는 새로운 의미를 추가로 얻었다.
컴퓨터 시스템을 파괴하고 정보를 훔치거나 바이러스를 퍼트리는 것
만이 해킹이 아니다. 많은 이에게 이제 해킹은 컴퓨터를 잘 다루어
대상의 질을 향상시키는 것을 의미한다. 한 예로 인스타그램 사용자
들은 자신의 사진을 말 그대로 '해킹'한다. 사진의 정보를 조작해 다
른 스타일로 변경하거나 더 흥미로운 사진으로 조작한다(그리고 다른
사람과 그 사진을 공유할 수도 있다). 심지어 생물학적 연구를 시도하는
'바이오 해커bio-hacker'까지 등장할 정도다. 이들은 생명체의 DNA를
복제할 수 있는 기계를 개인적으로 구입한 다음 새로운 형태의 생명
체를 탄생시키기 위해 유전자 조작을 시도한다.

새로운 메이커 문화가 형성되게 된 가장 중요한 원동력은 아마 인
구통계학적인 속성과 관계가 깊다. 냉전 시대를 겪어야 했던 베이비
부머 시대는 '철의 장막'으로 표현할 정도로 폐쇄적인 시대를 경험했
다. 그리고 베를린 장벽이 무너지는 모습을 본 동시대 사람들이며,
동유럽과 중국이 새로운 희망을 품고 급부상한 시대도 겪었다. 그

후, 세계화 바람이 불기 시작하면서 소비자들은 전 세계의 다양한 기호를 느낄 수 있는 상품에 열광했다. 또 기업들은 세계로 확산되는 국제시장을 기업 성장의 발판이 될 수 있는 전략적 무대로 삼았다.

그에 반해 Y세대는 세계화의 부정적인 면에 더 주목했다. 자신에게 명예로움을 선사하지도 않는 대기업에 자신의 인생을 거는 것에 대한 확신이 없었다. 또한 회사의 아웃소싱 전략이 지속될 경우 Y세대의 직장인들이 자신의 자리를 안전하게 지키며 승진을 한다는 보장도 불투명했다. 가진 자와 못 가진 자의 차별화된 간극도 좁아질 기미가 없었다. 현실적인 여건을 감안했을 때 Y세대는 자기들만의 방식으로 혁신의 길을 걸어갈 수밖에 없었다.

Y세대에게 적극적인 참여 활동은 그들만의 고유한 문화와 행복을 추구하는 데 큰 도움이 된다. 베이비부머 세대는 TV 앞에 앉아 새로운 소식을 듣고 오락 프로그램을 즐기는 것에서 행복감을 느끼겠지만 그들의 자녀와 손자 세대는 그렇지 않다. 이들은 자기 스스로 무언가를 만들고 싶어 하는 열망이 가득한 세대이다. 물론 Y세대들도 TV를 보기는 한다. 하지만 이들이 주로 보는 영상은 디지털 비디오 DV이다. 자기가 원하는 시간대에 원하는 프로를 골라 볼 수 있어서다. 또 TV 화면 앞에 있는 시간보다 컴퓨터 '안에서' 보내는 시간이 훨씬 길다(여기서 컴퓨터 '앞에서'가 아니라는 점이 중요하다). Y세대는 컴퓨터 앞에 앉아서 유튜브에 올릴 짧은 영상을 만들거나 친구와 채팅을 한다. 아니면 사진을 찍거나 플리커나 인스타그램 페이지에 접속해

사진을 올린다. 이들은 미디어 활동에 수동적이지 않고 직접 참여하는 적극성을 보인다.

또한 이 세대는 진정성을 찾는 세대이기도 하다. 하루에도 수많은 광고에 노출된 생활을 하며 가상의 디지털 세계를 보고 들으며 자랐다. 그래서인지 Y세대는 '리얼real'한 것에 높은 점수를 주는 경향이 있다. 또 레코드판으로 음악을 듣는 복고풍의 음악 감상이 다시 인기를 끄는 것만 봐도 알 수 있다. 아이튠즈로 듣는 음악보다 소리의 울림이 더 깊이가 있고 소리가 더 풍부하다는 이유에서다. 2011년에 미국 음반계의 레코드판 앨범 판매량이 400만 장에 이르렀다. 1993년의 30만 장과 비교하면 놀라운 변화다. 라디오헤드Radiohead에서 아델Adele, 본 아이버Bon Iver, 블랙 키스Black Keys에 이르기까지 여러 음악가들이 새 앨범을 발매하고, 너바나Nirvana와 메탈리카Metallica와 같은 고전적인 앨범의 판매량도 이전보다 더 늘어났다. 지난 3년 동안 가장 많이 팔린 앨범이 무엇인지 아는가? 바로 비틀스의 「애비 로드Abbey Road」이다.

패스트푸드 세대지만 음식에서도 진정성을 찾기는 마찬가지다. 거주지에서 가까운 농장에서 생산한 유기농 채소와 육류를 좋아하는 것은 Y세대라고 예외는 아니다. 당신이 먹는 요리의 재료가 되는 채소를 재배하고 동물을 잡는 사람이 누구인지 아는 것, 당신이 쓰는 캐비닛을 누가 시중에 있는 재료로 제작한 것인지 아는 것만으로도 신나는 일이 아닌가! 물론, 그 일을 당신이 직접 한다면 더 신날 것이다.

요즘에는 수공업으로 만든 맥주나 보드카, 집 부근 농장에서 가져온 유기농 식품이 사람들의 상상력을 자극하며 흥미를 유발한다. 국제적인 대기업에 취직해 일하는 것보다 자기가 직접 회사를 차리는 창업도 각자 자신의 상상력을 구체화시키는 길이 될 것이다. 젊은이들의 주된 화두는 바로 '쿨한 것'이다. 그래서 모든 세대가 함께 즐길 수 있는 것을 찾는 데 관심이 많고 그 일을 통해 돈을 벌고 싶어 한다.

지금까지 우리는 창조적 지성의 능력을 터득했다. '지식 발굴', '틀짜기', '즐기기'는 우리의 창조적인 능력을 가동시키는 중요한 것들이다. 이어서 '만들기'는 창조적인 아이디어를 현실로 구체화하기 위한 도구들을 사용하는 법을 배우는 일과 관련된다. 각자의 개인적인 삶을 위해, 그리고 자신의 사업 경영을 위해, 마지막으로 자신이 속한 조직의 구성원을 위해 필요한 능력이다.

당신이 현재 서른 살 미만이라면 '만들기'를 창조적 지성의 필수적인 능력으로 삼으려고 애쓸 필요는 없다. Y세대는 온라인상으로 이미 만들기를 하고 있기 때문이다. 텀블러 페이지의 스타일을 직접 꾸미거나 세컨드 라이프Second Life와 같은 온라인 게임을 하면서 가상 세계를 창조하는 것도 만들기의 부차적인 속성을 가지고 있다. 구세대가 스위스 군용 칼을 다루는 것처럼 Y세대는 구글과 위키백과를 잘 다룬다. 자유롭게 정보를 찾아내고 내용들을 모아 재조합한 다음 블로그에 올리는 일을 척척 해낸다.

메이커 문화와 관련된 일을 하는 사람이라면 이런 일이 왜 중요한

지 충분히 잘 알 것이다. 무언가를 만든다는 것은 창조적인 프로세스에 꼭 필요하다. 하지만 고비용이 필요한 테크놀로지와 접근이 제한된 장비들을 사용하는 것, 그리고 소규모의 제조업 구조상 평범한 일반 미국인이 머릿속에 떠올린 아이디어를 실체화시켜 신상품을 바로 제작하는 것은 현실적으로 거의 불가능했다. 획기적인 아이디어가 있어도 다수의 대중을 위해 상품화시킬 여건이 되지 않았다. 불과 몇 년 전, 최근까지는 그랬다.

하지만 지금은 상황이 달라졌다. 나만의 창조적 프로세스가 컴퓨터 기술의 발달로 완전히 달라진 것이다. 옛날에는 타자기와 카본지로 문서를 작성했기 때문에 초고를 편집하는 속도가 느렸다. 지금은 하루에 10번 이상 편집해서 고치지만 그때는 하루에 한두 번이 고작이었다. 복사본을 만드는 것도 까다로워서 그때는 한두 명한테만 피드백을 받았다. 하지만 지금은 블로그에 글을 포스팅하면 1,000여 명의 사람들이 그 글을 읽고 그중에 수백 명이 도움이 되는 좋은 피드백을 보내온다. 그런데 요즘 레코드판처럼 타자기가 Y세대 사이에서 다시 유행하기 시작했다. 작가가 되고 싶어 하는 신세대는 글 쓰는 속도를 느리게 하길 원한다. 그러면서 생각을 더 많이 하고 자신이 글을 쓰는 움직임을 직접 느끼고 그 소리를 듣고 싶어 한다. 타자기로 글을 작성하면 자판에 연결된 쇠막대의 종이 치는 소리가 고스란히 들린다. 당신은 엣시나 팹닷컴Fab.com, 빈티지 타이프라이터 숍Vintage typewriter Shoppe 사이트에 들어가서 빈티지 타자기를 구매할 수 있다. 다시 수리한 빈티지 로열 타자기를 340달러면 살 수 있다.

또한 필름 카메라로 사진을 찍어 현상하는 방식이 다시 유행하고 있다. 그러면서 폴라로이드 카메라가 다시 인기 아이템이 됐다. 몇 년 전 아이코닉브랜드Iconic Brand는 인스턴트 카메라의 인기가 불안정하게 이어지고 있지만, 조만간 아날로그 방식을 찾는 사람들 덕분에 소수의 마니아들이 다시 인스턴트 카메라를 사용하게 될 것이라고 예상했다. 심지어 필름 카메라로 찍은 사진을 직접 현상하고 싶어 하는 사람들까지 생겨났다. 암실을 만들고 화학약품을 처리하는 과정이 온라인 상에 상세하게 설명되어 있기 때문에 마음만 먹으면 충분히 가능한 일이 됐다. 디지털 시대를 살고 있지만 멋진 컬러의 완벽한 사진 한 장을 얻으려면 인내심이 필요하다. 그래서 많은 사람들이 수백 장의 사진을 찍고 난 다음 후속 작업으로 편집을 하는 데 많은 시간을 보내는 것이다.

미국의 애플 스토어에 들어가 보면 중년 어른 또는 나이가 지긋한 노인들이 디지털 도구를 배우는 모습을 자주 보게 된다. 자녀나 손자들의 모습이 담긴 사진 앨범을 만들거나 페이스북에 가족을 위한 페이지를 만들기 위해서다. 손으로 만질 수 있는 물건을 만드는 것도 메이킹Making이지만, 다른 사람과 커뮤니티를 이루어 생각을 공유할 수 있는 온라인상의 플랫폼을 구축하는 것도 메이킹에 해당한다. 창조적 프로세스를 위한 만들기 단계를 시도하는 것은 그 방법이 무엇이든 매우 보람 있는 일이다.

국내산이 최고의 신선 식품

제니 던다스Jennie Dundas와 알렉시스 미에슨Alexis Miesen의 첫인상은 전혀 아이스크림 가게 주인처럼 보이지 않았다. 2007년에 두 사람은 블루 마블Blue Marble이란 이름의 아이스크림 가게를 공동 운영했다. 그전까지 던다스는 몇 년 동안 연기 생활을 했으며 미에슨은 10년 동안 국제 개발 사업에서 일했다. 미에슨은 2002년부터 2003년까지 마셜 섬에서 진행된 월드티치WorldTeach 프로그램의 현장 담당자로 일했다. 그곳에서 미에슨은 현지 교사들의 학습법을 발전시키고 학교의 교육 방식을 개선할 수 있는 전략을 마련하는 데 힘썼다.

그 후, 두 사람은 본업을 그만두고 브루클린에 평범하지 않은 회사를 차렸다. 바로 독립적으로 운영되는 유기농 아이스크림 브랜드, 블루 마블을 탄생시켰다. 유니레버가 벤 앤드 제리Ben&Jerry를 사들인 이후로 브루클린 동부에 보기 드문 독특한 아이스크림 브랜드가 생긴 것이다. 블루 마블 아이스크림은 뉴욕 근교와 펜실베이니아에 있는 목장에서 키우는 암소의 젖에서 짠 우유를 재료로 만들었으며, 모든 재료가 주변 지역에서 생산된 것이다. 두 공동 경영자는 되도록이면 현지에서 재료를 얻으려고 애썼다. 경기 침체가 시작될 무렵인 2007년에 문을 연 블루 마블은 브루클린에 두 가게를 차렸다. 그리고 뉴욕 자치구와 맨해튼 주변의 유기농 아이스크림 가게에 아이스크림을 납품했다. 지역 색깔이 뚜렷했음에도 불구하고 블루 마블의 인기는 빠르게 확산됐다.

미에슨은 아폴로Apollo 17호의 승무원이 우주에서 바라본 지구를 '블루 마블'로 표현한 것에서 아이디어를 얻어 아이스크림 브랜드를 블루 마블이라고 지었다. 캄캄한 우주에 떠 있는 지구를 최초로 본 인간이 가장 먼저 떠올린 말이었다. 미에슨과 던다스는 지구를 은유적으로 빗댄 '마블'이란 단어를 상품 이름에 부여했다. 그래서 레귤러 사이즈의 스쿠프scoop는 '마블'이라고 부르고, 스몰 사이즈는 '미니 마블'로 불렀다.

아이스크림 이름이 지구를 빗댄 단어라는 것은 소비자들에게 즐거움을 유발한다. 그리고 소비 활동을 하면서 자연과 지구를 생각하는 회사의 철학이 이른바 '윤리 소비conscientious consumerism'를 지향한다는 것을 추측할 수 있게 한다. 미에슨은 요즘 소비자들에 대해 다음과 같이 말한다. "소비자들은 자신이 구매한 음식이 어디서 오는 것인지 그 출처에 대해 궁금해 해요. 제품의 질적인 가치를 알고 싶기도 하겠지만 그들이 살고 있는 지역사회의 웰빙을 생각하기 때문에 상품의 출처에 관심이 많아요." 블루 마블의 공동 경영자들은 손님들이 아이스크림의 재료에 대해 물어보는 것을 반겼다. 아이스크림에 들어가는 유제품, 커피, 바닐라, 코코아 등 여러 재료의 출처를 물어보는 것에 대해 미에슨은 다음과 같이 말했다. "우리가 먹고 있는 음식이 탄생하기까지 뒤에서 숨은 노력을 한 사람이 누구인지 알게 하고 해당 음식에 담긴 문화, 풍경, 여러 가지 정보를 소비자들에게 알려줄 수 있지요." 게다가 블루 마블 아이스크림 가게가 사용하는 컵과 그릇, 스푼은 생분해성 재료만을 사용하기 때문에 나중에 자연에 해가 되지 않는 물질로 분해된다.

메소드 회사가 그랬던 것처럼 블루 마블의 기업 윤리 역시 금욕주의자처럼 지속 가능성만을 강조하지 않는다. 그 대신 회사가 최고의 가치를 부여하는 핵심 요소는 '로컬 소싱local sourcing'과 '고용 창출job creation'이다. 1990년대에 애큐먼 펀드가 이른바 '사회적 기업'을 지향하는 새로운 기부 모델을 실천하면서 새로운 형태의 자선 활동이 생겨났다. 이는 아프리카와 아시아 낙후 지역의 의료, 교육 서비스를 개선하기 위해 해당 국가의 정부에 돈을 기부하는 것이 아니라, 해당 지역 주민들이 민간사업을 운영해 회사를 경영할 수 있도록 자금을 대출해주는 투자 기부로 전환된 형태를 가리킨다. 그래서 지역 주민들이 사업을 운영해 현지 직원을 고용하고, 주변 농장과 공장에서 생산된 재료를 구입해 지역에 필요한 서비스를 제공한다. 해외의 빈곤층을 돕기 위한 투자 기부는 블루 마블과 메소드를 비롯한 미국에서 빠르게 성장하는 신생 기업이 선망하는 모델이 됐다. 그래서 새로운 창업가 세대들에게 회사는 곧 '사회적 기업'을 의미했다.

미에슨이 사업 초창기에 관심을 가진 지역 얘기로 다시 돌아와서, 블루 마블은 빈티지 물건과 현지 음식을 파는 노점 상인들이 참여하는 브루클린 벼룩시장Brooklyn Flea Market의 공동 설립자인 에릭 덤비Eric Demby와 손을 잡고 비영리 벤처 사업을 추진했다. 일명 '블루 마블 드림스Blue Marble Dreams'로 불리는 사업은 8만 달러의 보조금과 지원금으로 르완다의 아이스크림 사업에 자금을 투자했다. 미에슨과 르완다의 인연은 유타 주에서 열린 연극 워크숍에서 르완다 출신의 드러머이자 극작가인 오딜 가키어 케이테스Odile Gakire Katese를 만나면서 시작됐다. 미에슨은 그녀의 드럼 연주에 맞춰 공연을 한 르완다 여성들이 아이스크림을 직접 만들어 판다면, 수익도 얻고 동시에 지역 주민들에게 공연을 보는 즐거움을 선사할 수 있는 일석이조의 사업이 될 것이라고 판단했다. 사업 추진 자금을 모은 미에슨과 던다스는 르완다의 부타레Butare로 떠나 사업에 필요한 트레이닝 과정에 참여했다. 아이스크림 가게의 이름은 '인조지 엔지자Inzozi Nziza(현지어로 '달콤한 꿈Sweet Dreams'이란 뜻)'이며 11명의 여성을 직원으로 고용했다. 이 여성들이 부양해야 하는 식구는 70명이나 됐다. 르완다의 첫 번째 블루 마블 드림스 가게가 부타레에서 문을 열었다. 주변 지역에 거주하는 유제품 생산자, 커피 재배자, 양봉업자들이 생산한 재료들로 만든 블루 마블 아이스크림이 탄생했다. 그런 식으로 블루 마블 브랜드는 해외 현지에 적합한 '로컬 모델'을 만들어 수출했다.

많은 미국인들은 자신이 살고 있는 지역에서 만든 제품을 사는 것에서 만족하지 않고 직접 만들어 소비하는 문화를 받아들이고 있다. 바베트Babette라는 여성 패션 브랜드가 있는데 모든 옷을 오클랜드에 있는 공장에서 만들어 지역 상점에서 파는 방식을 취하고 있다(실제로 일본에서 생산한 고품격 천으로 옷을 만든다). 또 브루클린에서 가까운 윌리엄스버그에 사는 히피족인 힙스터즈Hipsters들은 근처 농장에서 기르는 돼지를 직접 도살해서 집으로 가져와 가족이나 친구들과 함께 식사를 한다고 한다. 그리고 세상에서 예약하기가 가장 힘들다는 코펜하겐의 유명 레스토랑인 노마Noma는 북유럽 요리를 선보이며 현지에서 생산된 재료만을 엄선한다. 그래서 현지 지역과의 관계를 돈독히 다지며 신토불이의 중요성을 강조한다.

일명 '토착 경제homegrown economy'로 볼 수 있는데 친구나 가족, 이웃끼리 쌍방향의 원조를 아끼지 않는 파트너십을 유지하는 것을 의미한다. 이런 경제 방식이 점점 많은 사람들의 마음을 움직이며 확산되고 있다. 특히 자기가 속한 커뮤니티 부흥의 중요성을 인식한 젊은이들의 감성을 건드리면서 큰 반향을 일으키고 있다. 이와 같은 '로컬' 현상이 미국에 확산되면서 정치적인 경계선은 물론, 계급적인 격차와 지방색으로 인한 차별이 점점 사라지고 있다. 보수주의자와 자유주의자의 화해를 도모하는 아이디어까지 생겨났다. 티 파티와 월가 시위는 이처럼 격차를 없애겠다는 시민들의 의지가 만들어낸 운동이다.

'로컬 메이킹' 개념은 당신의 가치를 공유할 수 있는 사람이라고 당신이 믿는 이들과 함께 커뮤니티를 이루고 살면서 일어나는 생산과정을 의미한다. 그러면서 새로운 일자리를 창출하고 커뮤니티의 수익을 늘리며, 더 나은 삶을 이루는 것을 부차적인 목표로 삼는다. 또한 중국을 비롯한 먼 해외에서 수입한 에너지 사용량을 줄이는 대신,

지역 내의 지속 가능한 에너지를 생산하는 것도 암묵적인 미래 계획에 포함된다.

자신이 직접 무언가를 손으로 만들고 지역 내에서 생산된 재료로 제품을 만드는 것은 매력적이고 위신 있는 영예로운 일이다. 요즘에는 '메이드 인 브루클린Made in Brooklyn'이란 말이 진가를 발휘하고 있다. 심지어 지역에서 생산된 음식만 먹는 사람들이 늘어나면서 이런 음식 문화를 고집하는 사람을 가리키는 신조어로 '로커보어locavore'도 생겨났다. 오하이오 주의 채소밭에서 재배한 식품만 먹는 사람, 뉴욕 인근의 지역 농장에서 생산된 식품만 구입하는 사람, 샌프란시스코의 슬로푸드slow-food 레스토랑을 즐겨 가는 사람들이 많아지면서 '로커보어'를 위한 음식 문화가 생겼다. 그러나 시간이 지나면서 지방에만 한정된 로컬 식품보다는 국내산 신토불이 식품의 의미가 더 우세해졌다.

신토불이가 곧 세계적인 것!

신생 기업들만 지역 생산의 가치를 받아들인 것이 아니다. 지역 중심의 기업 철학은 대기업의 전략에도 적용되기 시작했다. 제너럴 일렉트릭General Electric사는 회사 수익의 60퍼센트를 아시아, 유럽, 라틴아메리카와 아프리카에서 얻고 있는 국제 기업이다. 또 미국 밖에서 일하는 직원 수가 28만 7,000여 명으로 전체 직원 수의 54퍼센트를 차지한다. 제조업에서 시작해 큰 성공을 거두었지만 1990년대에 사업 부문을 서비스 업무로까지 확대하면서 제너럴 일렉트릭은 금융 업무를 담당하는 사업부인 GE 캐피탈까지 만들어 막대한 수익을 올렸다. 그러면서도 아시아와 라틴아메리카로 이전한 공장에서 제품을 생산하는 아웃소싱을 고집했다.

그러다가 2007년에 금융 위기가 닥치면서 GE 캐피탈도 심각한 타격을 받았다. 다른 기업의 금융 사업부들처럼 GE 캐피탈도 서브프라임 모기지와 부동산 중개업, 신용 파생 상품에 투자를 많이 했기 때문이다. 제너럴 일렉트릭의 CEO인 제프 이멀트Jeff Immelt는 금융보다 제조업에 더 치중하는 방향으로 사업 전략을 바꾸었다. 제너럴 일렉트릭의 경영 포트폴리오를 바꾼 그는 금융 사업을 팔고 오래된 공장을 사들여 개조했다. 그리고 풍력과 태양 에너지를 개발하는 회사들을 사들이는 한편, 고도의 기술력을 보유하기 위한 연구 개발에 중점을 두었다. 그 당시에 제너럴 일렉트릭은 약 10조 원을 투자해 제조업 부문의 활성화에 힘썼다. 그 결과, 켄터키 주의 루이빌과 인디애나 주의 블루밍턴, 앨라배마 주의 디케이터에 공장을 세웠다. 생산 제조 라인을 재정비하면서 1,300명의 직원을 고용하며 일자리 창출에도 이바지했다. 과거에 아시아에서 생산하던 온수기와 세탁기, 멕시코에서 최근까지 생산하던 냉장고를 이제는 미국 루이빌에 위치한 공장에서 생산하고 있다.

이처럼 해외로 옮겨졌던 생산 기지가 다시 미국으로 들어오는 현상을 뜻하는 '리쇼링reshoring'이 일어나는 이유는 무엇일까? 그 이유는 기술 부문에 드는 비용이 전보다 저렴해지면서 미국 내에서 제조업을 하기가 훨씬 수월해졌기 때문이다. 그리고 중국과 멕시코의 인건비가 예전보다 오른 것에 이어, 미국에 있는 공급 회사들이 인건비를 낮춤으로써 이제는 미국에 생산 기지를 두는 것이 회사 입장에서 더 유리한 시대가 됐기 때문이다. 자신이 사용하는 상품의 제작 과정에 참여하고 싶어 하는 소비자들과 가까워지려면, 지리적으로 멀리 떨어져 있고 표준 시간대가 다른 외국보다 국내에서 제품을 제작하는 것이 더 나을 수도 있다. GE 가전 사업부Appliance의 최고 임원인 칩 블랭큰십Chip Blankenship은 미국으로 돌아와 제너럴 일렉트릭의 소비자 제품이 어떻게 어디서 제작되는지 재평가했다. 앞으로 '메이드 인 멕시코'라고 적혀 있던 GE사의 제품들이 서서히 '메이드 인 아메리카'로 바뀌게 될 전망이다.

제너럴 일렉트릭은 제품의 생산지뿐만 아니라 제작 방식까지도 다시 고려했다. 특히 하이테크놀로지의 결과물인 제트 엔진과 MRI 의료 장비의 제작 방식을 재고했다. GE 글로벌 리서치 센터Global Research Center에서 제조 및 재료 기술의 총괄 기술 책임자로 있는 크리스틴 퍼스토스Christine Furstoss는 재료와 에너지 축적, 가공 기술에 종사하는 450명의 기술자와 연구가로 이뤄진 조직을 이끌고 있다. 제너럴 일렉트릭은 티타늄, 세라믹, 탄소섬유로 만든 재료들이 점점 더 많이 필요했고, 엔진을 제작하기 위해서는 사람들의 손기술이 불가피했다. 제너럴 일렉트릭이 제작한 엔진을 완성하는 방식은 대량 생산하는 위젯을 만드는 방식보다 핸드메이드 보석을 만드는 방식과 공통점이 더 많을 정도로 손재주가 중요했다.

제너럴 일렉트릭은 제트 엔진과 의학 진단에 주로 사용되는 초음파 변환기나 프로브probe와 같은 수익성이 높은 제품을 제조하는 데 3D 프린팅 기술을 도입했다. 보통 이런 제품들은 세라믹으로 된 작은 단위의 재료를 마이크로 머시닝micro-machining으로 제작한다. 그러나 비용이 만만치 않게 비싼데, 세라믹이 금속보다 드릴로 뚫거나 커팅하기가 더 힘든 데다가 음파를 생성하려면 정확한 형태가 필수조건이다. 반면에 프린팅을 하는 과정은 형태 제작보다 더 수월하고 비용도 좀 더 싸다. 이 프린팅 과정은 먼저 감광성 중합체가 포함된 세라믹 현탁액을 얇은 층으로 만들어 프린트 테이블에 고르게 펴는 작업에서부터 시작된다. 이때 감광성 중합체가 견고하게 굳을 수 있도록 자외선 빛에 노출시킨다. 그러면 밀리미터 단위의 아주 미세한 분자 단위의 층이 쌓이면서 프린트 테이블의 높이가 점점 아래로 내려간다. 기계에 장치된 센서가 밀리미터 단위의 층을 분석하는 과정이 끝나면 바로 3D 프린터 박스에서 완성된 결과물이 입체적으로 출력된다(박스가 별로 안 커 보여도 30인치 TV가 들어갈 정도의 크기다). 미세한 층이 겹겹이 쌓이면서 세라믹 분자로 이루어진 정교한 형태의 입체물이 완성되는 것이다.

제너럴 일렉트릭의 선임 부사장인 베스 콤스톡은 이렇게 말했다. "우리는 디지털의 특징과 촉감을 느낄 수 있는 대상을 동시에 수렴할 수 있는 제품을 만들었어요. 가동 부분까지 완성된 제트 엔진을 입체로 프린트하게 된 것이죠. 엔진의 크기가 6인치밖에 되지 않아요."

세계화가 절정에 이르고 많은 사람들이 경제의 중심을 로컬 가치에 두기 시작하면서 우리는 지금 패러다임의 곡선이 휘는 변곡점inflection point에 와 있다. 크라이슬러Chrysler가 내세운 두 가지 유명한 광고 캠페인이 있다. 하나는 '디트로이트산 수입'이라는 문구이고, 다른 하나는 '우리가 만든 것이 곧 우리를 만든다'는 슬로건이다. 둘 다 위든 앤드 케네디Wieden and Kennedy가 세계의 변화하는 변곡점을 반영해 만든 광고 문구다. 다임러Daimler AG는 과거에 메르세데스 벤츠를 통합하고 크라이슬러를 인수해 다임러크라이슬러를 설립했으나, 나중에 회사명을 다임러 AG로 변경했다. 이 회사는 독일의 자동차 기술과 함께 다임러 AG의 회장인 디터 체체Dieter Zetsche란 인물의 특징을 잘 살려 광고를 제작했다. 최근 크라이슬러는 2002년에 영화 〈8마일〉로 스타가 된 래퍼이자 배우인 에미넴Eminem을 광고모델로 캐스팅했다. 광고 내용은 후기 산업화 시대의 디트로이트 주변의 비참한 현실을 배경으로 하고 있었다.

메이커 경제에 참여하려면 그에 필요한 도구를 새롭게 세팅할 필요가 있다. 손기술도 어느 정도 있는 데다가 디자인 감각이 뛰어난 핀터레스트Pinterest 페이지나 인스타그램 앨범을 문제없이 만들 정도로 디지털 기기를 다룬다면, 당신은 이미 새로운 메이커 경제 시대에 필요한 기술을 다 가지고 있는 셈이다. 물론 기술은 알지만 실제 생활이나 직무에 어떻게 적용해야 할지 잘 모를 수도 있다. 하지만 곧 가능하게 될 것이다. 그 전환 과정은 당신이 생각하는 것보다 훨씬 쉬울 수 있다.

더 큰 플랫폼으로의 연결

에이미 턴 샤프Amy Turn Sharp와 그녀의 남편 조Joe는 오하이오 주의 콜럼버스에서 하우스 리모델링과 오래된 집을 파는 부동산업을 하며 살고 있다. 두 사람은 아이들이 가지고 노는 장난감이 너무 많은 것이 문제라고 생각했고, 두 어린 아들의 장난감을 버려야 한다는 데 동의했다. 오하이오 주의 일간지인 《콜럼버스 디스패치The Columbus Dispatch》와의 인터뷰에서 에이미 턴 샤프는 "사실 아이들 장난감 때문에 골치가 아팠어요"라고 말하며 과거를 회상했다. 샤프 부부는 장난감에 납 성분이 들어 있을지도 모른다는 생각이 들자 시중의 장난감을 사는 대신 새로운 방법을 모색했다. 어린 시절을 영국에서 보낸 남편은 도목수로 일한 적이 있었다. 그는 나무 만지는 일을 무척이나 좋아했다. 그렇다면 그동안 아내가 리모델링 사업을 하면서 발전시킨 예술적 감각과 마케팅 실력을 남편의 나무 제작 노하우와 결합해 아이들을 위한 천연 목재 장난감을 만들면 되지 않을까?

나무로 된 장난감에는 마법과 같은 매력이 있다. 베이비부머 세대와 X세대라면 어렸을 때 나무 장난감을 가지고 논 적이 있을 것이다. 특히 색깔이 눈에 확 띄는 조립식 장난감인 팅커토이즈Tinkertoys와 블록 쌓기 나무를 기억할 것이다. 부모 세대와 조부모 세대 때부터 대물림받은 장난감을 보물처럼 고이 간직하는 사람들이 있다. 그리고 이베이에서는 빈티지 장난감이 비싼 가격에 팔리고 있다. 심지어 근대적인 스타일의 독일산 장난감도 만만치 않은 가격에 팔릴 정도다.

에이미와 조 샤프는 오하이오 주의 뉴어크에 있는 농장에서 베어 온 천연 단풍나무를 재료로 장난감을 만들기 시작했다. 이가 날 때 아이에게 물리는 고리라든가 딸랑이에도 나무 재료를 쓰는가 하면 그 밖에 나비와 수염 모양의 나무 장난감을 제작했다. 그리고 마무리 작업으로는 유기농으로 재배한 아마 씨에서 짜낸 기름을 발랐다. 에이미 샤프는 이렇게 말했다. "아이들에게 필요한 것은 정작 매우 적은데 부모는 자녀에게 쓸데없이 많은 것을 주려고 해요. 적을수록 더 좋다는 것을 부모들이 깨달아야 합니다. 중요한 것은 양이 아니라 질이에요. 그런 의미에서 핸드메이드 장난감에는 뭔가 특별한 것이 있어요." 에이미 샤프는 기존의 장난감과 다른 펑키한 스타일의 디자인 제품을 만들었다. 나무로 된 장난감의 전통적인 특색을 접목시키면서도 모던한 스타일의 모양이 특이한, 재미난 장난감을 만들었다. 게다가 패키지까지도 예쁘게 디자인했다. 또한 제품이 팔릴 때마다 판매 금액의 일부를 아이들에게 나무 심기의 중요성을 가르치는 트리 팔스Tree Pals라고 하는 비영리단체에 기부하기도 했다.

2007년 샤프 부부는 엣시에 가상 스토어를 열었다. 가게 이름을 리틀 알루엣Little Alouette이라고 지어 온라인 판매를 시작했다. 방법은 매우 간단했다. 판매 관련 페이지에 제품의 특징을 설명한 심플한 페이지를 디자인한 다음 페이팔이나 신용카드를 통해 주문 내역을 지불하도록 했다. 딸랑이와 이가 날 때 갖고 노는 장난감의 가격은 12~20달러이고, 블록 5개를 모은 장난감 세트의 가격은 28달러였다. 첫해에 천연 목재로 만든 장난감이 잘 팔리면서 부부는 매출이 흑자를 이루는 순간을 맞이했다. 장난감에 '메이드 인 아메리카'라는 표시가 붙은 것도 매출 인상에 큰 도움을 주었다.

에이미 샤프는 엣시를 사랑하는 주부였으며 그녀와 같은 부류의 주부들이 수만 명이 넘었다(일명 '주부 사업가mompreneurs'를 자처하며 주부들이 운영하는 웹사이트만 해도 열 곳 이상이다). 많은 주부들이 처음에는 친구나 가족들이 주문한 물건을 만드는 것에서부터 시작한다. 그러다가 활동 범위가 넓어지면서 전 세계인이 고객이 되는 식으로 확장된다. 주부 사업가들은 엣시에 가상 스토어를 연 다음 중간 상인의 개입을 없애고 일대일로 소비자에게 물건을 판다. 엣시를 통해 물건을 파는 사람이나 사이트를 방문해 쇼핑을 하는 사람 모두 전혀 손해 보는 장사가 아니다. 또한 엣시 사이트 측도 마찬가지다.

인터넷에는 수많은 쇼핑몰 사이트가 있다. 엣시는 한 장인이 고객과 직접적으로 연락을 취하기 위한 의도로 제작된 사이트다. 그 장인이 바로 롭 칼린Rob Kalin인데, 고등학교를 중퇴했지만 시간이 흘러다시 공부를 해 뉴욕 시에 있는 뉴욕 대학에 다녔다. 그의 최대 관심사는 가구 제작이었다. 그는 자신의 열정을 브루클린에 위치한 자신의 아파트에 있는 가구에 쏟아부었다. 하지만 자신이 만든 가구를 남에게 파는 일이 쉽지가 않았다. 그는 중개인 없이 고객에게 바로 가구를 팔고 싶었지만, 그럴 만한 상거래 공간이 부족하다는 것을 알게 되면서 자신이 직접 시장을 만들기로 결심했다.

2005년에 롭 칼린은 뉴욕 대학의 동기생들과 함께 인터넷 서버를 구축하면서 전자 상거래 서비스를 개발해, 생산자들이 자신의 경험을 다른 생산자들과 공유하면서 서로 동기를 부여해주는 일명 손기술 장인들을 위한 커뮤니티를 만들었다. 그때는 킥스타터가 생기기 전이었다. 롭 칼린은 자신의 가구를 주문하는 고객들에게 5만 달러의 종잣돈, 즉 '시드 머니seed money'를 소액 대출받아 회사를 차렸다. 그 당시에 맨해튼에서 다리를 건너면 있는 예술가들의 거리인 덤보 DUMBO(Down Under the Manhattan Bridge Overpass)에 본사를 세웠다.

그 후 6년이 지나면서 롭 칼린이 차린 회사 엣시는 예술가이면서 동시에 사업가들을 위한 대규모의 플랫폼을 보유한 사이트로 발전했다. 《뉴욕타임스》의 보도에 따르면, 87만 5,000명의 제품 판매자가 엣시에 등록했으며, 매달 4,000만 명의 방문자가 사이트를 방문한다. 2011년에 엣시의 총 매출액은 5억 2,500만 달러에 이르렀으며,

전체 구매 및 판매 현황의 3분의 1이 미국 밖에서 이뤄졌다. 현재 엣시는 판매자들이 자신의 스토어를 광고할 수 있도록 아이폰 앱이나 핀터레스트 접속과 같은 여러 가지 도구들을 제공한다. 그리고 사이트에 불어판과 독일어판으로 번역된 서비스도 마련했다. 또한 가까운 미래에 엣시가 주식을 공개하는 기업공개IPO(initial Public Offering)를 실시할 예정이라는 소문이 있다. 엣시는 지금까지 여러 벤처 사업체로부터 자금 조달을 받아왔다. 최근 들어 2012년에는 유니온 스퀘어 벤처스Union Square Ventures, 인덱스 벤처스Index Ventures에 이어 액셀 파트너스Accel Partners에게 빌린 자금이 4,000만 달러에 이르렀다.

2011년에 엣시의 CEO가 칼린에서 차드 디커슨Chad Dickerson으로 바뀌었다. 칼린이 자신의 역량을 끝까지 밀고 간 후였기에, 회사는 영역을 더 확대하기 위해 기존의 기술과 차별화된 새로운 능력을 가진 인물이 절실했다. 2008년부터 디커슨은 회사의 기술 책임자로 일해왔다. 그는 엣시가 페이스북과 핀터레스트, 그 외의 다른 소셜 미디어 사이트들과 연계될 수 있는 플랫폼을 구축할 수 있도록 물심양면으로 노력했다. 그리고 사람들이 엣시를 통해 물건을 파는 과정이 손쉽게 이뤄지도록 기술력을 개발하는 일에 앞장섰다.

손으로 만든 물건을 파는 디지털화된 플랫폼을 만드는 사업이 곧 엣시가 추구하는 새로운 종류의 비즈니스라 할 수 있다. 다시 말하면 웨딩드레스나 장난감을 비롯한 장인에 가까운 사람들이 직접 만든 물건을 권장하는 메이커 문화와 함께 사용하기 쉬운 디지털 도구의 부담 없는 접근성, 이 두 마리의 토끼를 동시에 잡을 수 있는 비즈니스다. 또한 엣시에 가상 스토어를 여는 데 드는 비용은 도시의 중심가에 상점을 차리는 것보다 훨씬 저렴하다. 판매자는 아이템별로 20센트를 내며 판매를 통해 얻은 수익의 3.5퍼센트를 엣시에 수수료로 지불하면 된다. 엣시의 사용자는 여성이 대부분인데, 이들은 블로그와 포럼을 통해 판매자로서 알면 좋은 팁을 교환하며 서로를 격려한다. 그럼으로써 엣시 사용자들 사이의 네트워크가 활성화되는 추세다.

'리틀 알루엣'이 만든 장난감이 마사 스튜어트가 주최한 수공예품 콘테스트에 참여해 상을 받은 후, 2010년에 온라인으로 스토어를 열기까지 큰 도움을 준 마사 스튜어트 리빙 옴니미디어Martha Stewart Living Omnimedia는 리틀 알루엣의 초기 원조자 역할을 했다.

리틀 알루엣은 그 후 트위터 스트림이나 페이스북, 텀블러, 블로그 포스트, 핀터레스트 페이지까지 여러 소셜 미디어에 적극적으로 참여해 제품 소개 페이지를 많은 사람들에게 널리 소개하는 데 앞장섰다. 스위스 미스Swiss Miss와 쿨 맘 픽스Cool Mom Picks를 비롯한 유명 블로그와 사이트에서도 리틀 알루엣이 만든 장난감을 소개하며 이 회사 제품의 훌륭함을 칭찬했다. 그런데 한 가지 아이러니한 점이 있다. 샤프 부부는 회사가 성공하게 된 결정적인 비결이 인터넷을 통한 소셜 미디어를 사용한 덕분이라는 것을 잘 알았다. 하지만 자녀들을 키우는 교육법은 디지털 시대와 거리가 멀었다. 샤프 부부의 자녀들은 정규학교를 가는 대신 홈스쿨링을 받았으며, 집에 아이들을 위한 컴퓨터도 없었다.

엣시에 의지하는 전업 판매자 수가 얼마인지는 아직 알려지지 않았지만, 어쨌든 샤프 부부의 직업은 리틀 알루엣이라는 장난감 회사를 운영하는 일이 됐다. 엣시의 전 최고 책임자였던 마리아 토머스 Maria Thomas의 말에 따르면, 엣시 사이트는 회원들 중에 생계를 위해 상거래를 하는 사람이 얼마나 되는지 일부러 캐지 않으며, 개인 판매자가 얻는 수익이 정확히 얼마인지도 밝히지 않는다고 했다. 하지만 작년부터 엣시에 가입한 회원수가 1,500만 명에 이르렀다는 정보는 알고 있다고 했다. 그리고 적어도 그중에는 자신의 회사를 세우기 위한 플랫폼으로 엣시를 이용하고자 하는 사람들이 상당수 있을 것이라고 예측했다.

사업 규모를 확장하는 일은 고비용을 감당해야 하는 부분이어서 주로 대기업들이나 가능했다. 그러나 이제는 그것도 옛말이 됐다. 엣시, 이베이, 아마존과 같은 플랫폼의 형성으로 일반인들도 회사를 만들면서 규모를 확장하는 일이 쉬워졌기 때문이다. 가령, 페이팔 지불 시스템을 회사의 백오피스back office로 선택할 수 있다. 또 수공예품을 만드는 장인들이나 이제 막 회사를 설립한 기업가들로 구성된 커뮤니티도 플랫폼을 제공하는 거대한 소비자 시장의 도움을 받아 자신의 사업 규모를 확장할 수 있다.

디지털 스토어를 페이스북, 텀블러, 유튜브와 같은 소셜 미디어 플랫폼과 연결하는 작업은 별로 어렵지 않다. 자신의 사업을 인터넷을 통해 사람들에게 개인적으로 알리는 것이기 때문에 비용이 거의 들지 않는다. 당신이 손재주로 뭔가를 만드는 장인 출신이든 아니든, 요즘에는 기업가가 되는 것이 예전보다 훨씬 수월해졌다.

오늘날의 신생 기업들처럼 리틀 알루엣은 IDEO의 팀 브라운의 말과 같이 '하나의 다국화multinational of one'를 실현시켰다(리틀 알루엣에게 '하나'는 가족을 의미한다). 왜냐하면 리틀 알루엣은 작은 회사지만 엣시의 국제적인 플랫폼에 등장하면서 이제는 다국적 기업과 어깨를 나란히 할 정도로 경쟁력 있는 기업이 되었기 때문이다. 에이미와 조는 원래 친구들과 이웃을 위해 집 주변에서 베어온 천연 나무로 장난감을 만들기 시작했다. 그렇게 시작한 장난감 사업이 큰 성공을 거두면서 이제는 프랑스와 브라질, 캐나다에 이어 중국에 있는 어린 자녀를 둔 가정에까지 자사의 장난감을 팔게 됐다. 엣시와 이베이 플랫폼이 '메이드 인 아메리카'가 적힌 미국인 기업가들의 브랜드 제품을 해외로 수출하는 데 도움을 준 것이다.

3차원으로 창작하기

프로그 디자인의 인터랙션 디자이너인 댄 프로보스트Dan Provost는 개인적으로 아이폰 카메라 애호가다. 사용법도 간단하고 무엇보다 가볍고, 필터와 형태를 가지고 놀 수 있는 앱이 많기 때문이다. 아이폰을 자주 쓰는 카메라처럼 사용하는 수백만 명의 사람 중에 프로보스트도 끼어 있다. 친구나 팔로워들과 사진을 즉각적으로 빠르게 공유할 수 있다는 점이 아이폰 카메라의 보물과도 같은 장점이다. 그러나 여기에 한 가지 문제가 있다. 프로보스트는 앞으로 선보일 신제품에 대해 설명하면서 미래의 신제품 사용자가 될 사람들에게 이렇게 말했다. "아이폰의 작은 형태 (그리고 '단순함을' 강조하는 애플의 디자인 특징) 때문에, 아이폰 카메라에 나사형 너트를 부착해 삼각대를 같이 쓸 일은 없을 겁니다. 웬만한 사진기나 비디오카메라에는 삼각대를 쓸 수 있는 장치가 있는데 말이죠."

인물이나 석양을 멋지게 찍기 위한 큰 카메라를 힘들게 들고 다니는 대신, 프로보스트는 친구인 톰 게르하르트Tom Gerhardt와 함께 아이폰에 맞는 새로운 제품을 디자인하기로 결심했다. 톰 게르하르트는 MIT의 미디어 랩Media Lab에서 연구하다가 포션Potion에 취직해 하드웨어와 소프트웨어 개발자로 일한 경력이 있었다. 두 사람 모두 디자이너였는데, 게르하르트는 포션에 있으면서 소매점과 박물관을 대상으로 한 인터랙티브 서비스를 만드는 일을 주로 했다. 하지만 《뉴욕타임스》의 기사에 따르면, 두 사람 모두 제품을 제작해 시장에 직접 팔아본 경험은 없었다. 두 사람은 아이폰 카메라를 사랑했고 카메라에 무엇이 결핍되었는지 알아낸 것뿐이었다. 더 정교한 사진을 찍으려면 카메라를 고정시키는 삼각대 마운트가 필요했던 것이다. 결국 프로보스트와 게르하르트는 아이폰 카메라를 위해 스탠드 역할과 삼각대 마운트 역할을 동시에 하는 액세서리를 만들기로 결심했다.

두 사람은 아이디어가 생각나면 디자인을 손으로 직접 스케치하는 것부터 시작했다. 구글 스케치업Google SketchUp을 비롯한 여러 프로그램을 사용하면 복잡하고 세밀한 디테일을 요구하는 디자인을 그리기가 더 수월하다. 하지만 손으로 스케치할 때 집중력이 더 높아지는 것은 어쩔 수 없다. "우리가 의도하는 디자인의 핵심 포인트가 심플함이라는 데는 처음부터 반론의 여지가 없었어요. 무슨 철학적인 이유가 있어서가 아니에요. 제품의 디자인도 디자인이지만 솔직히 말해서 디자인이 의도하는 목적을 성공적으로 달성하는 것이 중요하죠"라고 프로보스트가 말했다. 두 사람의 노력이 결실을 맺으면서 아이폰 카메라를 위한 삼각대 마운트 디자인이 완성됐다. 카메라 측면의 긴 모서리를 따라 마운트를 설치할 수 있으며 구멍이 뚫려 있어 마운트를 삼각대에 끼울 수 있게 되어 있다.

정말 놀랍지 않은가? 프로보스트와 게르하르트가 만든 삼각대 마운트의 이름은 글리프Glif다. 프로보스트는 글리프를 시장에 내놓기까지의 스토리를 자신의 블로그인 '러시아인들은 연필을 사용했다The Russians Used a Pencil'에 자세히 설명했다. 그는 마음만 먹으면 누구나 비용을 거의 들이지 않고 사용 가능한 웹 도구를 이용해 아이디어를 실체화시킬 수 있다고 말했다. 그러면서 자신이 만든 제품은 그렇게 탄생한 수많은 샘플들 가운데 하나에 불과하다고 강조했다.

몇 년 전만 해도 신제품을 만든다는 것은 1~2년, 길게는 더 많은 시간이 걸리는 작업이었다. 게다가 그때는 신제품을 제작하는 데 수백만 달러가 필요했다. 제작 경험이 전혀 없는 두 남자에게 엔젤 투자자angel investor들을 상대로 '시드 머니'를 얻는 것은 굉장히 어렵고 방대한 규모의 네트워킹이 필요한 일이었을 것이다. 또 돈을 얻고 제품을 디자인해도 원형을 제작하는 시제품화 과정에 만만치 않은 돈이 들어가고 시간도 꽤 걸렸을 것이다. 왜냐하면 제품을 생산하는 데 필요한 기계의 가격이 비싸고, 생산과정에 소요되는 시간이 있기 때문이었다. 공작기계에 사용되는 부품 생산이나 실질적인 제조 과정이 아시아에서 이뤄지는 추세가 됐다. 그렇다면 이런 경향이 어떻게 요즘 대세인 OEM(Original Equipment Manufacturers), 즉 주문자 생산 방식의 아웃소싱 네트워크로 이어지게 된 것일까? 몇 년 전으로 거슬러 올라가 보면 애플과 HP, 삼성이 전 세계를 무대로 OEM 방식을 택했다. 이 회사들은 자사의 제품 주문량보다 상대적으로 양이 적을 텐데도 왜 OEM 방식을 추구했을까?

다행히 시간이 지날수록 제작 과정에 드는 비용이 점점 줄어들고, 그 과정도 간소화되고 있다.

디자인 소프트웨어 프로그램의 단가가 급격하게 낮아지면서 수많은 어플리케이션이 쏟아져 나왔다. 거의 공짜거나 비용이 아주 저렴한 프로그램들이 대부분이었다. 사람들은 이 프로그램들을 이용해 2D 디자인을 스케치할 수 있었다. 게다가 최근에는 3D로 스캔해서 복제할 수 있는 제품까지 생겨났다. 예를 들면 브루클린에서 사업을 시작한 기업인 메이커봇MakerBot은 한 대당 1,749달러인 3D 프린터를 상품화시키는 데 성공했다. 이 프린터는 플라스틱, 고무, 목재, 알루미늄, 티타늄을 재료로 입체적인 물체를 만들 수 있다. 놀라운 기술을 선보인 이 3D 프린터는 야심찬 발명가들을 위한 것만은 아니다. 보통 사람도 자신의 손길이 담긴 개인적인 물건을 가지고 싶다면 얼마든지 3D 프린터를 사용해 물건을 제작할 수 있다. 화장실에 휴지걸이가 부러졌거나 빵 굽는 기구에 새로운 손잡이를 달고 싶다면 당신이 직접 필요한 물건을 디자인할 수 있다. 메이커봇에 들어가 필요한 파일을 다운로드한 다음에 메이커봇 리플리케이터Replicator로 프린트하면 된다. 집에 이 프린터가 없어도 걱정할 필요 없다. 셰이프웨이즈Shapeways나 포노코Ponoko와 같은 서비스를 이용하면 당신이 만든 원형 모델을 대신 프린트해준다. 당신이 디자인한 제품의 3D 모델이 담긴 디지털 파일을 이곳에 보내면 며칠 안에 입체로 프린트한 모형을 완성한 후 당신에게 배달해줄 것이다.

사실 게르하르트와 프로보스트가 의도한 전략도 바로 이런 것이었다. 최초의 글리프 모델은 맥 컴퓨터용 3D 모델링 소프트웨어인 라이노서러스Rhinoceros를 사용해 제작한 것이다. 이 프로그램은 그 당시에 베타 버전이어서 무료로 제공됐다. 두 사람은 3D 모델 디자인을 독일 웹사이트인 셰이프웨이즈에 보내 입체 모델을 제작하도록 주문했다.

꼼꼼하지 않더라도 누구나 자신이 디자인한 모양을 저렴한 가격에 모델로 만들 수 있다. 그 대상이 마스킹 테이프나 컷 폼cut foam, 그 외의 자질구레한 사소한 물건이라도 상관없다. 또 상세하게 디자인한 모델일 경우에는 제품의 콘셉트를 잘 살릴 수 있는 모델을 만드는 것도 문제없다. 과거에 정제되지 않은 방식으로 제작한 모델에서는 볼 수 없는 정교함이 살아있는 모델이 가능해졌기 때문이다. 3D 프린터로 저렴하면서도 빠른 시일 안에 원하는 모델을 샘플로 얻을 수 있을 뿐만 아니라 다량으로 생산하는 것도 가능하다. 디지털 파일만 있으면 3D 프린터는 같은 모델을 되풀이해서 입체로 프린트할 수 있다. 같은 작업을 반복하는 조립 라인의 새로운 형태로서도 손색이 없다.

그래도 내 말이 별로 실감이 나지 않는다면 요즘 길거리에 시제품화와 관련된 도구를 사용할 수 있는 가게가 얼마나 있는지 둘러보자. 요즘 '메이커'들을 위한 학교 역할을 하는 가게의 그 수가 계속 늘어나고 있다. 대표적인 예로 애플 스토어는 일대일 트레이닝 서비스를 제공하며, 다양한 디지털 도구 사용법을 알려주는 워크숍을 개최한다. 그리고 여러 온라인 커뮤니티를 통해 제작 과정에 필요한 팁을 공유하며 서로에게 힘을 북돋워주는 모임도 있다. MIT 미디어 랩 졸업생이 만든 온라인 오픈 소스 포털인 인스트럭터블스닷컴Instructables.com이 그 대표적인 예다. 이 사이트에 들어가면 샷건 셸shotgun shell을 USB 스틱으로 바꾸는 법이나 슈퍼 바운시 볼super bouncy ball 만드는 법을 배울 수 있다. 아니면 아르뒤노arduino(모듈형의 디지털을 사용하는 작은 회로도 형태의 피지컬 컴퓨터 플랫폼)를 사용해 어떤 대상이든 로봇으로 바꾸는 법도 배울 수 있다.

프로보스트와 게르하르트가 적절한 원형 모델을 만든 뒤 제품 생산에 착수하기 위해서는 돈이 필요했다. 일반적으로는 투자자들과 미팅을 해서 번지르르한 말로 제품을 소개하는 것이 정석이었을 것이다. 그러나 두 사람은 킥스타터를 이용했다. 크라우드펀딩을 위한 사이트를 설립한 창시자들 중 한 명인 찰스 애들러는 다음과 같이 말했다.

이제는 사람들이 프로젝트를 시작할 때 사업 초반부터 대중들과 관계를 맺으며 소통할 수 있게 됐어요. 그런 식으로 자금을 투자받을 수 있어요. 돈만 얻는 것이 아니라 미래의 사용자, 제품을 좋아하는 팬을 덤으로 확보하게 되죠. 네트워크를 통한 연결 기반을 확보하는 것은 물론, 이메일 주소와 컨설팅 자문도 받을 수 있답니다. 그러면서 모두 사업이 차근차근 진행됩니다.

열린 기업가 자본주의와 함께 빼놓을 수 없는 것이 있으니 그것은 바로 퍼포먼스다. 그러나 동영상을 만들고 유튜브에 올리는 일을 하고 있는 Y세대들도 그 점을 어려워한다. 《이코노미스트》는 글리프 제품 투자를 위해 처음으로 만든 영상이 겉만 번지르르해 진정성이 없었다고 평했다. 그러나 두 번째로 만든 영상에서는 두 디자이너가 직접 제품에 대해 소개하면서 제품의 필요성을 설명했다. 배경음악으로 더 프랭크스the Franks의 음악을 깔았으며 빠른 속도의 편집이 인상적인 영상에는 두 사람의 솔직한 모습이 잘 담겨 있었다. 프로보스트와 게르하르트는 글리프 생산을 시작할 수 있도록 사람들에게 1만 달러의 후원을 요청했다.

놀랍게도 영상이 대어링 파이어볼Daring Fireball에 올라간 지 1시간밖에 지나지 않아 1만 달러가 모였다. 대어링 파이어볼은 기술 전문가이자 애플의 영향력 있는 기술 평가단에 속하는 존 그루버John Gruber가 제작한 사이트다. 기부금이 계속 쌓였다. 두 사람은 400~500건의 주문을 예상했지만 실제로 그들이 지원받은 후원금은 13만 7,417달러였으며 5,273명의 '후원자들' 중에 제품을 주문한 숫자가 5,000건에 이르렀다. 사업의 활성화에 가장 큰 공헌을 한 사이트로는 킥스타터와 자신들이 만든 사이트, 구글, 페이스북, 대어링 파이어볼, 그리고 TUAW(매킨토시 전문 IT 매체로 '디 언오피셜 애플 웹로그 The Unofficial Apple Weblog'의 약자)와 트위터가 있으며, 《이코노미스트》도 도움을 주었다. 게르하르트는 다음과 같이 소감을 밝혔다. "하늘을 나는 기분이었죠. 기능성 제품을 기능적인 웹 스토어에서 판매하게 되었으니까요."

문제는 3D 프린팅 작업 속도가 예상치 못한 다량의 주문을 감당할 정도로 빠르지는 않다는 점이었다. 프로보스트와 게르하르트는 규모가 더 큰 제조 업체를 찾았고, 6곳과 연락을 취한 끝에 사우스

다코타 주에 있는 브루킹스의 팰컨 플라스틱스Falcon Plastics의 계열
사인 프리미어 소스Premier Source와 일을 하기로 계약했다. 여러 곳
중 왜 하필 이곳을 골랐을까? 프로보스트는 그 이유에 대해 다음과
같이 썼다.

> 그 무렵 프리미어 소스도 일을 막 시작하는 시기여서 프로젝트
> 를 받은 지 얼마 안 된 때였어요. 무엇보다 미국에서 제조한다는
> 것이 우리에게는 중요했어요. 이 부분을 잘 살려서 마케팅을 하
> 면 좋을 것 같았고, 또 우리 제품을 만들면서 프리미어 소스 직
> 원들이 친구들에게 영웅 대접을 받는다면 그것도 좋겠지요.

시작부터 마무리 작업까지 5개월이 걸렸다. 아이디어 구상부터 제
품 생산 완료까지 걸린 시간이다. 두 남자는 살면서 한 번도 해본 적
이 없는 일에 성공했다. 성공적인 신제품을 세상에 내놓은 것이다.
글리프가 잘 팔려나가자 두 디자이너는 스튜디오 니트Studio Neat
라는 이름의 회사를 창업했다. 그리고 신제품 흐름의 방향을 설정
하고 디자인 작업에 뛰어들었다. 그 신제품이 바로 아이패드와 함
께 사용하는 와이드그립wide-grip의 스타일러스stylus인 코스모너트
Cosmonaut와 아이폰 앱인 프레이미오그래퍼Frameographer이다. 이
앱을 통해 저속 촬영과 HD 영화의 스톱모션이 가능하다.

프로보스트와 게르하르트는 처음에는 새로운 제품을 만들겠다는

생각에서 일을 시작했지만 결국 제품보다 더 큰 새로운 형태의 무언가를 만들어냈다. 바로 새로운 회사를 만든 것이다. 훌륭한 선택이아닐 수 없다. 두 사람이 선택한 창업 방법은 요즘의 신기술과 크라우드펀딩 사이트, 온라인 소셜 플랫폼 덕분에 더욱 활성화되고 있다.

만들기 : 더 만족스러운 라이프스타일과 튼튼한 경제 만들기

어쩌면 무언가를 만드는 데 가장 큰 걸림돌은 굳이 만들 필요가없다는 사실이 아닐까? 구태여 힘들게 망치를 들고 작업을 하거나비디오를 찍지 않아도 사는 데는 문제가 없고, 기본 정석을 따져가며 저녁을 짓지 않아도 얼마든지 안락한 라이프스타일을 즐길 수 있다. 그러나 단순한 것이라도 무언가를 만들지 않는 삶이 만족스러운라이프스타일을 가져올 수 없다는 것을 우리 주변을 둘러보면 생생하게 느낄 수 있다. 단순히 소비하는 것에만 그치는 것이 아니라 무언가를 창조하는 삶이야말로 우리에게 진정한 만족감을 줄 수 있다.시골 장터에서 나는 갓 구운 파이 냄새라든가, 친구가 직접 제작한복고풍의 서핑 보드, 집 근처 목재 저장소에서 구해온 나무를 마감질해 당신의 이웃이 만든 아름다운 문에는 창조를 통한 만족스러운 삶이 배어 있다.

또한 그런 만족감은 오토바이 가게를 운영하는 매튜 크로포드 Matthew Crawford도 확실히 느꼈다. 호평을 받은 그의 책 『모터사이클 필로소피Shop Class as Soul Craft』에 이런 내용이 있다.

픽업트럭 뒤에 실려 온 오토바이들이 제 가게에 있다가 며칠 후에 팔려나가는 모습을 지켜보면 피곤함이 싹 가셔요. 하루 종일 콘크리트 바닥에 서 있는 데도 피곤하지가 않아요. 이 일을 하기 전에 받았던 수표 뭉치를 만질 때랑 지금 제 바지 주머니에 가득 들어 있는 지폐를 만질 때랑은 기분이 다르죠. 지금이 더 기분 좋은 걸 보면 제가 사무직 체질이 아닌가 봐요. 이런 의구심이 들면서도 어쨌든 저는 제 자신이 참 특이하다는 생각이 들어요.

진정한 메이커라면 첫 번째로 무언가를 창조하는 과정에서 만족감을 느낄 수 있어야 한다. 창조 행위를 하기에는 너무 바쁘다거나 하루 종일 일을 해야 해서 시간이 없다는 핑계를 댈 수 있다. 하지만 프로젝트의 시작과 끝을 경험해본 사람들에게 물어보면 하나같이 똑같은 얘기를 할 것이다. TV 앞에 앉아서 시간을 보내거나 테이크아웃으로 음식을 시키는 것보다 새로운 것을 만들면서 그 결과물을 가족이나 친구, 고객과 함께 나누면서 보내는 시간이 훨씬 더 활기찬 일이라고 말이다.

메이커가 되기 위한 그다음 단계는 대상이 무엇이든 상관없이 무언가를 만드는 행위가 실제로 당신이 상상하는 것보다 훨씬 더 쉽다는 것을 깨닫는 일이다. 요즘 우리는 주변에서 신기술과 오래된 기술을 둘 다 배울 수 있는 곳을 심심찮게 발견할 수 있다. 그리고 디자인 교육에 대해 일찍부터 관심을 가진 소수의 운 좋은 사람들은 그와 관련된 특수 대학을 다니는 기회를 누렸다. 대표적인 학교로는 로드아일랜드 디자인스쿨과 MIT 미디어 랩, 런던에 있는 영국왕립예술학교가 있다. 이런 학교에서는 최신 장비는 물론 경험 많은 교수들이 학생들을 맞이할 준비를 갖추고 있다. 그러나 만들기의 세계에서 훌륭한 견습 생활을 할 수 있는 곳이 학교에만 국한된다고 말할 수는 없다.

과거에는 특수화된 전문교육을 받으려면 비용이 많이 들었다. 그래서 다양한 미디어와 만들기 기술을 자유롭게 배우는 데 제약을 받았다. 하지만 지금은 아이폰만 있으면 애플 스토어에 가서 첨단 기능의 디지털 툴의 사용법을 배울 수 있다. 일명 '숍 클래스shop class'로 불리는 요즘 신세대들은 디지털 제작 도구를 친절하게 가르쳐주는 테크숍과 같은 회사들이 제공하는 서비스 혜택을 받으며 살고 있다.

만약 당신의 취향이 전통적인 수공예 쪽이라면 다행히 그 분야의 발전 가능성이 점점 높아지고 있다. 또 당신이 로커보어를 위한 음식에 관심이 있다면 요즘 미국 전역에 관련 음식에 대한 강좌가 확산되고 있는 추세다. 집 주변에서 얻은 재료로 요리하는 방법, 돼지 잡는 법, 사슴 사냥하는 법, 가까운 곳에서 재료 찾는 법을 배울 수 있다.

설령 관심 분야가 너무 많아서 그중에 뭘 골라야 할지 확신이 서지 않는다면 여러 가지 기술을 몸소 배워보고 여러 물건들을 만들며 팔아도 된다. 많은 시간과 에너지를 어떤 한 가지 대상에 투자하기 전에 이것저것 해볼 수도 있다.

혹은 이미 창업을 해서 자신이 제작한 물건을 시장에, 그것도 일반 시장이 아닌 규모가 아주 큰 시장에 팔고 싶은 사람이 있을 수도 있다. 만약 그렇다면 당신의 아이디어가 더 많은 관중의 관심을 끌 수 있도록 프레젠테이션 기술을 연마해야 한다. 그렇게 해서 제품과 관련된 레퍼토리를 더 확장시킬 수 있다. 지난 몇 년 동안 성공한 기업가들이 '엘리베이터 피치elevator pitch'의 중요성을 강조했다. 엘리베이터 피치란 엘리베이터를 타고 내리는 짧은 시간에 상사 또는 투자자를 설득할 수 있도록 제품의 가치에 대해 빠르게 설명할 수 있어야 한다는 말이다. 그러나 소셜 미디어가 대세인 시대가 되면서 피치의 특징이 달라졌다. 엘리베이터와 회의실이 이제는 컴퓨터 화면과 모바일 폰으로 장소가 바뀐 것이다. 또 엘리베이터 피치의 시간인 33초가 유튜브 동영상이 나오는 1분으로 교체됐다. 당신의 피치를 그 이상으로 늘리는 마케팅 전략을 실천할수록 아이디어를 상품화하는 과정이 더 효과적으로 진행된다. 투자를 받고 네트워크를 확장하는 데도 도움이 될 것이다.

당신이 자기 소유의 매장을 가지고 있거나 아니면 매장에서 직접 일할 경우, 반드시 프레젠테이션 기술에 신경을 써야 한다. 고화질의 비디오 장비와 사용자를 생각한 편집 프로그램의 비용이 내려가면서, 이제는 제품과 아이디어의 질을 높이는 작업을 하거나 프레젠테이션을 할 때 많은 시간이 소요되거나 고가의 비용이 들지 않는다. 이때 전략적인 틀 짜기 작업도 중요하다. 프레젠테이션을 하는 동안 적절한 스토리를 이야기하면서도 당신이 타깃으로 정한 사람들에게 직접적으로 호소할 수 있는 내용을 요령껏 보여줘야 하기 때문이다. 거기다 즐기기와 게임화 전략도 고려해야 한다. 잠재적인 대중과 고객들을 이 여정에 끌어들이려면 어떻게 해야 할까?

일단 당신이 만든 대상을 더 많은 사람들에게 보여주고 싶다면 이미 훌륭한 평가를 받은 플랫폼(엣시, 이베이, 아마존)을 탐색하는 것부터 시작하라. 개인적으로든 아니면 당신이 세운 회사의 이름으로 이곳에서 물건을 팔게 되었다면, 당신이 만든 물건이 소비자의 손에 전달되기까지 인터넷 플랫폼이 얼마나 중요한 역할을 하는지 깨달았을 것이다. 또한 새로 생겨난 플랫폼은 인터넷 상점을 만드는 과정이 훨씬 더 쉽고 간편하다.

메이커 문화가 급부상한 것은 사실이지만 짧은 시간 내에 모든 변화에 익숙해지려면 시간이 어느 정도 필요한 것은 사실이다. 자신의 기술과 경험, 관심 분야를 적재적소에 활용하기 위한 노하우를 발견하기까지 시간이 필요하다. 게다가 많은 기술들을 소화하기 위해서는 배움의 시간이 있어야 한다. 그러는 동안에 로컬 개념을 강조하는 사업을 지원하거나 집 주변의 시장 또는 메이커 페어에 찾아가 직접 확인하면서 자신의 열정을 표출해도 좋다. 같은 지역에 거주하는 농민, 가구 제조업자, 다른 장인들을 만나 대화를 나눠 보고 그들이 하는 일의 장점이 무엇인지, 문제가 되는 도전 과제는 무엇인지 물어 봐도 좋다. 그러면서 새로운 내용을 습득하고 영감을 받아보자. 당신은 소비자의 관점에서 시장 내의 확실한 간극을 발견하면서 일을 시작할 수 있을 것이다. 가끔은 기존의 제품을 보면서 창조적인 영감이 떠오르기도 할 것이다. 그래서 '나라면 이 물건을 이렇게 했을 텐데……' 하면서 아이디어에 대해 고민할 것이다.

제너럴 일렉트릭과 미국의 건설 기기 업체인 캐터필러Caterpillar와 같은 세계적인 회사들도 지금은 해외 생산 기지를 미국 내로 옮기는 추세다. 이제는 국제적인 미국 기업들이 자국에서 제품을 생산하는 기회와 급증하는 요구를 더 이상 간과할 수만은 없다. 해외에서 이뤄지는 아웃소싱 전략을 재평가하는 데 걸리는 시간이 적을 것이라고는 생각하지 않는다. 또 이런 생산지 변화가 가져오는 복잡한 절차를 해결하는 데도 시간이 걸릴 것이다. 그럼에도 불구하고 기업들이 이런 선택을 할 수밖에 없는 것은 해외 아웃소싱에 드는 비용이 점점 비싸지고 있기 때문이다. 또 생산공정에 필요한 기계 값이 상대적으로 떨어지면서 미국인들이 자국에서 생산하는 제품들을 더 요구하기 시작했다. 로컬을 강조한 지속 가능한 제품을 탐색하는 것이 이제는 다국적 기업의 전략에 빠질 수 없는 일부가 됐다.

물론 아웃소싱에 기반을 둔 전략이 외국인 노동력과 운송에 드는 비용을 증가시키는 데 영향을 미친 것은 사실이지만, 그보다 더 큰 위험 요소가 잠재되어 있다는 것을 잊어서는 안 된다. 그 위험 요소란 바로 전략만 짜는 것이 아니라 훌륭한 물건을 직접 디자인하고 싶어 하는 재능 있는 젊은 세대를 잃게 될 수도 있다는 것이다. 만약 당신이 회사를 운영하고 있다면, 회사가 보유한 똑똑하고 젊은 기술자와 디자이너들이 라이프스타일을 바꿀 신상품을 만들도록 열린 기회를 주지 않을 경우, 다른 소규모의 신생 기업이 그 기회를 차지하게 될 것이다.

오랫동안 아웃소싱을 해온 기업들의 경우, 관리자들 중 대다수가 제품 제작의 최선의 선택은 아웃소싱이라고 말할 것이다. 거의 모든 세대가 아웃소싱을 주요 제조업의 모델로 여기며 성장해왔던 것도 사실이다. 그러나 중국의 노동력과 에너지 비용이 점점 증가하는 반면 미국의 기술력과 제조 비용이 상대적으로 낮아지자, 사람들이 아웃소싱에 대해 의문을 품게 되는 절호의 시간이 찾아왔다. 우리가 미국에서 제품을 생산하고 싶다면 어떤 방식으로 실행이 가능할까? 미국 내에 우리가 믿고 맡길 수 있는 공급 업체가 아직까지 있을까? 이런 의문을 품는 사람들은 아마 깜짝 놀랄 것이다. 아직까지도 방대한 양의 정보들이 살아남아서 국제적인 제조업 전략의 대변화를 촉구하고 있다는 사실을 알게 된다면 말이다. 디트로이트 자동차 산업의 경우, 전체 공급 업체의 네트워크 생태계가 사라지지 않고 꾸준히 지속된 덕분에 미국의 자동차 제조업이 붐을 일으키며 성장할 수 있는 것이다.

그러나 아직 가장 중요한 질문이 남아 있다. 30년 전까지만 해도 존재하지 않았던 고도의 제조업 기술을 따라갈 수 있을까? 그래서 요즘 시대에 맞는 더 개선된 제품을 만들 수 있을까? 과거의 제작 방식과 완전히 다른 새로운 방식으로 생산하는 데 문제는 없을까? 전 세계로 산업이 확장되면서 미국 내에서 그동안 움츠려 있던 제조업 분야, 예를 들면 가구나 카펫, 기성복을 만드는 '구식' 산업에 새로운 기회의 가능성이 열린 셈이다. 당신이 아이패드 앱을 사용해 원하는 카펫 모양을 디자인한 다음 고도화된 기술력을 도입한 직물 업체에 디자인 모델을 보내면 그다음 주에 당신의 집으로 카펫이 배달될 것이다. 티셔츠와 운동화의 경우는 이미 자신이 디자인한 것을 제품으로 받는 것이 가능해졌다. 대량생산 시스템에서 대량 맞춤화 시스템으로 전환된 산업 종목에는 이외에도 많이 있지 않을까?

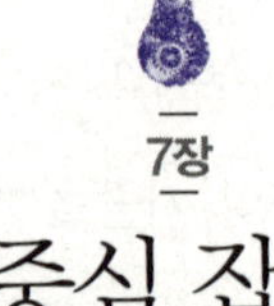

7장

중심 잡기

갱스터 랩 그룹 N.W.A.(Niggaz Wit Attitudes의 약자)의 멤버로, 에미넴이나 50센트와 같은 유명 래퍼와 함께 일한 프로듀서인 닥터 드레Dr. Dre는 요즘 가장 영향력 있는 음반 제작자이자 힙합 프로듀서로 유명세를 타고 있다. 그가 활동했던 N.W.A.는 일명 '갱스터 펑크g-funk'의 선구자로, 조지 클린턴George Clinton과 아이작 헤이즈Isaac Hayes의 영향을 받은 웨스트 코스트 랩 스타일을 구사하는 그룹이었다.

닥터 드레는 녹음실에서 완벽주의자로 소문이 자자하다. 만약 그의 음악을 보통의 헤드폰으로 듣는다면 그가 힘들게 작업한 결과물을 완벽하게 이해했다고 말할 수 없다. 닥터 드레가 한 말을 인용하면 다음과 같다.

사람들은 모든 장르의 음악을 듣지 않아요. 음악가와 프로듀서는 스튜디오에서 고생하며 완벽한 사운드를 만들려고 애쓰는데 말이죠. 기존의 헤드폰으로는 베이스 부분과 소리의 디테일한 부분, 그리고 소리들 사이의 역학 관계를 잡아내지 못해요. 그러다 보니 결국 그 음악이 당신을 감동시킬 수 없게 되는 거죠.

음악을 한 지 30년이 넘어서자, 닥터 드레는 자신의 브랜드를 만들어 음악 제국을 건설했다. 2012년 경제 잡지 《포브스Forbes》에서 선정한 힙합계에서 가장 부유한 인물 3위에 그의 이름이 올랐다. 하지만 그가 만든 소리를 대부분의 사람들이 제대로 듣지 못한다면 그의 브랜드 성공이 무슨 소용이 있겠는가?

닥터 드레가 원하는 것은 헤드폰의 기능을 개선하는 것에만 있지 않았다. 자신의 음악을 사랑하는 팬들이 스튜디오에서 녹음한 음악이나 클럽에서 연주한 음악과 연결되기를 원했다. 그는 자신의 사운드 프로필을 팬들이 직접 들으면서 묵직한 저음과 맑고 깨끗한 음색 사이의 멋진 대비를 느껴주길 바랐다. 하지만 닥터 드레 혼자서 모든 일을 할 수는 없었다. 이 아이디어를 현실적으로 구체화한 경력이 있는 사람의 도움이 절실했다.

닥터 드레가 팀원으로 영입한 인물은 다름 아닌 제품 디자이너 밥 브루너Bob Brunner였다. 드레와 하는 작업에 대해 그와 얘기를 나누기 전에, 이미 나는 브루너가 아이디어를 현실화하는 능력이 있는 사람이라는 것을 알고 있었다.

브루너는 여러 가지 이유로 디자인 산업에서 유명 인사였다. 1990년대 애플에서 산업디자인 디렉터로 있었을 때 그가 조나단 아이브를 고용한 것도 그를 유명하게 만든 이유 중 하나다. 1996년까지 브루너는 샌프란시스코에 있는 그래픽디자인 컨설팅 회사로 잘나가던 펜터그램Pentagram과 파트너 관계를 맺었다. 그 당시에 브루너는 제품과 제품의 아이덴티티, 디자인 서비스를 고객에게 제공하는 팀을 운영하고 있었다.

펜터그램과 일할 때 브루너는 디스커버리 채널Discovery Channel에서 운영하는 프로그램 쇼에 참여해 실제 제품의 디자인에 대한 설명을 직접 한 적도 있었다. 이 케이블 회사는 시청자들이 디자인 프로세스의 실체를 이해하면서 어떻게 실질적으로 제품이 탄생하는지 제작 과정을 보여주고 싶어 했다. 브루너는 그 일을 게임처럼 즐겼지만 고객 프라이버시 조항에 따라 펜터그램이 작업하는 프로젝트의 내부 사항을 외부에 공개할 수가 없었다. 결국 브루너는 나름대로 해결책을 찾았다. 그렇다면 디스커버리 채널이 직접 무언가를 만들면 되지 않을까? 브루너와 그의 팀원들은 주어진 도전 과제에 매달려 디스커버리 채널의 직원들이 참여한 가운데 새로운 대상을 만들기 시작했다.

그렇다면 디스커버리 채널의 직원들은 무엇을 디자인해야만 했을까? 그리고 그것은 디스커버리 채널의 시청자들과 어떤 관계가 있었을까? 팀원들은 시청자들의 다수가 웨스트 코스트에 살고 있으며,

그곳의 현지 주민들은 야외에서 요리하는 것을 좋아한다는 점에 주목했다. 그래서 아무도 생각하지 못한 제품을 구상하기로 했다. 그것은 바로 이미 시중에 나온 지 오래된 제품인 아웃도어 그릴을 새롭게 디자인해서 실생활에 알맞은 그릴로 제작하는 것이었다.

브루너와 그의 팀원들은 사람들이 샌프란시스코 만 안에 있는 공원과 집에서 바비큐 파티를 하는 모습을 관찰했다. 브루너는 이렇게 말했다. "이곳에서의 바비큐 파티는 사회성을 띤 이벤트이며 소셜 허브social hub와 같은 역할을 해요. 사람들은 불이 있고 먹을 음식이 있는 곳에서 여럿이 모여 시간을 보내는 걸 좋아합니다." 팀원들은 바비큐 파티를 주최하는 주인이 주로 고기를 굽기 때문에 손님들에게 등을 보이는 경우가 많다는 점을 발견했다(그리고 성별을 따지면 주로 남자들이 그릴 앞에서 고기를 구웠다).

팀원들은 새로운 종류의 그릴을 제작하기로 결심했다. 훌륭한 재료로 만들되 형태를 둥글게 디자인하는 것이 무엇보다 중요했다. 사람들이 불을 피우고 그 주변에 둥글게 모이는 것을 좋아하는 것처럼, 그릴도 둥근 형태로 디자인하는 것이 중요했던 것이다. 디스커버리 채널의 카메라를 고려하면서도 팀원들은 기존의 칙칙한 진한 녹색의 그릴 모델과는 차별화된 새로운 형태의 더욱 아름다운 그릴을 만들기 위해 노력했다. 또한 제품이 완성되었을 때 펜터그램과 케이블 방송사 사람들이 너도나도 꼭 갖고 싶다고 말할 정도로 멋진 그릴을 제작하려고 애썼다.

흔히들 브루너가 할 일이 여기까지일 거라고 생각하게 마련인데 그렇지 않았다. 최고의 디자이너들처럼 브루너 역시 그가 일하는 분야의 디자이너들이 자신이 창조한 제품과 관련된 모든 부문에 참여하지 않는다는 생각이 늘 머릿속을 떠나지 않았다. 디자이너는 당연히 제품의 디자인을 완성하는 일을 책임지고 그 일에 대한 대가로 보수를 받았다. 하지만 다른 회사들의 경우에는 디자이너가 제품을 제작하고 생산한 다음, 판매까지 연결시킴으로써 큰 이윤을 얻기도 했다. 결국, 브루너는 팀원들과 함께 그릴 디자인에만 만족하지 않고 더 큰 단계까지 나아갔다. 직접 회사를 차려 애뮤니션Ammunition이라는 회사의 소유주가 된 것이다.

디스커버리 채널 덕분에 브루너와 그의 팀원은 여러 종류의 그릴을 시리즈로 디자인했다. 그리고 중국에 생산을 의뢰하고 브랜드 네임을 푸에고Fuego라고 지으면서 새로운 회사도 설립했다. 제품의 가격대가 350~700달러까지 다양했으며, 윌리엄스 소노마Williams Sonoma 등 인기 있는 여러 가게에 납품되어 좋은 실적을 거두었다.

브루너는 현재 브렛 위큰스Brett Wickens와 맷 롤랜드슨Matt Rolandson과 손을 잡고 일한다. 그가 운영하는 회사 애뮤니션에는 45명의 직원이 일하고 있다. 그는 지금도 정기적으로 특정 고객을 위해 직접 디자인한다. 그러면서도 새로운 협력 업체와 파트너십을 체결하거나 신생 기업을 창업하는 일을 좋아한다. 브루너는 이렇게 말했다.

저렴한 비용의 아웃소싱이 주어지면 새로운 제품을 제작하는 게 훨씬 더 쉽습니다. 중국과 전 세계에서 물건을 생산하게 할 수 있지요. 또 기술에 투입된 비용이 낮아지는 경우에도 마찬가지예요. 다양한 경로가 이미 갖춰져 있는데, 당신이 도전하지 못할 이유가 전혀 없습니다.

브루너는 신제품 제작을 중심축pivot으로 잡고 실행한 다음 새로운 회사를 만드는, 매우 유기적으로 연결되는 방법을 택했다. 그러나 브루너가 유일한 예는 아니다. 많은 사람들은 다양한 방면에 종사하는 디자이너들이 기업가로 나서는 것을, 창조적인 일을 하는 분야에 불고 있는 변화의 특징으로 인정하고 있다.

요즘 선두를 달리는 신생 기업 설립자들의 배경을 보면 디자인을 했던 사람들이 꽤 많다. 또 미국과 유럽의 디자인스쿨에 다니는 학생들 대다수가 졸업 후에 자신의 회사를 차리고 싶어 한다. 그리고 많은 유명한 디자인스쿨에서는 기업가 정신을 주제로 강의를 하고 있다. 스탠퍼드에서도 몇 십 년 전부터 디자인 수업에 경영 수업을 포함시켰다. 기업가 정신이 학문을 중요시하는 아카데믹한 디자인 사회에까지 확산되고 있는 것이다.

벤처 자본가들과 일반 투자자들은 이 점에 주목했다. 2011년 성공한 디자이너들이 디자이너 펀드Designer Fund를 만들어 성공 가능성이 있는 디자이너 출신 기업가들의 아이디어가 사업 아이템으로 발전할 수 있도록 지원했다. 이와 같은 참여를 이끄는 실질적인 원동력은 재정적인 지원보다는 네트워크의 힘이 더 크다. 디자이너 펀드의 멤버들은 전도유망한 젊은 기업가들을 베테랑 멘토와 연결시켜준다. 게다가 신생 기업 자본가들과도 만날 기회도 생긴다. 엔젤 투자자나 시드 펀드는 물론, 앤드리슨 호로비츠Andreessen Horowitz나 코슬라 벤처스Khosla Ventures와 같은 후기 벤처 자본 회사들과의 접촉도 유리해진다.

중심 잡기가 창조성에서 회사 설립으로 이어지는 것은 우리가 살고 있는 시대의 가장 강력한 경제적 힘이 된다. 그렇다고 이런 힘이 디자인 분야에만 일어나는 것은 아니다. 오늘날 미국의 기업가 정신 확산, 특히 Y세대의 적극적인 활동에 주목해야 한다. 많은 젊은이들이 자신의 디지털 공간을 기획하는가 하면 실제 제품을 만들어 회사를 설립하고 사회조직을 만들며 미래를 향해 도약하고 있다. 매년 미국의 경영학 석사 학위 수여자 수는 18만 명에 이른다. 이 경영학 석사 졸업생들은 경영이 탄탄한 기존의 회사에 취직하는 것보다 자기 회사를 세우는 데 더 관심이 많다. 컬럼비아, 하버드, 와튼, 시카고의 비즈니스 스쿨이나, 토론토 대학과 그 밖에 스탠퍼드의 놀라운 성공을 따라잡기 위해 애쓰는 학교에서는 기업가 정신에 대한 강의가 학생들 사이에서 가장 인기 있는 수업이라고 한다. 특히 하버드 비즈니스 스쿨은 기업에서 활동하는 엘리트와 전문 컨설턴트들이 통과 의례처럼 거쳐 가는 학습의 장으로 오랜 명성을 이어왔다. 최근 하버드 비즈니스 스쿨에서는 2,500만 달러를 투자해 '아이-랩i-lab'을 설립했다. 이곳은 '기업가 정신을 위한 아서 록 센터Arthur Rock Center for Entrepreneurship'로 불리기도 한다(인텔과 애플에 투자한 하버드 비즈니스 스쿨 졸업생들이 특별히 이름을 지었다). 지난 수십 년 동안 비즈니스 스쿨 졸업 학기에 마련된 비즈니스 프로그램을 보면 자본을 효율적으로 사용하는 방법에 대한 강의가 주를 이루었다. 그러나 요즘에는 창조성을 어떻게 활용하는지에 대한 강의가 점점 더 많아지고 있는 추세다.

상품 콘셉트에서 비즈니스 창조를 중심축으로 하여 그 범위가 전면 확대되면서 여러 도시에 활기가 느껴지고 새로운 변화의 바람이 불고 있다. 리처드 플로리다Richard Florida는 오래전부터 '창조적 계층'의 역할을 주제로 토론을 해왔다. 그는 약 4,000만 명에 이르는 이 '창조적 계층'이 디자인, 건축, 예술, 미디어, 엔터테인먼트, 과학, 테크놀로지, 교육, 건강 서비스 분야에서 일하고 있으며, 도시에 거주하면서 혁신과 경제적 성장을 동시에 만족시키는 일에 열중한다고 했다. 플로리다는 창조성이 거대한 대도시들을 얼마나 빠르게 변화시키는지를 보고 스스로도 깜짝 놀랄 정도였다고 고백했다. 뉴욕이나 베를린이 좋은 예라 할 수 있으며, 또 대체로 차분한 분위기인 싱가포르도 여기에 포함된다.

2012년에 경제 정책 연구 기관인 도시미래센터Center for an Urban Future가 '뉴 테크 시티New Tech City'란 제목으로 발표한 연구 결과에 따르면, 지난 5년 동안 뉴욕은 실리콘밸리에 이어 미국에서 두 번째로 기술 신생 기업이 가장 많이 모여 있는 중심지로 뽑혔다. 2007년부터 유니온 스퀘어 벤처스나 아이에이 벤처스IA Ventures와 같은 로컬 벤처 캐피털 회사들과 그밖에 투자 기업들이 하나둘 뉴욕에 들어오기 시작했다. 그러면서 거의 500여 개의 디지털 신생 기업에 투자했다. 길트 그룹과 텀블러도 벤처 캐피털에 투자를 받은 디지털 기업들이다. 텀블러의 CEO인 데이비드 카프David Karp는 뉴욕의 신생 기업에 대해 말하면서 '디자인 중심의 신생 기업, 미디어가 중심이 되는 신생 기업'이라고 강조했다. 2012년 뉴욕 시에 10개가 넘는 테크 인큐베이터tech incubator가 세워졌다. 2009년만 해도 테크 인큐베이터가 겨우 하나뿐이었는데 말이다. 그중에는 에밀리 미에트너Emily Miethner가 창조적인 사람들의 기업가 정신을 향상시키기 위해 뉴욕 시를 무대로 만든 '뉴욕 크리에이티브 인턴스NY Creative Interns'도 있는데, 그곳에 가면 학교를 갓 졸업한 200여 명의 구직자들이 아이디어를 구체화하기 위한 인맥을 형성하려고 애쓰는 모습을 볼 수 있다.

현재 뉴욕 시장인 마이클 블룸버그Michael Bloomberg가 직장 경력을 쌓기 시작한 곳이 살로몬 브라더스Salomon Brothers였다. 금융 정보를 분석하는 이 회사에서는 복잡한 분석 정보를 산출해 발표한다. 블룸버그가 개발한 금융 정보 단말기인 '블룸버그 터미널스Bloomberg Terminals'는 오늘날 전 세계 30만 명 이상의 금융 전문가들이 신생 기업을 위해 사용하는 대표적인 분석 시스템이 됐다.

2011년 블룸버그는 콘테스트를 열어 코넬 대학과 이스라엘 테크니온 Technion(정식 명칭은 이스라엘 공과대학)의 돈독한 파트너십을 유도했다. 그 결과 새로운 기술 공학 캠퍼스가 탄생했다. 스탠퍼드 대학과 경쟁할 수 있는 실력 있는 캠퍼스를 만들겠다는 희망으로 만들어진 이 캠퍼스는 하이테크놀로지 신생 기업들의 탄생을 가속화시키며 성공적인 결과를 이루었다. 한동안 블룸버그와 같은 정책 메이커들은 앞으로는 금융 중심의 경제가 되리라고 전망했다. 닷컴 회사와 신생 기업도 확실히 매력이 있긴 하지만 경제성장의 주변 요소로만 여기는 경향이 컸기 때문이다. 게다가 비즈니스 스쿨의 주요 강의 계획안을 보더라도 창업과 관련된 수업보다는 경영 실무 및 마케팅과 관련된 수업이 주를 이뤘다. 학생들은 자산을 늘리는 법은 배웠지만 완전히 새로운 무언가를 창조하는 일에 대해서는 배우지 못했다. 하지만 이제는 상황이 달라져서 신생 기업의 창조적인 면과 자본주의를 직접적으로 연계시키는 발상이 새롭게 중심축을 이루는 시대로 변모하고 있다.

경제적 사고의 핵심이 기업가 정신이 반영된 창조성으로 바뀌면서 사람들은 여러 가지 의문점을 제기한다. 어떻게 하면 아이디어를 번성하는 사업으로 발전시킬 수 있을까? 우리는 중심 잡기에 성공한 디자이너와 기업가들로부터 무엇을 배울 수 있는가?

사실 '중심축'이란 단어는 실리콘밸리에서 신생 기업들이 초반에 한 가지 아이디어에서 다른 아이디어로 이동하는 과정을 묘사할 때 자주 쓰던 용어다. 회사 설립자들은 처음에 한 가지 아이디에서 시작한다. 그러다가 중심축을 기준으로 회전하면서 두 번째, 세 번째 아이디어를 떠올린다. 성공을 기대하게 하는 제품을 만들기 전까지 중심축을 기점으로 회전 운동은 계속해서 이어진다. 인스타그램의 경우를 예로 들면, 인스타그램은 초기에 버븐Burbn으로 시작했다. 포스퀘어Foursquare처럼 스마트폰의 위치 기반 서비스를 제공하는 앱이었는데, 그 기능만으로는 별다른 성공을 거두지 못했다. 그러자 설립자 케빈 시스트롬Kevin Systrom은 버븐이 가지고 있는 사진 공유 기능에 주목했다. 버븐 이용자들이 사진 서비스에 큰 관심을 보이자 시스트롬은 사업 전략을 바꿔 버븐을 사진 서비스를 특화한 인스타그램으로 바꿨다.

나는 이 책에서 '중심축'이란 단어의 의미를 광범위하게 잡고 있다. 영감이 제작으로 이어지는 과정 또는 큰 의미에서 전체 생산을 포괄한 과정을 설명할 때도 이 단어를 쓸 생각이다. '중심 잡기'는 창조성의 규모를 늘리거나 줄이기 위해 필요한 능력이다. 신제품을 만들고 새로운 비즈니스 모델을 제시할 때도 필요하겠지만, 범위를 넓혀 비영리단체와 다양한 분야의 산업을 위한 모델을 제시할 때도 필요하다. 어떻게, 그리고 언제 이 중심축에 따라 회전해야 할지는 매우 중요한 전략적인 문제가 아닐 수 없다. 동시대를 살아가는 모든 기업가, 리더, 성공을 꿈꾸는 크리에이터라면 누구나 한번쯤 꼭 생각해야 할 질문이다.

좀 더 깊이 들어가면, 중심 잡기는 돈으로 살 수 없는, 즉 꿈이나 욕망 같은 무형의 것을 구체적인 형태로 바꾸는 능력을 말한다. 예술가라면 에드바르트 뭉크Edvard Munch와 같은 화가들이나 패티 스미스Patti Smith와 같은 음악가들, 커트 보니것Kurt Vonnegut과 같은 작가들이 그들의 내면 깊은 곳에 자리 잡고 있는 희망과 두려움을 끌어내어 하나의 작품으로 승화시켰다는 것을 잘 알고 있다. 어느 분야든 창조적인 사람들은 있게 마련이다. 창조성이 있다면 지푸라기를 금으로 바꿀 수도 있고, 삶의 고뇌에서 예술 작품을 꽃피울 수도 있다. 또 더 나은 라이프스타일을 누리고 싶은 소원을 이루어줄 가정용품도 만들 수 있다. 일종의 연금술이라고 보면 된다. 지금까지 혁신을 분석하는 그 어떤 경제모델도 이처럼 손으로 만질 수 없는 무형의 요소를 분석 대상에 포함시키지 않았다.

사실 많은 사람들은 '돈으로 살 수 없는 것'과 '돈으로 살 수 있는 것'을 명확하게 구분 지으면서 서로 넘나들 수 없는 확실한 경계선을 긋는다. 『돈으로 살 수 없는 것들What Money Can't Buy』은 마이클 샌델Michael Sandel이 하버드 대학에서 인기를 끌었던 자신의 강의 내용을 바탕으로 쓴 책이다. 그는 돈으로 살 수 없는 것과 돈으로 살 수 있는 것의 경계가 생기게 된 원인을 설명하면서, 그 이유 가운데 하나로 사회규범과 시장 규범 사이의 갈등을 지적했다. 말하자면 두 규범을 섞는 것에 대해 사람들이 불편해하기 때문이라는 것이다. 자기 스스로에게 '돈으로 살 수 없는 것'이 무엇인지 물어볼 때도 그렇고, 신상품과 새로운 서비스를 만들기 위해 영감을 어디서 얻는지 그 출처에 대해 대답하는 것도 그러하며, 둘 다 자본주의와 밀접한 관계가 있는 질문들이다. 더 나아가 경제성장을 위해서도 꼭 해답을 찾아야 할 질문들이다.

창조성에서 창조적인 결과물을 얻어내는 데 필요한 중심 잡기 능력은 사회규범과 시장 규범 사이의 간극을 메워주는 다리 역할을 해주기도 한다. 따라서 중심 잡기를 하려면 우리가 보통 경제나 비즈니스를 생각할 때 떠올리지 않는 기술들이 수반되어야 한다. 새로 나온 위젯을 아무리 열정적으로 홍보해도 요즘 사람들은 더 이상 광고에 혹하지 않는다. 그렇다 하더라도 창조적 사상가라면 자신이 만든 제품에 심오한 의미를 부여할 수 있어야 한다. 그래서 위대한 예술 작품이 내뿜는 아우라가 제품 주위를 가득 채우도록 해야 한다. 그리고 무리를 이끌어야 하는 리더들이라면 확실한 카리스마를 보여줄 수 있어야 한다. 잠시 잠깐 반짝이는 스타성의 카리스마가 아니라, 리더를 추종하는 팔로워들과 끈끈한 관계를 이어갈 수 있는 카리스마는 리더에게 필수적인 자질이다.

물론 처음으로 고안해낸 제품이 팔렸다면 추상적인 콘셉트에서 구체적인 생산으로 중심 잡기의 축이 이동한 것은 확실하다. 오늘날의 기업 자본주의 시대를 이끈 훌륭한 혁신 스토리를 통해 정보와 지식을 얻은 사람들이 지혜를 발휘한 결과라 할 수 있다. 뮤즈로부터 영감을 받았든, 경영 관리자의 지원을 받았든, 아니면 일반 대중에게 도움을 받았든 간에 창조적인 혁신가는 결코 혼자서 일하는 법이 없다.

아우라 부여하기

음악은 사람을 감동시킨다. 그리고 음악은 사람들을 매일같이 반복되는 일상에서 벗어나 다른 곳으로 가게 해준다. 닥터 드레가 오랜 파트너인 지미 아이오빈Jimmy Iovine과 밥 브루너와 함께 제작한 헤드폰이 높은 판매량을 기록하게 된 것도 기능이 뛰어난 헤드폰이 힙합 팬들에게는 음악을 위한 소중한 선물이나 다름없었기 때문이다. 헤드폰으로 음악을 제대로 들으려면 그에 걸맞은 헤드폰이 있어야 했다. 오디오 회사의 이름도 소리와 관련된 단어를 골랐는데, 브루너는 이렇게 말했다. "드레가 비츠Beats란 이름을 지어왔어요. 사람들이 자신의 비트를 듣기 위해 자기를 찾는 것이라고 말했어요."

드레와 아이오빈은 그들이 원하는 소리가 헤드폰에서 흘러나올 수 있도록 사운드 프로필을 만들었다. 그리고 나중에 이어폰과 스피커, 붐 박스boom box(대형 휴대용 카세트 라디오—옮긴이)도 만들었다. 두 사람은 몬스터 케이블Monster Cable의 제조 및 유통 부서와 함께 일하면서 제품을 개발했다. 일반 소비자를 위한 헤드폰과 전문 DJ를 위한 헤드폰을 따로 제작했는데, 울림이 깊고 소리가 풍부한 베이스 파트를 들을 수 있도록 모델을 제작했다. 디자인도 중요한 역할을 했다.

비츠 헤드폰의 디자인은 확실히 거친 래퍼 스타일을 연상시키며, 블랙과 핫 핑크, 화이트 등 여러 컬러가 사용됐다. 부드러운 고무와 매끈하게 빠진 메탈 테두리가 인상적일 뿐 아니라, 부드러운 터치감이 있는 플라스틱 부분은 만졌을 때 기분을 좋게 만들었다. 브루너는 비츠 헤드폰의 패키징 디자인에도 세심한 신경을 썼다. 우선 포장 박스 내부를 여러 칸막이로 나누었고, 접힌 덮개 부분이 열기 쉬우면서 천천히 열리도록 했다. 상자를 여는 동안 마치 진정성 있는 음악이 주는 최고의 선물을 받는 의식을 치르는 기분이 들 정도였다.

세계적으로 유명한 스타 운동선수들과 음악가들이 비츠 헤드폰을 애용하면서 닥터 드레는 비츠 브랜드의 커뮤니티를 더 확장했다. 2012년 8월 미국 시장조사 전문 업체인 NPD 그룹의 보도 내용에 따르면, 비츠 브랜드가 미국 프리미엄 헤드폰 시장의 전체 판매량의 50퍼센트를 기록했다고 밝혔다. 비츠 제품을 취급하는 가게가 맨해튼의 소호 인근에 처음 문을 열었을 때는 애플 스토어처럼 몇 가지 안 되는 모델을 전시하는 형태로 선보였다. 비츠 회사는 이제 헤드폰 외에 다른 제품을 대상으로 사업 확장을 추진 중이다. 2012년 비츠 일렉트로닉스Beats Electronics는 버클리에 본사가 있는 음악 스트리밍 서비스 업체인 MOG를 사들였다. 그러면서 드레는 비츠 헤드폰으로 음악을 듣는 사람들에게 직접 음악을 배달하는 서비스를 만들었다. 그해, 비츠 일렉트로닉스는 그동안 함께 일해온 몬스터 케이블과의 계약을 만료하고, 타이완에 본사가 있는 HTC를 대표적인 투자자로 받아들였다. 최근 진행 중인 프로젝트가 잘 성사되면 비츠 일렉트로닉스가 앞으로 자본금 10억 달러의 기업이 될 것이라고 브루너는 전망했다.

비츠 헤드폰이 큰 인기를 얻게 된 것에 대해서는 특별히 숨은 비밀이랄 것도 없다. 힙합계의 신화적인 인물들이 유명한 디자이너이자 크리에이터를 만나 힙합 사운드를 생생하게 들을 수 있는 독창적인 헤드폰 세트를 제작했으니 성공은 이미 정해진 일이 아니었겠는가! 하지만 그보다 더 중요한 점은 브루너와 드레가, 드레의 음악과 그 음악을 듣는 이들 사이에 특별한 다리를 만들었다는 것이다. 비츠 헤드폰으로 음악을 들으면서 닥터 드레와 같은 아티스트가 만든 소리를 생생하게 들을 수 있게 된 것만으로도 사람들은 일상을 초월한 특별한 무언가를 얻은 기분이 들었다.

물론 헤드폰 자체만도 얘깃거리가 많다. 그러나 일반인들에게 스튜디오에서 녹음된 음악과 가장 가까운 소리를 듣게 해주는 제품을 제시한다는 것은 의미가 더 크다. 헤드폰 제작에 관여한 팀원들은 사람들에게 '세속적인 현시secular epiphanies'를 경험할 기회를 부여한 셈이다.

1993년 일본 미학에 대한 에세이집 『그늘에 대하여』를 펴낸 소설가 다니자키 준이치로谷崎潤一郎는 그 책에서 이와 비슷한 성격을 띤 초월적인 경험에 대해 얘기했다. 새로운 기술로 얻은 경험이 아니라 매우 전통적인 대상인 쌀과 관련된 경험이었다.

래커 칠을 한 반짝거리는 검정색 통이 보인다. 방 한쪽 어두운 구석에 놓인 밥통은 보는 것만으로도 너무 아름답고 강렬한 식욕을 돋워준다. 뚜껑을 열자 방금 지은 하얀 쌀밥이 검정색 밥통 안에서 한 알 한 알 진주알처럼 영롱하게 반짝이고 있다. 쌀밥에서 따뜻한 김이 모락모락 피어오른다. 이 모습을 보고 그냥 지나칠 일본인은 없다. 일본 요리는 음영이 관건이다. 어둠과 뗄 수 없는 관계인 것이다.

다니자키는 '아우라'라는 단어를 사용하지 않았다. 하지만 우리가 어떤 대상이나 제품과 맺는 강렬한 유대 관계를 정의하기에 가장 적격인 단어가 바로 '아우라'가 아닐까 싶다. 1936년에 발터 벤야민Walter Benjamin이 쓴 비평서 『기술복제시대의 예술작품The Work of Art in the Age of Mechanical Reproduction』을 보면, 고유한 예술 작품에 절대 지워지지 않는 가치가 있다면 그것이 작품의 '아우라'라고 표현했다. 예술 작품은 우리에게 매혹적인 손짓을 한다. 회화, 조각, 살아 있는 몸동작 등 모든 종류의 예술을 마주한 우리는 심미적인 가치를 경험한다. 그곳이 미술관이든 극장이든 상관없다. 다만, 그 작품이 복제된 모사품이 아니어야만 가능하다. 그런 의미에서 영화나 사진과 같이 복제가 가능한 예술 형태에 대해서는 '아우라'가 결핍되어 있다고 발터 벤야민은 주장했다. 왜냐하면 그는 '기계를 통한 복제'가 가능해지면서 작품을 감상하는 이에게 작품의 원형이 가진 진정성이 전해지기 어렵다고 보았기 때문이다. 그러나 우리는 누가 뭐래도 기술의 시대에 살고 있다. 기술이 고난도의 기능을 가능하게 하고 저렴한 비용으로 쉽게 접근할 수 있게 하는 이상, 우리는 수동적인 사용자가 아닌 스스로 무언가를 창조하는 크리에이터가 될 수 있다. 요즘엔 누구나 영화와 사진 기술을 활용해 자신만의 창작물을 만들 수 있다. 70년 전만 해도 감히 생각할 수 없는 일이었다.

창조적 지성을 위해서는 여러 가지 능력이 필요하다. 그 능력들을 밝혀내다 보면 어느새 우리는 애플이 걸어온 길을 자연스럽게 걸을 수밖에 없다. 소비자들은 애플 제품에 대해 '쿨하다', '사용하기 편하다'라는 말을 한다. 그리고 더 세밀한 부분까지 따지는 사업 분석가들은 통합된 소프트웨어와 하드웨어의 '생태계'를 만든 애플에 박수를 보낸다. 하지만 이런 자질만으로는 우리가 애플 제품을 사용할 때 느끼는 감정을 완벽하게 설명할 수 없다. 애플 제품에 대해 논하면서 애플 제품을 손으로 만졌을 때의 촉감, 눈으로 볼 때 느껴지는 인상, 마음속 깊은 감정을 건드리는 것 같은 유대감을 빼놓고는 대화를 이어갈 수가 없다. 애플이 시각적으로 아름답고 사용도 간편한 제품을 어떻게 만들게 되었는지 그 스토리를 읽어보기를 권한다. 유용성만을 강조한 제품이 아니라 그와 함께 의미 있는 가치를 부여하고 싶은 제품을 만들려고 하는 사람이라면 특히 꼭 읽어보라고 권장하고 싶다.

스티브 잡스가 12년 동안의 유랑 생활을 끝내고 1997년 애플로 되돌아갔을 때, 그는 획기적인 새 아이디어에 애플과 자신의 미래를 모두 걸었다. 사용하기 쉽고, 기존의 컴퓨터들과는 전혀 다른 독립형 PC, 즉 반투명, 다채로운 색깔, 즐거움을 강조한 컴퓨터를 만들려고 노력했다. 쿨한 디자인의 컴퓨터라고 하면 사람들이 너도나도 애플을 입에 올리는 만큼, 다른 컴퓨터 회사들도 디자인에 신경 쓴 모델을 제작하기 시작했다. 하지만 제작 과정에서 컴퓨터가 얼마나 '재미없는지'에 대해서는 쉽게 간과하고 말았다. 사용하는 법도 까다로웠고, 부팅을 하는 과정도 말 그대로 꼴사나웠다. 죄다 모양만 그럴 듯하게 이것저것 짜 맞춘 식이었다.

1990년대 후반까지도 컴퓨터의 반투명 케이스 제작 방법을 아는 이가 아무도 없었다. 특히 그런 시도가 어떤 수익을 보장해줄지 아무도 예측하지 못했다.

디자이너 조나단 아이브와 대니 코스터Danny Coster는 영감을 얻기 위해 기존의 컴퓨터 환경 그 너머를 내다보려고 했다. 그러다가 둘 중에 누구인지 확실히 밝혀지지 않았지만 젤리빈jelly bean을 떠올렸다. 색깔이 다양하고 반투명하며 대규모로 생산되는 젤리빈을 떠올리면 누구나 저절로 입가에 미소가 떠오를 것이다. 젤리빈을 검토한 후 디자이너와 기술자로 구성된 아이브의 팀은 사탕 공장을 방문해 젤리빈이 만들어지는 과정을 분석했다. 그들은 밝은 색깔이 어떻게 반짝이는 표면에 덧입혀지는지를 관찰했다. 그리고 특수 디자인 기계를 통해 쏟아져 나오는 수많은 젤리빈이 얼마나 단단한지 강도도 확인했다.

이어 팀원들은 일본으로 건너가 일급 사출성형 기술자들을 만났다. 그리고 그들의 도움으로 적절한 개수의 구멍이 뚫린 작은 공급로를 통해 플라스틱 용액과 금속을 주입하는 새로운 제작 방식을 채택했다. 그 결과, 단 몇 초 만에 표면이 완벽한 결과물을 얻을 수 있었다. 아이브는 아시아에서 몇 달을 더 머물며 제조업자들과 함께 일했다. 그러면서 공장주에게 '빠르면서도 비용을 절감할 수 있는' 질 좋은 물건을 만들도록 독려했다. 마침내 아이브가 이끈 팀은 수백만 개의 젤리빈을 생산할 때처럼 애플의 컴퓨터 아이맥iMac을 위한 정교한 프로세스를 완성시켰다(그리고 그 과정에서 들은 얘기에 따르면, 아이브와 애플 덕분에 중국이 값싼 노동력과 허접한 장비로 제품을 만드는 나라라는 이미지를 탈피해 질적으로 우수한 컴퓨터와 TV, 나중에는 아이폰과 아이패드를 생산하는 나라로 변화할 수 있었다고 한다).

아이맥은 정말 놀라운 제품이었다. 밝은 색깔과 딱딱하지 않은 외형은 보는 이에게 따뜻하고 친근한 느낌을 주었다. 사무실 책상의 정형화된 PC의 밋밋함이나 색깔을 덧입혀놓은 박스처럼 보이는 느낌과는 정반대였다. 그러나 아이브는 거기서 멈추지 않고 아이맥 디자인을 계속해나갔다. 포장 상자에서 컴퓨터를 꺼내는 순간 환희를 느낄 수 있도록, 그 순간을 위한 멋진 디자인까지 신경 썼다. 그리고 사람들이 기꺼이 갖고 싶은 마음이 들도록 간단하고 쉽게 디자인했다. 포장 자재는 바우하우스 느낌이 들게 했는데, 군더더기 없이 깔끔하고 심플한 라인을 살려 촉감이 매우 좋았다.

1998년에 출시된 아이맥은 몇 년 동안 매출 부진을 면치 못했던 애플을 다시 살아나게 하는 결정적인 역할을 했다. 그리고 애플 제품의 훌륭한 외형과 느낌을 완성시킨 일등 공신인 조나단 아이브가 디자인은 물론 다른 분야까지 넘나드는 영웅으로 등장하는 계기를 마련해주었다.

2006년 《비즈니스 위크》에 애플에 대한 기사를 쓴 피터 버로스Peter Burrows와 한 인터뷰에서 아이브는 애플이 선택한 프로세스에 대해 이렇게 말했다.

우리는 많은 것을 만들려고 하지 않습니다. 이는 우리가 일을 할 때 매우 중요하게 생각하는 접근법이기도 해요. 불필요한 것들을 하지 않고 정말로 신경 써야 하는 것들에 집중하면서 몇 가지 일을 충실히 수행하는 거죠. 그리고 원형 모델을 최대한 많이 만들어요. 그런 다음 결정된 모델을 생산하는 공장에서 많은 시간을 보냅니다. 애플이 제품을 만드는 동안 우리는 늘 제품의 생산과정을 끝까지 지켜볼 것입니다.

나는 2012년 10월이 끝날 무렵에 이 글을 쓰고 있다. 현재 애플은 세계에서 시장가치가 가장 큰 기업으로 꼽히는데, 애플의 시장가치는 6,000억 달러가 넘는다. 그리고 애플의 현재 주가는 1주당 650달러 선에 이른다. 그런데도 금융권에서는 애플의 '아우라'에 대해 말을 아낀다. 그리고 사람들이 애플 제품을 거의 자신과 동일시하며 끔찍이 아끼는 것에 대해서도 뾰족한 이유를 설명하지 않는다. 더군다나 잡스의 사망 소식이 전해진 날 아침, 국가 애도일로 보일 만큼 수많은 인파가 애플 스토어로 몰려들어 그의 죽음을 애도했는 데도 말이다.

월터 아이작슨이 쓴 잡스의 전기 내용을 보면, 잡스란 인물은 어울리기 쉬운 상냥한 남자는 아니었다. 특히 그와 가까이 있는 사람들에게는 더했다. 잡스는 애플 제품에 미학적인 완벽성을 단계적으로 고취시키길 원했다. 그래서 애플 제품이 다른 제품과 차별화된 특징을 고수하며, '기계적인 복제'의 결과물로 전락하거나 단순히 판매 전략을 노린 모델로 만들고 싶지 않았다(잡스는 마이크로소프트의 CEO인 스티브 발머Steve Ballmer가 너무 판매 위주의 전략에만 치중한 리더십을 보인다고 평가했다). 그리고 잡스는 스스로를 디자이너라고 생각했다. 그가 디자인한 제품이 세상에 나오기 전까지 사람들은 자신이 그런 모델을 원했는지조차 미처 알지 못했을 정도로 잡스는 사람들에게 색다른 모델을 제시하려고 했다.

애플 제품에 외적인 아름다움만 있는 것은 아니다. 애플의 공통되는 미학적 측면은 제품들이 하나의 '가족'으로 연결되어 있다는 동질의식을 느끼게 한다. 아이튠즈 앱은 상업적인 측면과 커뮤니티 허브의 역할을 동시에 수행한다. 음악과 그 외의 엔터테인먼트적인 요소를 손쉽게 구매할 수 있도록 하며, 디자이너가 꿈꾼 연계성을 실현시켜주는 '클라우드cloud' 계정을 통해 제품들을 이어주는 기능도 겸

한다. 각 앱을 통해 소비자들은 애플에 접근하면서 자신만의 개성을 특화하며 다른 사용자들과의 인터랙션을 시도할 수 있다. 그리고 최근 추가된 시리 앱을 통해 새로운 센서인 목소리로 터치와 시각화가 가능해졌다. 발터 벤야민이 강조한 의식적인 아우라의 중요성이 강조된 직접 마주보는 형식의 활동이 다시 가능해졌다(구글과 페이스북이 현재 시도 중이지만). 애플은 이미 성공한 것이 있다. 그것은 바로 고객 개개인과 그보다 넓은 범주의 커뮤니티를 애플의 제약 없는 창조 과정에 개입시키는 시스템을 구축한 것이다.

물론 회사가 지금까지 이뤄낸 결과들만 가지고 계속 살아나갈 수는 없다. 제품의 아우라를 꾸준히 빛내려면 회사는 계속해서 창조적인 활동을 이어 나가고 창조성을 지원해야만 한다. 최근 들어 혁신적인 기업들이 제품의 아우라를 유지하는 데 실패한 사례들이 잘 알려져 있다. 그런 점에서 볼 때 애플이라고 예외일 수는 없다. 잡스가 이뤄놓은 업적이 회사의 미래를 보장한다고 해도, 그의 뒤를 이은 후계자 팀 쿡Tim Cook은 단순히 회사의 수익을 보장하는 전략을 뛰어넘어 더 높은 경지의 목표를 세워야만 한다는 것을 절실하게 느끼고 있다.

아이패드와 아이폰을 생산하는 폭스콘Foxconn 중국 공장에서 일하는 노동자들의 열악한 환경이 세상에 알려지면서 애플의 아우라에 위기가 온 적도 있다. 또 애플 맵스Apple Maps의 출시도 완벽함의 대명사였던 애플에 실점을 주고 말았다.

그래도 애플의 아우라가 가진 힘을 과소평가할 수는 없다. 1990년대 중반 이탈리아 회사 피닌파리나Pininfarina가 디자인한 페라리를 보러 어떤 강연회에 참석한 적이 있었다. 그날 나는 최면에 걸린 듯 페라리의 매력에 흠뻑 빠졌던 기억이 난다. 강연이 끝나자마자 나는 동료들 곁을 떠나 부리나케 페라리가 있는 쪽으로 갔다. 그리고는 페라리 덮개에 몸을 기대면서 페라리를 '강렬한 욕망을 불러일으키는 제품'이라고 큰 소리로 외쳤다. 나는 페라리와 그것이 주는 아름다움과 힘, 명성, 스피드, 짜릿함 등에 마음을 쏙 빼앗겼다. 아마 애플에 열광하는 젊은이들도 내가 페라리를 보면서 느낀 열정을 애플 제품에서 느꼈을 것이다. 그렇기 때문에 새로 출시된 아이폰을 보기 위해 가게 앞에 몇 시간 동안 줄을 설 수 있었으리라. 또 그보다 위 세대인 베이비부머 세대들이 왜 그토록 할리데이비슨Harley-Davidson의 오토바이에 열광했는지도 이해가 된다. 창조성에서 창조적인 결과물이 나올 수 있도록 중심 잡기를 하려면 사람들과 제품을 이어주는 연결 고리를 잘 생각해야 한다. 그것이 곧 땀 흘린 노력이 성공적인 결과로 이어지는 키워드가 된다.

　그다음에는 무엇을 해야 할까? 아이디어는 있지만 과연 실질적으로 구체화할 수 있는지 모르겠고, 만약 있다 해도 어떻게 중심을 잡아서 아이디어를 구체적인 제품으로 만들어야 할지 모르겠다면? 만약 당신이 대기업에 다니거나 아니면 스튜디오나 아파트에서 혼자 글을 쓰거나 그림을 그린다면, 당신의 창조적인 아이디어를 발견해주고 그것이 창조물로 전환될 수 있도록 도와줄 수 있는 능력을 갖춘 사람이 필요하다. 다시 말해서 당신 옆에 자유로운 정신을 구가하는 방랑자wanderer가 있어야 한다.

당신의 방랑자를 찾아라!

오늘날 전통적인 경영 방식을 고수하고 리스크를 회피하며 효율성을 강조하는 대기업들도 알고 보면 회사 설립 초기에는 요즘 신생 기업만큼이나 창의적인 면이 있었다. 그때 그 기업들은 오늘날에 비해 더 활력적이었고 자신들의 뿌리에 더 닿아 있었으며, 회사 설립자의 문화와 결합되어 있었다. 그리고 창조적인 새 아이디어가 생기면 튼튼한 중심 잡기를 통해 성공적인 제품과 브랜드를 만들어 비약적인 발전을 이루었다. 지금까지도 여전히 창조적인 정신을 발휘하기 위해 노력하는 기업들이 많이 있다. 그런 기업들 가운데 하나인 보잉Boeing사는 787 드림라이너Dreamliner를 제작할 때 새로운 복합 재료를 쓰기 시작했다. 또 IBM은 크라우드소싱crowdsourcing, 즉 협업 전략으로 전환하면서 혁신을 이루기 위해 도시들 사이의 연계성을 강조한 전략을 펼쳤다. 코닝Corning은 아이폰 화면의 유리 개발에 적극 가담했다. 하지만 HP가 한창 전성기였을 때 사용한 성공 전략을 직접 경험해본 회사는 거의 없다.

1939년 실리콘밸리에 세워진 HP는 오늘날의 신생 기업들이 본받고 싶어 할 만한 기업 문화를 가지고 있었다. 회사 관리자들은 부서 직원들, 특히 연구실에 있는 기술자들에게 놀이를 즐길 수 있는 자유를 주었다. 또 개인적으로 관심 있는 대상으로부터 지식을 발굴하고 자신이 원하는 아이디어의 틀을 짤 수 있는 자유도 주었다. HP의 방랑하는 관리자들은 이 연구실에서 저 연구실로 오가며 쓸 만한 발명품을 찾아내고, 어디에 본격적으로 투자할지 결정했다. 이런 방식의 네트워크는 회사에 매우 중요한 기여를 했다. 이들은 드로잉 판에 대강 윤곽만 잡은 새로운 아이디어가 구체적인 제품으로 변환되는 과정을 도왔다.

실리콘밸리의 역사를 잘 아는 사람이라면 이 이야기에 새삼 놀라지는 않을 것이다. 열린 문화, 협동을 중요하게 여기는 문화는 구글과 페이스북뿐만 아니라 HP에서도 매우 중요한 부분을 차지하기 때문이다. 이런 문화는 어쩌면 HP의 공동 설립자 윌리엄 휼렛과 데이비드 패커드가 만든 창조적인 문화와 조직 문화보다 더 강조된 기업 문화일 수도 있다. HP의 자유와 신뢰를 강조한 기업 문화는 지난 40년간 변함없이 이어져왔다. 지난 세기를 이끈 기술의 놀라운 발전과 함께 HP는 일반 소비자들이 저렴하게 사용할 수 있는 프린터를 생산한 최고의 기업으로 자리매김했다. 그래서 사람들이 더 이상 손에 잉크를 묻힐 필요 없이 편리하게 프린트할 수 있게 됐다.

HP가 출시한 싱크젯ThinkJet과 관련된 스토리는 서로 다른 분야의 전문가들이 모여 함께 일하면 누구도 상상하지 못한 것을 만들 수 있다는 것을 보여주는 최고의 본보기다. HP의 잉크젯 프린터가 실용화되도록 물심양면으로 도와준 사람들 가운데는 전기공학이나 고온물리학 석·박사 학위를 받은 사람도 있었다. 또 그중에는 '집적회로'와 '사진제판photolithogaphy'을 만들어본 경험이 있는 사람도 있었다. 그러나 가장 큰 공헌을 한 인물은 바로 대학을 중퇴한 존 보트John Vaught였다. 그는 혁신적인 기술에 대한 아이디어를 발견했고 구체적인 제품으로 탄생하기까지 열정적으로 연구한 사람이었다.

존 보트는 공학 수업을 받은 적이 없었지만 그 누구보다도 HP에서 일하는 것을 즐거워했다. 그는 독학으로 엔지니어링을 익힌 기술공이었다. 보트는 이렇게 말했다. "HP 연구소는 제게 환상적인 장소였어요. 2~3시간 동안 한 분야와 관련된 것을 배우고 나면 마법처럼 그 분야가 새롭게 보였어요. 창조성에 대한 열망을 채워주는 천국과도 같았어요." 무슨 일에 금세 싫증을 내며 투덜거리는 사람들에게는 그야말로 이상적인 공간이었다.

리 플레밍Lee Fleming의 말에 따르면, 보트의 파트너인 데이브 도널드Dave Donald는 보통의 기술자처럼 공학 분야를 전공했으며, 보트와 달리 세심한 부분까지 꼼꼼하게 신경 쓰는 스타일이었다. 보트가 '더 멀리, 더 빠르게' 진행하려는 성향이 강했다면 도널드는 그와 정반대였다. 파트너십 관계가 대부분 그렇듯이 그들도 서로 상대의 부족한 점을 보완해주었다.

1978년 보트와 도널드는 마침내 HP 보이시Boise 연구소에 캐논

2680 프린팅 기술을 도입했으며, 팰로 앨토에서 상업광고 분야에 쓰일 정전기의 힘을 이용한 그라비어 프린터 제작에 들어갔다. 동시에 보트는 도트 매트릭스 프린터보다 수준 높은 질을 보장하면서도 저렴한 가격의 프린터 제작에 더 중점을 두었다.

이른바 컴퓨터 혁명의 시대가 도래하던 1960년대 초반부터 1980년대에 이르기까지 회사 사무실에서는 주로 도트 매트릭스 프린터를 사용했다. 퍼스널 컴퓨터가 대량생산되면서 회사가 아닌 홈 오피스용 컴퓨터가 생기기 전까지는 그랬다. 도트 매트릭스의 기술은 꽤나 단순했다. 충격을 이용해 인쇄하는 도트 매트릭스 프린터는 그런 의미에서 '임팩트 프린터impact printer'에 속했다. 타자기처럼 기계적인 충격에 의해 작동하는 방식이었기 때문이다. 종이에 문자를 표시하기 위해 핀이 잉크 리본을 쳐야 했다. 작동 방식은 매우 간단했지만 프린팅 과정이 느린 데다가 소음도 상당했다. HP의 도트 매트릭스 프린터의 해상도DPI(Dot per inch)는 100이었다. 다시 말하면 1인치(2.54cm)당 점dot의 수가 100이라는 뜻이다. HP에서 근무하는 대부분의 연구가들을 비롯한 다른 회사의 연구가들도 기존의 도트 매트릭스 프린터의 해상도를 높이면 애로 사항을 해결할 수 있을 것이라고 생각했다. 그러나 보트는 뭔가 전혀 다른 방향에서 해결책을 찾을 수 있으리라 생각했다.

HP는 소비자 위주의 프린터 사업을 추진하지 않았다. 저렴한 비용의 프린터를 제작하지 않았다는 뜻이다. 그 당시 사람들은 'HP는 고가 제품을 지향하는 회사'라고 농담처럼 얘기하곤 했다. HP는 초창기에 주로 오실로스코프oscilloscope(시간에 따른 전류 변화를 화면에 출력하는 장치-옮긴이)와 컴퓨터, 그리고 계산기를 만들었다. 훗날 HP의 조지 클루티어George Cloutier는 1970년대 후반에 보트가 도트 매트릭스에 대한 대안으로 생각해낸 아이디어를 다시 언급하며 그때를 이렇게 회상했다. "그 당시 우리 회사는 세계에서 가장 큰 프린터 제조 업체가 아니었죠. 그때만 해도 HP가 프린터 사업을 대표하는 큰 회사가 될 줄은 몰랐었지요."

1978년 크리스마스이브를 맞이한 HP는 전통에 따라 기술자와 연구자들이 가족과 함께 연구소와 사무실에 모여 송년회 모임을 가졌다. 이 모임에서 보트와 도널드는 같이 일하는 동료 기술자들과 함께 이상적인 프린터에 대한 의견을 주고받았다. 컬러 이미징과 1초에 프린트되는 문자수를 늘리는 방법이 주요 과제에 포함되어 있었다.

모임이 끝나고 사람들은 휴가를 보내기 위해 집으로 돌아갔다. 그런데 바로 그때 보트의 머릿속에 HP의 전설로 남을 기발한 아이디어가 떠올랐다. 플레밍의 얘기에 따르면, 보트는 사무실 책상에 놓인 여과식 커피 메이커인 퍼컬레이터percolator를 보고 아이디어를 떠올렸던 것이다. 보트는 커피 가루가 열을 받아 따뜻해지면 압착된 상태에서 작은 구멍 사이로 액체를 분출하는 과정을 지켜보았다.

보트가 퍼컬레이터에서 떠올린 아이디어를 구체화하는 데는 시간이 좀 걸렸다. '유레카eureka'를 외친 바로 그 순간 해결책이 일사분란

하게 떠오른 것은 아니었다. 보트는 나중에 그때를 떠올리며 이렇게 말했다. "발명가들은 그냥 느긋하게 집으로 돌아가서 적절한 타이밍을 기다리는 것이 아니에요. 진실이 발견되는 순간에 이르면 여러 가지 잡다한 생각들이 한꺼번에 떠올라요."

퍼컬레이터를 보고 보트는 액체가 과열되면서 분출되는 순간을 떠올렸다. 보트는 다음과 같이 말했다. "만약 당신이 퍼컬레이터의 뚜껑을 열고 물을 끓인다면 연기가 바깥으로 나오면서 물을 먹은 커피 알갱이들이 사방으로 튈 겁니다(프린터 인쇄 과정에서도 이와 마찬가지로 잉크의 분출 과정이 있다. 이 과정을 잘 알았던 토머스 크레머Thomas Kraemer는 잉크젯 제작 프로젝트를 실시했을 때, 프로젝트의 이름을 나중에 근처 화산의 이름을 따서 '세인트헬렌스St. Helens'라고 지었다고 한다)." 그러나 프린터에서 일어나는 분출은 방향이 정해져 있고 마땅히 통제를 받아야 했다. 그런 의미에서 프린터에 노즐이 장착될 수밖에 없었던 것이다.

그렇게 함으로써 중심축을 기점으로 아이디어가 제품 창작으로 이어져 진짜 작업이 시작됐다. 물론 보트와 도널드에게는 자기들이 하는 활동이 '일'처럼 느껴지지 않았다. 나는 많은 과학자나 연구가들과 알고 지내왔는데, 연구소에서 열정적으로 즐겁게 일하는 그들의 모습을 보면서 자주 감동하곤 한다. 적절한 구성원으로 이루어진 팀이 '서로를 신뢰하는 가운데 놀이를 하듯 즐기고 실험을 하며, 새로운 것을 발견해가는 것이야말로 이른바 '매직 서클'의 완벽한 표본이라 할 수 있다. 보트와 도널드가 시간을 쓰는 방법도 그것과 별 차이가 없었다. 알란 G. 로빈슨Alan G. Robinson과 샘 스턴Sam Stern이 공동으로 펴낸 『기업의 창의력Corporate Creativity』에 두 사람의 이야기가 다음과 같이 서술되어 있다. "그들은 늘 즐거움에 가득 차 있다. 놀이를 하는 어린애처럼 늘 열정적인 에너지가 넘친다. 한 가지를 시도해보고 나서 금방 또 다른 것을 시도한다." 보트와 도널드는 레지스터resister를 이용해 잉크를 데우고 기화시켰는데, 그러면 미세한 잉크 방울이 뿜어져 나와 종이 위에 떨어지는 식으로 프린트됐다. 그리고 잉크가 아주 작은 구멍을 통과해 노즐에 다다르면 이 노즐이 잉크의 흐름을 통제했다. 실험한 지 3개월 만에 두 사람은 원형 제품을 완성할 수 있었다.

제작 과정은 빠르고 깔끔하며 심플해야만 했다. 그래야 저렴한 비용으로 대량생산이 가능했기 때문이다. 또한 해당 모델은 특허를 받을 만했다. 프린터 제품을 둘러싼 경쟁이 치열한 일본과 싸우려면 매우 중요했다. 그러나 보트는 그 당시에 그 점을 인식하지 못했다. 태평양 건너 캐논Canon사의 기술자 엔도 이치로遠藤一郎는 프린터 모델의 리더로서 그 역시 잉크를 가열해 종이 위에 분사하는 방식으로 프린트하는 작업에 대해 연구 중이었다. 보트가 2년 일찍 개발한 기술을 우연찮게 엔도 역시 비슷한 공정 라인으로 모델을 제작한 것이었다. 그런데 HP와 캐논 프린터에서 잉크가 충전될 때 보면, 사용자가 다 쓴 잉크젯을 새것으로 바꾸면서 충전되는 동안 잉크 주사기 부분이 납땜인두와 접촉하면서 납땜인두의 열기 때문에 잉크가 새어나온다. 몇 년 뒤 HP와 캐논은 가까운 파트너처럼 지내게 됐다.

존 보트는 쉽게 싫증을 느끼는 사람일지 모른다. 그러나 도널드는 리 플레밍에게 "혁신적인 것을 사람들에게 납득시킬 때 보트는 총대를 멘 사람처럼 책임감이 강해요"라고 말했다. 《이코노미스트》에서도 보트에 대한 이런 글이 있었다. "보트는 잉크젯 프린터를 만들 때 자신의 관심사를 집요하게 밀고 나갔어요. 그리고 조금이라도 관심을 보이는 사람만 보면 자신의 작업을 일일이 설명해주려고 했어요."

그의 열정은 높이 살 만하지만 보트의 제작 과정에도 문제점이 있었다. 제품이 왜 작동하는지 그 이유에 대해 객관적으로 설명을 할 수 없었다. 프로세스의 물리적인 역학 관계, 그러니까 과학적인 부문을 조리 있게 말할 수 없는 것이 문제였다. 로빈슨과 스턴이 쓴 책에는 이에 대해 다음과 같이 기록하고 있다. "회사 내부에서도 그 과정을 잘 이해하지 못했어요. 모델이 작동하는 모습을 실제로 지켜본 많은 사람들도 보트에게 그 접근법이 기능을 제대로 발휘하지 못할 거라고 말했어요." 훗날 대학 연구소에서 정밀 조사를 한 결과 보트가 제안한 모델이 작동을 한 이유가 '수증기 분출에 따른 반응' 덕분이라는 사실을 알아냈다. 하지만 그 얘기를 듣기까지 1년이란 시간이 걸렸다.

타당성을 입증할 만한 설명도 없이 보트가 회사 최고 관리자의 관심을 계속 끌기는 어려웠다. 보트가 제안한 콘셉트를 구체화할 수 있도록 경제적인 지원을 결정하는 사람이 바로 그 최고 관리자였으니까 결국 보트의 직속상관은 그를 새로운 곳에 발령을 내렸고, 보트는 나중에 그 시절을 '인생의 암흑기'였다고 묘사했다.

한편 오리건 주에 있는 HP 코발리스Corvallis 사내에서 최고 관리자로 일한 프랭크 클루티어Frank Cloutier는 HP 신제품을 만드는 일을 맡았다. 1979년 HP의 제조업 규모가 커진 만큼 생산과정을 늘려야 할 필요성이 더 커졌다. 코발리스는 원래 HP의 휴대용 계산기 개발부였지만 프린터 개발에도 참여하게 됐다. 클루티어는 프린터 업계에 새로운 모델을 찾는 일을 시작했다.

클루티어의 역할이란 주변을 배회하며 혁신적인 활동을 지원하는 것이었다. 그 당시에 HP에는 방랑자들이 많았다. 휼렛과 패커드는 회사를 설립한 뒤로 연구소 주변을 습관처럼 돌아다니곤 했다. 주변에서 일어나는 일을 살피고 사람들을 만나면서 신상품 제작에 영감을 줄 만한 아이디어를 직접 찾아다닌 것이다. 이런 경영 방식이 훗날 직접 발로 뛰며 경험하는 것을 강조하는 '현장 경영 MBWA(management by walking around)'을 탄생시켰다. 대기업들의 서열화된 위계질서에서 탈피해 모두가 동등하게 경영에 참여하는 방식과도 맥락이 통했다. 그래서 관리자들과 생산직에 종사하는 직원들 사이의 격차를 허물었던 것이다. HP의 설립자들이 항상 써온 방식이었기에 이 경영 방식은 나중에 'HP 방식'으로 유명해졌다.

중요한 것은 연구소가 자율적인 권한을 가지고 기술자들이 자신이 선택한 대로 실험을 할 수 있는 자유를 누리는 것이었다. 구상이 하나의 제품으로 이어지기까지 중심 잡기의 주된 연결자는 누가 뭐래도 최고 관리자였다. 최고 관리자의 역할은 이를테면 오늘날의 참모장과 같다. 기술자와 관계가 매우 친밀하며 신제품 개발에 필요한 재원을 배분하는 자유로운 재량권을 가진 인물이라 할 수 있다. 대부분의 최고 관리자들은 본인 스스로가 기술에 대해 정통한 전문가이기 때문에 상대의 기술력에 대해 알고 있다. HP의 경우에도 신기술을 개발할 때 기술자끼리 우호적인 분위기 속에서 경쟁을 해야만 했다.

펠로 앨토에 위치한 HP 선임 연구소를 방문하고 온 클루티어는 보트의 퍼컬레이터에서 영감을 받아 제작된 감열식 프린터 기술을 통해 자신이 찾고자 했던 대상을 발견했다. 클루티어는 함께 일해온 동료들이 아이디어를 구체화해 시장에 선보일 수 있는 능력을 갖춘 사람들이라는 것을 잘 알았다. 그러나 무엇보다도 보트의 감열식 프린터의 물리적인 원리를 밝혀내는 것이 선결 과제였다. 뜨거운 잉크 액체가 종이 위로 뿜어져 나오는 과정에서 발생하는 수증기성 폭발을 어떻게 과학적으로 설명할 수 있을까?

오랫동안 HP를 위해 일하면서 아이디어 창출에 온갖 정성을 쏟은 동료 래리 라바레Larry LaBarre의 도움으로 일이 순조롭게 진행됐다. 또 연구가인 존 마이어John Meyer 덕분에 보트는 재정 지원을 얻기 위한 설득력 있는 설명을 만들 수 있었다. 결국 보트는 25만 달러를 지원받아 프로젝트를 시작할 수 있었다. 그뿐만 아니라 생산과정에서 알맞은 기술을 시도할 수 있도록 캘리포니아 공과대학으로부터 고온 물리학자들을 영입할 수 있는 추천장까지 받았다.

클루티어는 이와 같은 프로젝트는 일반적으로 기술적인 성과가 확실하게 드러나고 제조 과정이 성공한 후에야 비로소 프로젝트로서의 가치를 인정받는다고 생각했다. 이처럼 새로운 것을 만들어내는 프로젝트의 경우에는 경영 방식과 스케줄 관리까지 완전히 새로운 방식으로 접근해야만 원하는 시간 안에 목표를 달성할 수 있다. 클루티어가 쓴 글에 이런 내용이 있다.

생산 부서와 기술 부서 간에 좀 더 원활한 커뮤니케이션이 요구됐다. 그리고 다른 한편으로는 팀 접근법에 대한 강한 신뢰가 필요했다. 구성원 개개인이 가진 능력보다 팀이라는 전체가 더 큰 힘을 발휘하기 때문이다. "그건 내 파트가 아니야"라고 말하는 사람이 팀에 있다면 이미 그 프로젝트는 끝난 것이나 다름없다.

2004년 MIT에서 열린 강연에서 클루티어는 새로운 프린터를 개발하면서 갖게 된 미팅을 떠올렸다. 그 당시 여러 사람이 제품의 목표에 대해 얘기했다. 팀원 중 한 명이 발행된 지 얼마 안 된 《내셔널 지오그래픽National Geographic》을 가져왔는데, 표지를 장식한 멋진 큰부리새toucan를 본 클루티어는 대뜸 "우리는 이렇게 하길 원해요"라는 말을 했다.

클루티어는 큰부리새 사진이 팀원들에게 서로 다른 목표를 세울 수 있도록 영감을 주었다고 생각했다. 큰부리새 사진이 누구에게는 확대 가능 폰트를 성공하겠다는 목표 의식을 심어주었겠지만, 또 다른 누군가에게는 풍부한 컬러에 대한 도전이 됐다. 클루티어는 이 이미지가 곧 팀에게 충격 요법처럼 짜릿한 활력을 불어넣는 비전이 되었다고 회상했다. 그는 강연에서 다음과 같이 말했다.

> 여러분은 비전이라고 하면 …… 우선 과거를 되돌아보고 그 연장선 위에서 미래를 바라보려고 합니다. 하지만 그렇게 하기보다는 《내셔널 지오그래픽》의 표지를 보고 우리 팀원들이 하고 싶은 일을 찾았던 것처럼, 연관성이 없는 전혀 다른 곳에서부터 비전의 시작점을 찾아야 합니다. …… 우리가 그전까지는 해야 할 필요성을 느끼지 못한 것들을 찾아 실천에 옮겨야 한다는 말이죠.

프린터가 시장에 출시되기까지 100여 명이 작업에 투입됐다. 그리고 시간도 걸렸다. 1984년이 되어서야 비로소 HP의 첫 번째 잉크젯 프린터인 싱크젯이 생산됐다. 그러면서 소음이 있는 도트 매트릭스 프린터와는 안녕을 고했다. 'HP35'라고 하는 휴대용 계산기가 출시되자 사람들이 더 이상 계산자slide rule(고정자 및 슬라이딩 자를 조합해 곱셈과 나눗셈, 또는 평방의 계산 등을 쉽게 할 수 있는 자처럼 생긴 기구―옮긴이)를 사용하지 않았던 것처럼 말이다. 그해, HP는 최초의 레이저 프린터인 레이저젯LaserJet까지 선보였다. 1988년이 되어서야 가격을

1,000달러 밑으로 내렸는데, HP의 첫 번째 컬러 잉크젯은 1989년까지도 출시되지 않았다. 어쨌든 프린터가 HP에서 가장 수익을 많이 내는 제품으로 격상된 것만은 확실했다. 1988년 이후로 3억 대의 프린터가 전 세계로 팔려나갔다. 2011년에 HP의 '이미징 앤드 프린팅 그룹Imaging and Printing Group'의 총 수익이 260억 달러에 이르렀는데, 이때 싱크젯 판매 수익이 큰 몫을 차지했다.

혁명에 가까운 신상품을 출시하기 한 달 전, 존 보트는 돌연 사임을 표명했다. 자신이 하고 싶은 일을 마음껏 할 수 있는 자유를 만끽하고 싶었기 때문이다.

창조적인 조직과 기업, 비영리단체의 내막을 들여다보면 그곳에는 꼭 자유롭게 떠도는 방랑자가 있게 마련이다. 스티브 잡스도 그랬다. 그는 평생을 방랑자처럼 돌아다녔다. 리드 대학을 중퇴한 후에도 관심 있는 주제의 강의를 청강하다가 캘리그래피 수업을 들었다. 1979년에는 제록스 팰로 앨토 연구소에 다니면서 그래픽 유저 인터페이스를 개발하고 오늘날 우리가 잡스의 '마우스'라고 부르는 기기를 생각해냈다. 그 후 잡스는 애플에 있다가 그곳을 떠나 픽사 스튜디오의 애니메이션 제작에 참여했다. 그러다가 다시 애플로 돌아간 잡스는 수석 디자이너 조나단 아이브의 디자인실을 배회하며 매일같이 새로운 아이디어가 나왔는지 확인했다.

창조 활동에 방랑자가 있어야 하는 이유는 간단하다. 기본 축을 중심으로 창조성에서 창조적인 결과물을 얻어내려면 척도가 필요하다. 이 척도란 두 가지 형태로 이루어져 있는데, 바로 자본과 시장이다. 크리에이터 혼자서 창조 활동과 더불어 자본이나 시장의 접근성을 동시에 만족시키기란 어렵다. 이때 방랑자가 그 일을 떠맡는다. 척도가 되는 대상을 제공하고 재정적인 지원, 그리고 대중과 소통할 수 있는 연결점을 마련해주는 일을 하는 것이다.

물론 이런 일을 하는 사람들은 스스로를 방랑자라고 부르지 않는다. 그러나 우리 주변에는 이런 사람들이 수없이 많다. 탤런트 스카우트, 코치, 연구소장, 부의장, 큐레이터, 중개인, 그리고 일상에서 떠오르는 아이디어를 생활 속에서 실천하는 사람들이 곧 방랑자다. 1945년 잭슨 폴록Jackson Pollock이 드립 페인팅을 시작했을 때 그가 롱 아일랜드에 있는 스프링스로 이주할 수 있도록 페기 구겐하임Peggy Guggenheim이 경제적인 지원을 하지 않았다면, 아마 잭슨 폴록은 자신의 고유한 추상화 기법을 발전시키지 못했을 것이다. 구겐하임이 자신의 갤러리에 폴록의 회화를 전시함으로써 예술계에 폴록의 작품이 소개됐다. 구겐하임은 폴록 외에도 수많은 예술가들의 인생을 바꾼 중추적인 역할을 한 사람이었다. 존 케이지John Cage는 그녀에 대해 이렇게 말했다. "그녀는 내가 열려라 참깨 하고 외치면 문을 열어주는 사람이었어요. 그녀의 머릿속엔 온갖 계획이 들어차 있었죠. 페기는 예술 세계에 들어가는 모든 문을 열 수 있는 열쇠를 가지고 있었어요." 최근에 스탠퍼드 대학의 컴퓨터 공학 교수인 대프니 콜러Daphne Koller와 앤드류 응Andrew Ng은 온라인 강의 코세라

Coursera를 개설했다. 그러나 이 교육 사업도 벤처 캐피탈 기업인 클레이너 퍼킨스Kleiner Perkins의 부의장 존 도어John Doerr가 1,600만 달러를 투자하지 않았다면 현실화시키기가 어려웠을 것이다. 클레이너 퍼킨스의 두 부의장 중 한 사람인 존 도어는 비디오 영상으로 다양한 주제의 강의를 담은 온라인 강의가 활성화될 수 있는 플랫폼을 개발하는 사업을 추진한 사람이다.

당신에게 딱 맞는 전문 방랑자를 찾는 일이 어렵거나 또는 별로 매력적으로 느껴지지 않는다면 다른 방법도 있다. 킥스타터, 키바, 인디고고Indiegogo, 크라우드틸드Crowdtilt, 위펀더Wefunder와 같은 크라우드펀딩 사이트에서는 당신도 방랑자가 될 수 있다. 2009년 12월, 패서디나에 있는 아트센터 디자인 대학을 졸업한 제시 제넷Jesse Genet은 킥스타터를 통해 자신의 프로젝트 '루미Lumi'를 실현시키기 위한 재정적인 후원을 요청했다. 이 프로젝트는 신기술에 기초한 프린팅 시스템으로 사진을 찍은 다음 스마트폰 앱을 사용해 사진의 이미지를 인화하여 티셔츠와 청바지 또는 다른 물건에 복제하는 기능을 수행한다. 루미 프로세스의 그다음 버전이 2012년 7월 중반에 완성됐다. 햇빛을 이용해 직물 위에 프린트를 하는 기술이었는데, 반응은 매우 성공적이었다. 제넷과 그녀의 사업 파트너인 스테판 앙굴방Stéphan Angoulvant은 이 신기술을 실행하기 위한 기계를 만들기 위해 5만 달러가 필요했다. 두 사람을 도와줄 방랑자의 수는 3,525명에 이르렀으며, 후원금 액수는 총 26만 8,437달러나 됐다. 두 사람이 프로젝트를 실현하게 된 것은 일반 시민들로 이뤄진 방랑자들의 사회적 참여 덕분이었다.

창조적 지성의 많은 부분이 사회적 인터랙션과 인간관계에 달려 있다. 창조성을 창조적인 결과물로 끌어내기까지 다른 무엇보다도 우리 스스로의 역할이 크다. 지식을 발굴하고 틀을 짜고 놀이를 하듯 즐기는 능력은 우리를 창조성의 길로 안내한다. 그리고 본격적인 만들기 능력은 기존에 존재하는 기술과 새로운 기술을 잘 조합해 지금까지 상상해보지 못한 새로운 것을 창조할 때 그 진가를 발휘한다. 이때 우리가 자주 어울리는 집단이나 익숙한 장소에서 만나는 사람이 아닌 전혀 색다른 곳에서 만난 사람이 필요하다. 그래야 그 사람이 당신의 창조적인 여정을 잘 완성할 수 있는 정보를 제공해줄 것이다.

방랑자들은 종종 형식적인 타이틀을 가지고 있지만 그렇지 않은 사람들도 있다. 평소 하는 일의 직무 범위나 직종과 상관없이 자본, 네트워크, 시장으로의 접근을 가능하게 해주는 사람들이 있다. 또는 당신이 프로젝트를 잘 수행할 수 있도록 용기를 주면서 후원해주는 사람도 일차원적인 의미에서 보면 당신의 방랑자가 될 수 있다. 처음에는 당신이 중심 잡기를 할 때 필요한 '피봇 서클pivot circle'의 범위가 협소할 것이다. 하지만 가족과 친구에서 시작하다가 점점 범위가 커져서 새로운 파트너십과 네트워크를 통해 만난 사람들까지 포함하게 될 것이다. 당신이 기준을 어디에 두느냐에 따라 변화의 폭이 크게 확대될 수도 있다.

가장 중요한 것은 당신이 세상에 눈을 떠서 스스로 관찰하기 시작했다는 것이다.

피봇 서클 설정하기

에디 황Eddie Huang은 스물세 살의 법학과 대학생이었다. 이민자 출신인 그의 부모는 아들이 전문직 종사자로 성공하기를 원했다. 그러나 그의 꿈은 그보다 더 방대했다. 플로리다에서 어린 시절을 보낸 황이 가장 사랑하는 두 가지가 있었는데, 바로 힙합 음악과 타이완식 길거리 음식이었다. 성인이 된 에디는 자신이 경험한 문화권 사람과 다른 문화권 사람을 이어주는 경로가 음식이라는 것을 발견했다. 그는 사람들이 즐겨 듣는 음악과 입는 옷, 소비하는 대상을 통해 자신들의 열정은 물론 편견을 표현한다는 것을 증명해냈다. 황은 자신의 청소년기를 함께 보낸 음악과 증조부가 타이완에서 가져온 음식 중에 고기로 속을 채운 빵인 '구아 바오gua bao'를 연결해줄 무언가를 찾고 싶었다. 그리고 황의 가족은 이민 온 미국에서 외국인 이민자 가정의 문화를 새롭게 정의하는 계기를 마련하고 싶었다. 자신이 속한 젊은 세대가 듣는 음악과 그의 증조부가 즐겨 먹던 전통 중국식 길거리 음식 사이의 조화를 꾀하려는 황의 발상에, 사람들이 이 친구가 지금 제정신인가 하는 비판의 목소리를 내놓은 건 당연했다.

황은 레스토랑의 이름을 '바오하우스Baohous'로 짓고 싶었다. 독일의 바우하우스풍의 건축 양식에 20세기 초반의 탐미주의를 즐길 수 있는 공간을 만들고 싶었던 것이다. 이 아이디어를 시작으로 실제 레스토랑을 시작하려면 어떻게 중심을 잡아야 할 것인가? 특히 레스토랑 네트워크를 통해 바오하우스란 브랜드를 어떻게 성공할 수 있을지가 과제였다.

황은 신생 기업을 세우는 창업자들이 흔히 하는 일부터 시작했다. 먼저 그의 가족에게 도움을 받았다. 그는 사업 계획안을 작성해 아버지를 찾아갔다. 중국식은 아니지만 그의 아버지는 몇 년간 레스토랑을 운영하고 있었다. 그런 다음에 동생 에번Evan을 찾아가 사업 계획을 설명했다. 그 당시 황의 남동생은 센트럴플로리다 대학에서 사회학과 마케팅을 전공하고 있었다. 두 사람의 대답은 황의 사기를 썩 북돋아주지는 못했다. 동생 에번은 아이디어는 독창적이지만 세부적인 사항이 보완되어야 바오하우스의 성공을 기대할 수 있다고 충고했다. 하지만 에번은 형을 돕겠다고 나섰다. 잘만 하면 사업이 제대로 굴러갈 것이라는 생각이 든 것이다.

그러나 에디의 부모는 사정이 달랐다. 아버지도 레스토랑 사업을 하고 있었지만 에디의 부모는 아들이 자신들보다 더 '나은' 삶을 살길 바랐다. 그래서 황의 창업에 경제적인 지원을 해줄 수 없다고 선을 그었다. 하지만 운이 좋게도 황의 이모와 고모, 사촌들이 사업 아이디어의 성공 가능성에 기꺼이 투자하기로 했다. 그렇지만 이 기발한 구상의 레스토랑을 어디에서 열지가 관건이었다. 에디와 에번 모두 플로리다는 적합하지 않다는 것을 알았다. 동쪽 연안을 찾으려면 두 사람은 뉴욕으로 가야 했다.

드디어 에디와 에번은 2009년 뉴욕에 도착했다. 불경기이긴 했지만 대도시 뉴욕에 신생 기업을 만들기에는 절호의 시기였다. 에번과 에디는 먼저 주변 지역을 조사했다. 상점 앞에 '세놓음'이란 표시도 자주 눈에 띄었다. 두 사람은 결국 예술가와 미디어, 마케팅 종사자들, 특히 젊은이들이 많은 힙합의 아지트와 같은 맨해튼 동부 지역을 골랐다. 차이나타운에서도 멀지 않은 곳에 레스토랑을 열기로 한 것이다. 리빙턴가에 11평이 조금 넘는 가게를 계약했다. 이곳은 킥스타터 본사와도 가까웠다. 두 사람이 음식 사업과 함께 또 다른 창업 아이템으로 결정한 음악 사업이 이뤄질 곳이었다. 에번은 2주 동안 보조자 노릇을 했는데, 그 뒤로 결국 플로리다에 있는 대학으로 돌아가지 않았다. 그 대신 뉴욕에 있는 뉴 스쿨에 등록해서 지속 가능성에 관한 수업을 들었다.

바오하우스는 킥스타터의 론칭 파티를 위한 음식을 조달했다. 그러면서 신생 기업 직원들을 만나게 되었고, 그 일을 계기로 에번이 바오하우스의 '팬'이라고 명명한 네트워크를 형성할 수 있었다. 고객이 아닌 열렬한 팬을 모으는 데 성공했다. 에디가 창조적인 구상을 브랜드화하기까지 주변 사람들의 도움이 컸다. 초반에는 가족과 친구였지만 나중에는 훌륭한 길거리 음악과 길거리 음식을 조합하려는 그의 아이디어를 사랑하는 주변 사람들로 확대됐다. 물론 현 상황의 판도를 바꾸는 새로운 아이템을 제시하는 창업자들에게 전혀 피해를 주는 것도 없었다.

단돈 4달러면 연잎을 깔고 수증기 압력으로 찐 부드럽고 속이 알찬 중국식 바오를 맛볼 수 있다. 메뉴 가운데 '체어맨 바오Chairman Bao'는 마오쩌둥을 일컫는 '체어맨 마오Chairman Mao'에서 유래한 것으로 중국식 스튜를 끓이는 방식대로 고기를 익혔다. '체어맨 바오'는 니먼Niman 목장의 품질 좋은 돼지고기로 만들었다. 고기를 살짝 튀긴 다음 청주, 간장, 생강, 빙당Rock Sugar, 스타 아니스star anise를 넣어(캐러멜을 약간 넣은 체리 맛 코카콜라도 첨가해) 요리했다. 그리고 완성된 요리 위에 땅콩을 얹고 흑설탕과 절인 겨자 잎, 실란트로cilantro를 함께 내놓았다. 또 채식주의자들을 위한 '엉클 제스 바오Uncle Jess Bao'도 있는데 '풀 하우스Full House'에 등장하는 캐릭터가 아닌 실제로 친한 친구 이름에서 따온 것이다. 이 외에도 바오하우스의 메뉴는 계속해서 업데이트 중이다.

에디의 피봇 서클은 바로 소셜 미디어였다. 텀블러, 페이스북, 트위터, 포스퀘어를 통해 팬을 확보하고, 네트워크를 이용해 팬들의 메시지를 널리 퍼트린 것이 성공의 비결이었다. 에번은 바오하우스를 자주 찾는 여성 손님을 직원으로 고용했다. 실제로 이 여성은 포스퀘어에서 메이어mayor 등급까지 올라간 사람이었다. 바오하우스는 이제 리빙턴가에 있던 1호점 레스토랑의 문을 닫고 중국 식당으로서는 성공 사례가 없는 더 큰 곳으로 침투할 계획을 세우고 있다. 에디와 에번은 14번가에 임대한 가게의 규모를 확장해 레스토랑을 열고 더 많은 분점을 열 계획이다. 또한 접촉 범위를 넓혀 회사 브랜드를 더 많은 사람들에게 알림으로써 바오하우스의 영역을 확장하기 위해 힘쓰고 있다. 게다가 에디는 패션 디자이너와 협력해 의류 라인 론칭까지 계획했다. '후드맨 클로딩Hoodman Clothing'이라고 이름 붙인 이 브랜드의 옷은 맨해튼 동부 지역의 문화를 훼손하는 고급 주택화 현상을 비롯한 그 밖의 전통적인 관습에 대해 비판적인 이미지를 그려 넣은 것이 특징이다. 황은 자신의 블로그인 '프레시 오프 더 보트Fresh Off The Boat(외국에서 온 지 얼마 안 된 이민자들을 가리키는 영어 속어−옮긴이)'와 트위터, 페이스북을 통해 '정보통 요리사hipster chefs'가 되어 자신의 의견을 공개적으로 알렸다. 그는 변화하는 문화 속에서 음식의 역할을 강조하고 중국인 이민자들이 미국에서 겪는 경험에 대해서도 얘기했다. 또 그는 주요 라디오 및 TV 프로그램과 온라인 쇼에도 출연해 바오 요리와 문화, 그리고 음식 정치에 대해 얘기했다. 또한 '마사 스튜어트 리빙 라디오Martha Stewart Living Radio'에 게스트로 출현해 요리사가 되기 위한 조언을 청취자들에게 들려준 적도 있다. 그뿐만 아니라 '치프 바이츠Cheap Bites'란 요리 채널의 스페셜 호스트로 출연하기도 했다. 그리고 랜덤하우스Random House 출판사와 계약해 2013년 1월에 자신의 경험담을 담은 글을 책으로 출간했으며, 바이스닷컴Vice.com이라고 하는 곳에서 새로운 쇼를 맡게 될 정도로 왕성한 활동을 하고 있다.

벤처 자본가들은 에디와 에번이 성공한 것은 하이테크 산업 창업자들의 성공 비결과 동일한 방법을 썼기 때문이라고 할 것이다. 이들은 일단 자신만의 기업을 새로 시작하는 사람들로 넘치는, 북적거리는 곳에 가게를 열었다. 그러면서 그들의 창조성 척도를 넓혀줄 조력자들을 대상으로 네트워크를 형성해나갔다. 그들은 한 가지 플랫폼으로 사업의 범위를 제한하지 않았다. 다른 분야까지 확장할 수 있도록 물고를 터줄 자연스러운 파트너를 찾는 일을 적극적으로 수용했다.

당신이 어느 분야에서 일하든 상관없다. 당신의 피봇 네트워크 pivot network가 아이디어를 세상에 선보이는 데 중요한 도움을 줄 것이다. 젊은 창업자들을 교육하고 아이디어 발전에 도움을 주는 신생 기업 인큐베이터 가운데 한 곳인 Y 콤비네이터는, 설립 초기에 기업가가 생각해낸 최초의 아이디어는 신생 기업을 세울 때 가장 중요한 요소가 아니라는 전제를 세웠다. 그보다 더 중요한 것은 이 신생 기업가를 둘러싼 주변 사람들이다. 그 주변에 중심 잡기에 필요한 재정적인 지원이나 기준을 넓힐 수 있는 기술을 제공해줄 사람들이 있는지가 더 중요하기 때문이다.

그렇다면 지금 당신은 당신의 피봇 네트워크를 어떻게 구축해가고 있는가?

조직적으로 중심 잡기

먼저 가장 가까이 있는 사람들부터 시작하라. 당신이 속한 큰 조직의 구성원이나 가족과 친구들이야말로 창조성을 결과물로 이끌기 위한 첫 단계에 필요한 이들이다. 건축가와 예술가, 신생 기업가의 첫 번째 고객은 대부분 그들의 부모나 친구인 경우가 많다. 건축가 찰스 과스메이Charles Gwathmey는 하이 모더니즘High Modernism 스타일을 성립시키는 데 기여한 바가 큰 인물이다. 그는 세간의 주목을 받은 여러 상업용 건물을 비롯해 스티븐 스필버그Steven Spielberg 와 제리 사인펠드Jerry Seinfeld 등의 고객이 거주하는 주상복합건물을 설계했다. 하지만 그가 지은 최초의 건물은 뉴욕 시의 애머갠서트 Amagansett에 있는 특이한 형태의 여름 별장과 스튜디오로, 둘 다 그의 친부모를 위해 지은 건물이다.

에디 황의 사례처럼 창업을 시작할 때 가족이 개입하는 것도 도움이 된다. 아버지의 식당 경영 경험과 동생이 대학에서 경영학을 공부하면서 얻은 지식 등 다른 식구들의 투자가 있었기에 바오하우스가 세상에 모습을 드러낼 수 있었다. 하지만 어떤 면에서 보면 황의 선택도 큰 영향을 미쳤다. 그는 가족, 친구와 같은 작은 집단의 바깥에 있는 사람들도 적극적으로 만났다. 패션, 미디어에 종사하는 사람들을 만나 조언을 받았고, 음식 문화와 관련된 더 넓은 세계의 도움을 받았다.

일단 당신이 친구와 가족 구성원들에게서 조언과 지지, 투자를 받았다면, 이제는 기존의 회사들이 제품 판매를 위한 플랫폼으로서 공간을 빌려줄 것이다. 엣시와 아마존, 이베이가 대표적인 예다. 또한 전 세계를 대상으로 제조업 플랫폼을 찾아 OEM 주문자 생산 방식으로 일을 할 수 있다. 그래야 회사의 규모를 확장하기가 여러 모로 수월해진다. 플랫폼의 역할을 하는 공간을 빌려서 본격적으로 중심 잡기의 능력을 발휘하면, 수천 명의 사람들이 자신이 만든 제품을 문제없이 관리하면서 타깃이 되는 소비자층을 국내 전 지역으로 확장할 수 있다. 그리고 더 나아가 세계적으로 사업을 확장시킬 수도 있다.

로컬 네트워크를 활용한 중심 잡기

투자자들과 다른 분야의 방랑자들은 여러 도시와 대학가 주변을 자주 찾는다. 그곳에서 회사에 필요한 인재나 친구로 만들고 싶은 사람들을 찾는 것이다. 젊은 창업가들이 파트너를 만나게 된 인연을 보면 기숙사 룸메이트였거나 같은 기숙사에서 생활했던 사람인 경우가 많다. 대학은 피봇 네트워킹을 시작하기에 매우 훌륭한 곳이다. 피봇 네트워킹 구성원의 수가 점점 늘수록 나중에 창업을 할 때 자본과 시장에 대한 정보를 받기가 그만큼 더 유리해진다. 또한 학교 졸업생들 중에 창업으로 성공한 사람들이 동창들을 위해 벤처 펀드를 만들기도 한다.

아니면 당신이 살고 있는 도시에서 열리는 네트워크 모임이나 창업 이벤트 행사에 참가해보자. 이때 효과를 얻을 만한 도시에 사는 것도 성공에 영향을 미친다. 당신의 아이디어를 현실로 옮길 수 있도록 도와줄 조력자를 만나려면 그럴 만한 사람들이 많이 모여 있는 도시에 있는 것이 유리하기 때문이다. 에밀리 미에트너가 만든 '뉴욕 크리에이티브 인턴스' 모임에서는 졸업생들을 위한 모임을 자주 갖는다. 과거에 열린 이벤트 중에는 NBC유니버설NBCUniversal, 브라보 TVBravo TV, 미디어비스트로Mediabistro, 엣시, 구글, 콘데 나스트CondéNast, 크리스티즈Christie's에서 일하는 사람들이 와서 연설을 하고 청중들과 이야기를 나누면서 시간을 보낸 적도 있다.

당신의 창조성을 어필하기 위해서는 중심 잡기 능력을 잘 발휘해야 한다. 그래야 당신은 가족이나 친구, 심지어 잘 알지 못하는 사람들로부터 호의적인 대우를 받거나 전문 지식과 자본을 얻을 수 있다. 당신이 추구해야 하는 목표는 처음 구상한 아이디어를 사업적으로 구체화하는 것이며, 그 아이디어의 가치를 알아주는 사람들을 찾아 사업에 필요한 재원과 정보를 지원받는 것이다. 과거에는 지금보다 상대적으로 작은 집단인 게이트키퍼gate keeper(뉴스나 정보의 유출을 통제하는 언론기관이나 언론인을 가리킴―옮긴이)가 네트워킹을 장악해 정보를 제공했다. 그러나 지금은 소셜 미디어가 유행하면서 정보를 얻을 수 있는 출처가 광범위해졌고 접근도 더 쉬워졌다. 어떤 의미에서 보면 이제는 연고가 있는 사람들에게만 의존할 필요가 없다. 물론 가까운 지인과 가족의 도움을 받으면 훨씬 더 좋겠지만 말이다. 이제는 당신의 아이디어를 크라우드펀딩의 대상 목록에 올려놓고 당신의 꿈을 실현시키는 프로젝트에 기꺼이 후원을 해주는 사람들을 찾는 세상이 됐다.

다른 회사나 플랫폼과 연계해 중심 잡기

중심 잡기는 자신이 세운 회사를 대상으로 로르샤흐 테스트Rorschach test(대칭되는 대상을 보고 피시험자의 인성을 파악하는 심리 진단 검사─옮긴이)를 하는 것과 같다. 창조성에서 자본주의로 이동하려면 규모 확장을 위한 단계가 늘 요구된다. 신생 기업의 규모를 넓히는 방법은 한 가지만 있는 것이 아니다. 중심축의 종류가 두 가지이며, 중심축을 잡는 사람도 두 타입으로 나뉜다. 당신이 어떤 타입인지 아는 것도 창조적인 행위를 성공으로 이끌기 위해 중요하다. 당신의 아이디어를 중심축으로 발전시켜나갈 때 스스로에게 물어보자. 당신은 창조 행위의 초기 단계를 가장 선호하는가? 다시 말해 화이트보드에 아이디어의 기초적인 틀을 그리고 원형 모델을 만드는 작업 과정을 좋아하는가? 아니면 그다음 단계, 즉 당신의 아이디어를 더 발전시켜 활동 범위가 크고 역동적인 사업 또는 비영리단체에 개입시킬 때가 더 좋은가?

많은 크리에이터들은 '연쇄 창업가serial entrepreneurs'의 특징을 가지고 있다. 한 작품이 끝나면 다른 작품으로 넘어가서 여러 대상을 발전시키고 성장시킨다. 이런 부류에 속하지 않은 크리에이터들은 '기업 건설가entrepreneur builders'의 특징이 뚜렷하다. 자기 스스로 큰 조직의 리더가 되고 경영자가 되기를 원하는 경우다. 그래서 자신의 독창적이면서도 창조적인 아이디어를 바탕으로 큰 기업을 세우려고 한다. 당신은 어느 유형에 속하는지 잘 알아야 한다. 진정 자기가 바라는 것과 실제로 할 수 있는 능력의 범위를 잘 파악하는 것이야말로 중심 잡기 능력을 완성하는 필수 요소다. 각 아이디어로 얼마나 나아갈 것인지 범위를 결정하는 것은 개인적인 삶은 물론 사업의 전략을 성공시키는 열쇠가 된다.

유튜브의 공동 설립자인 채드 헐리는 회사를 만든 지 얼마 되지 않아 자신의 포지션을 발견하게 됐다. 그는 회사를 더 크게 키우고 싶었지만 혼자서는 역부족이었다. 어떤 의미에서는 10년도 되지 않은 신생 회사를 수십억 달러에 매각할 정도의 대기업으로 성장시킨 것은 그의 방랑자 친구의 도움이 컸다고 할 수 있다.

헐리는 소셜 미디어의 세상에서 태어났다. 1990년대 펜실베이니아의 인디아나 대학에 들어가 컴퓨터 공학을 전공했으며, 나중에 전공을 바꿔 그래픽 디자인을 공부하고 프린트 메이킹을 부전공했다. 그는 컴퓨터와 코드가 원하는 것을 얻기 위한 수단이지, 그 자체가 목표는 아니라고 생각했다. 헐리는 훌륭한 온라인 인터페이스를 디자인하는 것이 꿈이었다. 그래서 사람들이 쉽고 즐겁게 참여하는 인터랙트의 환경을 조성하고 싶었다. "저는 컴퓨터를 수단으로 사용하는 일을 하고 싶었어요. 컴퓨터를 만드는 일이 아니고요." 그가 빌 모그리지와 한 인터뷰에서 한 말이다.

헐리가 학교를 졸업하고 처음 한 일은 온라인 지불 시스템을 용이하게 만드는 일이었다. 요즘에는 그 일이 간단하게 처리되는 것이 당연하지만 1990년대만 해도 무척 힘든 일이었다. 이베이의 계열사인 페이팔에서 일하는 동안 헐리는 젊은 동료 디자이너 스티브 첸Steve Chen과 긴밀하게 협력했다. 그렇게 해서 두 사람은 간단한 해결책인 빅 버튼big button을 개발하는 데 성공했다. 그 버튼이 지금까지 이어져 현재 페이 나우Pay Now, 도네이트Donate, 쇼핑 카트Shopping Cart를 비롯한 수십여 개 사이트가 전용 페이팔 시스템으로 빅 버튼을 사용하고 있다.

헐리는 소셜 미디어가 출범하던 시기에 본격적으로 디자인을 시작했다. 그 무렵 페이스북의 전조였던 프렌즈터Freindster와 마이스페이스Myspace가 인기를 누렸다. 카트리나 페이크Caterina Fake가 그 당시에 이미 플리커를 론칭해서 수백만 명이 사진과 이미지를 온라인에 올려 친구들과 공유하던 시절이었다. 하지만 아무도 비디오를 업로드해서 공유하는 방법을 제작하지는 않았다. 물론 비디오를 올리는 사이트가 있기는 했다. "하지만 이런 사이트에서 서로의 비디오를 올리고 공유하는 커뮤니티를 만들지는 않았어요. 그래서 우리는 사람들에게 비디오를 잘 찍을 수 있도록 힘이 되는 서비스를 제공하고 싶었어요"라고 헐리는 말했다.

마침내 헐리는 페이팔을 그만두고 친구 스티브 첸, 자웨드 카림Jawed Karim과 함께 새 회사를 만들어 비디오 업로드와 관련된 사이트를 개설했다. 그들은 67명의 직원을 채용해 성공적으로 회사의 기반을 닦아나갔다. 광고와 서버 유지, 그리고 대형 미디어 회사를 상대로 업무를 처리하는 것이 회사의 주요 업무였다. 헐리는 비디오 제작자들을 위한 커뮤니티를 통해 서로 비디오를 공유하며 자신의 영상도 올릴 수 있는 사이트를 제작하고 싶었다. 그러나 그의 능력만으로는 한계가 있었다.

헐리와 공동 설립자들은 그들과 비슷한 세대의 사람들에게 관심을 돌렸다. 그렇다고 그들이 속한 구글과 같은 소셜 미디어의 문화에만 집착하지는 않았다. 구글 설립자인 래리 페이지와 세르게이 브린은 그 당시 수학적 알고리즘 연구에 몰입하느라 사람들 사이의 공유와 커뮤니티를 강조한 감정적인 소통에는 소홀했다. 구글은 개별적인 정보 검색에서 대대적인 성공을 거두었으며 수십억 달러를 벌어들이는 큰 기업이 됐다. 하지만 소셜 미디어를 시도할 때마다 어려움을 겪었다. 구글 비디오Google Video만 해도 그 기능이 너무 복잡해서 사람들의 관심을 사로잡지 못했다. 게다가 유료로 서비스를 제공한 것도 문제였다. 그 당시에 유튜브는 무료로 이용할 수 있는 사이트였는데 말이다.

2006년 헐리는 유튜브를 구글에 16억 5,000만 달러에 매각했다.

헐리가 회사를 세운 지 단 18개월 만의 일이었다. 그는 또다시 새로운 프로젝트를 찾아 나섰다. 유튜브가 구글에 영입되면서 결과적으로 더 큰 규모의 플랫폼을 획득하게 된 것이라든가, 케빈 시스트롬과 마이크 크리에거Mike Krieger가 인스트램을 페이스북에 매각한 것도 어찌 보면 신생 기업에 성공한 후 익숙하게 볼 수 있는 기업 전략이라 할 수 있다.

물론 회사를 더 큰 플랫폼이 가능한 다른 회사에 파는 것 말고 다른 전략도 생각해볼 수 있다. 기업가들 중에는 기존의 플랫폼을 자체적으로 확장하면서 규모를 넓히는 경우도 있기 때문이다. 에어비앤비Airbnb의 공동 설립자인 브라이언 체스키Brian Chesky는 회사 모델보다 규모가 더 작은 다른 플랫폼을 사는 쪽을 선택했다. 크래쉬패더Crashpadder와 애코레오Accoleo를 매입했는데, 두 곳 다 유럽에 본사가 있는 회사들이다. 이와 같은 전략은 오라클Oracle에서 래리 엘리슨Larry Ellison이 시도한 전략과도 맞아떨어졌다. 이베이가 페이팔과 다른 작은 기업들을 소유하면서 회사가 더 크게 성장한 예도 있다. 심지어 애플도 음성 인식 서비스 시리를 제작한 회사를 매입하면서 회사의 규모를 넓혀갔다.

물론 당신이 원한다면 회사의 중심축을 단단히 부여잡고 있으면서 무리한 확장을 하지 않을 수도 있다. 게다가 요즘에는 로컬을 지향하는 운동이 활발해서 무비판적으로 칭송받는 세계화의 물결에 휩싸이기보다는 제자리에 머물면서 근접 가능한 범위에서 활동하는 것을 더 가치 있게 여기는 분위기다. 게다가 이베이나 엣시를 비롯한 많은 플랫폼이 생긴 덕분에 현재 거주하는 지역을 벗어나지 않고도 얼마든지 전 세계를 대상으로 제품을 광고하고 팔 수 있다.

적재적소에 피봇 서클을 세우는 것은 당신이 '아이디어' 구상 단계에 있을 때도 중요하지만 원형 모델을 만들 때도 중요하다. 또 당신의 아이디어를 테스트하면서 피드백을 얻고 싶을 때나, 사업을 시작한 단계에서 규모를 키울 때도 피봇 서클은 필수적이다. 조언자와 파트너로 이뤄진 믿음이 가는 서클이 당신의 창조성을 견고하게 만들 수도 있고, 새로운 영역을 탐험할 수 있는 영감을 줄 수도 있다. 또는 당신이 과거에 시도하지 않은 방식에 눈을 뜨게 할 수도 있다. 아이디어를 실제로 제품화할 때나, 사업을 할 경우 시장성 있는 서비스로 전환하기 위해서는 피봇 서클이 없어서는 안 된다.

그런데 만약 당신이 초보자여서 뭔가를 만들어본 경험이 없다면 과연 홀로서기가 가능할까? 일단 낯선 사람들이 있는 네트워크에 들어가거나 가족과 친구에게 연락해 도움을 청하는 것만으로도 주눅이 들 것이다. 상대를 만나 자기 생각을 관철시키려 하는 것은 자신감을 필요로 하는 일이기도 하다. 어쩌면 당신은 그 정도의 자신감이 없는 사람일지도 모른다.

그래도 당신이 하는 일에 열정을 갖고 있다면 상대가 그 일에 열광하게 만들 수도 있다. 어떤 대상에 대해 잘 알고 있거나 새로운 무언가에 관심이 있다면, 그것도 아니면 오래된 것이지만 그 대상을 새로운 각도로 바라보고 있다면, 다른 사람들이 그런 당신에 대해 충분히 매력을 느낄 수 있다. 당신은 어쩌면 자신이 그토록 몰두하고 있는 일을 '소명'의 신호로 보지 않을 수도 있겠지만 사실은 그렇지 않다. 그리고 친구와 동료들이 당신의 관심사에 큰 의미를 두는 것 같지 않아도 어쨌든 그들은 당신의 '팔로워들'이다. 또한 당신의 열정을 카리스마 있게 만들 수 없다고 생각하겠지만 당신은 충분히 그렇게 할 수 있다.

카리스마의 힘

2010년 1월 28일, 《이코노미스트》에 종교적 이미지의 표지 사진이 실렸다. 긴 망토를 입은 남자가 웃으며 서 있고 그의 머리 뒤로 햇살이 비치는 사진인데, 손에는 태블릿이 들려 있었다. 그 남자는 바로 스티브 잡스로, 그가 내놓은 태블릿은 아이패드였다. 이 표지 사진이 말하고자 하는 메시지는 분명했다. 세계적으로 유명한 비즈니스 잡지 가운데 하나인 《이코노미스트》의 표지를 장식한 이 이미지는 곧 이윤을 가져오는 선지자의 모습을 표현하려고 한 것이다. 사진 위에는 '더 북 오브 잡스The Book of Jobs'라고 적혀 있었다. 애플의 공동 설립자이자 CEO인 잡스의 모습이 그를 따르는 조수들 및 신봉자들과 강력한 관계를 맺고 있는 종교적인 인물처럼 그려졌다.

나는 《이코노미스트》가 종교적인 은유법을 선택한 것은 흔히 잡지가 사용하는 방법 가운데 하나이기 때문이라고 여겼다. 그런데 월터 아이작슨은 잡스가 평소에 종교 지도자들처럼 말을 한다면서 잡스의 실제 모습에 대해 다음과 같이 묘사했다. "그가 추구하는 절대주의, 성직자에 가까운 인내심, 신성한 것을 추종하는 감각까지 잡스와 딱 어울리는 이미지였다."

조금만 주변을 둘러보면 우리의 일상을 변화시킨 새 아이디어와 신제품들이 탄생하게 된 이유가 카리스마 있는 기업가가 독창적인 방식으로 일을 추진했기 때문이라는 것을 알 수 있다. 카리스마는 본래 종교적인 데서 나온 단어가 세속화되면서 의미가 변형된 것이다. 원래는 고대 그리스어로 'χρισμα'이며 '최상의 선물', '하느님의 호의'를 의미했다. 지금의 카리스마는 인간의 경제적 활동에 중대한 변화를 일으킨 창조물을 만들어낸 원동력이다. 조직 내에서 혁신을 구축하느라 바쁠 때 개인의 카리스마가 창조성을 일으키는 주요 원동력으로 인정받지 못하는 경우가 많다. 신상품을 제작하고 경쟁하며 자본주의에 익숙해지는 과정에서도 카리스마의 중요성이 간과되곤 한다. 물론 카리스마 그 자체가 경제적 모델의 중심부 역할을 하는 것은 아니다. 혁신가들이 아이디어를 콘셉트에서 구체적인 제품으로 전환시킬 때라든가 수백, 수천 명에 이어 수백만 명의 사람들의 라이프스타일을 바꿀 때 옆에서 보조 역할을 해주는 의미가 더 크기 때문이다. 정형화된 카리스마의 정의에만 만족한다면 카리스마의 진정한 가치를 모르고 살 수밖에 없다.

많은 사람들이 카리스마를 하나의 상태로 인식한다. 창조적 유전자가 마치 정해져 있는 것처럼 카리스마가 있는 사람과 없는 사람을 구분한다. 그래서 내면의 빛(또는 정반대로 어두움)이 가득한 카리스마가 넘치는 사람은 태어날 때부터 그런 상태를 지니고 태어난 것이라고 믿었다. 그리고 선천적으로 역부족인 사람들은 카리스마를 추구하게 된다고 생각했다.

그러나 이와 같은 관점으로 카리스마를 바라보는 것은 개인적인 차원에서만 이해한 것에 불과하다. 개인 뒤에 존재하는 커뮤니티를 고려하지 않은 것이다. 카리스마의 특징은 더 복잡하다. 그렇지 않고서야 부끄럼 많이 타는 사람, 괴짜인 사람들이 유튜브에 올린 동영상이 수많은 팔로워들의 관심을 받게 된 이유를 설명할 수 없다. 또 대기업의 리더들이라도 트위터 계정이 있으면 누구든 그에 대한 철저한 뒷조사를 하며 그에 대해 언급할 수 있다. 어쩌면 카리스마에 대한 정의를 뭐라고 딱 꼬집어 말하기는 어려울 것이다. 아무리 카리스마가 넘치는 리더라도 그를 추종하는 팔로워가 없다면 과연 그를 카리스마 있는 사람으로 정의할 수 있을까?

막스 베버가 쓴 『프로테스탄티즘의 윤리와 자본주의 정신』을 보면 세 가지 형태의 권위가 있다. 먼저, 부모가 자녀에게 행하는 것과 같은 전통적인 권위다. 또 법적이고 이성적인 기관이 행사하는 합리적인 권위가 있다. 이를테면 회사의 CEO나 미국 대통령, 교황과 같은 인물이 갖는 권위를 말한다. 그리고 마지막 권위에 대해 베버는 다음과 같이 썼다.

어느 한 개인의 인성이 가진 고귀한 가치에서 생기는 권위가 있다. 보통 평범한 사람들에게서 찾아볼 수 없는 미덕을 겸비한 사람에게 있는 힘이다. 이처럼 카리스마가 있는 사람은 자신에게 잘 어울리는 일을 수행하며 타인에게 복종을 요구하고 자신의 임무를 잘 수행하기 위해 타인이 자신을 따라오도록 만든다.

베버는 카리스마 있는 리더들은 사회적 스트레스가 심할 때 모습을 드러내는 경향이 있다고 주장했다. 이런 리더들은 확실한 자리를 굳힌 관료주의 체제와 매일 반복되는 일상생활에 정면으로 도전장을 내민다. 카리스마 있는 사람들은 기존의 경제 질서와 관습처럼 굳어진 사업 방식의 원리를 바꾸려고 한다. 베버가 쓴 글에 이런 구절이 있다.

관료주의 체제를 고집하는 기관과 상반되는 모습을 보이는 카리스마 있는 조직은 정해진 틀이 아예 없다. '직종'이나 '승진', '월급'에 대한 규정이나 특별한 양식도 없다. 또 카리스마 있는 사람이나 원조 지원이 가능한 사람이 전문 인력을 양성하기 위해 만든 정해진 훈련 프로그램도 없다.

다시 말해 카리스마 있는 사람이란 곧 우리가 필요로 하는 기업가 정신을 가진 사람과 비슷하다는 것이다.

소명 의식이 된 카리스마

2012년 5월, 페이스북이 설립 이래 8년 만에 1,000억 달러의 주식을 공개 상장했다. 마크 저커버그의 개인 자산은 문서상으로는 190억 달러에 이른다. 그러나 이 어마어마한 액수를 둘러싼 금융 거래와 관련된 모든 정보통을 다 뒤져봐도 저커버그가 회사 주주들과 이윤에 대해 직접적으로 언급한 부분은 없었다. 다만, 그가 주식공개를 신청하면서 미래의 잠재적인 주주들에게 보낸 편지가 공개되었는데 거기서 저커버그는 다음과 같이 썼다.

> 우리는 지금보다 더 개방된 세계가 더 나은 세계라는 것을 믿어 의심치 않습니다. 더 많은 정보가 공개된다면 사람들이 더 나은 의사 결정을 하는 데 도움을 줄 뿐만 아니라 더 훌륭한 효과가 있을 것입니다. 앞으로 우리 회사는 그런 효과를 기대할 수 있는 방향으로 나아갈 것입니다.

저커버그는 자신의 신념을 더욱 강하게 밀어붙이기 위해 특별한 주식 정비 시스템을 마련했다. 그래서 대중이 무엇을 보유하고 있든 페이스북을 꾸준히 제어하는 데 힘썼다.

우리는 기업이 비전을 제시하는 것을 단지 홍보 활동 정도로 치부해버리는 경향이 있다. 하지만 기업을 세운 설립자는 비전을 더 심도 있게 바라보아야 한다. 단순히 홍보 활동을 통한 진부한 광고 이상의 강력한 신념을 제시할 수 있어야 하며 그것을 실천에 옮겨야 한다. 대부분 설립자가 회사를 세울 때, 그 동기부여가 얼마나 강했는지가 신념의 실천에 결정적인 역할을 한다.

나는 저커버그가 그의 소명 의식에 회사의 신념을 불어넣으려 했으며 그 결과, 회사를 더 개방적으로 만드는 데 이바지했다고 생각한다. 단순히 이윤 창출이 목적이 아니라 그 이상의 의미 있는 일을 한다는 믿음을 가진다는 것은 카리스마 있는 기업인들 대부분에게 나타나는 공통적인 특징이기도 하다. 돈은 분명 회사를 구성하는 한 요소인 것만은 틀림없다. 소명 의식에 따른 꿈을 실현하기 위한 수단이 돈이 될 수도 있다. 또는 다른 카리스마 있는 사람들에게 당신이 얼마나 일을 잘하는지 보여주는 것이 되기도 한다.

물론 페이스북이 신규 주식공개로 혼란에 빠진 시기도 있었다. 초반의 매출 가격이 38달러였다가 주식을 공개하면서 갑자기 절반으로 떨어졌기 때문이다. 페이스북의 개인 투자자들은 당연히 화가 날 수밖에 없었고 저커버그에게 큰 배신감을 느꼈다. 내부 거래자가 소액 투자자들에게 주식을 고가로 팔기 때문에 이 투자자들은 결과적으로 금전적인 손실을 입을 수밖에 없었던 것이 과거의 현실이었다. 저커버그는 주식공개의 폐쇄적인 면을 잠식시키고 싶었고 그래서 그와 같은 문제를 지적했다. 저커버그가 그의 추종자들의 마음이 변치 않도록 만들어서 페이스북에 계속 참여하도록 하려면 그의 소명 의식이 단순이 돈하고만 연관된 것이 아니라는 것을 증명해보여야 했다. 그는 돈보다 더 의미 있는 가치 부여에 집중했다. 저커버그는 2012년 9월에 자신의 주식을 다른 곳에 팔지도 않을 것이고 현금화하지도 않을 것이라고 공표하면서 자신의 소명 의식을 지키기 위한 첫걸음을 내디뎠다.

소명 의식이 세속화된 버전은 자본주의와 오랜 밀착 관계를 맺고 있다. 1920년대부터 1980년대 전반에 걸쳐 전문 관리자들은 미국의 대기업에 들어가 활발하게 활동했다. 재계 지도자들은 자기 스스로를 폭넓은 이해관계를 가진 프로로 여겼다. 사회적 관계에서 비롯되는 부분도 마찬가지였다. 기업을 이끄는 리더들은 이해 당사자들을 상대로 집단적인 책임감을 느끼며 일했다. 여기서 말하는 이해 당사자란 회사 직원들, 지역사회, 중앙정부, 고객, 공급자들을 말한다. 그리고 이해 당사자뿐만 아니라 회사의 주식을 보유한 주주들에 대해서도 리더들은 책임감을 느꼈다. 1990년대에는 CEO가 주주의 가치를 증대시키는 역할까지 떠맡아야 했다. 하버드 비즈니스 스쿨의 라케시 쿠라나Rakesh Khurana 교수는 그러기 위해서는 무엇보다 '더 많은 이윤 추구가 사업가의 뛰어난 기량을 말해주는 필수불가결한 요소'라고 강조했다. 대기업의 간부들은 국가에 이득이 되는 일을 하는 것을 자신의 소명 의식으로 여겼다.

하지만 오늘날 소명 의식의 의미가 많이 달라져 세계적인 기업을 이끄는 CEO들에게서 더 이상 옛 모습을 찾아보기가 힘들다. 요즘 CEO들은 주주들을 지역사회의 지도자로 보는 게 아니라 그저 세계 시민의 구성원으로 여길 뿐이다. CEO들은 종종 국제사회에 대해서는 책임을 느끼지만 지역사회나 자국에 대한 책임 의식은 희박하다. 하지만 소명 의식의 기본 개념을 꾸준히 유지한 창업자들이 없는 것은 아니다. 집카나 메소드와 같은 회사들은 사회적인 문제를 기업이 책임지고 해결해야 할 과제로 받아들였다. 주변 지역에 일자리를 창출한다는 것은 곧 생산공정에 필요한 재료를 지역사회에서 찾는다는 것을 의미한다. 요즘 들어서 대기업이 세계적으로 뻗어나가는 현상보다 신생 기업이 성장하면서 지역사회의 경제를 살리는 일이 더 유행처럼 확산되고 있다.

2004년으로 되돌아가보면 세르게이 브린과 래리 페이지는 기업 공개를 시도하며 그들의 소명 의식을 달성하기 위해 노력했다. 페이지는 그들의 생각을 이렇게 기록했다.

세르게이와 내가 구글을 만들었던 것은 우리한테 전 세계인들에게 유익하고 중요한 서비스를 제공해줄 수 있다는 믿음이 있었기 때문이에요. 어떤 주제든 개인에게 필요한 알맞은 정보를 즉각적으로 제공할 수 있는 거죠. 이런 목표를 달성하기 위해 우리는 여러 가지 일을 했고, 그 일이 세계인에게 긍정적인 영향을 미쳤다고 생각해요. 비록 재정상의 기대 효과는 정확하게 측정하기 힘들겠지만 말입니다.

카리스마 있는 리더는 리더 자신과 변화를 맞고 있는 사회의 관계를 이해한다. 카리스마 넘치는 리더와 그의 팔로워들 사이에는 리더의 재능에 대한 확신, 예상치 못한 놀라움, 강력한 수단 등이 끈끈하게 이어지기 때문이다. 그리고 그런 힘이 사람들에게 삶의 의미를 부여한다. 하지만 카리스마는 어떤 일에 대한 정당한 대가를 필요로 한다. 만약 그 재능이 어느 날 사라진다면 그 재능이 갖는 의미가 사라질 것이고, 팔로워들과의 결속 관계도 약해지면서 결국 유대 관계가 어느 순간 끝나버릴 것이다. 위대한 작가와 예술가들을 보라. 그들의 작품이 무미건조하게 변하는 순간 그들을 흠모하던 대중들은 사라지고 결국 작가와 예술가들은 자신을 밝게 비추던 빛을 잃어버리고 만다.

카리스마는 당신의 소명 의식과 함께 시작된다. 이때 소명 의식을 표현하는 방식은 다양하다. 그리고 사람에 따라 몇 달, 몇 년의 시간이 걸릴 수 있다. 당신의 아이디어가 무엇이고 당신이 누구인지 사람들 앞에 소개하려면 자신감을 키워야 한다. 그래야 진심으로 사람들의 마음을 사로잡고 참여에 대한 욕구를 불러일으킬 수 있다. 당신의 열정을 분명하게 밝히는 데 성공했다면 그다음 단계는 그 열정을 효과적인 방식으로 타인과 소통하는 것이다.

당신이 가장 좋아하는 배우 또는 선생님을 보면 개인차는 있지만 카리스마가 있다. 또는 킥스타터를 통해 수천 달러의 지원금을 받게 된 친구라든가 또는 회사 간부들을 잘 설득해서 원하는 프로젝트의 투자를 성공적으로 받아낸 친구를 보고 놀랐다면 그 친구에게도 분명 카리스마가 있었을 것이다. 그들은 어떻게 하면 카리스마를 가질 수 있는지 열심히 배웠을 것이다. 그러니 당신도 문제될 것이 없다. 당신의 인격 속에 담긴 고유한 카리스마를 발견하는 것이 관건이다.

카리스마도 배울 수 있다

비록 스티브 잡스가 지난 10년 동안 가장 카리스마 넘치는 CEO로 인정받고 있지만 처음부터 그런 것은 아니었다. 해마다 카리스마의 레벨을 점진적으로 높인 결과이며 결정적으로 그의 전매특허인 의상이 한몫했다. 잡스는 심플한 디자인의 블랙 터틀넥을 자주 입었다. 그리고 제품 소개를 할 때 브로드웨이 공연처럼 무대를 드라마틱하게 연출할 줄도 알았다. 신제품을 소개할 때도 제품을 덮고 있는 천을 순식간에 확 벗겨 하나의 깜짝쇼를 연출한다. 이에 대해 애플 직원들은 불가능할 것 같은 대상을 보여주는 듯한 이른바 '현실 왜곡장reality distortion field(물건을 실제의 모습과 다르게 보이도록 유도하는 분위기-옮긴이)'의 모습을 잡스가 보여준다고 말했다.

내가 마크 저커버그를 처음 본 곳은 2009년 다보스에서 열린 세계경제포럼에서였다. 큰 강연장에 수백 명의 사람들 앞에 그가 다른 패널들과 앉아 있었다. 그리고 채드 헐리를 비롯한 하이테크 전문가들이 모바일의 미래를 주제로 한 그 포럼에 참여했다. 테크크런치TechCrunch의 설립자 마이크 애링톤Mike Arrington이 사회를 맡았다. 그는 포럼에서 저커버그가 양복에 넥타이를 맨 모습을 처음 보았다고 말했다. 그러자 저커버그가 "그럴 리가요. 기숙학교 다닐 때 항상 입었는걸요"라고 농담조로 대답했다. 40분 넘게 대화가 이어지는 동안 저커버그는 연신 미소를 지으며 잘 웃었다. 페이스북에 대한 얘기는 물론 사생활에 대해서도 편하게 말했다. 그리고 열린 사회를 만들기 위한 개인적인 목표에 대해서도 얘기했다. 그는 한마디로 카리스마 있는 남자였다.

물론 저커버그도 처음부터 이런 모습을 보인 것은 아니다.

이전에 저커버그는 누가 질문을 하면 한참 만에 대답을 하는 바람에 이상한 청년이라는 인상을 주던 시절이 있었다. 당신이 카리스마 있는 사람으로 보이고 싶다면 당신의 팔로워에게 계속해서 '세속적인 깨달음'을 전달해줄 수 있어야 한다. 그러려면 인간관계와 정보 교류의 복잡한 연결 고리를 적절하게 조절할 수 있는 방법을 깨우쳐야 한다. 먼저 당신에게 좋은 선생이 될 수 있는 사람을 찾아야 한다. 성공한 기업가들은 피봇 네트워킹을 멘토링 스쿨로 잘 활용할 줄 아는 사람들이다.

저커버그는 스승과 멘토, 파트너를 찾는 능력이 누구보다 뛰어났다. 그리고 언제 그들로부터 벗어나 자립해야 하는지 그 타이밍도 잘 알았다. 헨리 블로젯Henry Blodget이 2012년 《뉴욕New York》 매거진에 올린 기사를 보면 그와 관련된 내용이 자세하게 서술되어 있다. 저커버그는 사회생활 초창기에 냅스터Napster의 공동 설립자인 숀 파커Sean Parker에게 도움을 청했다. 파커는 저커버그를 실리콘밸리의 벤처 투자 업체인 앤드리슨 호로비츠에 소개시켜주었다. 그러나 파커의 '파티 보이party boy(흥청망청 놀고 지내는 남학생-옮긴이)' 같은 면에 질린 저커버그는 결국 그의 곁을 떠났다. 저커버그는 충분한 창업 자금으로 회사를 차려 아마존에 있던 오언 밴 나타Owen Van Natta를 스카우트했다. 이때 밴 나타는 회사의 수익을 늘리고 직원 수를 초반의 26명에서 수백 명으로 늘리는 데 공헌했다. 그러나 저커버그는 나중에 밴 나타를 해고하고 구글의 베테랑 관리자인 셰릴 샌드버그Sheryl Sandberg를 영입해 페이스북을 세계적인 기업으로 확장시키기 위해 도움을 받았다. 블로젯의 말에 따르면 저커버그의 인맥 쌓기는 그 후로도 계속 이어졌다. 저커버그는 페이스북의 초기 투자자였던 피터 시엘Peter Thiel, 지금은 이사가 된 마크 앤드리슨 Marc Andreessen, 링크드인LinkedIn의 리드 호프먼Reid Hoffman과 같은 사람들에게 고충을 털어놓으며 조언을 받아 회사를 키워나갔다.

이 과정이 저커버그 본인에게도 쉬운 일은 아니었다. 소프트웨어 프로그래머, 제품 디자이너 일만 하면 편할 수도 있었을 텐데 말이다. 그는 소통의 장을 다양화하고 사업의 기술을 늘리기 위한 가르침을 줄 수 있는 사람들을 스스로 찾아 나섰다. 그러면서 그는 자신의 비전을 확장시키는 것에 익숙해졌다. 내가 그를 다보스에서 처음 봤을 때 그는 이미 컴퓨터만 아는 괴짜 청년에서 하이테크 산업의 기업가로 변해 있었다. 그를 보고 있노라면 아마 학창 시절에는 드러나지 않았던 직업적 소명 의식에 대한 자신감이 저절로 느껴질 정도였다. 현재 저커버그는 억만장자이며 업계에서 가장 카리스마 있는 인물 중 한 명으로 손꼽힌다. 마이스페이스와 프렌즈터가 소셜 미디어 회사를 세우고 난 몇 년 후, 저커버그는 직접 소규모의 소셜 미디어 회사를 세웠다. 그 과정에서 그는 회사를 잘 운영하기 위해 카리스마가 있어야 한다는 것을 배웠다. 마침내 수많은 유저들이 생겨나고 세계에서 가장 규모가 큰 기업 상위권에 당당히 설 수 있게 됐다.

중심 잡기 : 아이디어를 게임 체인저로 만들기

이 세상에 처음부터 끝까지 완벽하게 동일한 맥락 속에서 중심 잡기 전략을 사용하는 경우는 없다. 누구는 온라인 스토어를 열기 위해 가족의 지원을 받아 사업을 시작한다. 또 다른 사람은 신생 기업을 세우기에 충분한 자금을 가진 상태에서 30명 이상의 인원을 고용해 회사를 설립한다. 그리고 이미 회사를 차린 사람은 자신의 꿈을 현실로 옮길 수 있도록 큰 영향력을 미칠 인물을 찾기 위해 중심 잡기 전략을 쓸 수도 있다. 세세한 중심 잡기 전략은 사람마다 차이가 있다. 그러나 본질적으로 중요한 재료는 어디서나 같다. 당신은 아우라가 있는 제품을 만들어야 한다. 그리고 당신의 아이디어를 더 넓은 세계로 퍼트려줄 방랑자가 필요하다. 또 피봇 네트워크를 구축해야 하며 시간이 지날수록 튼튼하고 확장된 네트워크로 발전시켜야만 한다. 당신의 소명 의식을 확실하게 드러내줄 수 있는 방법을 배우면서 카리스마를 길러야 한다는 것을 명심하길 바란다.

당신이 중심 잡기 프로세스의 어느 단계에 있는지 상황을 정확히 파악하는 것이 첫 번째로 통과해야 할 과제다. 아직 아이디어 구상 단계에 있는가? 그렇다면 당신이 만든 결과물이 사람들에게 어떤 감정을 느끼게 하고 싶은가? 그렇다면 당신이 만들 제품이 사람들에게 영감을 주기 위해서는 어떤 느낌으로 다가가야 할까? 당신은 어디에서 영감을 찾는가? 아이맥의 탄생 스토리는 젤리빈처럼 단순한 대상일지라도 깜짝 놀랄 만한 방식으로 영감을 줄 수 있다는 것을 보여준다. 당신이 만들고 싶은 대상에 깊은 감동을 부여하려고 하거나 아니면 단풍철에 맞춰 훌쩍 여행을 떠날 수도 있다. 또 어린 시절 좋아했던 장난감을 떠올려보거나 잊고 있었던 옛날 노래를 다시 들어볼 수도 있다. 초반에 떠오르는 영감은 아우라의 마법 같은 것에 불과하다. 아이브와 그가 이끄는 팀은 젤리빈을 단순히 시각적인 영감의 원천으로 생각하지 않았다. 처음에는 거기까지만 생각했다. 그러다가 나중에는 이 젤리빈 캔디가 만들어지는 과정에 관심을 보이게 되면서 아이맥 생산과정의 로드맵에까지 영향을 미쳤다.

중심 잡기 프로세스는 제품 생산과 관련된 규모에 대해 생각하기 전부터 시작해서 드디어 시장에 출시된 제품을 구매하고 난 후까지 지속된다. 이 과정에서 제품 제작자가 발휘하는 카리스마는 결코 과소평가될 일이 아니다. 경영, 예술, 디자인 전문학교에서 카리스마에 대한 수업을 하는 곳은 거의 없다. 사람들은 흔히 카리스마를 선천적으로 가질 수 있는 본성처럼 여기거나 부모에게 물려받은 유전적인 특징처럼 생각한다. 하지만 시간이 지나면서 카리스마를 갖게 된 사람들은 우리 주변에 수도 없이 많다.

그들은 어떤 식으로 했을까? 더 중요한 것은 당신이라면 어떻게 할 것이냐이다.

먼저 자신이 가장 열정적으로 좋아하는 것이 무엇인지 스스로에게 질문을 던져보자.

우리는 각자 자신이 사랑하는 것에 열정을 품고 있다. 하지만 그 열정의 대상이 종종 자신이 실제로 하는 일이나 라이프스타일과 거리가 먼 것일 때도 있다. 비밀스러운 취미라든가 당신의 기분을 즐겁게 만드는 것일 수도 있다. 또 일에 대한 새로운 접근 방식이 될 수도 있다. 당신은 그렇게 하면 다른 사람들이 수행하는 기존의 방식보다 더 즐겁게 일을 할 수 있을 것이라고 생각한다. 바로 그런 생각에서 당신은 당신의 친구들이 쓰면 정말 좋아할 만한 제품을 구상한다.

자신의 열정을 좇는 일이 얼마나 중요한지에 대해서는 이미 여러 차례에 걸쳐 다루었다. 하지만 삶은 당신에게 많은 것을 요구한다. 승진 문제와 자녀 양육 등 겨우 먹고살 만큼 월급을 받으며 살고 있다면, 녹록치 않은 경제적 여건 속에 과연 자신의 열정을 불사를 시간이 있을지 의심할 것이다. 그러나 킥스타터에 들어가 잠깐만 내용을 살펴보면 열정을 통해 이뤄낸 물건이 얼마나 똑똑한 투자 상품이 될 수 있는지 확인할 수 있다.

게다가 당신을 열광하게 하는 것에 관해서 쉬지 않고 말하고 생각할 수 있어야만 대중의 시선을 끌 수 있다. 자신이 좋아하는 것에 대해 말할 때 얼굴빛이 환해지고 말도 유창하게 나오는 법이다. 그리고 흥분되는 감정은 전염성이 있다. 그래서 당신에게 생기를 불어넣은 것이라면 남도 똑같이 그렇게 만들 수 있다. 그렇게 해야 다른 사람들도 당신의 열정이 담긴 일에 기꺼이 동참하고 싶은 마음이 생긴다. 당신을 흥분시키는 대상을 확실하게 찾았다면 그것에 대해 계속 말하고 다녀라. 처음에는 별로 반응이 없더라도 관심을 보이는 사람을 만날 때까지 멈추지 말라. 지역사회에서부터 출발해 당신의 아이디어를 이해하고 관심을 보이는 사람들을 만나보자. 그리고 당신을 도와줄 멘토를 찾아라. 또 다양한 전문 지식을 가진 사람들로 당신의 피봇 네트워크를 구성하라. 로지스틱에 대해 잘 아는 사람이 누구인지 알고 있는가? 당신의 아이디어를 현실화하는 데 실질적인 도움을 줄 만한 인물을 당신에게 소개시켜줄 마당발은 누구인가? 그리고 무엇보다도 당신의 열정을 더 크게 키워주는 사람은 누구인가? 당신에게 지원과 격려를 아끼지 않는 사람은? 누구나 자신에게 생기를 불어넣어 주고 에너지를 충만하게 느끼게 해주는 친구가 있게 마련이다(그런 사람이 한 명 이상 있다면 당신은 정말 축복받은 사람이다). 또 비록 '전통적인' 경영 지식이나 기술은 없지만 당신 옆에 있는 친구들도 매우 소중하니 가치를 낮게 평가해서는 안 된다. 이런 친구들이야말로 당신의 피봇 네트워크 멤버 중에서 가장 소중한 사람이기 때문이다.

당신의 피봇 네트워크는 당신의 현재 위치와 목표의 특성에 따라 다양한 양상을 띠게 될 것이다. 당신이 창조 활동과 창조물의 유통 방식과 관련해 더 많은 권한을 가지고 싶어 하는 예술가나 디자이너라면, 또는 당신이 회사에서 대작을 발굴해내야 할 책임을 맡은 관리자라면, 당신은 지금 당장 어디에서 도움을 받겠는가? 당신이 경험이 부족한 분야에 대해 뛰어난 능력을 발휘하게 해줄 사람들을 바로 끌어모을 수 있는가?

여기서 당신이 중심 잡기를 할 때 어느 편에 더 힘을 실을지를 아는 것이 도움이 된다. 당신은 아이디어를 구상한 다음 사람들을 불러 모아 화이트보드에 당신의 아이디어를 설명하는 과정에서 짜릿함을 느끼고 열광하는가? 아니면 그다음에 구체화하는 단계에서 서로 다른 네트워크의 사람들을 연계시키고 그날그날의 업무 수행을 관리하는 것에서 즐거움을 느끼는가?

이와 같은 질문에 스스로 대답할 수 있어야 한다. 다른 많은 사람들처럼 당신은 스스로를 '아이디어를 내는 사람'으로 정의할 수도 있다. 그래서 그다음의 구체화 단계를 잘 못한다고 생각하거나 아예 그 단계를 좋아하지 않는다고 생각해버린다. 하지만 당신이 그렇게 믿는 아이디어를 뒷받침해줄 주변 인력이 충분하지 않다면 그땐 어떻게 할 것인가? 전통적인 경로로 자금을 모으는 것도 여의치 않다면? 스스로를 '아이디어를 내는 사람'으로 생각하고 있더라도 그 외의 다른 일을 차단시키지 말라. 많은 아이디어를 가지고 있고 프로젝트의 초기 단계에 열정이 많은 것도 중요하다. 하지만 거기에만 집중하다 보면 그 외의 다른 영역에 대한 경험이 그 일에 얼마나 중요한 영향을 미칠지 미처 경험하지 못하게 된다. 요컨대 아이디어 구상에 초점을 맞추는 것도 물론 잘못된 행위는 아니지만, 그렇다고 다른 단계를 하찮게 여기며 시도도 해보지 않는 것은 옳지 않다.

좀 다른 관점에서 이 문제를 바라보자. 프로젝트의 구체적인 실행 단계를 도와줄 사람들이 뒤에 버티고 서서 당신을 도와준다면 당신은 무척 편안함을 느낄 것이다. 어쩌면 당신은 그 사람들을 당신보다 '더 창조적인' 일꾼으로 여길지도 모른다. 줄리아 카메론Julia Cameron 은 창조성을 주제로 쓴 『아티스트 웨이The Artist's Way』에서, '그림자 예술가shadow artists'란 자신의 고유한 창조적인 꿈을 여러 가지 이유로 포기한 채 다른 사람들의 활동을 도와주는 역할에 만족하거나, 아니면 보상 심리로 예술가들과 사귀는 사람들을 가리킨다고 썼다. 당연히 누군가의 창조 행위를 도와주는 역할도 충분히 창조적이고 도전적인 일이 될 수 있다. 그리고 전통적인 의미의 '예술적', '창조적' 관점에서 보아도 충분히 그런 수식어를 들을 자격이 있다. 그런 의미에서 방랑자의 역할은 창조 행위를 완성하는 데 빠질 수 없다. 아이디어의 첫 불꽃을 환하게 밝혀주는 데 일조하는 사람이 곧 방랑자 캐릭터이기 때문이다. 따라서 우리가 화이트보드에 아이디어를 설명하는 단계에 있을 때 우리 옆에 있는 방랑자들의 역할을 칭찬해주어야 한다. 물론 다른 누군가의 창조에 대한 꿈을 이루기 위해 당신이 개인적인 프로젝트를 포기하는 것은 아닌지 꼼꼼하게 따져야 한다.

카리스마가 사회적인 인간관계에 중요하며, 당신이 좀 더 카리스마 있는 모습을 보여줘야 더 확실하게 자신을 어필할 수 있다. 또 당신의 열정이 어디에 있는지 알아야 더 많은 대중과 소통하는 데 필요한 감정적인 자산을 얻을 수 있다. 그리고 타인과 소통하는 법을 잘 배워야 원활한 커뮤니케이션의 기술을 실전 도구로 쓸 수 있다. 당신이 사람들에게 전하고 싶어 하는 메시지의 강도를 조절하는 법을 가르쳐줄 멘토를 찾아냈다면, 이제 당신의 얘기를 듣는 관중들은 당신에게서 전보다 더 강렬한 카리스마를 느끼게 될 것이다.

중심 잡기가 조직의 전략에 중요한 기능을 할 수 있도록 해야 한다. 물론 회사의 혁신을 꾀하고 사람들이 팀을 이루어 파트너 관계를 맺는 방식을 잘 처리할 수 있도록 위계질서가 강조된 모델을 굳이 기피하라는 의미는 아니다. 이것은 회사를 위해 일할 사람들을 고용하거나 방랑자 역할을 하는 회사 내 관리자는 잘 훈련하는 것과 관련이 있다. 그래야 부하 직원들이 아이디어를 구체화할 수 있도록 관리자들이 도와줄 수 있다. 방랑자 타입의 관리자는 단순히 업무를 관리하는 일만 하는 것이 아니라 회사 제품의 디자인과 생산과정에 직접적으로 참여해서 경험해보아야 한다. 그렇게 해서 미래에 대한 비전과 올바른 식견, 특정 분야의 지식을 조화롭게 만들 수 있어야 한다. 또한 회사의 과거와 회사가 속한 산업 분야의 과거를 제대로 꿰뚫고 있으면서도 회사의 밝은 미래를 주도할 수 있는 적극성을 보여주어야 한다.

중심 잡기의 전략을 제대로 경험해보지 못한 개인과 조직이라면 더욱 시도해볼 가치가 있다. 친구들 사이에서 시작해 지역사회 네트워크로 범위를 확장하는 것이야말로 첫 단추를 잘 끼우는 일이 될 것이다. 당신이 사업을 시작했다면 새로운 방랑자들의 도움을 받을 수 있도록 노력해야 한다. 또 새로운 기술과 전문 지식을 알고 있는 방랑자들을 찾아나서야 한다. 그리고 절대 초심을 잊어서는 안 된다. 처음에 당신이 커뮤니티에 약속한 공약을 지키는 날이 올 때까지 꾸준히 노력해야 할 것이다. 당신이 만든 제품이 어느 날 아우라를 잃어버린다면, 그리고 상품의 질이 계속 떨어지거나 브랜드 사업이 너무 커지다 보니 개성이 사라지고 이도저도 아닌 브랜드로 전락해버린다면 대중도 바로 눈치채게 되어 있다. 카리스마 있는 회사 설립자가 떠나도 제품의 아우라는 얼마든지 다시 만들 수 있다. 회사에 남아 있는 사람들이 어떻게 하느냐에 달려 있다. 회사 설립 때 품었던 꿈을 잃지 않고 창조적인 정신을 계속해서 갈고 닦는 일꾼이 회사에 있다면 가능하다.

중심 잡기는 어떤 면에서 전설과 비슷하다. 당신이 가장 처음에 만든 신화 속 내러티브와 관련이 있다는 것이다. 작은 아이디어에서 시작했으나 세상을 바꿀 만한 혁신적인 기업 또는 비영리단체를 세우게 된 여정은 사람들 모두가 좋아하는 줄거리이다. 왜일까? 아마도 우리가 창조자에 대해 갖는 정서 때문일 것이다. 우리는 무언가를 만드는 설립자들에게 높은 존경심을 품는다. 우리의 창조적인 생각을 살아 숨 쉬게끔 유용한 방법으로 구체화시킬 때 우리는 그 사람들에 대해 최고의 존경심을 품게 된다. 그리고 그것은 지극히 당연한 일이 됐다.

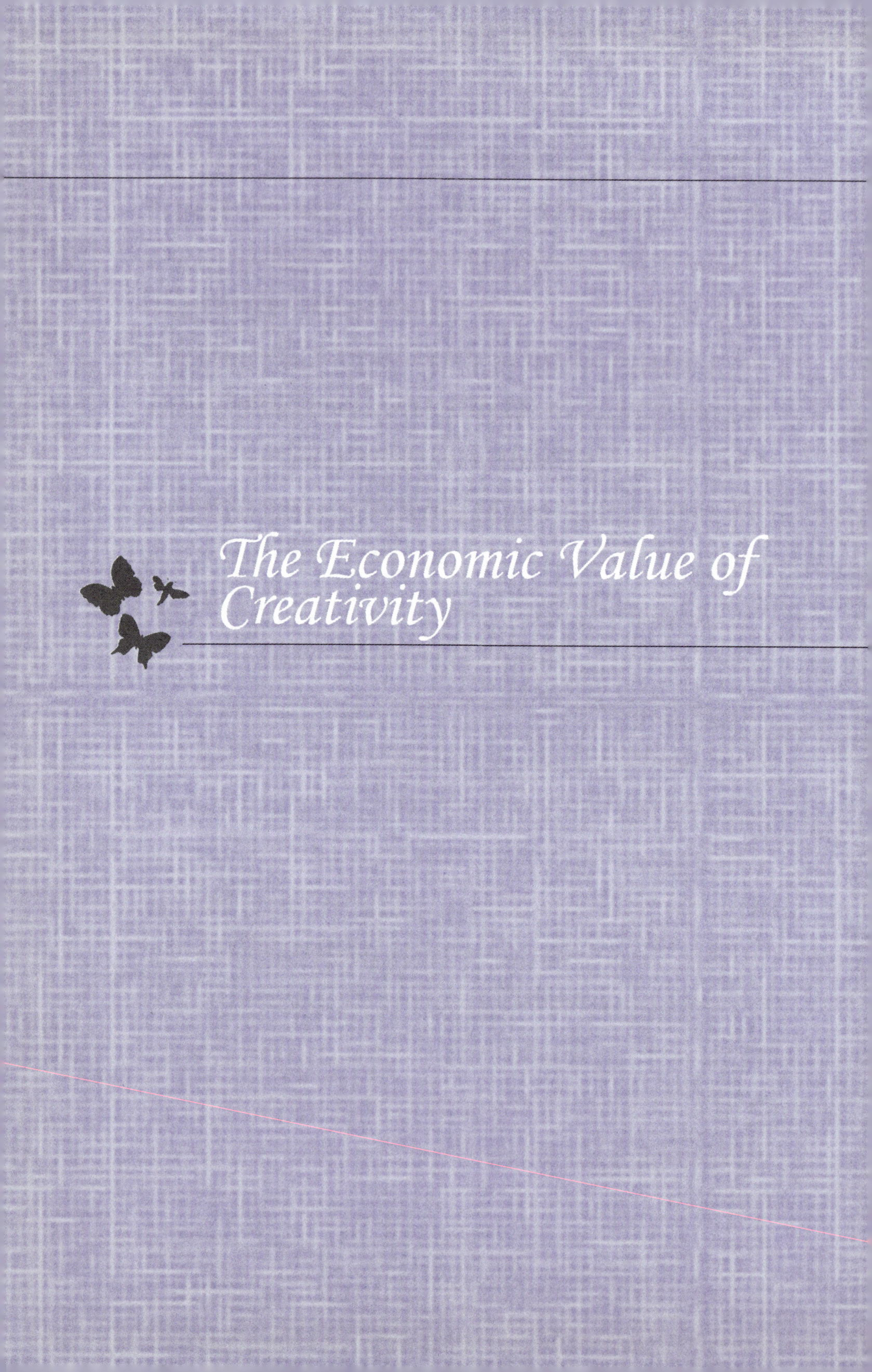

The Economic Value of Creativity

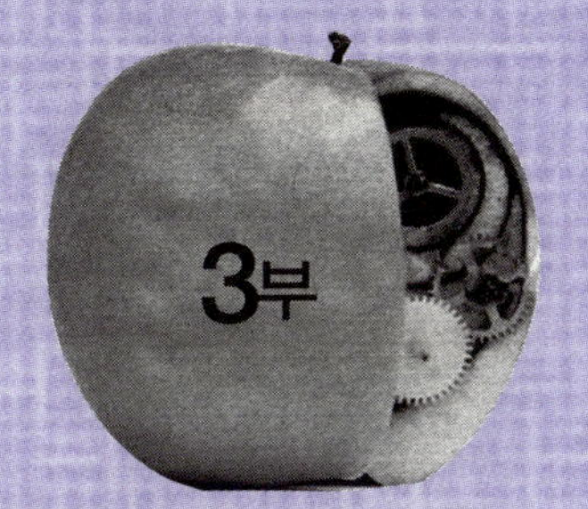

창조성의
경제적 가치

8장

독립자본주의

2012년 5월과 9월에 HP는 전체 직원 중 2만 9,000명을 해고했다. 이것은 회사 전체 인력의 8퍼센트에 해당하는 수치였다. 지난 6년 사이에 4번째로 CEO 자리에 오른 맥 휘트먼Meg Whitman이 내린 결정이었는데, 혁신의 거인이었던 회사가 위기에 처해 거의 죽기 일보 직전이었다. 회사 경영 방식이 변화의 흐름을 제대로 보지 못하고 적응하는 데 실패했기 때문이다. HP가 세계의 기술력을 대표하던 시절이 있었다. 과학 기기에 이어 프린터와 PC까지 생산했고 모바일 사업에까지 손을 대 스마트폰과 태블릿 PC 개발을 시작하며 실패의 쓴맛을 보기도 했다. HP는 다시 기술 자문과 PC 제작으로 상처를 회복했다. 경쟁사들이 소프트웨어와 하드웨어를 통합하는 동안 HP는 마이크로소프트와 인텔을 회사 제품의 핵심 기술로 계속 유지했다. HP의 최첨단 원격 영상 회의 시스템인 헤일로Halo 덕분에 샌프란시스코에 서 열린 회의에 베이징에 있는 회원들까지도 함께 참여할 수 있게 됐 다. 모든 사람이 한 방에 있는 것처럼 원격 영상 회의가 순조롭게 진 행됐다. 그러나 라이벌 시스코Cisco가 선보인 시스템이 시장의 주목 을 끌면서 HP의 헤일로도 빛을 잃고 말았다.

한때 선구자였던 회사가 어쩌다가 이렇게 혁신에 번번이 실패하게 된 것일까? 이유는 모두들 잘 알다시피 너무나 간단했다.

2012년 봄, 나는 HP가 성공 가도를 달릴 때 그곳에서 일했던 기술 자 6명에게 연락해 모임을 가진 적이 있었다. HP의 기업 문화에 대 해 얘기를 하고 세월이 흐르면서 어떻게 달라졌는지 듣고 싶어서였 다. 대부분이 60대 안팎으로 이틀 동안 만나서 얘기를 나눠본 결과, HP에서 그들이 일을 하고 헌신한 것은 돈 때문이 아니었다. 즐거움 을 위해 일을 했으며 획기적인 새로운 모델을 만들었을 때 느끼는 짜 릿함이 일의 활력소가 되었다고 했다. 싱크젯 프린터는 HP의 많은 혁신 제품 중 하나였다. 자율적이고 서로 돕는 환경 속에서 방랑자 유형의 간부들은 친구처럼 가까운 기술 개발자들이 신제품을 시장 에 출시할 수 있도록 도왔다. HP 연구소에서 30년 이상 근무한 기술 자는 내게 이런 말을 했다. "잘 알려지지 않은 부분들을 찾아 잠재적 인 가능성을 발견하면 새로운 제품이 됐어요. 그렇게 하니까 새로운 것을 발굴하는 일이 가능했죠." HP 회사 설립자들은 맨 처음 차고에서 일을 시작했다. 설립자들이 강조한 기업 문화란 바로 그런 것이었다. 그 남자가 다시 입을 열었다. "휼렛과 패커드는 오로지 새로운 것을 만들 때에만 관심을 가졌어요." 이어서 또 다른 남자가 말했다. "우리는 언제든 새로운 것을 시도할 수 있어요. 향후 5년 내지 10년까지 내다보며 미래를 준비했고, 어느 누구와 겨뤄도 될 정도로 경쟁력이 있었어요."

그러나 시간이 흐르면서 상황은 달라졌다. 중국이 저렴한 생산 인력을 내세우며 새롭게 떠올랐다. 젊은 세대는 모바일 디지털 라이프에 동화되어 언제 어디서든 자유롭게 사용할 수 있는 테크놀로지를 원했다. 그리고 월스트리트는 석 달에 한 번씩 높은 수익을 내줄 것을 요구했다. 또한 금융권은 모든 것을 금융 지표와 시장성으로 축소화시키는 문화를 정착시켰다. 통화 거래가 월스트리트에서 워싱턴 DC, 나중에는 시내 중심부의 메인 스트리트에까지 영향을 미쳤다. 또 일반 사무실에서 미국의 과학 연구소에까지 통화 거래가 미치는 범위는 매우 컸다.

1999년 칼리 피오리나가 회사를 경영하게 되면서부터 HP는 이런 금융 문화를 적극적으로 포용했다. HP 이사진이 회사의 전략을 바꾸기 위해 그녀를 최고 경영자로 영입했던 것이다. 그리고 피오리나도 회사를 살리기 위해 노력했다. PC 제조 업체인 컴팩Compaq의 지분을 보유하다가 나중에 컴팩과 합병해서 HP의 PC 사업을 이끌어나갔다. 그녀의 전략은 HP의 문화를 내부 혁신을 통해 체계적으로 성장시키는 것에서 탈피해 외부 회사와의 합병을 통한 팽창 성장을 지향하는 쪽으로 방향을 잡았다. 그러나 컴팩과의 합병 후 회사가 계속 기울어진 것은 HP의 관리자들이 수년 동안 혁신이 아닌 내부 통합에만 너무 매달렸기 때문이다. 결국 피오리나가 CEO에서 물러난 후에도 상황은 달라지지 않았다. 게다가 주변 상황을 볼 때 그녀가 HP에 있던 시기는 그리 좋은 타이밍이 아니었다. 그녀가 HP 퍼스널 컴퓨터 판매 사업에 열을 올릴 때 애플은 PC 시장의 흐름을 바꿔놓을 혁신적인 제품 아이패드를 선보일 준비가 된 상태였다. 결국 2010년 아이패드가 출시되면서 HP의 PC 판매는 침체기를 맞이했다.

피오리나는 HP의 공동 설립자인 휼렛과 패커드가 완성한 신뢰의 기업 문화를 해체시켰다. 그로 인해 회사가 겪은 피해는 상당했다. HP에서 일했던 한 기술자는 그녀를 '만사를 자기 뜻대로 하려는 사람control freak'이라고 묘사했다. 회사 초기 설립자들이 이뤄낸 자율적인 분위기와 정반대되는 경영 방식을 고집했기 때문이다. 기술적인 부분에 정통한 고위 관리자들이 의사 결정을 내려도 경영학 석사 학위를 가진 이사진의 마음에 들지 않으면 결정된 사안이 실행되지 못했다. 회사의 관료주의적인 체제가 기술자들의 의견을 묵살해버리는 식이었다. 또한 피오리나는 베인 컴퍼니Bain Company와 같은 컨설팅 회사에 자문을 구했다. HP를 더 효과적인 기업으로 만들기 위한 충고를 외부 업체에 의뢰한 것이다.

연구소 기술자, 과학자와 회사 고위 관리자 사이의 신뢰가 깨지면서 창조적인 아이디어를 바탕으로 신제품을 만드는 과정이 힘들어졌다. 새로운 아이디어가 나와도 데이터를 수집해 효율성을 분석한 다음 아이디어를 채택할지를 결정하는 방식을 고집했다. 휼렛과 패커드가 "우리는 무엇이든 할 수 있다"고 강조한 기업 문화와는 맞지 않는 방식이었다. 아이디어 수용 여부의 기준이 '가능성'이 아니라 '확률'의 문제로 교체되었고, 결국 HP 연구소의 아이디어 샘은 말라가기 시작했다.

HP의 CEO로 5년 동안 있었던 피오리나는 사퇴 요구를 받고 경영진에서 물러났다. 그리고 그 빈자리에 비용 절감형 사업 전문가인 마크 허드Mark Hurd가 영입됐다. 내가 만난 HP의 전 기술자의 말에 따르면, 허드는 HP의 제조 업체 중 상당수를 아웃소싱했으며, 실질적으로 기술자들의 역량을 최대한으로 끌어내 혁신적인 제품을 만드는 데 큰 도움을 주지 못했다. 허드는 연구 개발 비용을 줄여서 단기간의 수익을 내는 전략을 시도했다. 그리고 그의 경영 방식에서 최악은 각 연구소 소장을 포함해 부서를 책임지는 관리자들에게 해마다 부하 직원 중 근무 성과가 가장 낮은 순서대로 전체 직원의 5퍼센트를 자동 해고하라는 지시를 내린 것이었다. 경영 자문에 대한 정보를 알려주는 지침서에 따르면, 이 방식을 따르면 해가 갈수록 질적으로 우수한 인적 자산을 가질 수 있다고 한다. 그러나 이 방식은 직원들 사이의 신뢰감을 떨어트리는 일이었다. 기술자들은 동료와 경쟁을 해야만 했다. 어떤 팀의 프로젝트가 잘될 경우 상대적으로 그렇지 못한 팀을 위기로 몰아넣게 될 수밖에 없었다. 더 이상 프로젝트의 성공이 새롭고 멋진 제품을 만들기 위한 희망의 결실이 아니었다. 내가 만난 기술자들 가운데 한 명은 이렇게 말했다. “직장에서 쫓겨나게 될까 걱정을 하게 되는 순간부터 누구나 편협한 생각을 할 수밖에 없어요. 그저 자신에게 최선의 방법을 찾는 데 급급해 더 이상 자신이 만들려는 최상의 제품에 집중을 할 수가 없는 것이죠.”

지난 수십 년간 HP는 기존의 경영 방식을 타파하고 적절한 타협점을 찾기 위해 고군분투했다. 하지만 회사 이사진들은 연구소 내부의 창조적인 능력을 되살아나게 하고 기술자들이 새로운 도전을 할 수 있는 길을 모색하는 것은 뒷전이고, 외부에서 CEO를 영입하는 일에 더 신경을 썼다. 그렇게 해서 뽑은 리더가 회사의 고객들이 무엇을 열망하는지 잘 이해하고, 직원들이 만족할 수 있는 혁신적인 새로운 방법을 실천할 수 있도록 이끌어준다면야 좋은 전략이었을 것이다. 하지만 HP의 경제적 상황을 뒤흔드는 대대적 변화가 있을 때마다 이를 바꾸기 위해 영입된 CEO들은 자신이 이미 알고 있는 전략들, 가령 집중화, 절약, 합병, 아웃소싱에만 집중했다.

특히 아웃소싱은 회사에 큰 타격을 미친 전략이었다. 경영 컨설턴트들은 HP에 비용을 절감하려면 인도나 동유럽의 기술력을 이용한 아웃소싱을 해야 한다고 조언했다. 하지만 HP 연구소 입장에서는 같이 일하던 팀원들이 해외로 이주하자 점차 팀원들 사이의 결속력을 잃기 시작했다. 과거에 HP에서 근무했던 사람의 증언을 들어보자.

"우리는 해외로 파견나간 직원들을 분기마다 한 번씩 보았어요. 그리고 전화로 이루어지는 글로벌 회의에서는 절반이 졸고 있죠. 실제 접촉이 없기 때문에 상호 간의 인터랙션이 부족했어요. 사람과 사람이 서로 눈을 마주보고 있을 때 혁신적인 생각이 더 잘 발전할 수 있을 텐데 말이죠." 애써 노력하지 않으면 모든 일이 흐지부지되는 법이다.

그래도 HP는 세계에서 가장 잘 팔리는 PC 전문 회사로 남기 위해 열심히 경쟁했다. 하지만 베이징에 본사를 둔 레노버가 무서운 속도로 HP를 추격해왔다. 2012년 3/4분기에는 레노버가 HP의 세계 시장 점유율을 뛰어넘었다. 리서치 그룹 가트너Gartner에 따르면 레노버가 PC 시장 점유율 15.7퍼센트를 기록한 반면, HP는 같은 기간 15.5퍼센트에 그쳤다. HP는 아이패드와 겨룰 만한 태블릿을 선보였으나 출시된 지 몇 달 만에 생산을 중단하고 말았다. 3D 프린터의 열풍이 미국은 물론 유럽에까지 확산될 때에도 프린터 시장에서 HP의 신제품은 찾아볼 수 없었다. HP가 '파괴적 혁신'을 꾀하면서 생산한 영상 회의 장비 헤일로의 경우도 HP의 전략 미숙으로 성공적인 제품으로 발전하지 못했다. 결국 헤일로는 폴리콤Polycom에 매각됐다.

많은 기업들이 HP처럼 창조성이 아닌 효율성을 강조하는 경영의 늪에 빠지곤 한다. 철강 산업에서 소비재 전자 제품에 이르기까지 국내 산업이 큰 손실을 입게 된 데는 단기간에 높은 수익을 내려고 했기 때문이다. 회사의 효율성을 중시하며 내부 혁신을 위해 장기적인 투자를 위한 비용 지출을 줄이다 보니 그런 결과를 초래한 것이다.

회사의 CEO들과 고위 간부들은 기존 제품으로 더 많은 수익을 얻기 위해 여러 가지 지표와 분석 결과를 자료로 활용한다. 하지만 정작 그들이 간과하고 있는 수익이 있다. 바로 혁신적인 신제품이 기존 제품보다 더 큰 가치를 창출한다는 것이다. 물론 신제품 개발에 드는 비용이 비싸지만 나중에 큰 수익을 낼 수 있는 데도 그걸 놓치고 있다.

금융자본주의의 승승장구

2008년 리먼 브라더스Lehman Brothers가 파산하기 몇 달 전, 나는 세계경제포럼에 참가했다. 헤지펀드 매니저들이 스위스 다보스의 작은 마을에 모였다. 최고급 호텔을 예약하고 성대한 파티를 열었다. 포럼을 위한 패널은 내로라하는 유명 인사들로 구성되었으며 이들은 아름다운 모델과 함께 고급 승용차로 이동했다. 그해 포럼에 참가한 헤지펀드 매니저들의 위력이 얼마나 컸던지 하이테크 분야에서 잘나가는 유명 인사들과 기업 CEO들은 물론, 여러 나라에서 온 의장과 총리들이 무색할 정도였다. 페이스북의 마크 저커버그도 그 자리에 나왔고, U2의 멤버 보노Bono와 영국 총리 토니 블레어Tony Blair의 모습도 보였다. 무성한 소문을 몰고 다니는 헤지펀드들도 구름처럼 몰려들었다.

나는 그곳에서 사회학자 어빙 고프먼이 '지위의 대학살status

bloodbath'이라고 규정한 권력 교체의 현장을 목격했다. 지위의 교체는 몇 십 년 동안 진행되어왔다. 금융권은 이제 가시적인 실제 대상을 만들고 창조하는 사람들 위에 군림하고 있으며, 외관상 세상을 지배하고 있는 것처럼 보이는 정치권까지 지배한다. 대침체기를 겪으면서 금융자본주의, 기업과의 유착 관계, 주주 자본주의를 둘러싸고 의혹이 불거졌지만 그래도 여전히 이런 형태들이 미국의 대표적인 경제모델로 자리를 굳히고 있다.

나는 다보스에서 금융자본주의의 정점을 내 눈으로 직접 보았다. 사실 금융자본주의의 정점은 이미 40년 전 시카고에서 시작되고 있었다. 1970년 5월에 시카고 부스 경영대학원의 교수로 있던 유진 파마Eugene Fama가 《저널 오브 파이낸스Journal of Finance》에 '효율적 자본시장 : 이론과 실증 경험에 따른 검토서'란 제목의 기사를 썼다. 이때 파마는 아담 스미스의 '보이지 않는 손'에 대한 이론을 새로운 관점으로 접근했다.

파마는 밀턴 프리드먼Milton Friedman, 프랭크 나이트, 조지 스티글러George Stigler를 비롯한 시카고학파를 대표하는 경제학자들이 걸어온 경제학의 계보를 따라가면서도 요즘 우리가 효율적인 시장 가설, 효율적인 시장이론으로 부르는 경제모델을 제시했다. 그는 '효율적인 시장이론'을 내세운 금융시장의 순수 모델을 제시해 주식과 시장의 기능에 대해 서술했다. 복잡한 구조를 띠는 경제적 모델과 마찬가지로 이 효율적인 시장이론은 다음과 같은 가정을 전제로 성립된다.

1. 합리성 : 인간은 경제와 관련된 결정을 할 때 합리적으로 행동
   한다.
2. 효율성 : 시장은 항상 효율적으로 움직인다. 매 순간 적용 가능
   한 정보들을 치밀하게 가려내어 반영하기 때문이다.
3. 형평성 : 시장은 수지 타산이 맞는 쪽을 선택하며 형평성을 따
   지는 경향이 강하다.
4. 리스크 : 리스크에 대해 효과적으로 대처해야 수익을 극대화할
   수 있다.
5. 측정 : 수치화할 수 있는 것이어야만 모델을 구성하는 요소가
   될 수 있다.

물론 효율적인 시장 원리를 구성하는 요소도 중요하지만, 효율적
인 시장 원리의 단점인 불확실성도 어떤 의미에서는 매우 중요하다.
예측할 수 없는 극단적인 상황을 감수해야 하기 때문이다. 경제학자
나심 니콜라스 탈렙Nassim Nicholas Taleb은 그런 상황에 대해 '블랙
스완Black Swans'이란 표현을 썼으며, 2007년에 발표한 책 제목도 이
용어를 그대로 써서 '블랙 스완'이라고 정했다. 시카고 경제학파 중에
는 이 불확실성을 '외생변수exogenous variable(시장 외부에서 영향력을 미
치는 경제변동의 요소–옮긴이)'로 보았다. 효율적인 시장이론의 경제모델
은 불확실성을 배제하면서 측정 가능한 리스크에 초점을 맞춤으로
써 '통제의 문화culture of control'를 받아들였다(시카고 경제학파인 프랭크

나이트가 리스크와 불확실성의 개념적인 차이를 처음 소개했다).

효율적인 시장 원리를 현실에 적용하는 것은 창조성과 혁신은 물론, 향후 몇 십 년 동안의 경제성장에 중요한 영향을 끼칠 것으로 예상된다. 무엇보다도 불확실성은 새로운 경제적 가치를 부여하는 새로운 것을 창조할 수 있는 힘을 우리에게 불어넣는다. 기업가들은 신기술의 불확실성 속에서 새로운 기회를 찾으려고 한다. 또 사회적 관계와 사회적 가치를 바꾸기 위해 애쓴다. 예술가들처럼 기업인들도 '통제의 문화'가 아닌 '기회의 문화culture of chance'에서 성장한다.

과거에도 경제학자들이 불확실성의 영향력을 증명해주는 연구를 하지 않은 것은 아니다. 지난 세기를 돌아보면 시장의 공황 상태에 대해 서술한 방대한 양의 자료들을 찾을 수 있다. 1960년대~1970년대에 '효율적인 시장이론'이 본격적으로 발전하기 시작했는데, 이때 하이먼 민스키Hyman Minsky는 금융시장이 호황을 이루면서 극도의 행복에서 오는 희열, 공황, 실패로 이어지는 단계에 대해 조명했다. 또한 찰스 킨들버거Charles Kindleberger가 쓴 『광기, 패닉, 붕괴 : 금융 위기의 역사Manias, Panics and Crashes : A Histoy of Financial Crises』는 1978년에 출간되어 큰 인기를 얻었다. 영국 기자이자 에세이 작가인 월터 배젓Walter Bagehot은 롬바드가Lombard Street의 금융 위기에 대한 글을 쓰기도 했다. 이 거리는 19세기 후반 런던의 금융 중심지였다. 그리고 1630년대 네덜란드에 불어닥친 유명한 '튤립광Tulip Mania' 사건에 대해서 한번쯤은 들어봤을 것이다. 1841년 찰스 매케이Charles Mackay가 자신의 책 『대중의 미망과 광기』에서 언급한 집단 투기의 시초가 된 사건이었다.

먼 과거까지 거슬러 올라갈 필요도 없다. 그렇지 않아도 우리가 직접 겪은 두 가지 대표적인 거품경제 현상이 있지 않은가. 하나는 닷컴 버블 현상이고 다른 하나는 부동산 경기 호황과 침체다. 불확실성을 기준으로 한 미래 전망과 위험 요소는 오늘날의 경제 시스템의 특징과 비슷한 면이 많다. 그래서 불확실성이 부재할 때 오히려 경제 모델이 더 곤경에 처하곤 한다.

합리성과 예측 가능성 및 측정 가능한 리스크를 토대로 한 경제 모델은 은행가와 기업 관리자, 그리고 관련 정책 입안자에게 불확실성을 토대로 한 경제모델보다 더 많은 것을 보장한다. 예측과 조정이 가능한 리스크라면 얼마든지 통제할 수 있다. 통제가 가능해지면 리스크는 커질 수도 있고 활용될 수도 있다. 은행가들에게 '효율적인 시장 원리'는 자본에 과감한 리스크를 적용해 수익을 창출하려는 시도를 뒷받침하는 논리적인 근거를 제시한다. 어찌 되었든 리스크는 통제할 수 있다고 믿기 때문이다. 그리고 기업 관리자들에게 '효율적인 시장 원리'는 적절한 타이밍에 공급망 관리SCM(Supply Chain Management)가 세계적으로 확산될 수 있도록 복잡한 구조의 조직을 관리할 수 있는 합리적인 팁을 제공한다. 게다가 점점 더 많은 비즈니스 스쿨의 교육 과정에서 효율적인 경영에 도움이 되는 수학적 도구 개발에 대한 강의가 개설되고 있다.

효율적인 시장이 강력한 효과를 발휘한다는 생각이 사람들의 신뢰를 받게 되었고, 1976년 경제학자 마이클 젠슨Michael Jensen과 윌리엄 메클링Wiliam Meckling은 효율적인 시장이론의 효과를 최고 경영자에 대한 보상과 연관 지어 생각했다. 두 사람은 《저널 오브 파이낸셜 이코노믹스Journal of Financial Economics》에 게재된 '기업 이론 : 경영자의 행동, 대리인 비용, 그리고 소유권 구조Theory of the Firm : Managerial Behavior, Agency Costs and Ownership Structure'라는 논문에서 금융자본주의의 도래에 대해 자주 언급했다. 그러면서 경영자와 주주의 이해관계가 서로 일치한다면 양쪽 모두 회사의 주식으로 보상을 받아야 한다고 주장했다. CEO는 주식과 주식 매수 선택권, 즉 스톡옵션을 통해 금전적인 보상을 받을 수 있으며, 회사의 주가를 최대한으로 올리기 위한 목적으로 회사를 경영해야 한다. 다시 말해 CEO는 최고의 수익을 올릴 수 있도록 주주를 비롯한 회사 직원들, 공급 업체와 지역사회, 정부보다 회사 주식에 더 신경을 써야 한다. 그러나 그 선택이 효과적인 것은 아니었다.

1980년대 중반까지도 기업의 이사진들은 최고 경영자에 대한 보상과 관련해 그들이 경영하는 회사의 주가에 국한시켰다. 중역 간부들도 수백만 달러의 가치를 지닌 스톡옵션을 받아 주식시장의 주요 타깃이 됐다. 1981년부터 1997년까지 코카콜라사의 CEO를 지냈던 로베르토 고이주에타Roberto Goizueta는 미국 최초의 억만장자 경영자가 됐다. 그 회사는 그가 직접 세운 회사도 아니었고 주식을 공개한 회사도 아니었다.

　금융자본주의는 효율적인 방법으로 비용을 절감하고 단기간에 경제적 수익을 꾀하는 글로벌 게임과 유사한 점이 많은 새로운 비즈니스 모델을 제시했다. 그리고 대공황 이후로 경기가 나빴을 때도 우리는 변함없이 금융자본주의의 경제모델을 고집했다. 최고 경영진들은 회사의 주가에 신경을 곤두세우며 월스트리트 전문 분석가들이 분기별로 내놓는 예측이 맞아떨어지거나 예상 수치를 초과하기를 기대했다. 이제 '주주 가치'는 회사에 가장 중요한 것이 됐다. 이를테면 경영자의 행동 양식을 결정짓는 중요한 기준이 된 것이다. 그리고 당연히 금융시장에서의 회사 주가가 '주주 가치'의 승패를 가늠하는 신호가 됐다. 미네소타 대학의 교수인 캐런 호Karen Ho는 월스트리트의 리크루팅에 대해 언급하면서 현장에서의 경험을 바탕으로 『부채 청산 : 월스트리트의 민족지학Liquidated : An Ethnography of Wall Street』을 썼다. 그 책에서 그녀는 '주주 가치'에 대해 이렇게 적었다.

주주 가치는 가장 중요한 콘셉트다. 내게 정보를 제공한 사람들은 세상 이치를 이해하고 그 속에서 자신의 자리를 찾아가기 위해 주주 가치의 개념을 중요하게 여겼다. 자신의 똑똑한 두뇌를 어떻게 잘 활용하느냐에 따라 주주 가치가 정해지며, 이 주주 가치는 그들이 힘든 일을 하는 목적이 된다. …… 주주 가치를 창출하는 일은 도덕적으로나 경제적으로나 매우 타당한 일이다.

대공황 이래로 금융계가 최악의 침체기를 맞이했을 때 당연히 효율적인 시장 원리의 효과도 빛을 잃었다. 재계에서도 효율적인 시장 원리가 약속한 공약이 현실화되지 않았음을 인정했다. 첫째는, 시장이 결코 합리적으로 움직이지 않았다. 몇 조 달러에 해당하는 돈이 오가는 거대한 금융시장의 일부 파트가 손실을 입어도 세계 전체가 공황 상태에 빠지기에 충분했다. 대표적인 예로 서브프라임 모기지 사태가 있다. 큰 금융기관이 하루아침에 문을 닫고, 부채를 감당하지 못해 휘청거리는 금융기관들이 연달아 생겨났다. 두 번째는, 2008년에 시장이 효율적으로 운행되지 않은 것도 문제였다. 효율적인 시장 원리가 강조한 수지 타산의 조화와 균형을 도모하는 시장을 만들려면 아직 가야 할 길이 멀다. 2012년 내가 기사를 쓸 때까지만 해도 자본, 노동력, 무역 시장의 불균형은 여전히 사라질 기미가 없었다. 부동산 수백만 채의 실제 가치는 구매자가 주택을 담보로 받은 융자금보다 더 낮았다. 또 많은 금융기관이 이자율을 제로로 하면서 인플레이션 현상이 심각해졌다. 결국 금융 위기가 한창일 때 시장의 변동 가능성은 근본적인 경제지표보다는 오히려 정치 및 사회적 행위자들의 고양된 감정을 반영했다.

경제학자들과 정책 입안자, 그리고 은행가들이 효율적인 시장 원리의 전제들이 틀렸다는 것을 인정하는 데는 몇 년의 시간이 더 걸렸다. 2012년 영국 유력 일간지 《파이낸셜 타임스Financial Times》의 경제 담당 특파원 마틴 울프Martin Wolf는 로런스 서머스Lawrence

Summers와 인터뷰를 한 적이 있다. 클린턴 정부 때 재무 장관을 지냈으며 버락 오바마 대통령 임기 동안 국가경제회의 위원장을 맡은 적이 있는 서머스는 인터뷰를 하면서 경제 위기 때 효율적인 시장 원리가 문제를 해결하는 데 실패한 것에 매우 놀랐다며 마지못해 실패를 인정했다. 서머스는 규제 완화의 총괄 책임자나 다름없었고, 규제 완화로 인해 결국 2007년 금융 대란이 일어나고 말았다. 1999년 재무 장관이었던 서머스는 골드만삭스의 전 CEO인 로버트 루빈Robert Rubin과 함께 힘을 모아 경기 침체기 때 금융시장을 규제하기 위해 제정한 '글래스—스티걸법Glass-Steagall Act(상업은행과 투자은행의 업무를 엄격하게 분리해 투기 규제를 목적으로 제정한 법—옮긴이)'을 폐지시키려고 했다. 미국 회사가 다른 신흥 회사와 경쟁하는 데 더 유리할 수 있도록 하려면 이 '역사적인 법'을 폐지해야 한다고 주장했다.

미국 연방준비제도이사회 전 의장만큼 시장의 합리성과 효율성을 굳게 믿는 사람도 없었다. 하지만 2008년 10월 앨런 그린스펀Alan Greenspan은 미국 의회 위원회를 언급하면서 자신이 시장의 자율 조정 능력을 너무 믿었다고 말했다. "나를 포함한 우리 가운데 주주의 평등함을 지키기 위해 자기 자신의 이익보다 기관의 이익을 더 앞세운 사람들은 믿기지 않는 결과에 충격을 받았다." 그는 의회 의원회가 결정한 규제와 정부 개혁에 대해 설명했는데 그 내용이 《뉴욕타임스》에 실렸다. 그린스펀은 서브프라임 모기지 시장에서 오고 가는 몇 조에 달하는 달러를 규제하지 않아 사람들의 비판을 받았다. 신용 부도 스와프Credit Default Swap(부도가 발생해 채권이나 대출을 해준 기업의 채무불이행에 대비한 신용 파생 상품—옮긴이)를 통해 리스크를 줄일 수 있다고 예상했지만, 실질적으로 이 신용 상품이 왜곡된 방법으로 쓰이면서 오히려 리스크가 막대한 지경에 이르는 결과를 낳았다. 그린스펀은 이런 결과에 대해 다음과 같이 말했다. "근대적인 개념의 이 리스크 관리 패러다임이 수십 년 동안 시장을 장악했습니다. 하지만 작년 여름부터 이 지식인의 신전을 대변하던 패러다임이 붕괴하게 된 것입니다."

2012년 중반까지 은행가들마저도 이 모델은 무조건 실패했다고 판단했다. 1990년대 중반 시티그룹의 CEO이자 회장이 된 샌디 웨일Sandy Weil은 '글래스-스티걸법'이 폐지되도록 로비를 시도했다. 그래야 더 크고 효율적이며 경쟁력 있는 은행을 만들 수 있다고 믿었다. 웨일은 보험회사, 상업은행, 투자은행을 하나의 거대 은행으로 합병하는 사업도 추진했다. 금융 대란 동안 미국 연방 정부는 위기를 극복하기 위해 수십억 달러를 지출할 수밖에 없었다. 효율성, 합리성, 균형이 모두 실패하자 납세자들은 시티뱅크에 도움을 청할 수밖에 없었다. 2012년 7월 25일 웨일이 CNBC에 출연해 은행을 살리기 위해서라도 다시 규제를 할 필요가 있다고 호소하며 '글래스-스티걸법'이 다시 제자리로 돌아와야 한다며 다음과 같이 말했다.

지금 우리가 할 수 있는 최선의 방법은 아마도 투자은행을 일반 은행과 분리하는 것일 겁니다. 은행이 납세자들의 돈에 리스크가 가지 않도록 조치를 취하도록 해야 합니다. 망하도록 방치하기에는 규모가 너무 크다는 말이 나오지 않도록 은행이 문제를 해결하게 해야 합니다.

효율적인 시장이론의 실패는 시티뱅크의 주주들은 물론 미국 전체 입장에서도 안 좋은 결과였다.

경제학자들과 정책 입안자들은 이 이론이 금융시장에서 실패하게 된 이유에 대해 열띤 토론을 벌였다. 그러나 이 경제모델이 기업에 미친 파장에 대해 언급한 사람은 거의 없었다. 효율적인 시장이론이 실패로 돌아가면서 기업들은 심각한 손해를 입었고 회복하기까지 오랜 시간이 필요할지도 모른다. 분명한 것은 이 이론이 제시한 것처럼 기업의 이윤 추구가 이루어지지 않았다는 데 있다. 로트만 경영대학원의 학장인 로저 마틴은 《하버드 비즈니스 리뷰》에 쓴 글에서 다음과 같이 설명했다. 1977년부터 2008년까지 금융자본주의는 기업들에게는 경외의 대상이었다. 이 기간 동안 S&P 500지수(국제 신용 평가 기관인 스탠더드앤드푸어스S&P가 작성하는 주가지수―옮긴이)에 따른 기업 주주들의 연 실질 수익률이 5.9퍼센트를 기록했다. 반면 1933년부터 1976년까지의 연 실질 수익률은 7.6퍼센트였다. 이 시기에 기업의 리더들은 주주들에 대한 책임감과 더불어 직원, 지역사회, 공급자들을 포함한 이해관계자에 대한 책임감도 동시에 느꼈다. 아이러니하게도 주주들의 수익에만 전념했을 때 평균 실질 수익률이 더 낮게 나왔다. 게다가 현재 S&P 500지수에 따른 투하 자본 수익률의 경우, 10년 전보다 더 높지도 않다. 효율적인 시장 원리를 바탕으로 한 금융자본주의는 결과적으로 많은 투자자와 기업에게 이득이 되는 성과를 제공하지 못했다.

무엇보다도 이 모델은 혁신을 향한 길로 나아가는 데 심각한 방해요소였다. 금융자본주의에서 창조성은 다양한 가능성을 가진 핵심 요소가 전혀 아니었다. 대기업도 창조성에 대한 보상 제도에 별로 신경을 쓰지 않았다. 그리고 정부도 혁신을 위한 인센티브를 강요하며 기업들에 압력을 주는 일도 거의 없었다. 대부분의 기업들은 서로 가격경쟁을 하느라 바빴다. 효율적으로 수익을 내기 위해 아웃소싱과 비용 절감에만 신경을 썼다. 창조성과 혁신성은 경제 시스템의 변두리로 쫓겨난 지 오래였다.

2009년 하버드 대학에서 경제학 박사 학위를 받았으며 《비즈니스 위크》에서 경제 담당 편집자로 일했던 마이클 멘델Michael Mandel은 혁신을 위한 혁명이 실패한 이유에 대해 분석한 내용을 주요 기사로 실었다. '미국의 혁신을 보장한 약속이 실패한 이유'에 대해 서술했는데, 그는 충격적인 결론을 이끌면서 '혁신의 부족'이란 단어를 썼다(현재 멘델은 미국 진보정책연구소PPI에서 경제 전략 책임자로 있으며 와튼 스쿨의 맥 기술혁신센터의 선임 연구원으로 활동 중이다). 21세기가 시작되면서 처음 10년 동안 실리콘밸리의 혁신에 대한 적극적인 움직임과 미국의 혁신에 대한 관심에도 불구하고 많은 회사들이 실질적으로 혁신에 성공하지는 못했다. 혁신성은 커뮤니케이션의 단편적인 부분을 차지했는데, 경제라는 큰 그림에서 혁신성이 차지하는 부분을 살펴보면 매우 암울하기 그지없었다. 1990년대 미래학자들은 미국이 실리콘밸리, 컴퓨터, 기술 중심의 경제 시대에서 생물 유전, 생물학을 토대로 한 경제 시대로 바뀔 것이라고 전망했다. 그러나 멘델은 생물공학이 발전했다고 해서 혁신적인 생물공학 제품이 탄생된 것은 아니라고 주장했다. 실제로도 그랬다. 또 제약업은 어떤가? 막대한 비용을 들여 의약 개발을 하고 있지만 아직까지 혁신적인 의약품은 나오지 않고 있다.

결국 혁신이 부족하기 때문에 일어난 결과들이며, 멘델은 이런 결과들이 경제에도 매우 부정적인 영향을 미쳤다고 말했다. 신제품이 잘 팔리지 않다 보니 미국 GDP의 일부를 이루는 (석유나 가스를 제외한) 수출품이 2000년부터 2011년까지 가까스로 상승세를 기록했다. 그러는 사이 무역 적자가 누적되어 7조 달러에 이르렀다. 미국은 중국과 일본, 그 밖의 다른 나라에서 빌린 자금으로 월스트리트의 자리를 지킬 수밖에 없었다.

하이테크 분야에서도 미국은 세계 최강의 자리에서 밀려났다. 2012년 미국 통계국이 미국의 하이테크 지역 10곳을 대상으로 수출 및 수입 현황을 분석했다. 우주 항공, 신소재 공학, 생물공학, 생명과학을 포함한 하이테크 분야는 1998년에 300억 달러의 무역 흑자를 기록한 반면, 2007년까지 무역 적자가 530억 달러에 이르렀다. 2010년에도 무역 적자는 계속 이어졌으며 809억 달러까지 치솟았다. 2011년까지 하이테크 산업의 무역 적자는 996억 달러를 기록했다.

어쩌다 이 지경까지 된 것일까? 2010년 9월 미국 국립과학재단은 '기업의 연구 개발 및 혁신 조사BRDIS(Business R&D and Innovation Survey)'로 불리는 통계 자료를 발표했다. 그 내용을 보면 2006~2008년 동안 미국의 전체 공기업과 사기업의 9퍼센트만이 제품 혁신 또는 서비스 혁신을 꾀한 것으로 집계됐다. 그리고 2011년 미국 국립과학재단이 새롭게 발표한 통계 자료에서는 2007~2009년 동안 미국의 전체 공기업과 사기업의 10분의 1도 안 되는 수가 혁신 사업을 한다고 나왔다. 페이팔의 공동 설립자이자 페이스북의 초기 투자자였던 피터 시엘은 2011년 아스펜 연구소에서 테크놀로지를 주제로 열린 콘퍼런스에서 자신의 의견을 밝혔다. 그는 컴퓨터 관련 분야가 혁신적인 면에서 큰 발전을 이룬 것은 사실이지만 그 외의 나머지 산업 분야는 혁신성에 있어서 오도 가도 못하는 정지 상태에 처해 있다고 강조했다. 운송업도 그렇고 에너지산업의 경우에도 참신한 발견이 아직까지 나오지 않고 있다. 탄화수소를 이용한 에너지 대체 사업이 생기긴 했지만 전체 에너지산업의 규모로 볼 때 극히 일부에 지나지 않는다.

살면서 한번쯤은 혁신성이 부족해 부정적인 결과를 맞이한 적이 있을 것이다. 1999년 미국 노동통계국은 향후 10년 안에 280만 개의 신종 직종이 생겨날 것이라고 전망했다. 정보 기술, 우주 항공, 텔레콤, 제약 업체와 같이 미래를 이끌 선도적인 분야를 포함해 반도체와 전자 기기 제조업에서도 새로운 직종이 생겨날 것이라고 예상했던 것이다. 노동통계국은 또 이 분야들의 고용률이 3.4퍼센트 향상할 것이며, 다른 분야의 사기업보다 2배나 빨리 흑자를 낼 것으로 예상했다. 그런데 실제로는 전혀 다른 일이 벌어졌다. 10년 동안 선도적인 분야에 포함된 산업 부문에서 6만 8,000명이 실업자가 됐다. 그중에는 일을 하면서 임금 인상을 경험해보지 못한 사람들도 있었다. 혁신의 부족이 가져온 결과였다. 시엘은 1973년 이래로 평균임금이 겨우 10퍼센트 상승했다고 말했다. 이 수치는 정부가 제공한 데이터로 집계한 결과였다(심지어 비정부 기관이 제시한 자료에 따르면, 10년 동안 평균임금의 인상률이 거의 없을 정도로 미미했다. 모두가 인플레이션의 영향이었다).

젊은 대학 졸업생들은 산업 동향의 변화 속에서 새로운 기회를 적절하게 이용하려고 했다. 그러나 실제로 그들이 받는 임금은 예전보다 더 낮은 수준에 그쳤다. 대학을 졸업한 사회 초년생들의 실제 평균 연봉이 2006~2007년에 3만 달러였다면 2009~2011년에는 2만 7,000달러였다. 이 수치는 러트거스 대학이 발표한 보고서에서 인용한 것이다. 경기 침체 역시 10년 동안의 임금 하락에 결정적인 역할을 했다. 2000년부터 인플레이션의 여파로 대학을 졸업하고 사회생활을 막 시작한 젊은이들이 받는 시간당 임금이 그전보다 1달러나 더 떨어졌다. 미국의 경제정책연구소Economic Policy Institute에 따르면, 2000년을 전후해 미국 노동인구의 시간당 임금을 비교한 결과 남성의 경우 22.75달러에서 21.77달러로, 여성은 19.38달러에서 18.43달러로 하락한 것으로 나타났다.

설상가상으로 대학 학자금 대출에 대한 부담은 갈수록 심해졌다. 2011년에 대학 졸업생들이 갚아야 할 빚이 1명당 평균 2만 3,000달러에 이르렀다. 전체 학생의 부채를 합산하면 거의 1조 달러였다. 학자금 대출 금액이 지난 10년 동안 더 늘어났으나 상대적으로 임금이 하락하면서 빚을 갚기가 더욱 어려워졌다. 결국 금융자본주의 시스템이 젊은 대학 졸업생들에게 그다지 도움이 되지 못했다.

젊은 청년들뿐만 아니라 중장년에게도 금융자본주의는 별 효력을 발휘하지 못했다. 2012년 9월 12일, 미국 통계국은 미국의 가구당 평균 연간 소득이 실질적으로는 1995년 수준으로 후퇴했다는 내용의 보고서를 발표했다. 우리가 지금 겪는 상황은 10년 뒤가 아니라 거의 20년 뒤로 후퇴해버린 것이나 마찬가지다.

경제학은 세상이 요구하는 타당성과 실용성이 부족한 학문이 되어버렸다. 캘리포니아 대학 버클리 캠퍼스에서 정치경제학부 학장이자 교수로 있는 브래드퍼드 들롱Bradford DeLong은 "우리에게 더 이상 '효율적인 시장 원리'가 필요하지 않게 되었다"고 말했다. 그럼 우리에게 무엇이 필요한 것인가? 어떤 모델이 과연 금융자본주의를 대체할 수 있는 것인가?

이제 효율성의 경제학에서 창조성의 경제학으로 바뀌어야 한다. 창조성과 불확실성은 오늘날의 시장을 지배하는 경제모델의 범주 바깥에 존재한다. 지금의 경제모델로는 신생 기업이 경제성장을 이룰 만한 여건이 되지 않는다. 신생 기업, 그리고 그보다 규모가 큰 기업들은 아직까지 회사 설립자들과의 결속 관계의 끈을 놓지 않고 있다. 완전히는 아니지만 대체적으로 이런 관계 양상이 근대적인 개념의 혁신과 일자리 창출에 기여한다. 그렇다면 과거의 경제모델이 왜 이 점을 고려하지 않았을까? 이제 우리는 '효율적인 시장 원리'가 바탕이 된 통제의 문화'를 강조하는 경제모델에 등을 돌려야 한다. 그리고 '기회의 문화'를 포용하는 새로운 모델을 수용해야 한다.

독립자본주의의 상승세

2009년에 미래학자 폴 사포Paul Saffo는 '창조적인 경제'가 산업 및 소비경제를 대체할 것이라고 예언했다. 맥킨지 앤드 컴퍼니McKinsey&Company의 온라인 사이트에서 경영 자문에 관한 글을 쓰면서 사포는 수동적인 소비자들이 주도하던 경제에서 일상생활을 영위하면서도 회사 일에 개입하는 소비자들이 주도하는 경제로 흐름이 바뀌고 있다고 주장했다. 후자에 속하는 소비자들은 회사가 신제품 개발을 잘할 수 있도록 여러 가지 조언과 개인적인 정보를 아낌없이 회사에 제공한다. 사포가 쓴 글의 일부를 발췌해보면 다음과 같다.

창조적 행위의 정수를 이루는 부분은 누가 뭐래도 구글 검색에 있다. 검색창에 입력하는 문구가 창조자에게 어떤 가치를 부여하겠냐며 의심을 하는 이도 있겠지만, 어떤 단어를 검색창에 넣었을 때 그와 함께 연상되는 검색어를 같이 찾을 수 있다는 점에서 구글 검색은 크리에이터에게 충분히 가치 있는 도구로 사용될 만하다. 그런 의미에서 구글에 수십억 달러의 가치를 부여해도 모자람이 없다. 따라서 구글 검색이 단순해 보여도 짧은 시간에 여러 방향의 흐름을 파악할 수 있기 때문에 창조적인 가치가 매우 높다. 구글 외에 또 다른 예로 유튜브와 위키백과를 들 수 있는데, 창조자들 사이의 교류의 장으로 손색이 없다. 상호작용성은 곧 사람들의 생각을 하나로 이어주는 공통 주제가 된다. 그렇기 때문에 상호작용성이 곧 창조적인 경제를 정의하는 개념이 된다.

사포가 정의한 개념은 디지털 경제를 대상으로 한 소비자의 능동적인 참여율을 증가시키는 역할을 톡톡히 해냈다. 요즘 디지털 보급으로 경제적 구조도 디지털화되면서 구조적인 대변화를 겪고 있다. 이제 우리는 단순히 소비하는 것에만 만족하지 않고 직접 무엇을 만드는 제작자가 되어가고 있다. 내가 살고 있는 지역, 그리고 내가 속한 국가나 주에 의지하면서 주변 지역에서 자원과 디자인, 제조 업체를 찾는 경우가 전보다 많아졌다. 온라인, 오프라인 할 것 없이 기업가적인 면모를 더 많이 드러내고 있다.

이런 변화는 바로 우리가 독립자본주의의 바람을 일으키기 시작했다는 것을 뜻한다. 나는 일부러 '독립Indie'이라는 단어를 선택했다. '인디'라고 하면 기존의 경제 이론과 거창한 사업 개념이 갖고 있는 지배적인 통념에서 벗어나 독립성을 띤다는 의미를 강조할 수 있기 때문이다. 또 배분 방식과 사회구조의 측면에서 볼 때 인디 음악과 독립자본주의는 통하는 점이 많다. 인디 음악 밴드는 큰 음반 회사나 상업적인 음악과 거리를 둔 채 자기만의 음악 세계를 구축하며 활동한다. 오늘날 성공한 창조자들의 열정도 처음에는 자기만의 작은 틀 속에서 시작됐다. 그러다가 새로운 위치와 네트워크를 확보하며 확장된다. 포틀랜드와 뉴욕이 인디 밴드의 중추 역할을 하는 지역이 된 것도 별로 놀랄 일은 아니다. 음악가들뿐만 아니라 새로운 사업을 꿈꾸는 기업가들이 모이는 열정적인 곳으로도 유명하기 때문이다. 지역사회와 유기적인 관계를 형성하면서 사회적으로도 책임 의식이 있는 기업, 게다가 창조적인 사업을 하는 기업이 그곳에 집중되어 있다. 2012년 가을 나는 파슨스 스쿨에서 '디자인과 자본주의, 그리고 사회운동'을 주제로 강의를 했다. 나는 프랑스에서 온 이 학교 졸업생에게 왜 디자인과 창조성을 배우기 위해 굳이 파리를 떠나 뉴욕에 왔는지 물었다. 그 여학생은 내게 이렇게 대답했다. "파리는 그런 쪽에서 볼 때 생기를 잃어버렸어요. 그래서 뉴욕으로 건너와 그런 분위기를 느끼고 싶었지요."

나는 신생 기업이면서도 전설에 가까운 위대한 업적을 이룬 기업들을 보면서 독립자본주의의 가능성을 믿게 됐다. 그리고 단순하지만 한 가지 분명한 사실 덕분에 독립자본주의에 대한 신뢰가 더욱 커졌다. 다름 아닌 지난 30년 동안 미국에 생긴 새로운 네트워크 업종들을 보면 모두가 설립된 지 5년이 안 된 신생 기업과 관련된 것들이라는 점이다.

먼저 이 정보가 과장된 내용처럼 들릴 수도 있다. 어떻게 그런 '어린' 기업들이 미국의 새로운 네트워크 업종을 감당할 수 있느냐고 의아해할 수 있다. 하지만 이 정보는 창업지원재단인 유잉 매리언 카우프만 재단Ewing Marion Kauffman Foundation이 2010년 7월에 미국 통계국으로부터 받은 자료를 바탕으로 산출한 결과에서 얻어낸 것이다. 이때 통계국이 전달한 보고서는 (미국에 대침체기가 일어나서 실업률이 급속도로 높아지기 전) 1977~2005년 사이의 '일자리 창출 및 일자리 파괴와 관련해 신생 기업이 미치는 영향'에 대한 내용이었다. 기존의 회사들은 새로운 네트워크의 일자리 파괴자들로 인해 매년 100만 명의 직장인들이 일자리를 잃었다. 반대로 신생 기업의 경우에는 해마다 300만 명의 일자리가 창출되면서 대조적인 모습을 띠었다. 경기 침체 속에서도 신생 기업들은 고용과 관련해 안정적인 모습을 보였다. 반면 오래된 기업들은 많은 직원들을 해고했다. 바로 이런 대조적인 모습을 본 사람들은 경제성장에 대한 기존의 통념을 깨야 한다고 외쳤다. 우리는 과거에 대기업들이 일자리 창출과 혁신을 주도한다고 믿었다. 그래서 이런 믿음을 반영하면서 여러 가지 정책과 경제적 인센티브를 결정했다.

경영과 대형 사업이 아닌 혁신과 기업가 정신을 반영한 경제란 과연 어떤 모습일까? 수십 년을 고수해온 효율적인 경영 방식보다는 새로운 가치 개발에 초점을 둔다면, 우리는 경제성장을 어떻게 평가할 수 있을까?

만약 독립자본주의가 단 하나의 기본 원칙을 가져야만 한다면, 나는 창조성이 자본주의를 이끈다는 원칙을 강조하고 싶다. 독립자본주의는 신제품과 새로운 서비스의 탄생이 만들어낸 경제적 가치를 강조한다. 그리고 독립자본주의가 지향하는 경제 시스템은 다양한 분야에서 활동하는 수많은 신생 기업의 형성을 장려하고 창업 후에 규모를 확장할 수 있는 정책을 권장한다. 더불어 기업주의 문화를 강조하는 큰 회사들에게도 충분히 보상을 해준다. 그래서 코닝이나 3M과 같은 회사들은 지난 5년 동안 신제품 판매를 통해 해마다 추가수익을 보장받았다. 또한 독립자본주의는 대기업과 은행이 정치권에 도움을 줌으로써 세금을 감면받거나 정부가 대기업에 유리한 쪽으로 규제 시스템을 결정하게 하는 이른바 정경 유착의 연줄 자본주의를 척결하는 데 기여했다.

창조성을 위한 신경제 구축하기

창조적 지성의 능력을 기반으로 우리는 21세기에 필요한 새로운 경제모델을 건설할 수 있다. 나는 파슨스 스쿨에서 벤 리와 함께 강의한 '창조성과 자본주의, 그리고 사회운동'에서 예로 든 모델을 핵심 아이디어로 그다음 내용을 더 발전시켰다. 벤 리는 뉴 스쿨에서 철학과 인류학을 가르치는 교수이며 학장을 역임하기도 했다. 나는 크리에이터, 디자이너, 기업가, 경제학자, 사회과학자, 정치가들로 구성된 커뮤니티가 이 아이디어들을 잘 사용하길 희망한다. 그래서 이 아이디어들이 사업 실행과 정책, 제어 시스템, 경제 등 전반적인 사항에 대해 의논할 때 중요한 출발점이 되기를 바란다.

1. 창조성은 경제가치의 원천이다

창조성은 돈으로 살 수 없는 것을 살 수 있는 것으로 바꿀 수 있다. 또 창조성은 우리 안에 있는 풍부한 열망을 적절하게 활용하고, 이런 희망을 경제적 가치를 띠는 제품이나 경험으로 전환하는 역할도 담당한다. 창조성을 구체적으로 드러내고 범위를 확대하면서 시장성 있는 상품이 탄생하면 그에 따른 수익을 얻을 수 있다.

2. 불확실성은 사회 및 경제생활의 현 상태를 나타낸다

불안정성, 복잡성, 모호성이 가속화되는 것은 경제생활의 지속적인 상태를 나타낸다. 불확실성이 오히려 혁신과 성장, 새로운 사업과 직종 창출의 기회로 작용한다.

3. 기업가는 경제성장을 이끈다

모든 기업가(회사에서 기업가처럼 행동할 수 있도록 원조를 받는 사람을 포함해)는 경제모델의 중요한 주체에 해당한다. 새로운 것, 지금보다 더 나은 것을 만들겠다는 소명 의식으로 일에 매진하는 기업가는 혁신과 성장, 업무를 창출하며 궁극적으로 회사에 수익을 가져다준다. 이미 실력을 인정받은 기업들도 초기 설립자가 계속 회사를 운영하거나 아니면 초기 설립자의 힘이 남아 있을 경우, 나름대로 혁신적인 측면을 최대한 끌어내기 위해 노력한다.

4. 자본주의는 사회운동이다

자본주의는 오로지 시장에만 국한되지 않는다. 역동적이고 활력이 넘치면서도 불확실하고 가변적인 사회현상에도 자본주의의 특징이 있다. 따라서 사회, 정치, 기술적 문화를 모두 이해하는 것이 외재성externality이 아닌 모델의 성격을 제대로 파악하는 데 중요한 역할을 한다. 사람들이 의미 있다고 여기는 관습, 의식, 행동 양식, 가치들과 친숙해지는 것도 기업 활동을 잘하는 중요한 팁이 된다. 당신이 속한 세계적인 네트워크의 실제 문화는 물론, 디지털 문화를 잘 알아야 요즘 시대의 관리자에게 요구되는 사항을 갖출 수 있다.

5. 소셜 네트워크는 경제를 구성하는 초석 역할을 한다

사람들은 점점 대규모로 성장하고 있는 디지털 커뮤니티와 그 광대한 역할을 맡는 일에 예속되어 있다. 소비자, 투자자, 디자이너, 공동 크리에이터, 제작자, 사상가, 컬래버레이터 등 형태도 다양하다. 진정한 경제적 가치는 사람들이 이와 같은 사회적 네트워크에 참여한 결과로 생기는 것이다. 시장 거래도 물론 경제모델에 중요한 공헌을 하지만 사회적 네트워크도 매우 중요하다.

6. 창조적인 파괴란 혁신적인 경제성장을 위한 중요한 요소이다

창조성에 기초한 경제는 회사의 흥망성쇠를 가속화시킨다. 다양한 분야의 신생 기업 수가 급격하게 증가함에 따라 신생 기업이 경제를 좌지우지하는 지배적 행위자가 됐다. 설립된 지 오래된 큰 회사들은 창조적 경제모델에 어울리는 기업 문화를 새롭게 받아들이고 혁신을 꾀하지 않는 한 실패를 피할 수 없다.

앞에서 언급한 원칙들을 신경제의 창조성 모델을 위한 구성 요소로 사용한다면, 그 후에 이 모델로부터 어떤 원칙들이 파생될까? 우리의 삶과 일에서 독립자본주의를 발전시키기 위해 우리 모두가 할 수 있는 것은 무엇일까?

경제모델 속에 불확실성을 개입시키는 것이 어려워 보일 수도 있다. 우리 생각에 경제모델이라고 하면 불확실성보다는 확실성의 개념이 더 익숙하기 때문에 그렇다. 놀랍게도 불확실성은 혁신성과 창조성에 중점을 둔 경제모델의 토대에는 매우 적당하다. 특히나 시카고 경제학파의 계보를 잇는 한 사람의 생각과 매우 잘 맞아떨어졌다.

그 사람은 바로 리스크와 옵션 이론을 적용해 금융자본주의와 효과적인 시장이론의 기초를 세운 경제학자로 유명해진 프랭크 나이트다. 또한 그는 경제성장에 불확실성 개념과 기업가의 역할에 대한 중요한 연구를 하기도 했다. 자신의 저서 『위험, 불확실성, 그리고 이윤 Risk, Uncertainty and Profit』에서 나이트는, 의미가 있는 중대한 수익의 증가는 혼란스러울 정도로 복잡한 인간 세상에서 새로운 기회를 찾는 기업가들로부터 나오는 것이라고 주장했다. 그가 서술한 내용을 더 읽어보자.

> 수익은 예측 불가능성에서부터 창출된다. 본질적이고 절대적이며, 가공되지 않는 순수한 사실에서, 그리고 결과물을 예상할 수 없는 곳에서 수익이 창출되는 것이다. 이와 같은 과정에서 생긴 수익과 달리 계산된 확률에 의해 창출된 수익은 그런 면에서 불가능하며 덧없는 것이다.

나이트는 시장의 효율성을 믿지 않았다. 회사가 효율성에 따라 일을 진행하고 가격경쟁에 몰두할 때 오히려 수익이 떨어지고, 심하면 수익률이 제로가 되기도 한다고 주장했다. 어떤 면에서 효율성만을 따지는 것은 바닥으로 떨어지는 경주를 하는 것과 같다. 반면, 창조성에 따라 일을 진행하는 경우에는 독창적이고 실용성을 강조한 제품과 서비스 때문에 높은 마진 폭과 수익을 기대할 수 있다.

나이트에게 사회의 불확실성과 기회는 신지식, 새로운 기회 가능성, 수익을 얻을 수 있는 원천이 된다. 또한 그는 단순히 '바라는 것'만으로는 충분하지 않다고 굳게 믿었다. 그가 쓴 글에 이런 구절이 있다. "한 개인에게 실제로 필요한 것과 그 욕구를 충족시켜주는 것 사이에는 간극이 있을 수밖에 없다. 왜냐하면 그는 자신이 필요하다고 생각하는 것보다 더 많은 것, 더 훌륭한 것을 요구하기 때문이다." 이와 같은 사고의 흐름을 더 따라가 보면, 개인이 말로 표현하지 않은 '더 훌륭한 것에 대한 욕구'가 무엇을 가리키는지 밝혀내는 것이 곧 우리에게 절호의 기회를 줄 것이며, 우리는 이런 욕구들을 만족시키기 위한 무언가를 만들게 될 것이다.

그러나 우리가 이 일을 혼자 힘으로 할 수는 없다. 회사 설립자가 관리자를 교체하고, 성공한 신생 기업이 기존의 대기업의 자리를 대신 차지해 경제성장을 이루는 데 성공했다면, 그다음에는 벤처 캐피털 시스템을 쇄신할 필요가 있다. 그런데 지금까지 사람들은 기업가들과 그들의 사업 구상을 발굴하고 재정적인 지원을 하는 데 고리타분한 방식을 고수하고 있다. 극소수의 사람들, 즉 대부분 백인이거나 기술자, 그리고 미국 두 해안 지역에 살고 있는 이들만이 유망 후보자를 심사하고 있는 것이다. 우리가 신생 기업의 훌륭한 성공 사례를 보긴 했지만 실제 수치로만 따지면, 전 세계적으로 집계된 전체 신생 기업 가운데 망하지 않고 성공한 기업은 10퍼센트에 불과하다. 다시 말해, 기껏해야 프로젝트에 투자한 10개 중 하나가 회사를 성공으로 이끈다는 얘기다.

우리는 신생 기업의 성공률을 전체의 10퍼센트에서 60~80퍼센트까지 올려야 한다. 그리고 가능성이 있는 크리에이터를 선별하는 심사 기준의 범위도 더 확대할 필요가 있다. 나는 해마다 대학 졸업생들이 내놓는 10여 개의 가능성 있는 프로젝트를 만나지만 그 프로젝트가 학교 밖으로 나와 현실화되는 모습은 보지 못했다. 미국을 비롯해 전 세계의 대학을 졸업한 수많은 학생들은 새로운 사업을 이끌 만한 아이디어와 콘셉트를 가지고 있다. 하지만 대부분의 대학은 이 방면에서 학생들을 실질적으로 도와줄 만한 방법을 가지고 있지 못하다.

다행히도 실리콘밸리에 있는 주요 대학의 경우, 학생들이 창조성을 창조적인 작품으로 승화시킬 수 있도록 그에 필요한 기술과 네트워크를 제공해주는 '인큐베이터' 역할을 하고 있다. 뉴욕 시에서도 이런 활동에 동참하는 학교가 점점 늘고 있다. 또 시카고와 신시내티, 그 밖의 다른 도시에서도 준비 단계에 한창이다. 그러나 아직 부족하다. 모든 교육기관에 새로운 인큐베이터가 갖추어져야 한다. 그래서 학생들이 수업 시간에 독창적인 아이디어를 소개하고, 그 아이디어를 바탕으로 제작한 물건을 시장에 선보일 수 있는 다리 역할을 학교가 해야 한다.

크라우드펀딩은 엄청난 수적 증가를 보이고 있는 기업가들에게 요긴한 수단이 되고 있다. 벤처 캐피털의 서열화된 차별을 피해 신생 기업을 세우기 위한 교육과 기업의 규모를 늘릴 수 있는 기회를 제공해준다. 그것도 직접적으로 제공해준다. 킥스타터와 키바는 그런 의미에서 훌륭한 출발점이 되어주었다. 이와 관련된 모델을 조정함으로써 투자자들은 회사의 직접적인 지분을 받거나 아니면 이자를 받고 돈을 빌려줄 수 있다. 크라우드펀딩 전문가이자 『로커베스팅Locavesting』의 저자인 에이미 코티즈Amy Cortese는 대세에 편승한 이런 상황에 대해 지적하면서 다음과 같이 말했다. "사람들은 수익성 있는 일을 해야 한다. 고작 티셔츠 한 장이나 받고 영화 자막에 이름 한 줄 올리자고 열심히 일한 것은 아니지 않는가!"

또한 코티즈는 "가장 성공적이고 (또 가장 안정적인) 모델은 로컬 크라우드펀딩 또는 특정 커뮤니티에서 출발한 크라우드펀딩이다"라고 주장하기도 했다. 예를 들면 2012년에 시작한 스몰놋Smallknot은 주민들이 같은 지역 안에 있는 가게에 돈을 빌려주는 제도를 구축했다. 현재 법적 효력이 있는 담보법securities law에 따르면 이와 같은 방식으로는 이자를 요구할 수 없도록 되어 있다. 그래서 사람들은 무이자로 돈을 빌려주는 대신 채권자는 공짜 서비스나 선물을 제공받을 수 있다. 아니면 빌린 액수에 해당하는 현물을 주어 빚을 해결하기도 한다. 그러면 가게 주인은 빚을 갚으면서 매장의 규모를 늘리거나 공간을 새롭게 꾸며 이웃에게 편의를 제공한다. 브루클린에 위치한 에그 레스토랑Egg Restaurant은 1만 달러를 들여 새 테이블과 의자를 구입했다. 모두 뉴욕 주에서 생산된 가구들이었고, 가구점의 주인은 레스토랑의 고객들이기도 했다. 45명에 이르는 투자자들은 사람들에게 돈을 빌려준 보답으로 야채와 다른 농산품을 받거나 레스토랑에서 비스킷 만들기 강의를 받는다든지 아니면 사적인 파티를 열 수 있는 특혜를 받기도 했다.

스몰넛은 월스트리트의 금융 변호사인 두 청년 제이 리Jay Lee와 벤 로젠Ben Rossen이 자신들의 경험에서 힌트를 얻어 시작했다. 2012년 3월, 지역신문인 《그린포인트 가제트Greenpoint Gazette》와 한 인터뷰에서 리는 이렇게 말했다. "우리가 시도 때도 없이 하는 일이라는 게 돈뭉치가 월스트리트에서 은행으로 넘어가도록 하는 거죠." 이런 상황이라 규모가 작은 사업체는 은행에서 대출받기가 여의치 않아 자금이 부족해서 애를 먹었다. "그래서 우리는 사람들이 돈을 지역적으로 투자할 수 있도록 하는 방법을 찾아 나섰지요"라고 로젠은 말했다.

또한 코티즈는 "로컬 크라우드펀딩이 리스크를 경감시킬 수 있다"고 주장했다. 여기서 그녀의 주장을 더 자세히 들어보자.

로컬 크라우드펀딩을 통해 지역 시장에 대한 정보를 얻을 수 있어요. 그래서 투자자를 포함한 이해당사자들이 더 신중하게 결정을 내릴 수 있지요. 회사의 자산을 지속적으로 증가시키는 것은 결국 지역 내의 지원금에 좌우될 것입니다. 지역 광고는 공동체를 위해 사람들을 하나로 모아줌으로써 지역 금융 환경의 튼튼한 초석을 마련해줄 수 있습니다. 또한 지역사회가 보유한 자산이 광고 홍보와 함께 지속적으로 축적됨에 따라 은행이나 기업, 지역자치단체나 지역 공공기관 또는 경제협력기금을 통해 모은 자본에 결코 뒤지지 않게 될 수 있죠.

영국에서는 크라우드펀딩 모델이 점차적으로 확산되면서 직접투자가 가능해졌다. 가령, 펀딩 서클Funding Circle의 경우 지역 내의 600여 개 기업에 3,700만 달러를 빌려주기도 했다. 또 크라우드큐브 Crowdcube도 10여 개 이상 회사의 자기자본equity capital을 400만 달러까지 높였다. 게다가 코티즈는 "만약 미국인들이 다국적 대기업들에 투자한 30조 달러 중 절반 정도를 떼어내어 자국 내 기업에 투자하는 방식으로 전환하게 되면 우리는 정말 다른 세상에서 살게 되는 거죠"라고 말했다.

창조적 파괴와 창조적 교육

조지프 슘페터Joseph Schumpeter가 쓴 『자본주의·사회주의·민주주의Capitalism, Socialism and Democracy』에는 이런 내용이 나온다.

> 자본주의가 제 기능을 발휘하기 위한 가장 기본적인 원동력은 바로 새로운 소비자와 상품을 비롯한 생산이나 운송의 새로운 방식, 새로운 유형의 시장, 자본주의 기업이 만든 새로운 형태의 자본주의적 산업구조라고 할 수 있다.

'창조적인 파괴주의'의 개념을 처음으로 세상에 알린 슘페터는 기업가들이 그토록 중요하게 생각하는 자본주의적 비전을 이른바 경제성장을 지속시켜주는 파괴적 에너지로 바라보았다. 창조적 파괴의 과정은 독점적으로 시장을 지배함으로써 인지도를 높인 기업의 힘을 약화시키는 것은 물론, 오래된 제약으로 이득을 보거나 조직적인 지배력과 기술력, 이데올로기의 힘으로 이득을 챙기는 기존의 대기업들을 무너트리며 진행된다.

우리는 슘페터가 설명하는 창조적 파괴가 가장 뚜렷하게 나타나는 곳으로 실리콘밸리를 꼽을 수 있다. 또 일반적으로 사업을 막 시작한 신생 기업에서도 확인할 수 있다. 애플은 림RIM과 노키아Nokia를 제치고 선두 자리를 빼앗았다. 구글 역시 페이스북 때문에 소셜 네트워크를 만들어야 한다는 압박감에 시달렸다. 또 온라인 쇼핑몰이 우후죽순으로 생겨나는 바람에 오프라인 매장들이 큰 타격을 입었다. 하지만 자유 시장의 무차별 공격도 혁신이 아닌 강력한 연줄로 당당하게 버티는 대기업들이 위세를 떠는 산업계를 꺾어 누르지 못했다. 창조적 파괴는 연줄을 중시하는 패거리 자본주의에는 적이지만 혁신을 위해 없어서는 안 될 중요한 힘이다.

창조성에 바탕을 둔 경제모델은 투명한 경제활동의 장을 요구한다. 또 불공정한 독점 체제를 타파하고, 세금을 부당하게 조정하고 특혜를 누리기 위해 정치 공작을 일삼는 로비스트들의 사기를 꺾기 위한 독점금지정책을 필요로 한다. 예를 들면, 양도소득세capital gains tax는 신생 기업과 설립된 지 몇 년 안 된 회사의 사업을 촉진시킬 수 있는 방향으로 시행되어야 한다. 또 무역 정책은 새 회사의 욕구를 충족시키고 지역성에 대한 증폭된 관심을 반영할 수 있어야 한다.

개인적인 차원에서 보면 창조성에 근거한 경제는 효율성을 내세운 경제와 사뭇 다른 기술들을 요구한다고 볼 수 있다. 이런 기술을 배우기에는 너무 늦었다는 말은 통하지 않는다. 일반적인 교육 커리큘럼부터 바꾸어 초기 과정에서 제대로 훈련하는 법을 배워야 할 때다. 교육의 핵심이 '시험에 통과하기 위한 가르침'에서 '창조성을 기르기 위한 학습'으로 전환되어야 할 때가 온 것이다. 학생들에게 과학, 수학, 기술 공학을 강조하는 것은 미래 인간 사회의 기술적인 진보를 위해 필요한 일이다. 하지만 이런 과목들을 배우는 방식 역시 학습의 내용물만큼이나 중요하다. 학생들은 객관적인 수치와 공식 그 이상의 것을 배워야 한다. 그리고 그들이 배우는 정보가 왜 중요한지 알아야 한다. 단지 '정답을 맞히기 위한' 공부가 되어서는 안 된다. 더불어 학생들이 자유롭게 놀 수 있는 공간도 마련되어야 한다.

또한 우리는 창조성이 사회 및 문화적 맥락에서 출현한다는 것을 기억해야 한다. 창조성이 이 맥락 안에서 어떻게 생성되는지를 알아야 하며, 이 맥락을 잘 이해시키기 위해 학생들에게 인문교육을 활성화할 필요가 있다. 이를테면 작문이나 독해, 교양 수업 등이다. 지금은 컴퓨터 프로그램을 만드는 것도 하나의 작품으로 보고 있다. 어쨌든 인간이 자신을 표현하는 가장 확실한 방법은 회화, 음악, 연기, 춤일 것이다. 이런 재능은 신예 기업가에게 영감의 원천이 되기도 한다. 스티브 잡스가 캘리그래피에서 영감을 받은 것처럼 말이다.

우리는 앞으로 인문교육이 참신한 '창조적 교양'을 쌓기 위한 교육으로 자리 잡을 수 있도록 더 멀리 내다보고 새로운 틀 짜기를 시도해야 한다. 그 첫 번째 단계로 앞에서 창조적인 능력으로 다루었던 '지식의 발굴', '틀 짜기', '즐기기', '만들기', 그리고 '중심 잡기'가 연령대별로 달라지는 창조성을 위한 교육 커리큘럼에 포함되어야 한다. 유치원에서부터 대학까지 모든 학년의 아이들이 창조성을 기르기 위한 학습을 꼭 받아야 한다는 것이다.

최근의 경제 동향을 보면, 이미 독립자본주의가 확실한 윤곽을 드러내며 자리를 잡아가고 있는 것을 확인할 수 있다. 이때 우리가 개별적으로 제대로 능력을 발휘하고 기업과 정부가 적절한 정책을 구사한다면 독립자본주의는 앞으로 다음과 같은 형태로 발전하게 될 것이다.

- 독립자본주의는 지역성을 더 높이고 세계적인 것은 덜 강조하게 될 것이다. 한 지역 내에서 제품을 제작하는 것, 더 크게 보면 미국 내에서 제품을 제작하는 것을 주요 원칙으로 삼게 될 것이다. 그리고 이렇게 지역화를 강조하다 보면 많은 세계적 기업들이 자국에서 진행하는 업무 방식에 변화를 유도할 것이다. 이런 변화는 보잉, 캐터필러, 제너럴 일렉트릭을 포함한 여러 기업에서 이미 시작되고 있다. 이들은 생산 기지를 다시 미국으로 옮기는 '리쇼링'을 시도하고 있으며, 국산품 제작에 대한 수요가 증가하는 시대적 현상을 반영한 기발한 광고 캠페인까지 제작하고 있다. 결국, 지역 중심화가 본격화되면서 세계기업은 미국 로컬 운동의 가치를 받아들여야 할 것이다. 또 노동자들의 급여를 인상하고 근무 환경을 개선하는 일에도 신경을 쓸 수밖에 없다. 이런 변화에 발맞추어 미국 기업인들은 국세청에 내야 하는 세금을 감면받기 위해 회사를 외국으로 이전하는 대신, 자국에서 생산된 제품에 매기는 높은 세금을 감당하면서도 '메이드 인 아메리카'라는 레벨이 붙은 제품을 만든 것에 자부심을 느끼게 될 날이 올 것이다.

- 시장은 앞으로 독립자본주의에 결정적인 역할을 하게 될 것이다. 물론 크리에이터와 큐레이터, 기업주와 소비자의 경계가 불분명해지면서 시장 거래가 예전보다 덜 사무적인 형태로 이뤄질 가능성이 높다. 사람들은 창조적인 활동의 모든 과정에 직접

적으로 참여하게 될 것이다. 소셜 미디어를 이용하고 자신이 직접 디자인을 고르며 자금을 지원하고 제품이나 서비스, 또는 소비자들이 원하는 경험을 소비하게 될 것이다. 사람들은 자신이 즐겨 듣는 음악을 목록으로 저장하는 것에서 그치지 않고 자신의 능력을 목록으로 나열하는 '플레이리스트 스킬playlist skill'을 만들며 그 범위를 비즈니스, 보건 서비스, 교육은 물론 정치에까지 확장시킬 것이다.

- 독립자본주의는 수동적인 입장을 고수하는 소비자들 말고 손재주가 있는 이들에게 인센티브를 제공하게 될 것이다. 깔끔하게 용접을 할 수 있는 능력이야말로 최고의 가치를 지닌 능력이며, 완벽하게 바느질을 하는 솜씨도 그만큼의 가치를 인정받는 세상이 올 것이다. 기계를 만질 줄 알아서 멋진 물건을 만드는 것이야말로 자신의 존재를 의미 있게 하는 일상이 될 것이다. 결국, 이런 제작에 참여하는 활동이 생산 활동의 마지막 단계인 소비 행위를 대체하게 될 것이다.

- 산업 경제가 공장에서 일하는 사람들에게 필요한 교육 방침을 요구하듯이 앞으로 독립자본주의는 창조적 능력을 갖춘 사람이 일을 할 수 있는 학습 시스템을 요구하게 될 것이다. 우리에게 필요한 교육 시스템은 사람들에게 다방면의 지식들을 연계시키는 능력을 기르게 하는 것이다. 아이들과 어른들 모두 타인과의 인터랙션에 대한 기본 틀을 만들고 다시 짜는 법을 배워

야 한다. 그리고 내러티브가 어떤 의미를 상대에게 전달하는지
도 이해할 수 있어야 한다. 어떤 문제가 생겼을 때 바로 정답에
해당하는 해결책을 찾기보다는 그 문제에 대해 여러 각도로 접
근해 생각할 줄도 알아야 한다. 상황에 따라 해결책이 달라질
수 있기 때문이다. 사람들은 놀이를 즐기거나 무언가를 발견하
는 과정에서도 새로운 것을 배울 수 있다는 것을 알아야 한다.
대상을 바로 직시해서 그 의미를 빠르게 파악하는 것보다 여유
를 가지고 유연하게 바라보는 것이 더 훌륭한 결과를 이끌 수
있다.

신생 기업과 몇몇 글로벌 기업의 대안적인 경제모델을 낙관적으로
전망하는 추세이긴 하지만 여전히 우리가 넘어야 할 장벽이 있다. 아
직도 세계 곳곳에는 케케묵은 구식 경제모델과 이데올로기를 맹신하
는 사람들이 널려 있다. 당신이 태어난 곳이 미국이든, 유럽이든, 인
도든, 아니면 중국, 브라질, 그 어디든 당신은 주변에서 큰 정부와 작
은 정부를 이분화시키는 담론을 심심찮게 들을 것이다. 아니면 또 자
본주의가 좋다, 나쁘다, 편 가르기 식의 찬반론도 여전히 들을 것이
다. 우리가 이런 고리타분한 대화에 빠져들수록 사회는 구심력을 발
휘하며 각자가 만든 울타리 안으로만 들어가려고 할 것이다. 그리고
우리는 표류하듯 정처 없이 떠돌며 끊임없이 변하는 세상에서 어떻
게 인생의 방향을 잡아야 할지 의문을 품게 될 것이다.

열띤 토론이 아무리 계속되어도 우리는 실질적으로 모두가 동의하는 합의점에 도달할 수 없을 것이다. 분노와 좌절 속에서 우리 모두를 지탱해줄 해결책은 보이지 않을 것이다. 창조성의 경제모델은 새로운 형태의 자본주의를 적극적으로 추진하려 한다. 그것이 바로 독립자본주의다. 이 자본주의는 '민주주의적'인 것도 아니고, 그렇다고 '공화주의적인' 것도 아닌 새로운 정치 노선을 걷는다.

한때는 품위 있고 영웅적으로 보였던 직업들도 이제는 더 이상 존경을 받지 못하게 됐다. 정치인들과 회사 리더들의 인기가 전 세계적으로 하락 추세다. 모든 연령대가 정치와 기업 최고 경영자들의 말을 곧이곧대로 믿지 않게 되었으며, 특히 젊은 층으로 갈수록 더 심하다. 물론 몇몇 영웅들은 여전히 건재하다. 그중에는 기업가도 있다. 스티브 잡스가 사망하던 날, 공화주의자든, 민주주의자든, 젊고 늙고 간에, 그리고 중국인이든, 미국인이든 상관없이 그의 죽음에 애도를 표했다

우리에게는 여전히 공공의 적들이 남아 있다. 그 적들의 이름은 바로 금융자본주의, 주주 자본주의, 패거리 자본주의다. 이 시대에 뒤떨어진 낡은 관습에서 비롯된 자본주의 형태는 우파와 좌파, 즉 상위 1퍼센트를 뺀 나머지 99퍼센트의 시민들과 티 파티에 참여한 회원들 모두에게 분노를 사기에 충분하다.

우리는 기업가 정신에 입각한 창조성에 높은 점수를 준다. 그렇기 때문에 창조적인 기업가는 칭찬받아 마땅하다. 우리에게 필요한 경제

모델과 경제적 사고방식을 안정적으로 정착시키기 위해서는 기업가 정신의 창조성이 수반되어야 한다. 데이터 결과를 봐도 '효율적인 시장이론'이 양성한 경제 시스템은 지난 20년 동안 많은 기업들로부터 혁신적인 변화를 끌어내지 못했다. 심지어 이 이론을 실전에 적용하게 되면서 중산층이 위태로워지고 빈부 격차가 더 심해졌다. 그리고 미국 경제의 상대적 쇠퇴를 이끌었다.

그 결과, 자신의 이름을 건 성공을 위해 열심히 경력을 쌓아가며 인생을 멋지게 완성하는 사람들은 매우 힘든 시기를 보내야만 했다. 창조적 지성의 여러 가지 능력을 익히고 창조적 경제모델을 구축하며 새로운 개념의 독립자본주의를 발전시켜 경제성장과 일자리 창출을 이뤄야만 우리는 현재 상황을 쇄신시켜 지금보다 더 튼튼한 미래를 이뤄나갈 수 있다.

창조성을 다시 한 번 자본주와 연결시키고자 하는 욕구가 이보다 더 강렬한 적이 있었을까? 우리는 다시 독립자본주의에 희망을 걸어본다.

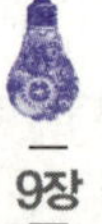

9장

당신의 창조성 지수는
얼마인가?

2009년 3월 스탠퍼드 디자인스쿨에 16명이 모여 이틀에 걸쳐 '혁신과 디자인 사고'를 주제로 토론회를 가졌다. 스탠퍼드 대학의 총장인 빌 버넷Bill Burnett은 이 프로그램을 구상하면서 우리가 살고 있는 이 시대의 가장 중요한 도전 과제를 제시했다. 이 토론은 디자인의 미래를 주제로 한 세 번째 모임이었다. 혁신과 창조성에서 영향력을 발휘하는 전문가들과 교육가들은 고민에 빠졌다. 혁신과 관련해 우리가 넘어야 할 다음 경계선은 무엇이며 그 경계선을 넘기 위해 어떤 방법론을 발전시켜야 하는지가 토론의 주제로 나왔기 때문이다.

또한 이 모임에서는 대기업이 지금보다 혁신적으로 변하기 위해 필요한 것에 대해서도 논의했다. 그와 함께 어떻게 하면 디자인 사고를 더 구체적으로 발전시킬 수 있을지, 그리고 단순히 사고에만 국한되는 것이 아니라 획기적인 디자인에 필요한 지성을 어떻게 반영할 수 있을지에 대해서도 모색했다. 주말에 진행된 그 모임에서 논의한 내용들과 여러 가지 아이디어가 내 머릿속에서 떠나지 않았다. 나는 창조성에 대한 사회 및 문화적인 측면을 고려해 창조성을 평가하는 방법에 대한 새로운 양식을 짤 수 있었다.

해즈브로와 애플에서 일한 경력이 있는 버넷이 두 번째 날 모임이 끝날 무렵에 한 다음의 얘기가 내 마음 깊숙한 곳에 반향을 불러일으켰다. "우리는 수학, 언어, 작문 실력을 테스트하기 위해 GRE와 SAT를 치릅니다. 하지만 창조성의 수준을 알아볼 만한 방법은 아직 없어요. 또 창조성의 수준을 가늠할 수 있는 사람과 일을 하는 곳도 없어요." 버넷은 스탠퍼드와 같은 대학의 입시 전형 관계자들을 염두에 두고 한 말이었지만 회사나 다른 조직 기관의 인사부도 포함될 수 있는 얘기였다. 우리가 어떻게 생각하든 버넷은 다음과 같이 강조하며 결론을 내렸다. "평가될 수 없는 것은 가치를 나타낼 수 없어요. 그러니 우리에게 창조성의 척도가 필요한 때입니다. 창조성을 위한 SAT가 있어야 한단 말입니다."

내 친한 친구에게 조Zoe라는 이름의 네 살짜리 딸이 있다. 나는 그 아이가 스탠퍼드에 입학할 때까지 대입 전형 관계자들이 그 아이의 창조적 지성을 평가할 수 있는 방법론을 만들기를 학수고대할 것이다. 아마도 그때가 되면 전 세계 아이들을 위한 창조성 지수를 알아보는 테스트가 생길지도 모른다. 오늘날 수학과 과학을 평가하는 국제적인 시험처럼 모든 이에게 적용되는 국제적인 창조성 지수CQ 테스트가 그전에 발견될 수도 있다. 그렇다면 미국인 학생들이 독일이나 한국인 학생들보다 창조성 테스트에서 더 높은 점수를 받으려면 어떻게 해야 할까? 미국의 아이들이 프랑스나 브라질에 사는 아이들보다 더 창조적인 능력을 발휘하려면 어떻게 해야 할까? 뉴욕, 런던, 샌프란시스코, 밀라노에는 디자인, 패션, 예술, 언론, 음악, 건축 관련 전문학교들이 많다. 그렇다면 이 도시에 있는 학생들이 교육적인 혜택이 부족한 다른 도시의 학생들보다 과연 더 창조적일까?

우리는 어떻게 국가 단위 또는 세계 단위로 창조성을 평가할 수 있는 기준을 세울 수 있을까? 테스트의 시작을 어디서부터 출발해야 할까? 나는 창조성 연구를 둘러싼 지난날의 역사를 조사하면서 한 가지 사실을 발견했다. 과거에도 창조성을 양적으로 평가하는 시도가 있었지만 별로 생산적이거나 유용하지 않았다는 점이다. 그럼, 양적 평가의 대안이 있다면 무엇일까? 우리는 평가라고 하면 일단 수학적 수치와 연관 짓는다. 미국이 낙제학생방지법No Child Left Behind을 제정하면서 유치원에서 고등학교에 이르는 미국의 정규교육, 즉, K-12 교육과정에서도 수학적 수치로 환산되는 시험은 계속해서 아이들을 따라다닌다. 심지어 회사에서도 6시그마경영Six Sigma management(품질 혁신과 고객의 만족을 위해 전사적으로 실행하는 기업의 경영전략—옮긴이)을 실시하며 직원들의 업무 능력을 평가해 수치화한다.

하지만 창조성은 시험처럼 지수를 가지고 수치화할 수 있는 것이 아니다. 어쩌면 먼 미래에 창조성과 관련된 공식이 만들어질지 모르지만, 현재 우리에게 필요한 것은 창조성에 대한 질적인 평가다. 내가 알고 있는 사람들 중에 가장 창조적인 인물들을 찾아가 무엇을 하는지 물어보았다. 그리고 그들에게 이렇게 물었다. "어떻게 해야 창조성을 평가할 수 있을까요?"

먼저 나는 별다른 기대 없이 일단 비즈니스 스쿨의 학과장들을 찾아갔다. 학과장들의 대다수가 '효율적인 시장 원리'는 물론 그와 어울리는 수학적인 분석 능력에 대해 내게 마치 복음을 전파하는 전도사처럼 열심히 설명을 늘어놓았다. 그런 학과장이 운영하는 비즈니스 스쿨이 가르치는 콘셉트나 능력 어디에서도 창조적인 면을 발견하기는 힘들었다. 하지만 로트먼 경영대학원의 로저 마틴은 달랐다. 그는 디자인 사고를 학교의 비즈니스 커리큘럼에 도입하는 데 솔선수범한 학과장들 가운데 한 사람이었다.

마틴은 간단하지만 확실한 조언을 내게 들려주었다. "줄리아드 학교Juilliard School가 무엇을 하는지 살펴보세요. 학생들의 포트폴리오도 보시고요. 그리고 학생들의 실력을 어떻게 테스트하는지 보시면 알 겁니다." 줄리아드 학교는 창조성을 제대로 평가하는 학교였던 것이다. 마틴의 충고는 내 기대를 저버리지 않았다. 나는 그 학교에 찾아가 실력 있는 무용과 학생들의 오디션을 보게 됐다. 발레 수업에 참석한 전도유망한 학생들이 교수 앞에서 오디션을 치렀다. 기초 훈련과 능력 평가가 있은 뒤 시험에 통과한 몇몇 학생들은 다시 현대무용 시험을 치러야 했다. 그들이 이미 배워서 어떻게 하는지 잘 알고 있는 것들, 포트폴리오에 있는 대상을 평가하는 것이었다.

학생들은 자신이 직접 고른 춤을 2분 동안 혼자서 선보였다. 독창적인 안무든 이미 배운 레퍼토리든 상관없었다. 그런 다음 평가 점수를 매겨서 3차 시험에 합격한 몇몇 학생들의 이름이 불렸다. 하지만 그다음부터는 평가 내용이 그전과 달라졌다. 교수가 현대무용의 한 부분을 짧게 가르쳐주고 학생들이 따라하게 했다. 그런 다음 학생들에게 부족한 점을 지적하며 고치도록 했다. 그리고 마지막에 학생들은 대학에 소속된 심사 위원들 앞에서 방금 배운 무용을 선보여야 했다. 심사 위원들은 학생이 얼마나 빨리 무용을 자기 것으로 습득했는지, 지적받은 내용은 잘 고쳤는지, 변화에 잘 적응하는지, 무용단의 멤버로 영입할 만한 실력을 갖추었는지를 평가했다.

다시 말해 줄리아드 학교의 오디션은 크게 두 단계로 나뉜다. 학생이 미리 준비한 내용을 평가하고, 그다음에는 즉흥적인 공연에 대한 능력을 평가하는 것이다. 교수들은 학생의 기술적인 면과 함께 리스크를 어떻게 받아들이는지, 학생이 가지고 있는 실제 능력과 학습 능력을 동시에 평가한다. 그리고 솔로 공연과 함께 단체 공연에 대한 참여 능력도 평가한다. 이처럼 다양한 범위에서 학생들은 평가를 받는다. 소수의 심사 위원들이 제각기 전문 분야의 해박한 지식을 바탕으로 최고의 후보자들을 가려내는 것이다.

창조적 지성을 평가하는 방법은 학교뿐만 아니라 사회에도 엄연히 존재한다. 올림픽 체조 선수들과 음악 공유 사이트에서는 창조성이야말로 주체자의 포트폴리오와 수행 능력 평가 기준에 따라 날마다 평가되는 항목 가운데 하나다.

또 리얼리티 TV 방송만큼 창조성을 평가하는 방법이 확실한 곳이 또 있을까! TV를 켜면 당신을 포함한 수천만 명의 사람들이 시청하는 방송에서 줄리아드 학교의 오디션을 방불케 하는 평가가 이뤄진다. '프로젝트 런웨이'나 '찹트Chopped'를 보면 평가단들이 후보자의 능력과 독창성을 평가하는 모습이 중계된다. 대부분 경합을 벌이는 방식으로 진행되는 리얼리티 TV 방송들을 보면 유사한 패턴이 있다. 소수의 심사 위원 집단, 구체적인 도전 과제, 수행 과정, 평가와 채점을 통해 승자를 뽑는 방식으로 진행된다. '댄싱 위드 더 스타스 Dancing with the Stars'에서는 아마추어가 전문 무용수들과 2인 1조가 되어 춤 겨루기를 한다. 이 프로그램에 출연한 아마추어들은 무용수는 아니지만 다른 분야에서 이름이 알려진 유명 인사들이다. 우주 비행사, 올림픽 달리기 선수, 가수, 슈퍼모델 등 지명도가 높은 인물들이 전문 무용수와 무대에 나와 춤을 선보이며 경쟁한다. 전문 무용수가 포함된 세 명의 패널로 이뤄진 심사 위원단은 각 팀의 실력을 채점한다. 또 TV를 보는 시청자들도 투표에 참여할 수 있다. 매주 가장 낮은 점수를 받은 팀이 탈락하며 가장 최후까지 남은 팀이 우승하는 방식으로 진행된다. 이런 패턴을 유지하는 프로그램을 보면,

후보자의 실력을 평가하는 심사 위원단에 비전문가들도 물론 있지만 반드시 그 분야의 전문가가 있는 것을 알 수 있다.

그 분야에 정통한 전문가에게 피드백을 받는 것이 중요하다. 이 책의 앞부분에서 이미 언급한 것처럼 창조성은 특정 분야에 대한 전문 지식으로부터 발굴되는 것이다. '프로젝트 런웨이'에서 심사를 맡은 전문가는 당연히 패션 디자이너이며, '톱 셰프Top Chef'의 경우에는 유명 레스토랑 사장이 심사 위원에 끼어 있다. 차별화된 결과물인지 아닌지를 평가하고 혁신적인지 아닌지를 결정하는 능력은 결국 그 분야의 전문가들과 공유할 때 나오는 것이다.

미하이 칙센트미하이는 창조성을 평가하려면 그것을 제대로 심사하는 전문가가 필요하다고 강조한 최초의 학자 가운데 한 명이다. 그는 자신의 저서 『크리에이티브 비전The Creative Vision』에 1976년 제이컵 W. 겟젤스Jacob W. Getzels와 나눈 대화 내용을 담았다. 또 칙센트미하이는 미술 석사 과정에 있는 학생들에게 정물화를 그리게 한 다음 미술 전문가 5명에게 가장 독창적이고 손놀림이 뛰어나며 미학적으로도 아름다운 그림을 골라달라고 의뢰한 일에 대해서도 언급하며 전문가의 심사가 창조성 발굴에 불가피한 요소라는 것을 강조했다. 그 뒤 테레사 M. 아마빌레도 창조성을 평가하기 위한 전문적인 심사를 통해 학교에서 학생들이 작업한 콜라주로 창조성의 수준을 알아보았다. 아마빌레와 그의 동료들은 전문가들로 구성된 소수의 심사 위원들이 피시험자의 작품이나 수행 능력을 평가하는 데 있어서 전문가들이 창의적이라고 합의한 정도에 따라 창조성의 수준을 평가하는 일명 합의사정기법CAT(consensual assessment technique)을 제안했다.

나는 회사에서도 이와 같이 직원들의 창조성을 평가하는 방법론이 있는지 살펴보기로 했다. 그래서 내가 아는 창조적인 인물들 가운데 한 사람인 팀 브라운을 만나 대화를 나누었다. 그는 세계적으로 가장 혁신적인 컨설팅 회사인 IDEO를 운영하고 있다. 2012년 미국의 비즈니스 졸업생들 가운데 7퍼센트가 가장 일하고 싶은 회사로 IDEO를 선택했다. 또한 리서치 전문 회사 유니버섬Universum이 발표한 통계 자료에 따르면, IDEO는 구직자들이 가장 선호하는 미국 회사 100곳 가운데 컨설팅 부문에서 13위에 올랐다.

2011년 3월 28일, 브라운은 파슨스 스쿨까지 찾아와 에지 클래스 Edge class에서 내가 하는 디자인 수업에 자리를 함께했다. 혁신에 대한 그의 호소력 짙은 이야기는 우리 과 18명의 학생들의 전폭적인 사랑을 받았다. 그는 변화의 필요성에 대해 말하면서 회사와 학교가 이력서에 대한 지표를 새롭게 정비해야 한다고 강조했다. 그는 '이력서는 19세기적 발상이며 어리석기 그지없는 것'이라고 말했다. 학교와 회사가 진정으로 찾고자 하는 대상을 평가하기에 이력서는 최악의 수단이었다. 그렇다면 어떻게 지원자를 뽑을 것인가?

IDEO의 경우에는 회사 지원자들의 경력을 알기 위해 포트폴리오를 평가 대상으로 삼는다. 브라운은 "포트폴리오는 일단 지원자가 누구인지 알게 하고 그가 세상에 나와 한 일이 무엇인지 보여주는 구조화된 커뮤니케이션이라 할 수 있다"고 말했다. 포트폴리오를 통해 당신의 경험과 능력을 선별할 수 있으며, 그런 경험과 능력을 구체적인 결과물로 만날 수 있게 해준다. 그러므로 포트폴리오는 그것을 평가하는 전문가에게 의미를 충분히 전달할 수 있도록 만들어져야 한다. 그래야 당신이 미래에 보여줄 잠재적인 능력을 면밀히 따져보는 데 도움이 되기 때문이다. 브라운은 프레젠테이션 도중에 또 이렇게 말했다. "달랑 이력서 한 장보다는 포트폴리오를 통해 지원자를 더 제대로 이해할 수 있게 되죠."

IDEO에서 포트폴리오는 여러 가지 형태로 제시된다. 영화도 될 수 있고 인터랙티브 게임이나 웹사이트, 시각적 이미지 또는 글로 작성한 포트폴리오도 제출할 수 있다.

브라운은 "추상적인 것을 가시화할 수만 있다면 어떤 것이든 상관없다"고 말했다. 애플의 디지털 도구를 사용하고 유튜브에 동영상을 올리며 인스타그램으로 이미지를 만들면서 자란 Y세대는 페이스북에 자신만의 페이지를 만드는 것쯤은 식은 죽 먹기다. 어쩌면 포트폴리오 제작이야말로 그들에게 잘 맞아떨어지는 일일 것이다.

하지만 회사가 자신이 창조적이면서도 그런 사실을 잘 모르는 사람들을 찾아낼 수 있을까(실제로 우리 중 많은 수가 자신의 창조적인 능력을 제대로 인식하지 못하고 있다)? 회사나 연구소에서 일하고 싶지만 공개적으로 보여줄 만한 완성된 포트폴리오가 없는 사람들은 어쩌란 말인가?

그런 사람들을 위해 IDEO는 창조적 능력을 평가하는 방법도 마련했다. IDEO는 소셜 섹터 분야에 도전하며 비영리단체인 'Ideo.org'를 만들었다. 그래서 사람들에게 '자기 자신을 시각화'하는 방법을 가르쳐주며 각자 자신의 취미나 관심사, 여행 경험, 열망을 담은 포트폴리오를 만들 수 있는 서비스를 제안했다. 당신이 어느 분야에 있든 상관없이 시각적인 포트폴리오, 물리적인 포트폴리오를 만들 수 있다. 물론 디자인의 완성도에는 사람마다 차이가 나겠지만 어쨌든 포트폴리오가 당신의 창조성이 깃든 결과물을 비춰줄 거울 역할을 하게 될 것이다. 평범한 이력서보다 포트폴리오가 잠재적인 일꾼으로서 당신이 가진 매력을 한층 돋보여줄 것이고, 당신 스스로도 창조적인 능력이 있다는 것을 깨닫는 계기가 될 것이다.

포트폴리오 평가는 IDEO의 검증 과정의 시작에 불과하다. 구글과 마찬가지로 IDEO는 지원자의 수행 과정을 평가한다. 점점 많은 회사들이 인터뷰 때 도전 과제를 주어 그것을 해결해나가는 과정을 지켜본다. 채용 후보자 한 사람당 평균 여섯 차례의 인터뷰를 거치게 되며, 팀별 과제도 자주 주어진다.

직원의 수행 능력을 폭넓게 평가하는 여러 창조적인 기업들은 채용 과정에서 유사한 면을 보인다. 그들은 당신이 회사를 위해 최선을 다하기를 바라는 마음에서 그저 당신을 채용하는 것이 아니다. 당신에게 지시 사항을 내리고 당신이 그 일을 어떻게 수행하는지 뒤에서 평가한다. 한 예로, 스포티파이Spotify는 문제 해결 능력을 평가하기 위해 미래의 직원이 될 후보자들에게 골치 아프고 복잡한 퍼즐을 주며 풀게 한다. 뛰어난 컴퓨터 프로그래머만이 풀 수 있는 문제에 대해 후보자들이 어떻게 대처하는지 보기 위해서이다.

좀 더 새로운 것을 추구하는 '테트라 팩 드림캡Tetra Pak Dreamcap'의 디자인에 조언을 준 혁신적인 컨설팅 회사인 컨티뉴엄은 채용 후보자의 포트폴리오와 수행 능력을 결합해 전반적인 창조적 능력을 평가하는 방법을 만들었다. 그래서 업무에 필요한 가공되지 않은 창조적인 능력을 현장에서 즉각적으로 테스트하게 된다. "이 방법은 특히 디자인과 관련된 경력이나 교육 배경이 없는 사람, 포트폴리오가 마련되지 않는 사람들을 판단할 때 중요한 역할을 합니다"라고 해리 웨스트는 말했다. 이 테스트 중에는 '병 테스트'도 포함되어 있다. 각종 캔과 주스 병, 음료 팩, 액체가 들어 있는 용기를 죽 늘어놓은 다음 후보자들에게 이들을 하나하나 묘사해보라고 주문한다. 과연 후보자가 각 병의 색깔, 형태, 라벨 등과 관련된 여러 가지 특징의 차이를 파악할 수 있을까? 또 용기와 내용물 사이의 연관성을 찾을 수 있을까? 후보자가 수행해야 할 가장 중요한 임무는 내러티브의 틀을 짜는 것이다. 음료수와 그것을 둘러싼 디자인 요소의 관계를 하나의 이야기로 풀어야 한다. 누구를 위한 것이고, 정확히 무엇을 나타내는 것이며, 어떻게 소비될 것인지에 대한 여러 의문에 대답할 수 있어야 하는 것이다. 웨스트는 그 테스트에 대해 이렇게 말했다.

몇몇은 미소를 지어 보이며 테스트에 진지하게 임해요. 그래서 그들 앞에 놓인 패키지들이 전달하는 신호를 잘 파악한 다음 흥미로운 이야기를 만들어내죠. 이런 후보자들은 시험에 무사히 통과해 다음 절차를 밟을 수 있어요. 물론 헤드라인에만 집중하고 디자인을 보지 못하는 사람들도 있어요. 그런 사람들은 왜 이런 테스트를 받아야 하는지 그 의도를 이해하지 못하고 의심만 하죠.

후자와 같은 후보자들은 결국 오디션에 통과하지 못했고 합격자 명단에도 이름이 올라가지 못했다.

컨티뉴엄은 포트폴리오와 수행 능력을 평가하면서 기존의 디자인 사고와 혁신적 전략의 차별화된 목표를 분명하게 세웠다. "우리는 랜덤 아이디어에는 관심이 없어요. 100개의 아이디어가 무슨 소용이에요? 우리가 해결해야 할 문제에 딱 들어맞는 아이디어 한 가지만 있으면 돼요"라고 웨스트는 말했다. 그 말은 곧 컨티뉴엄이 원하는 인재상이란 한 가지 콘셉트로 문제의 다양한 측면에 접근할 수 있는 사람이라는 뜻이다.

당신의 창조적 지성을 향상시키기 위해 당신이 개인적으로 할 수 있는 것이 있다면 무엇일까? 먼저, 첫 번째 단계로 잠깐 모든 일을 멈추고 당신이 잘하는 것이나 당신이 수행할 수 있는 것이 무엇인지 곰곰이 따져보라. 대부분의 사람들은 자신의 창조적 능력을 어떻게 평가해야 할지 잘 모르고 있다. 자신의 진짜 능력을 모르고 사는 경우가 많으며, 설령 안다고 해도 큰 맥락 속에서 그 능력을 활용하는 데 곧잘 실패한다. 우리는 자신이 가진 창조적인 능력을 한 영역에서 다른 영역으로 이동시키는 방법에 대해서는 초보자들이다. 게다가 자신의 능력을 대단한 자질로 여기지 않거나 사람들에게 그 능력의 진가를 제대로 보여주지도 않는다. 북클럽이나 운동 모임에 나가면서도 정작 자신이 '매직 서클'의 일원이 되었다는 것조차 인식하지 못한다. 어쩌면 당신은 보디랭귀지를 읽는 능력이 남들보다 뛰어나거나 물건을 살 때 가격을 깎으며 흥정하는 솜씨가 대단할 수도 있다. 또는 가족 여행을 준비하면서 꼼꼼하게 계획하는 준비 능력이 뛰어난 사람일 수도 있다. 그런데도 이런 자질을 스스로 깨닫지 못한다. 능력의 틀 짜기를 통해 당신은 이런 자질을 얼마든지 창조적인 활동에 필요한 수단으로 사용할 수 있다.

당신에게 잠재되어 있는 창조적인 능력을 깨달으려면 먼저 당신의 포트폴리오를 직접 만들어보라. 당신의 아이디어, 메모한 노트, 스케치, 작업 등을 모아 당신의 첫 포트폴리오로 만들어도 좋다. 거기에 패션에 대한 콘셉트를 적용하는 사람도 있을 것이고, 신생 기업을 위한 새로운 사업 모델에 대한 포트폴리오를 만드는 사람도 있을 것이다. 포트폴리오는 당신이 살면서 수집한 수많은 '점'들을 투명하고 생동감 있게 연출해줄 것이다. 또 포트폴리오를 통해 당신은 이 흔적들 사이의 연계성을 찾는 데 여러 모로 도움을 받게 될 것이다.

이제 디자인스쿨과 비즈니스 스쿨뿐만 아니라 일반 대학에서도 입학 서류에 포트폴리오를 요구해야 할 때다. 또 기업들도 입사 지원자들에게 포트폴리오를 요청해야 한다. 그리고 직무 관련 인터뷰를 할 때 수행 능력에 대한 도전 과제를 제시하는 것도 병행하는 채용 방식을 실시해야 한다.

수백 명, 어떤 때는 수천 명을 대상으로 창조성 지수를 평가해야 할 때 포트폴리오가 중요한 평가 대상이 될 수도 있다. '오디세이 오브 더 마인드Odyssey of the Mind'로 불리는 세계 창의력 올림피아드가 있다. 유치원생에서 대학생까지 세계 각지에 있는 수백만 명의 학생들을 대상으로 창의력을 알아보는 대회다. 토너먼트 게임 방식으로 진행되며, 전 세계 도시에서 선정된 후보자들이 매년 한자리에 모여 최종 우승자를 가린다. 그동안 미국, 영국, 한국, 멕시코, 폴란드, 독일, 중국, 우즈베키스탄, 일본, 러시아, 아르헨티나, 카자흐스탄 등 여러 나라의 학생들이 이 대회에 참여했다.

이 대회는 34년 전 샘 미클러스Sam Micklus와 시오도어 귤레이 Theodore Gourley가 뉴저지에 있는 로언Rowan 대학(나중에 글래스보러 Glassboro 주립 대학으로 이름이 바뀜)에서 일하면서 처음 만든 대회다. 산업디자인학과 교수인 미클러스는 학생들에게 바퀴 없는 자동차, 자동으로 파이가 날아가는 기계와 같은 재미난 물건을 만들어보라는 과제를 내주었다. 말하자면 창의력 올림피아드의 기원이 그의 강의실에서부터 시작된 셈이다. 이때 교수는 작품의 성공 여부보다는 얼마나 독창적이고 리스크를 감수한 작품인지를 중요한 평가 기준으로 삼았다. 이 방법이 흥미롭다는 소문이 퍼지면서 대회의 규모가 점점 커졌다. 그리고 마침내 '오디세이 오브 더 마인드'의 탄생으로 이어진 것이다.

이 올림피아드의 목표는 사실 아주 간단하다. 해당 사이트에 들어가면 "오디세이 오브 더 마인드의 취지는 학생들이 즐거움을 느끼면서 창조적인 문제 해결 방식을 배우는 것에 있다. 올림피아드에 참가하는 학생들은 도전 과제의 쟁점을 파악한 다음 문제를 해결하기 위해 창조적인 사고 과정을 할 수 있는 방법을 배울 수 있다"고 나와 있다.

올림피아드는 K-5(12세 미만으로 이뤄진)부터 대학 팀까지 연령대에 따라 나뉜다. 그리고 유치원에 다니는 가장 어린 아이들을 뺀 전원이 겨루는 시합도 있다. 해마다 최대 7명으로 구성된 학생 팀은 기술적인 면에서 예술적인 면까지 골고루 포함되어 있는 5개의 장기 과제를 부여받는다. 이 과제는 크게 다섯 가지 범주로 나뉘는데, 기술적인 부문 중 운송 수단과 관련된 과제는 실제로 팀원들이 운송 수단을 만들고 움직이게 할 수 있는지를 평가한다. 이어서 고전과 관련된 과제에서는 문학과 예술과 관련된 문제를 낸다. 수행 평가 과제에서는 여러 가지 주제와 관련된 수행 능력을 평가한다. 구조물과 관련된 과제에서는 팀원들이 집과 다른 구조물을 세울 수 있어야 한다. 마지막으로 기술적인 부문에서는 로봇이나 예술적인 요소가 가미된 작은 기기들을 만들 수 있는지를 평가한다. 2011~2012년에 실시된 올림피아드 과제 중에는 실제로 셰익스피어의 희곡 중에 '사느냐, 죽느냐'를 고민하는 인물의 상황을 뮤지컬 연극으로 만든 것도 있었다. 그리고 한 해 전에는 쥐덫을 유일한 에너지원으로 하여 운송 수단을 디자인하고 실제 작동이 가능하도록 만들라는 과제도 있었다.

올림피아드에 참가한 학생들은 3~6명의 패널로 이뤄진 심사 위원단의 평가를 받는다. 앞에서 소개한 장기 과제와 함께 즉흥적인 과제가 경쟁 부문의 두 가지 평가 대상이 된다. 줄리아드 학교의 오디션과 IDEO의 입사 지원자를 상대로 한 인터뷰에서 본 것처럼, 심사 위원단이 보는 앞에서 즉흥적으로 주어진 과제에 대해 얼마나 창조적인 방식으로 문제를 해결하느냐가 관건이다. 모든 토너먼트에서 살아남아 최종 결승전에 올라간 학생들은 장기 과제와 즉흥 과제에서 모두 최고 점수를 받은 이들이다. 이 우승자들의 창조성을 평가하는 방법은 기업과 회사가 포트폴리오와 수행 능력으로 지원자의 창조성을 평가하는 방식과 꽤 비슷하다.

올림피아드의 심사 위원단은 주로 학부모들로 이루어지며, 그렇지 않은 경우는 개인 시간을 내어 참가한 자원봉사자들로 이루어진다. 그리고 일명 '문제 내기 선장Problem Captains'은 학생들이 프로젝트를 수행하는 과정을 수년 동안 지켜본 전문가들로 이루어진다. '문제 내기 선장'은 심사 위원단을 조직하고 심사에 필요한 능력을 가르치는 역할을 한다. 이어서 '우두머리 평가자Head Judge'는 평가 결과를 반영한 점수가 기입된 자료들을 모아 결산하는 심사 위원단을 이끄는 책임자다. 또한 '상연 평가자Staging Judge'는 학생 팀원들이 경쟁 시간을 제대로 준수하면서 모든 경기가 문제없이 진행되는지 점검한다. 그밖에도 다른 일을 맡은 평가자들도 있다. 주 전체에서 토너먼트 경기가 한 번 있을 때마다 70명의 평가자들이 필요하며 모두가 다 자원봉사자들이다.

'오디세이 오브 더 마인드'는 현재 미국뿐만 아니라 세계적인 차원에서 실시하고 있는 창조성 평가 방법 중 단연 최고라고 할 수 있다. 재정이나 공식적인 인지도 면에서 올림픽과 같은 수준은 아니지만 나는 이 창의력 올림피아드도 올림픽 못지않게 멋진 경쟁을 이끌어내는 시합이라고 생각한다. 포트폴리오와 수행 능력을 점수로 매기는 것은 창조성을 평가하는 매우 훌륭한 방법이 아닐 수 없다. 그렇다고 이 두 가지 대상만으로 창조성을 위한 시험이 완성되는 것은 아니다. 하지만 완성의 길을 가기 위한 정확한 방향을 제시해준 첫 디딤돌인 것만은 분명하다.

어떤 면에서 보면 킥스타터는 더 큰 규모로 창조성을 평가한 모델이라 할 수 있다. 킥스타터는 전문가와 다량의 평가 모델을 결합한 방식을 채택했다. 초반에는 몇몇 큐레이터만으로 출발한 사업이었다 (킥스타터가 설립될 당시에는 회사에 3명밖에 없었지만 지금은 방대한 양의 제안을 감당하기 위해 더 많은 직원들이 일하고 있다). 킥스타터는 새로 나올 예정인 책, 영화, 패션 상품, 게임, 무용 발표회, 시계, 식품 등 다양한 분야의 지원 신청에 대해 심사한다. 이때 평가자들은 자신의 전문 지식을 활용해 지원자들의 프로젝트들 중 괜찮은 것을 선택해 온라인에 소개한다. 그러면 일반 대중은 지원자의 창조성을 평가하며 후원 여부를 결정한다. 창조성의 평가 모델을 변형한 이런 하이브리드식의 시스템은 엄청난 성공을 거두었다. 물론 킥스타터 평가자들의 유형과 특징이 앞서 설명한 심사 위원단과는 차이가 있지만 창조성을 평가하는 방식에서는 크게 다르지 않다.

킥스타터는 수많은 사람들이 다양한 방식을 추구하고 창조적인 활동을 할 수 있도록 훌륭한 창구와 같은 역할을 한다. 킥스타터 사이트에 들어가 제품과 서비스들의 멋진 행렬을 감상해보라. 어쩌면 당신에게도 창조성이 잠재되어 있을지 누가 아는가.

우리 앞에 놓인 도전 과제는 창조성을 평가하는 새로운 형태의 모델을 만드는 것이 아니다. 우리는 지금까지 그 모델을 완성하기 위해 열심히 노력했다. 포트폴리오와 수행 능력 평가를 통해 인간의 창조적 능력을 가늠할 수 있는 멋진 청사진을 그려볼 수 있게 됐다. 비록 심사 위원이 소수일지라도 그 안에 전문적인 역량을 갖춘 사람이 있다면 어떤 영역이든 창조적인 활동의 가치를 가늠할 수 있는 타당한 근거를 가지고 있다고 말할 수 있다. 우리는 이런 성과를 당연한 것처럼 넘겨서는 안 된다. 얼마나 중요하고 놀라운 성과인가!

이제 우리는 이런 평가 모델을 우리 주변에 존재하는 모든 영역에 적용시킬 일만 남았다. 우리가 시청하는 TV 프로그램이나 멀티플레이어 게임, 크라우드펀딩을 이용한 벤처 사업에도 창조성을 대상으로 한 평가 모델이 존재한다. 이제 그 평가 모델을 우리의 개인적인 삶과 회사를 위해 적용할 때다. 삶의 언저리에서만 창조성을 평가할 것이 아니라, 우리가 공존하는 사회의 중심부에서도 자연스럽게 창조성을 평가할 수 있는 시스템을 정착시켜야 하는 것이야말로 앞으로 우리가 꼭 해야 할 일이다.

잠들어 있는
창조 본능을 깨워라

2012년 8월, 애플은 인류 역사상 가장 빛나는 가치를 발휘하는 회사로 우뚝 솟았다. 주가가 680달러 선을 돌파했으며, 회사의 시가총액이 무려 7,000억 달러에 육박했다. 2011년까지만 해도 세계적인 기업 순위에서 액슨모빌ExxonMobil이 피라미드의 정점을 찍으며 상위권에 있었지만 지금은 전 세계적으로 판매량이 치솟고 있는 아이폰과 아이패드의 애플에 자리를 내주고 말았다. 또 1999년, 최고의 인기를 누리며 인터넷 붐 시대의 선두 주자였던 마이크로소프트는 지금 그 모습을 찾을 수 없게 됐다. 제너럴 모터스와 IBM도 한때는 그들의 전성기가 있었지만 그것도 다 옛말이 됐다. 한때 성공 대로를 달렸던 옛 기업들과 달리 애플은 회사의 가치가 떨어지지 않고 지금까지 계속 그 명성을 유지하고 있다. 애플이 에너지 추출, 제품 생산, 테크놀로지 개발에 목표를 둔 것은 아니었다. 애플이 지금까지 최고의 가치를 유지하고 있는 비결은 바로 끊임없는 창조성 추구 덕분이다.

애플 제품의 가격을 높게 측정함에 따라 시장이 새로운 눈으로 창조성의 가치를 매기기 시작했다. 우리에게 참여하고 싶은 동기를 유발하고, 우리의 열망을 만족시켜주며, 우리가 더 나은 삶을 영위할 수 있도록 힘을 북돋워주는 기발함에서 경제적인 가치를 찾는 시대가 드디어 온 것인지도 모른다. 또한 애플의 가치를 더욱 높게 평가함에 따라 시장도 특별한 메시지를 사람들에게 전달하게 됐다. 독특한 아우라가 있는 새로운 것을 만들고, 우리에게 그런 새로움에 관심을 가지도록 흥미를 유발시키는 일은 단순히 저렴한 가격의 물건을 만들거나 (또는 복제해서) 파는 것보다 훨씬 더 가치 있는 일이라는 것을 일깨워준 것이다.

우리는 이와 같은 메시지에 주의를 기울여야 한다. 정책을 마련하는 과정에서도 창조성에 대한 가치가 예전보다 높아지면서 경제 시스템에서 더 혁신적인 아이디어가 점점 더 많이 나오고 있다. 그런 면에서 볼 때, 워싱턴 정부는 학교 교실에서 창조적인 능력을 증진시킬 수 있는 교육정책에 각별히 더 신경을 써야 한다. 그리고 회사에서 기업가다운 모험을 발휘할 수 있는 사내 환경을 조성할 수 있는 정책도 강화해야 한다. 이런 것들은 현재 추진 중인 정책 사안과는 상당히 다르다.

또한 전 세계의 정책 입안자들, 특히 아시아의 정책 입안자들은 우리에게 분명한 교훈을 전해준다. 과거 아시아에 있던 회사의 리더들 중 혁신적인 모습을 인정받은 사례가 여럿 있다. 소니의 워크맨은 모바일 음악 세계를 여는 시초가 됐다. 그리고 지난 수십 년 동안 한국, 중국, 타이완 정부는 좀 더 추진력 있는 경제정책을 폄으로써 서양의 혁신적인 진보를 빠른 속도로 따라잡을 수 있었다.

이런 과거는 대대적인 변화의 시작에 불과할지도 모른다. 한국은 지금까지 수백억 달러를 투자해 유럽이나 미국과 대등하게 겨룰 수 있는 핸드폰, TV, 자동차 설계에 한창이다. 그리고 수천 명의 한국인 대학생들이 미국과 유럽의 디자인스쿨에 유학 중이다. 창조성에 대한 경제적 가치가 점점 높아지는 가운데 삼성과 LG를 비롯한 한국의 여러 기업들은 지금까지 이뤄놓은 변화 그다음 단계에 접어들 필요가 있다. 그래서 진정한 혁신이 가능하도록 독창성을 가로막는 장벽을 과감하게 뚫고 전진해야 한다.

중국도 마찬가지다. 중국 역시 변화의 물결에 동참하면서 '더 빨리, 더 싸게'를 외치는 경제 전략을 추진하고 있다. 그 결과, 수천만 명의 중국인들이 가난에서 벗어나 경제적으로 자립할 수 있는 계기가 됐다. 중국은 해외에서 출시된 혁신적인 제품을 국내로 가져와 혁신성을 자국의 것으로 흡수하려고 애썼다. 그러나 저렴한 노동력과 싼 가격으로 제품을 수입하는 과정이 지속되지는 못했다. 서구의 혁신성이 큰 화두로 제기되자 이를 진지하게 받아들인 중국 정부도 경제 전략에 개혁을 일으키기 시작했기 때문이다. 2011년 중국은 대대적인 5개년 계획을 발표했다. 중국 전국인민대표대회는 '중국 고유의 혁신적인 개혁'을 통해 우주 항공, 바이오 테크를 비롯한 신흥 공업의 수준을 향상시키는 경제성장을 추진하기로 결정했다. 권위주의적인 사회 분위기와 정치 구조상 중국이 창조성을 향상시키는 일은 매우 도전적인 과제이며 아시아 전체의 주목을 끌었다. 그러나 다 알다시피 창조성과 자유는 상호 시너지 효과를 낳을 수 있지만 창조성과 권위주의는 그렇지가 못하다.

창조성에 대한 가치가 점점 더 높아지면서 개개인의 삶에도 창조성이 중요한 영향을 미친다. 애플의 시장가치가 상승함에 따라 우리의 고유한 창조적 능력의 가치도 덩달아 높아지고 있다. 더 깊이 파헤칠 줄 아는 창조적인 인간은 새로운 패턴과 새로운 참여 방식의 틀을 짜는 사람이다. 그리고 자신이 알고 있는 지식을 잘 활용해서 참여율을 높이는 제품을 광범위하게 만들 수 있다. 시장에서는 이처럼 창조적인 모습을 보여주는 인적자원의 가치가 전보다 더 귀하다. 이와 더불어 창조적인 능력을 가르치는 전문학교와 대학에서 받는 학위, 학생들에게 기업가다운 정신을 심어주기 위해 애쓰는 비즈니스 스쿨에서 증여하는 학위도 그만큼 높은 가치를 인정받아야 한다.

하지만 무엇보다도 우리가 가장 먼저 인정해야 할 가치는 바로 창조적인 능력과 창조성을 유도하는 사회에 있다. 안타깝게도 오늘날의 정치적 대담을 들어보면 과연 창조성을 주도하는 사회가 가능할지 회의적인 생각이 든다. 미국, 유럽, 아시아 어디서든 창조적인 잠재성이 다분한 사람들이 케케묵은 사고방식과 융통성 없고 미흡한 정치적 현실이라는 늪에서 허우적거리고 있다. 사람들은 이데올로기가 어떻다느니 하면서 더 이상 통용되지도 않는 카테고리에 머리를 싸매고 고민하며 걱정하고 있다.

큰 정부 대 작은 정부에 대한 논쟁은 이제 그만하자. 어느 쪽이 맞고 어느 쪽이 틀렸다는 편 가르기 식의 대화도 그만 털어버려야 한다. 균형이 맞는 예산 책정과 더불어 세금, 규율도 물론 중요한 주제라는 것은 잘 안다. 하지만 서로 다른 이해당사자들의 갈등을 둘러싼 문제에 대해 계속 토론해봤자 양자택일의 방법밖에는 다른 대안이 없다. 보통 사람들은 문제가 있으면 무조건 해결해야 한다는 생각이 강하다. 마치 국가가 직면한 문제에 대한 정답이 하나밖에 존재하지 않는 것처럼 행동한다. 또 아무리 복잡한 문제라도 정답만 적절하게 찾아내면 끝이 날 것이라고 믿는다.

우리는 21세기를 살고 있다. 21세기에 맞게 우리가 누구인지에 대한 정체성의 틀을 재편성할 필요가 있다. 전문 기관도 마찬가지다. 세계와 경제 및 사회 변화를 말다툼이 불가피한 논쟁으로 여길 필요가 없다. 그냥 게임처럼 바라보는 습관을 가져라. 생각을 그렇게 바꾸면 문제는 사라진다. 끝은 없다. 단지, 끊임없이 공부하고 새로운 것을 발견하며 살아가는 것이다. 우리에게 닥친 문제를 하나의 탐험 대상으로 바라볼 줄 알아야 한다. 그러다 보면 우리를 하나로 이어주는 연결의 끈을 재발견하게 될지도 모른다.

사람들은 대부분 경제적 상부구조와 정치적 상부구조가 우리의 개인적인 인생과 무관하게 돌아간다는 것을 알고 있다. 우리는 잠시 자기만의 휴식을 취하며 그 진실을 인정하면 된다. 그리고 개인으로서 우리가 할 수 있는 일에 집중하며 살면 된다. 조직도 마찬가지다. 우리가 할 수 있는 일, 또 우리가 창조할 수 있는 것은 이 세상에 수도 없이 널려 있다.

만약 위대한 도전 과제가 당신에게 주어진다면 그것은 적자예산의 규모나 사회에서의 시장 기능에 대한 것은 아닐 것이다. 그보다 더 큰 도전 과제는 바로 우리가 창조성에 대해 느끼는 공포다. 사회적인 압박감과 경제의 실패를 막으려면 새로운 가능성을 제시하는 길을 가는 수밖에 없다. 이 시대가 직면한 중요한 도전 과제들은 우리의 창조적인 능력을 인정하는 욕구와 관련된다. 또 창조적인 능력을 갈고 닦아야만 더욱 발전적인 가능성의 길을 찾을 수 있다. 그런데도 우리는 여전히 창조성은 아무에게나 나오는 것이 아니라고 착각하며 살고 있다. 천재적인 개인에게만 주어진 특별한 재능으로 여기는가 하면, 일반 사람이라면 결코 가질 수 없고 남과 공유할 수도 없는 마법과도 같은 특별한 가치처럼 여긴다. 창조성을 파괴하는 이 헛된 신화가 우리의 발목을 잡을 뿐만 아니라 국가의 발전까지도 방해하고 있다.

나는 친구의 딸인 네 살짜리 조가 바구니를 모자처럼 쓰고 다니고

휘황찬란한 색으로 그림을 그리는 모습을 볼 때마다, 또 자기가 비행기를 조종해서 바다를 건넜다면서 어디 가서도 듣지 못한 희한한 이야기를 지어낼 때마다 창조성은 희귀하다는 신화가 거짓이라는 것을 새삼 실감한다. 우리는 모두 창조적인 자질을 가진 사람들이다. 단지 그 능력을 밖으로 끌어내어 실천하기만 하면 된다.

그리고 우리의 창조적 지성을 적극 활용하면서 창조적인 활동을 할 때 비로소 우리 자신을 위한 멋진 경험을 한다고 말할 수 있다. 새로운 유형의 비즈니스, 그리고 의료 보건과 교육 시스템을 21세기에 맞는 형태로 개선해야 한다. 우리는 자본주의 경제의 틀을 새롭게 짜고 활성화시킴으로써 더 높은 경지로 끌어올릴 수 있다. 그런 과정은 우리에게 해방감을 안겨 주고 미래에 대한 전망을 통해 더욱 짜릿한 흥분을 맛볼 수 있게 해줄 것이다. 물론, 리스크도 있을 것이다. 하지만 생각해보라. 조상들이 물려준 이 땅을 더 나은 세상으로 만드는 것 말고 우리가 지금 이곳에 존재하는 이유가 또 있겠는가?

변화의 핵심은
'실천'이다

2009년 디자인 코리아에 참석하기 위해 우리나라를 방문한 이 책의 저자 브루스 누스바움은 디자인과 이코노믹스를 결합한 신조어 '디자이노믹스Designomics'에 대해 언급해 디자인계에 큰 화두를 던졌다. 이 단어는 오늘날의 경제 시스템이 디자인을 얼마나 중요하게 여기는지를 한눈에 알게 해준다. 이제 디자인은 예술성, 효용성의 가치를 넘어 경제적인 가치를 강조하며 공공 기관과 기업은 물론, 학교를 운영하는 리더들의 경영 방식에까지 영향을 미치고 있다.

뉴욕 파슨스 디자인스쿨의 디자인 혁신 담당 교수인 누스바움은 이 책에서 '디자인 사고'가 무엇인지 확실하게 설명하기 위해 먼저 창조성을 새롭게 정의하는 작업부터 시작했다. 우리가 흔히 알고 있는 창조성에 대한 잘못된 인식이나 고정관념을 깨기 위해 유명 인사들의 일화를 예로 들면서 창조성이 선천적으로 능력을 타고난 천재들의 전유물이 아니라는 것을 거듭 강조했다.

나는 이 책을 번역하면서 우연히 저자가 참가한 강연회 동영상을 보았다. 그는 자신의 어린 시절을 얘기하며 뉴욕 변두리의 슬럼가에서 유년기를 보냈다고 했다. 그리고 부모님 모두 대학을 나오지 않았으며 어려운 가정 형편 때문에 집에서 대학을 보내줄 수 있을지조차 불확실했다고 했다. 그러나 지식에 대한 호기심이 누구보다 왕성했던 어린 누스바움은 새로운 것을 계속해서 배우고 싶었고, 그때보다 더 나은 세상으로 나아가고자 하는 욕망이 컸다. 그런 열정과 의지가 있었기에 누스바움이 오늘날 세계적인 석학들과 함께 어깨를 나란히 하며 디자인 전문가로 대학의 교수가 될 수 있었던 것이다. 그는 소수의 특출한 재능을 가진 천재들만 새로운 것을 창조할 수 있는 것이 아니라, 소소한 일상을 사는 일반인도 누구나 창조적 파괴를 통해 혁신적인 개혁을 이룰 수 있다고 격려한다. 새로운 것을 얻기 위해서는 과감하게 기존의 틀에서 벗어나고 관습과 인습을 파괴해야 하며, 그럼으로써 새로운 가치를 디자인할 수 있다.

누스바움은 이 책에서 창조적 지성의 다섯 가지 능력, 즉 '지식 발굴', '틀 짜기', '즐기기', '만들기', '중심 잡기'에 대해 자세하게 설명했다. 이 책은 디자인 전공자를 위한 전문 서적이 아니라 디자인에 관심이 있는 독자라면 누구나 이해할 수 있도록 알기 쉽게 구성되어 있다는 게 장점이다. 그런 점에서 이 책은 열일곱 살 고등학생부터 일흔 살 성인까지 폭넓은 독자층을 포용할 수 있는 일반교양 도서이다.

이 책을 읽는 동안 우리는 '디자인 경영'의 핵심 키워드가 바로 '창조성'과 '혁신'이라는 것을 단번에 파악할 수 있다. 그리고 누스바움은 비즈니스 혁신과 디자인 경영을 성공적으로 실현하려면 그에 부응하는 경제 시스템이 필요하다고 주장한다. 금융자본주의, 패거리 자본주의가 아닌 독립자본주의가 창조성의 경제적 가치를 실현시킬 수 있다고 강조한다.

세계는 끊임없이 변하고 있다. 테크놀로지의 급속한 발전과 소셜 미디어의 확장으로 기업 환경은 물론 사회, 문화적 시스템에도 변화가 일어나고 있다. 아시아 국가들이 세계의 주도권을 잡기 위해 눈독을 들이고 있으며, 이제 베이비부머 세대는 가고 디지털 세계에 익숙한 Y세대에서 세계를 이끌 리더가 탄생하게 될 것이다. 또 환경 파괴를 막기 위한 친환경 운동과 차별이나 부조리에 대항하는 평등을 강조하는 사회운동도 점점 확산되고 있는 추세다. 결국, 이런 변화는 인간의 라이프스타일에도 변화를 주며 사고방식에도 변화를 유도하게 마련이다.

앞으로 창조적 지성은 기업의 제품 및 서비스 디자인 사고에 적용될 뿐만 아니라 학교교육 문화의 새로운 틀을 제공하는 데도 이바지하게 될 것이다. 이제 몇 년 후면 지능지수, 감성지수EQ와 더불어 창조성 지수를 평가하는 테스트가 일반화될지도 모른다. 이 책을 읽은 독자라면 디자인을 바라보는 저자의 관점이 얼마나 일반적이고 통합적인지 이해할 수 있을 것이다. 애플의 제품 디자인, 페이스북의 브랜드 디자인, 친환경 제품 제조 업체의 포장 디자인, 킥스타터의 웹 디자인 등 이 책에는 다양한 분야의 디자인이 등장한다. 누스바움이 그동안 각 분야의 리더들을 만나면서 알게 된 디자인 사고의 성공 사례들이 이 책 곳곳에 알차게 소개되어 있다.

'디자이노믹스' 시대에 부흥하기 위해 우리나라는 현재 디자인 코리아, 디자인 페스티벌, 디자인 비엔날레, 디자인 & 아트 페어 등을 개최하며 디자인 사고의 혁신을 꾀하고 있다. 언젠가 우리나라에서도 페이스북이나 애플에 버금가는 혁신적인 기업을 만드는 카리스마 있는 리더들이 나타나기를 기대해본다. 또 이제 막 시작하는 신생 기업의 잠재적인 가능성을 알아보고 도움을 줄 수 있는 엔젤 투자자나 벤처 자본가들의 활동이 우리나라에서 활발해지려면, 무엇보다도 우리나라의 기업 분위기와 경제 시스템이 창조 경제로 바뀌는 구조적인 개혁이 수반되어야 할 것이다.

세계 디자인 산업의 영향력 있는 인물로 손꼽히는 미국의 디자인 교수 누스바움이 야심차게 내놓은 이 책을 통해 우리나라 독자들이 '디자인 사고'에 눈을 뜨고, 창조성과 혁신 개념에 친근감을 느끼며, 더 나아가 이론을 실천으로 옮길 수 있길 기대해본다.

KI신서 5065

창조적 지성

1판 1쇄 인쇄 2013년 7월 11일
1판 1쇄 발행 2013년 7월 18일

지은이 브루스 누스바움 **옮긴이** 김규태
펴낸이 김영곤 **펴낸곳** (주)북이십일 21세기북스
부사장 임병주
해외콘텐츠개발팀장 김상수 **해외콘텐츠개발팀** 이현정 **디자인 표지** 윤영선 **디자인 표지** 김진희
해외기획팀장 조동신 **해외기획팀** 김영희 송효진
마케팅영업본부장 이희영 **영업** 이경희 정경원 정병철
광고제휴 김현섭 강서영 우중민 **프로모션** 민안기 최혜령 이은혜
출판등록 2000년 5월 6일 제10-1965호
주소 (우 413-120) 경기도 파주시 문발동 회동길 201(문발동)
대표전화 031-955-2100 **팩스** 031-955-2151 **이메일** book21@book21.co.kr
홈페이지 www.book21.com **트위터** @21cbook **블로그** b.book21.com

ISBN 978-89-509-5006-4 03320
책값은 뒤표지에 있습니다.